Treasures for Scholars Worldwide

北京大學圖書館　臺灣"中央研究院"近代史研究所胡適紀念館　編纂

胡適藏書目錄

Bibliography of the Collection of Hu Shih

· 3 ·

·桂林·

4971 隨園八十壽言六卷 （清）袁枚撰 清光緒十八年（1892）勤裕堂 交著易堂鉛印本

　　1函1冊;15厘米

　　隨園三十八種

　　PKUL(X/081.57/4048a)

　　附注：

　　　　題記：書根有胡適題字。

4972 隨園三十八種 （清）袁枚撰 清光緒十八年（1892）勤裕堂 交著易堂鉛印本

　　3函30冊;15厘米

　　PKUL(X/081.57/4048a)

　　附注：

　　　　題記：書根有胡適題字。

　　　　其他：本書存13種。

4973 隨園詩話十六卷補遺十卷 （清）袁枚撰 清光緒十八年（1892）勤裕堂 交著易堂鉛印本

　　1函4冊;15厘米

　　隨園三十八種

　　PKUL(X/081.57/4048a)

　　附注：

　　　　題記：書根有胡適題字。

4974 隨園詩話十五卷 （清）袁枚撰 清乾隆五十七年（1792）刻本

　　1函8冊;13.3厘米

　　PKUL(SB/811.104/4048.6)

　　附注：

　　　　題記：書衣有胡適題記："乾隆壬子排版《隨園詩話》。此本無第十六卷及補遺，當是當時後數卷尚未有成書。壬子隨園七十五歲。十,四,三。胡適。"

1555

4975 隨園食單一卷（清）袁枚撰 清光緒十八年（1892）勤裕堂 交著易堂鉛印本

1 函 1 冊；15 厘米

隨園三十八種

PKUL（X/081.57/4048a）

附注：

題記：書根有胡適題字。

4976 隨園隨筆二十八卷（清）袁枚撰 清光緒十八年（1892）勤裕堂 交著易堂鉛印本

1 函 3 冊；15 厘米

隨園三十八種

PKUL（X/081.57/4048a）

附注：

題記：書根有胡適題字。

4977 隨志二卷（明）佚名撰 民國五年（1916）上海倉聖明智大學鉛印本

1 函 2 冊；14.8 厘米

廣倉學宭叢書甲類第一集

PKUL（/081.18/4127/C2:1）

附注：

題記：書根有胡適題字。

4978 遂翁自訂年譜一卷（清）趙昀撰 清光緒三年（1877）刻本

1 函 1 冊；17.6 厘米

PKUL（X/K827.5/7、X/K827.5/7/C2）

附注：

印章：一冊書衣後及《年譜》首頁鈐有"胡適"朱文方印。

題記：一冊書衣有胡適題記："民國卅五年十一月在南京買的趙昀自訂年譜"；書衣後有胡適題記："卅五年十一月讀此譜，覺其真率可信。（我在夫子廟書鋪翻開此譜第三頁，見其記看小説一段，即知其可信。）卅六年一月十六日百忙中重讀一遍,覺得這是一部很好的自傳,故題記如上。胡適";另一冊書根有胡適題字。

4979 **碎金一卷** 民國二十四年(1935)國立北平故宮博物院文獻館影印本

1函1冊;16.8厘米

PKUL(X/031.8/1080)

附注:

題記:書根有胡適題字。

4980 **邃雅齋叢書八種** 董金榜輯 民國二十三年(1934)北平琉璃廠邃雅齋影印本

1函10冊;14.7厘米

PKUL(X/081.18/4484)

附注:

印章:書名頁鈐有"胡適之印"朱文方印。

題記:書根有胡適題字。

與胡適的關係:書名頁有胡適題籤。

4981 **孫明復小集三卷** (宋)孫復撰 清光緒十五年(1889)問經精舍刻本

1函1冊;18.8厘米

PKUL(X/I214.42/9)

附注:

題記:書根有胡適題字。

4982 **孫威敏征南錄一卷** (宋)滕元發撰 民國十三年(1924)永康胡氏夢選廎刻本

1函1冊;18.2厘米

續金華叢書

PKUL(X/081.478/4777a/C2:1)

附注:

題記:書根有胡適題字。

4983 **孫文恭公遺書六種** (明)孫應鰲撰 清光緒六年(1880)獨山莫氏刻本

1557

1函6冊;17.4厘米

PKUL(X/081.57/1205/C2)

附注:
　題記:書根有胡適題字。

4984　孫徵君日譜錄存三十六卷 (清)孫奇逢撰 清光緒間(1875—1908)刻本

1函24冊;17厘米

PKUL(X/818.82/1243/C2)

附注:
　批注圈劃:書内多處有胡適朱筆批注圈劃。

4985　孫子十家註十三卷 (春秋齊)孫武撰 清光緒三年(1877)浙江書局刻本

1函6冊;18.2厘米

PKUL(X/379.11/1213.1)

附注:
　題記:書根有胡適題字。

4986　孫子選注二篇 (春秋齊)孫武撰 夏壽田選注 民國二十一年(1932)石印本

1函2冊;20.1厘米

PKUL(X/379.11/1046.1)

附注:
　題記:書根有胡適題字。

4987　臺灣戰紀二卷 (朝鮮)洪棄父撰 清光緒三十二年(1906)鉛印本

1函2冊;14.6厘米

PKUL(X/917.807/3408/C3)

附注:
　題記:書衣有贈書者題記:"先父遺著,恭呈適之先生賜覽,洪櫙贈。"

4988　太平廣記五百卷 (宋)李昉編 清道光二十六年(1846)刻本

8函64冊;12厘米

PKUL(X/813.08/4060.5/C2)

附注:

題記:書根有胡適題字。

4989 太平經國之書十一卷 (宋)鄭伯謙著 清(1644—1911)刻本

1函4冊;20.1厘米

PKUL(SB/094.47/8720.1)

附注:

題記:書根有胡適題字。

4990 太平清調迦陵音一卷 (明)葉華輯 民國十九年(1930)北平故宮博物院圖書館影印本

1函1冊;20.7厘米

PKUL(X/812.6/4444/C2)

附注:

題記:書根有胡適題字。

4991 太平天國叢書十三種 謝興堯輯 民國二十七年(1938)鉛印本

1函3冊;19厘米

瑤齋叢刻

PKUL(X/917.7/0474d/C4)

附注:

印章:書衣鈐有"謝興堯"朱文方印。

題記:書根有胡適題字;書衣後有作者題記:"適之先生教正,學生謝興堯謹呈。"

4992 太師誠意伯劉文成公集二十卷卷首一卷 (明)劉基撰 清雍正八年(1730)刻本

1函8冊;19.3厘米

PKUL(SB/810.61/7244.1)

附注:

題記:書根有胡適題字。

4993 太史公古文尚書説一卷 章炳麟撰 民國二十二年(1933)北平刻本

　　1函1冊;17.9厘米

　　章氏叢書續編

　　PKUL(X/081.58/0090a)

　　附注:

　　　題記:書根有胡適題字。

　　　其他:藍印。

4994 太史公繫年考略一卷 王國維撰 民國五年(1916)上海倉聖明智大學鉛印本

　　1函1冊;14.8厘米

　　廣倉學宭叢書甲類第二集

　　PKUL(X/081.18/4127/C2:2)

　　附注:

　　　題記:書根有胡適題字。

4995 太史公年譜一卷附祠墓文錄一卷 張鵬一撰 民國二十二年(1933)張氏在山草堂刻本

　　1函1冊;16.3厘米

　　PKUL(X/979.2/BC145.1/C3)

　　附注:

　　　題記:封面有胡適題記:"張熙若贈,胡適,廿六,三,十四。"

　　　批注圈劃:書内有胡適批注。

4996 太史公書義法二卷 孫德謙撰 民國十五年(1926)四益宧刻本

　　1函2冊;13.5厘米

　　PKUL(X/910.9117/1220)

　　附注:

　　　題記:書根有胡適題字。

4997 太史升菴全集八十一卷目錄二卷 (明)楊慎著 清乾隆六十年(1795)新都周參

元刻本

2函20册;20.4厘米

PKUL(SB/810.69/4694.2)

附注：

　　題記：書根有胡適題字。

4998 太誓決疑一卷 邵瑞彭撰 民國二十二年(1933)大梁刻本

1函1册;16.7厘米

PKUL(X/092.49/1714/C2)

附注：

　　題記：書衣有作者題記："適之先生教正,瑞彭上。廿二年七月廿日自汴寄。"

　　其他：朱印。

4999 太霞新奏十四卷 (明)香月居主人撰 民國間(1912—1949)影印本

1函6册;14.1厘米

PKUL(X/812.086/2770)

附注：

　　題記：書衣有胡適題記："馬隅卿和趙萬里發起印此書,我也來了一股,計五十圓,分得書二十二部。胡適。"

5000 太炎文錄初編(文錄二卷別錄三卷) 章炳麟著 民國間(1912—1949)上海右文社鉛印本

1函5册;15厘米

章氏叢書

PKUL(X/081.58/0090.1:2)

附注：

　　題記：書根有胡適題字。

5001 太乙舟文集八卷 (清)陳用光著 清光緒二十一年(1895)長沙刻本

1函7册;16.3厘米

1561

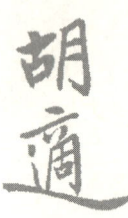

　　PKUL(X/I264.9/4)

　　附注：

　　　　題記：書根有胡適題字。

5002 泰山道里記一卷 （清）聶鈫撰 清乾隆間（1736—1795）雨山堂刻本

　　1函1册；18厘米

　　PKUL(X/981.36133/1080/C2)

　　附注：

　　　　題記：書根有胡適題字。

5003 談經菀四十卷 （明）陳禹謨輯 明（1368—1644）刻本

　　4函24册；20.2厘米

　　PKUL(SB/096.1/7520/C2)

　　附注：

　　　　題記：書根有胡適題字。

5004 談天十八卷 （英）侯失勒撰 清咸豐九年（1859）上海墨海書館鉛印本

　　1函3册；21.8厘米

　　PKUL(X/520/0479/C4)

5005 談天十八卷卷首一卷附表一卷 （英）侯失勒原本 （英）偉烈亞力口譯 （清）李善蘭刪述 （清）徐建寅續筆 清同治十三年（1874）鉛印本

　　1函3册；20.4厘米

　　PKUL(X/520/0479.2)

　　附注：

　　　　題記：書根有胡適題字。

5006 譚瀏陽全集（文集三卷詩集一卷仁學二卷筆識二卷）續編一卷 （清）譚嗣同撰 民國六年（1917）上海文明書局鉛印本

　　1函6册；15.6厘米

　　PKUL(X/810.79/0167a3/C2)

附注：

　　題記：書根有胡適題字。

5007　譚子雕蟲二卷（明）譚貞默著 民國八年（1919）京師刻本

　　1函2冊；12.9厘米

　　著作堂集

　　PKUL(X/Q96/2)

　　附注：

　　　題記：書根有胡適題字。

5008　譚祖安先生手寫詩冊（慈衛室詩草一卷粵行集一卷訒菴詩稿一卷菲翁詩稿一卷）譚延闓撰 民國二十年（1931）影印本

　　1函4冊；21.9厘米

　　PKUL(X/811.18/0117/C3)

　　附注：

　　　題記：封面後有胡適題記："《譚組安先生手寫詩》四冊，起癸卯（一九〇三），終民國十九年（一九三〇），不但字跡可愛，其塗改處最可看詩人工力。譚伯羽季甫兩君贈我此冊，胡適記于雙橡園，民國三十年十月四夜。"

5009　湯文正公志學會規一卷（清）倪元坦撰 清道光間（1821—1850）刻本

　　1函1冊；19.5厘米

　　讀易樓合刻

　　PKUL(X/111.79/2714)

　　附注：

　　　題記：書根有胡適題字。

5010　湯子遺書節要八卷（清）湯斌撰（清）彭定求編輯 清道光八年（1828）休陽程氏芸香閣刻本

　　1函2冊；16.7厘米

　　PKUL(X/810.75/3603.1)

附注：

　　题记：书根有胡适题字。

5011 **唐代丛书十二集**（清）陈世熙辑 民国间（1912—1949）锦章图书局石印本

　　2函12册；17.5厘米

　　PKUL（X/081.34/7547）

　　附注：

　　　　题记：书根有胡适题字。

5012 **唐风定二十二卷**（清）邢昉辑 民国二十三年（1934）贵阳邢氏思适斋刻本

　　1函4册；16.5厘米

　　PKUL（X/811.1084/1760/C2）

　　附注：

　　　　印章：总目后钤有"胡适之印"朱文方印。

　　　　题记：总目后有胡适题记："邢冕之送我这部书，我匆匆看了，觉得此书选者的见解颇陋，他只选白居易的一首绝句，跋云：'彼作诗以示老妪，理不得多取也。'（卷二十二，页八）这是什么理由！怪不得他不懂李空同自序'真诗乃在民间'的伟论了。胡适，廿六，三，七。"

　　　　其他：蓝印。

5013 **唐会要一百卷**（宋）王溥撰 清光绪十年（1884）江苏书局刻本

　　4函24册；18.3厘米

　　PKUL（X/373.0914/1033/C4）

　　附注：

　　　　题记：书根有胡适题字。

5014 **唐鉴二十四卷附音注考异一卷**（宋）范祖禹撰（宋）吕祖谦音注（清）胡凤丹纂辑 清同治八年（1871）退补斋刻本

　　1函4册；20.4厘米

　　金华丛书

　　PKUL（X/081.478/4777/C2）

附注：

  題記：書根有胡適題字。

5015 唐六典三十卷 （唐）唐玄宗撰 （唐）李林甫注 清光緒二十一年（1895）廣雅書局刻本

  1 函 4 冊；20.8 厘米

  PKUL(X/373.09141/4045.2/C2)

  附注：

    題記：書根有胡適題字。

5016 唐陸宣公翰苑集二十四卷 （唐）陸贄撰 （清）張佩芳注釋 清光緒七年（1881）刻本

  1 函 8 冊；18 厘米

  PKUL(X/914.10123/7444.3)

  附注：

    題記：書根有胡適題字。

5017 唐律疏議三十卷 （唐）長孫無忌等撰 清光緒十六年（1890）京師刻本

  2 函 12 冊；18.3 厘米

  PKUL(X/390.124/7112.3)

  附注：

    題記：書根有胡適題字。

5018 唐明律合編三十卷 （清）薛允升撰 民國十一年（1922）徐氏退耕堂刻本

  1 函 8 冊；19.3 厘米

  PKUL(X/390.12/4422/C2)

  附注：

    印章：書前、序及卷端有"胡適"朱文方印。

    題記：書前有胡適題記："民國十三年十月三十一日訪董授經先生於法源寺，他帶我去參觀文楷齋刻書工場，我買得此書，價拾肆圓。胡適。"

5019 唐女郎魚玄機詩一卷 （唐）魚玄機撰 清光緒三十一年（1905）影刻本
　　 1函1冊；18厘米
　　 隨庵徐氏叢書
　　 PKUL（X/081.17/2816b/C2）

5020 唐女郎魚玄機詩一卷附錄一卷 （唐）魚玄機撰 清光緒三十三年（1907）長沙葉氏刻本
　　 1函1冊；17.9厘米
　　 麗廎叢書
　　 PKUL（X/081.18/4429d/C2）
　　 附注：
　　　　 題記：書根有胡適題字。

5021 唐人萬首絶句選七卷 （宋）洪邁編 （清）王士禎選 清同治十二年（1873）刻本
　　 1函1冊；17.7厘米
　　 PKUL（X/811.1084/3435.3）
　　 附注：
　　　　 印章：書前鈐有"周祖謨印"朱文方印。
　　　　 題記：書根有胡適題字；書前有周祖謨題記："書內批點為胡適之手蹟，此書當為胡氏所舊藏，周祖謨謹識。一九八八年七月廿八日。"

5022 唐尚書省郎官石柱題名考二十六卷卷首一卷附錄一卷 （清）趙鉞 勞格同撰 清光緒十二年（1886）月河精舍刻本
　　 3函12冊；17.8厘米
　　 月河精舍叢鈔
　　 PKUL（X/081.17/1035/C4:1-:3）
　　 附注：
　　　　 題記：書根有胡適題字。

5023 唐詩三百首集聯一卷 （清）蘅塘退士選 （清）柯巖舊樵集句 民國十八年（1929）鉛印本

1函1册;8.8厘米

PKUL(X/811.1084/4434b)

附注:

　　題記:書根有胡適題字。

5024 唐石經校文十卷（清）嚴可均纂 清光緒十六年(1890)四川尊經書局刻本

1函4册;19.9厘米

石經彙函

PKUL(X/098.5/3191.1)

附注:

　　題記:書根有胡適題字。

5025 唐釋湛然輔行記四十卷（清）張心泰輯 清光緒十一年(1885)潮郡官舍刻本

1函2册;9.7厘米

PKUL(X/232.088/1135/C2)

附注:

　　題記:書根有胡適題字。

5026 唐文拾遺七十二卷目錄八卷（清）陸心源輯 清光緒十四年(1888)刻本

4函24册;17厘米

PKUL(X/817.084/7433/C2)

附注:

　　題記:書根有胡適題字。

5027 唐寫本切韻殘卷三卷 王國維書 民國十年(1921)海寧王氏石印本

1函1册;17.9厘米

PKUL(X/414.17/0354/C3、X/414.17/0354/C5)

附注:

　　題記:書衣有胡適題記:"這部書是王國維先生寫的,他邀集了一班朋友合股付印的,每股十四元,我也出了一股。胡適。"

　　其他:本書有2册。

5028 **唐虞考信錄四卷** （清）崔述著 清道光二年（1822）刻本

1函2冊；18.6厘米

崔東壁先生遺書

PKUL（X/081.579/2233.3/C2：1）

附注：

題記：書根有胡適題字。

5029 **唐御史臺精舍題名考三卷附錄一卷** （清）趙鉞 勞格同撰 清光緒六年（1880）苕溪丁氏刻本

1函2冊；17.8厘米

月河精舍叢鈔

PKUL（X/081.17/1035/C4：1）

附注：

題記：書根有胡適題字。

5030 **唐韻別考一卷** 王國維撰 民國五年（1916）上海倉聖明智大學鉛印本

1函1冊；14.8厘米

廣倉學宭叢書甲類第二集

PKUL（X/081.18/4127/C2：2）

附注：

題記：書根有胡適題字。

5031 **唐韻四聲正一卷** （清）江有誥撰 民國五年（1916）上海倉聖明智大學鉛印本

1函1冊；14.8厘米

廣倉學宭叢書甲類第二集

PKUL（X/081.18/4127/C2：2）

附注：

題記：書根有胡適題字。

5032 **唐折衝府考補一卷** 羅振玉撰 民國五年（1916）上海倉聖明智大學鉛印本

1函1册;14.8厘米

廣倉學宭叢書甲類第二集

PKUL(X/081.18/4127/C2:2)

附注:

 題記:書根有胡適題字。

5033 塘南王先生友慶堂合稿七卷卷首一卷（明）王時槐撰 清光緒三十三年(1907)刻本

1函6册;17.5厘米

PKUL(X/810.6/1064/C2)

附注:

 題記:書根有胡適題字。

5034 倘湖樵書十二卷(初編六卷二編六卷)（清）來集之纂輯 清康熙二十二年(1683)刻本

2函12册;18厘米

PKUL(SB/818.91/4023.1)

附注:

 題記:書根有胡適題字。

5035 弢園文錄外編八卷（清）王韜撰 清光緒九年(1883)香海鉛印本

1函6册;15.2厘米

PKUL(X/817.799/1042/C2)

附注:

 題記:書根有胡適題字。

 批注圈劃:書前二處有胡適批注。

5036 濤園詩集四卷 沈瑜慶撰 民國九年(1920)鉛印本

1函2册;16.9厘米

PKUL(X/811.18/3410)

附注:

题记：书衣有胡适题记："崑三赠我的。十七，三，廿七。胡适。"

5037 **韬园诗集八卷续集一卷** 贾景德撰 民国三十二年（1943）重庆影印本

1函4册；16.3厘米

PKUL（X/811.18/1062-1）

附注：

题记：书衣有作者题记："适之先生教正，贾景德敬赠。"

5038 **陶山集十六卷** （宋）陆佃撰 清乾隆四十一年（1776）武英殿活字本

1函4册；19厘米

PKUL（X/I214.42/5）

附注：

题记：书根有胡适题字。

5039 **陶渊明集十卷** （晋）陶潜撰 清光绪二年（1876）刻本

1函2册；10.1厘米

PKUL（X/810.32/7731.3）

附注：

印章：封面及卷端有"胡适之鉨"朱文方印。

题记：封面有胡适题记："旌德汪仲方先生榘送我的。胡适。卅六，六，廿一"；另夹有赠书者题记："《陶渊明集》莫友芝依宋本覆刻。适之先生赐存。汪榘谨赠。"

5040 **陶渊明诗笺注四卷附录一卷** （晋）陶潜撰 丁福保编纂 民国十六年（1927）上海医学书局铅印本

1函1册；17.2厘米

PKUL（X/811.1327/1032/C3）

附注：

题记：书根有胡适题字。

5041 **陶渊明述酒诗补注一卷** 储皖峰注 民国二十八年（1939）铅印本

1函1册;15.1厘米

PKUL(X/I222.737/1)

附注:

題記:書前題"送給冬秀師母,適之老師,陳漱琴敬贈"。

5042 檮杌萃編二十四回 (清)錢錫寶撰 民國五年(1916)漢口中亞印書館鉛印本

1函6册;18.8厘米

PKUL(X/813.337/8383/C2)

附注:

題記:書根有胡適題字。

5043 檮杌閒評五十卷五十回卷首一卷 清道光二十九年(1849)刻本

1函16册;12.5厘米

PKUL(X/813.3161/4470/C2、X/813.3161/4470/C3)

附注:

題記:書根有胡適題字。

其他:本書有2套。

5044 檮杌閒評五十卷五十回卷首一卷 清(1644—1911)刻本

2函16册;12.3厘米

PKUL(X/813.3161/4470.2)

附注:

題記:書根有胡適題字。

5045 藤陰雜記十二卷 (清)戴璐撰 清光緒三年(1877)吳興會館刻本

1函2册;18.6厘米

PKUL(X/818.97/4317/C2)

附注:

題記:書根有胡適題字。

5046 題額聖閫贊十六卷 (日)釋良定著 日本慶安四年(1651)刻本

1函8冊;21.2厘米

PKUL(X/B94/12)

5047 題嵩洛訪碑圖一卷 (清)翁方綱撰 民國九年(1920)江陰繆氏刻本

1函1冊;12.5厘米

煙畫東堂小品

PKUL(X/081.18/2741a/C2)

附注:

　　題記:書根有胡適題字。

5048 體撰錄一卷 章炳麟撰 民國二十二年(1933)北平刻本

1函1冊;17.9厘米

章氏叢書續編

PKUL(X/081.58/0090a)

附注:

　　題記:書根有胡適題字。

　　其他:藍印。

5049 殢花詞一卷 (清)唐祖命撰 民國十二年(1923)崑山趙氏又滿樓刻本

1函1冊;17.5厘米

又滿樓叢書

PKUL(X/081.18/4901/C3)

5050 天道偶測一卷 (清)李塨著 民國十二年(1923)四存學會鉛印本

1函1冊;18.1厘米

顏李叢書

PKUL(X/081.57/0110.1/C2:4)

附注:

　　題記:書根有胡適題字。

5051 天道溯原三卷 (美)丁韙良著 清同治八年(1869)上海銅板印本

1函1册;15.3厘米

PKUL(X/259.2/1063.1)

5052 天工開物三卷 (明)宋應星著 民國十八年(1929)涉園刻本

1函3册;20厘米

PKUL(X/600/3006.5/C2)

附注:
  題記:書根有胡適題字。

2053 天壤閣雜記一卷 (清)王懿榮撰 清光緒二十一年(1895)元和江氏湖南使院刻本

1函1册;16.2厘米

靈鶼閣叢書第二集

PKUL(X/081.17/3141/C2:1)

附注:
  題記:書根有胡適題字。

5054 天文指極一卷 施括乾撰 民國三十六年(1947)安慶大中華印書局鉛印本

1函1册;17.6厘米

指極叢書

PKUL(X/081.58/0854/C2)

附注:
  題記:書衣有作者題記:"適之先生惠存,施括乾敬贈。"

5055 天下郡國利病書一百二十卷 (清)顧炎武輯 清道光三年(1823)刻本

4函48册;18厘米

PKUL(X/981/3191.2)

附注:
  題記:書根有胡適題字。
  其他:本書存90卷。

5056 天演論二卷 (英)赫胥黎著 嚴復譯 清光緒二十四年(1898)侯官嗜奇精舍石印本
　　1函1冊;19.6厘米
　　PKUL(X/Q111/2/C3)
　　附註:
　　　題記:書根有胡適題字。

5057 天演論二卷 (英)赫胥黎著 嚴復譯 民國八年(1919)上海商務印書館鉛印本
　　1函1冊;16.3厘米
　　PKUL(X/563/0597.3)
　　附註:
　　　題記:書根有胡適題字。

5058 天游閣集五卷詩補一卷附錄一卷 (清)顧太清著 清宣統二年(1910)上海神州國光社鉛印本
　　1函1冊;16.5厘米
　　風雨樓叢書
　　PKUL(X/I222.749/7.1)
　　附註:
　　　題記:書根有胡適題字。

5059 天岳山館文鈔四十卷 (清)李元度撰 清光緒六年(1880)爽谿精舍刻本
　　2函16冊;21.2厘米
　　PKUL(X/817.799/4010/C4)
　　附註:
　　　題記:書根有胡適書寫書名及卷冊。

5060 恬養齋文鈔四卷補遺一卷 (清)羅以智撰 民國二十九年(1940)上海合眾圖書館鉛印本
　　1函2冊;14厘米
　　合眾圖書館叢書

PKUL（X/I264.9/9）

附注：

　　題記：書根有胡適題字。

5061　鐵華館叢書六種　（清）蔣鳳藻輯　清光緒九至十年（1883—1884）長洲蔣氏影刻本

　　1函10冊；17.4厘米

　　PKUL（X/081.17/4474a/C2）

附注：

　　題記：書根有胡適題字。

5062　鐵網珊瑚二十卷　（明）都穆撰　清乾隆二十三年（1758）刻本

　　1函6冊；17.1厘米

　　PKUL（SB/088.6/4726）

附注：

　　題記：書根有胡適題字。

5063　鐵雲藏龜一卷　（清）劉鶚輯　民國間（1912—1949）影印本

　　1函6冊；19.5厘米

　　抱殘守闕齋所藏三代文字

　　PKUL（X/990.811/7267/C2）

附注：

　　題記：書根有胡適題字。

5064　聽園西疆雜述詩四卷　（清）蕭雄撰　清光緒二十一年（1895）元和江氏湖南使院刻本

　　1函3冊；16.2厘米

　　靈鶼閣叢書第三集

　　PKUL（X/081.17/3141/C2:2）

附注：

　　題記：書根有胡適題字。

5065 亭林詩集五卷 （清）顧炎武撰 民國五年（1916）上海同文圖書館石印本

　　1函2冊；16.5厘米

　　PKUL(X/811.169/3191.1)

　　附注：

　　　題記：書根有胡適題字。

5066 亭林文集六卷 （清）顧炎武撰 清（1644—1911）蓬瀛閣刻本

　　1函2冊；18.4厘米

　　亭林遺書

　　PKUL(X/081.57/3191.2/C2)

　　附注：

　　　題記：書根有胡適題字。

5067 亭林遺書十種 （清）顧炎武撰 清（1644—1911）蓬瀛閣刻本

　　1函8冊；18.4厘米

　　PKUL(X/081.57/3191.2/C2)

　　附注：

　　　題記：書根有胡適題字。

5068 庭立記聞四卷 （清）梁學昌輯 清嘉慶十七年（1812）錢塘梁氏刻本

　　1函2冊；18.5厘米

　　PKUL(X/088.7/3376/C2)

　　附注：

　　　題記：書根有胡適題字。

　　　批注圈劃：序前一處有胡適批注。

5069 通德遺書所見錄十九種七十二卷 （清）孔廣林輯 清光緒十六年（1890）山東書局刻本

　　1函4冊；17.8厘米

　　PKUL(X/090.08/1204/C2)

附注：

    題記：書根有胡適題字。

5070 通鑑注辯正二卷 （清）錢大昕撰 清光緒十年（1884）長沙龍氏刻本

    1函1冊；18.7厘米

    嘉定錢氏潛研堂全書

    PKUL(X/081.57/8346:5)

    附注：

        題記：書根有胡適題字。

5071 通俗編三十八卷 （清）翟灝撰 清乾隆十六年（1751）無不宜齋刻本

    1函10冊；17.3厘米

    PKUL(X/031.81/1731/C3)

    附注：

        題記：書根有胡適題字。

5072 通俗文一卷敘録一卷 （漢）服虔撰 （清）臧庸輯 民國二十三年（1934）北平琉璃廠邃雅齋影印本

    1函1冊；14.7厘米

    邃雅齋叢書

    PKUL(X/081.18/4484)

    附注：

        題記：書根有胡適題字。

5073 通俗字林辨證五卷 （清）唐壎輯 民國五年（1916）保陽大同石印局石印本

    1函2冊；19.2厘米

    PKUL(X/413/0042/C2)

    附注：

        題記：書根有胡適題字。

5074 通玄真經十二卷 （周）辛鈃撰 （唐）徐靈府注 清光緒九年（1883）長洲蔣氏影

刻本

1函2冊;17.4厘米

鐵華館叢書

PKUL(X/081.17/4474a/C2)

附注:

題記:書根有胡適題字。

5075 通雅五十二卷卷首三卷 (清)方以智撰 清光緒六年(1880)桐城方氏刻本

2函10冊;17.8厘米

PKUL(X/031.9/0028.1)

附注:

題記:書根有胡適題字。

5076 通志堂經解提要四卷卷首一卷附錄一卷 關文瑛撰 民國二十三年(1934)新京東亞印刷局鉛印本

1函2冊;19厘米

關氏嗣守齋叢著

PKUL(X/090.28/24725/C2)

附注:

題記:書根有胡適題字。

5077 通制條格 (元)伯杭撰 民國十九年(1930)國立北平圖書館影印本

1函5冊;17.2厘米

PKUL(X/373.059/2640/C2)

附注:

題記:書根有胡適題字。

其他:本書存卷2—9,13—22,27—30。

5078 同度記一卷 (清)孔繼涵撰 清光緒間(1875—1908)南陵徐氏刻本

1函1冊;16.6厘米

積學齋叢書

PKUL(X/081.17/2816a/C2:2)

附注：

题记：书根有胡适题字。

5079 同馆律赋精萃六卷附同馆七言长律钞一卷（清）蒋攸铦辑 清道光七年（1827）刻本

1函6册；19厘米

PKUL(X/811.37/4428)

附注：

题记：书根有胡适题字。

5080 同人集十二卷（清）冒襄辑 清光绪八年（1882）水绘园刻本

2函12册；17.9厘米

PKUL(X/810.69/6000.1)

附注：

题记：书根有胡适题字。

5081 同文集一卷（清）黄超曾编 民国八年（1919）江浦陈氏刻本

1函1册；15.8厘米

房山山房丛书

PKUL(X/Z121.6/2)

附注：

题记：书根有胡适题字。

5082 同文韵统六卷（清）章嘉胡土克图纂修 民国二十年（1931）上海商务印书馆影印本

1函3册；22.1厘米

PKUL(X/H71/1)

附注：

题记：书根有胡适题字。

5083 桐城方氏七代遺書二十種 （清）方昌翰輯 清光緒十四年（1888）刻本

　　1函10冊；18.6厘米

　　PKUL（X/081.6/0073/C2）

　　附注：

　　　題記：書根有胡適題字。

5084 桐城吳先生全書（文集四卷詩集一卷傳狀一卷）（清）吳汝綸撰 清光緒三十年（1904）刻本

　　1函4冊；18.4厘米

　　PKUL（X/081.57/2632/C4）

　　附注：

　　　題記：書根有胡適題字。

5085 桐閣關中三先生語要四卷 （清）李元春錄 清（1644—1911）蒙天麻刻本

　　1函2冊；16厘米

　　PKUL（X/111.119/4015）

　　附注：

　　　題記：書根有胡適題字。

5086 桐鄉勞先生遺稿八卷卷首一卷附錄四種 （清）勞乃宣著 民國十六年（1927）桐鄉盧氏刻本

　　1函6冊；17.1厘米

　　PKUL（X/810.8/9913/C2）

　　附注：

　　　題記：書根有胡適題字。

5087 投壺新格一卷 （宋）司馬光撰 清光緒三十二年（1906）長沙葉氏刻本

　　1函1冊；16.7厘米

　　麗廔叢書

　　PKUL（X/081.18/4429d/C2）

　　附注：

題記:書根有胡適題字。

5088 投轄録一卷 (宋)王明清撰 民國十二年(1923)上海商務印書館鉛印本
1函1冊;14.5厘米
PKUL(X/I242.1/9/C2)
附注:
題記:書根有胡適題字。

5089 投轄録一卷 (宋)王明清撰 民國九年(1920)上海商務印書館鉛印本
1函1冊;14.5厘米
PKUL(X/I242.1/9)
附注:
題記:書根有胡適題字。

5090 退葊詞一卷 (清)周之琦撰 民國十四年(1925)錢塘汪氏刻本
1函1冊;15.8厘米
食舊堂叢書
PKUL(X/081.17/3148/C2:4)
附注:
題記:書根有胡適題字。

5091 退菴隨筆二十二卷 (清)梁章鉅編 清道光十七年(1837)刻本
1函8冊;18.7厘米
PKUL(X/088.7/3708/C2)
附注:
題記:書根有胡適題字。

5092 退一步齋詩集十六卷 (清)方潛師著 光緒十八年(1892)鉛印本
1函6冊;16.6厘米
PKUL(X/I215.2/12)
附注:

1581

題記：書根有胡適題字。

5093 退一步齋文集四卷（清）方濬師著 清光緒十八年（1892）鉛印本
    1函4冊；16.6厘米
    PKUL(X/I215.2/12)
    附注：
        題記：書根有胡適題字。

5094 外集二卷（清）章學誠撰 民國間（1912—1949）浙江圖書館鉛印本
    1函1冊；17.7厘米
    章氏遺書
    PKUL(X/081.57/0070.3/C3)
    附注：
        批注圈劃：書內有胡適批注圈劃。

5095 外集二卷（清）章學誠撰 民國十一年（1922）吳興劉氏嘉業堂刻本
    1函2冊；18.2厘米
    章氏遺書
    PKUL(X/081.57/0070.1/C6)
    附注：
        印章：各卷首頁有胡適印章。
        題記：書根有胡適題字。

5096 外交年鑑（民國九年份）二編 外交部統計科編 民國十年（1921）外交部統計科鉛印本
    1函1冊；18.1厘米
    PKUL(X/386.037/2002/C2)
    附注：
        題記：書根有胡適題字。

5097 宛陵先生文集六十卷（宋）梅堯臣撰 清宣統二年（1910）滬上石印本

1函5册;18.4厘米

PKUL(X/811.151/4847/C3)

附注:

题记:书根有胡适题字。

5098 晚明史籍考二十卷附通检一卷 谢国桢辑 民国二十一年(1932)国立北平图书馆铅印本

1函10册;16.3厘米

PKUL(X/013.6/0464/C4)

附注:

题记:书根有胡适题字。

5099 晚唐诗选八卷 (清)王文濡编辑 民国十三年(1924)上海中华书局铅印本

1函4册;16.5厘米

PKUL(X/811.1084/1003)

附注:

题记:书根有胡适题字。

5100 晚学集八卷 (清)桂馥著 清道光二十一年(1841)刻本

1函2册;16.7厘米

PKUL(X/I264.9/11)

附注:

题记:书根有胡适题字。

5101 茘丽园诗一卷 吕美荪撰 民国二十年(1931)铅印本

1函1册;17厘米

PKUL(I226/7)

附注:

题记:书根有胡适题字。

5102 茘丽园诗续一卷 吕美荪撰 民国二十二年(1933)铅印本

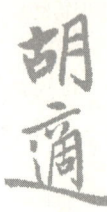

　　1函1册;17厘米

　　PKUL(I226/7a)

　　附注:

　　　題記:書根有胡適題字。

5103 皖學編十三卷卷首三卷 (清)徐定文輯 清宣統元年(1909)徐氏萬卷樓刻本

　　1函6册;18.7厘米

　　PKUL(X/971.0522/2830)

　　附注:

　　　題記:書根有胡適題字。

5104 萬法精理五卷 (法)孟德斯鳩撰 張相文等譯 民國二十四年(1935)北平中國地學會鉛印本

　　1函3册;19厘米

　　南園叢稿

　　PKUL(X/810.8/1140/C3)

　　附注:

　　　題記:書根有胡適題字。

5105 萬里行程記一卷 (清)祁韻士撰 清光緒三十四年(1908)京師鉛印本

　　1函1册;17.6厘米

　　問影樓輿地叢書

　　PKUL(X/981.08/4764/C2)

　　附注:

　　　題記:書根有胡適題字。

5106 萬柳老人詩集殘稿一卷附錄一卷 (明)宋繼澄撰 民國十八年(1929)盧鄉叢書社鉛印本

　　1函1册;16.5厘米

　　PKUL(I222.748/3)

　　附注:

题记:書根有胡適題字。

5107 萬青閣全集 (清)趙吉士撰 清康熙間(1662—1722)刻本

2函16冊;17.6厘米

PKUL(SB/810.72/4944)

附注:

題記:書衣有胡適題記:"十二歲時讀《寄園寄所寄》,是我第一次認得趙吉士。今天得著此書,翻讀了《詳稿》一卷,嫌他八股氣觸人可厭,本不想買他,不幸書店夥計,因為年關近了,情願減價至六元。我若捨不得六塊錢,那就未免太對不住這位小時朋友了。十二,二,九,胡適。"

5108 萬子迂談八卷附錄一卷 (明)萬衣著 清乾隆二十一年(1756)刻本

1函4冊;18.5厘米

PKUL(SB/088.6/4400/C2)

附注:

題記:書根有胡適題字。

5109 汪悔翁乙丙日記三卷 (清)汪士鐸撰 鄧之誠輯錄 民國二十五年(1936)鉛印本

1函1冊;16.1厘米

明齋叢刻

PKUL(X/917.7/3148/C4)

附注:

題記:書根有胡適題字。

5110 汪龍莊先生遺書八種 (清)汪輝祖撰 清光緒間(1875—1908)山東書局刻本

1函3冊;18厘米

PKUL(X/081.57/3193.1)

附注:

題記:書根有胡適題字。

其他:本書存6種。

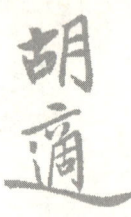

5111 汪梅村先生集十二卷外集一卷 （清）汪士鐸撰 清光緒七年（1881）刻本

　　1函4冊；17.1厘米

　　PKUL（X/810.79/3148/C4）

　　附注：

　　　題記：書根有胡適題字。

5112 汪孟慈文集 （清）汪喜孫撰 民國二十三年（1934）北平琉璃廠邃雅齋影印本

　　1函1冊；14.7厘米

　　邃雅齋叢書

　　PKUL（X/081.18/4484）

　　附注：

　　　題記：書根有胡適題字。

5113 汪穰卿遺箸八卷 （清）汪康年撰 民國九年（1920）錢塘汪氏鉛印本

　　1函4冊；17.8厘米

　　PKUL（X/810.79/3108/C5）

　　附注：

　　　題記：書衣有胡適題記："十二年六月，高夢旦先生替我討來的。胡適。生 1860—，死 1911。"

5114 汪堯峯先生年譜一卷 趙經達編輯 民國十四年（1925）崑山趙氏又滿樓刻本

　　1函1冊；17.4厘米

　　又滿樓叢書

　　PKUL（X/081.18/4901/C3）

5115 汪子遺書 （清）汪縉著 清光緒八年（1882）刻本

　　1函6冊；18.1厘米

　　PKUL（X/Z124.5/3）

　　附注：

　　　題記：書根有胡適題字。

5116 王伯申文集補編二卷 （清）王引之撰 劉盼遂輯 民國二十五年（1936）北平來薰閣書店鉛印本

  1函1冊；16.3厘米

  段王學五種

  PKUL(X/081.7/7263/C3)

  附注：

    批注圈劃：書內兩處有胡適朱筆圈劃。

5117 王荊公年譜考略二十五卷卷首三卷雜錄二卷附錄一卷 （清）蔡上翔著 民國十三年（1924）胡適鈔本

  1函6冊；27.7厘米

  PKUL(SB/979/1021.3)

  附注：

    題記：書衣有胡適題記："蔡上翔《王荊公年譜》，胡適抄藏。十三年一月"；書前有胡適題記："我知道此書，是由於梁任公先生的紹介；他藏有此書的刻本，承他借給我抄寫一本，後來單不廣先生又替北京大學圖書館借抄一部。記此謝謝梁先生。胡適。十三，四，十七"；另有胡適抄錄原本書名頁。

    與胡適的關係：函套有胡適題籤："《王荊公年譜》，蔡上翔著，胡適。"

5118 王龍谿先生全集二十卷 （明）王畿撰 清道光二年（1822）會稽莫晉刻本

  2函12冊；19.9厘米

  PKUL(X/810.64/1022)

  附注：

    題記：書根有胡適題字。

5119 王石臞文集補編一卷 （清）王念孫撰 劉盼遂輯 民國二十五年（1936）北平來薰閣書店鉛印本

  1函1冊；16.3厘米

  段王學五種

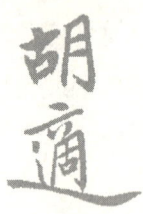

PKUL(X/081.7/7263/C3)

附注：

    題記：書根有胡適題字。

5120 王文成公全書七種三十八卷（明）王守仁撰 清同治至光緒間(1862—1908)刻本

    3函24冊；18.3厘米

    PKUL(X/081.56/1032/C2)

    附注：

        批注圈劃：書内有胡適批注。

5121 王文簡公文集四卷附錄一卷（清）王引之撰 民國十四年(1925)上虞羅氏鉛印本

    1函2冊；17.9厘米

    高郵王氏遺書

    PKUL(X/081.6/6051/C2)

    附注：

        題記：書根有胡適題字。

5122 王文肅公遺文一卷補遺一卷（清）王安國撰 民國十四年(1925)上虞羅氏鉛印本

    1函1冊；17.9厘米

    高郵王氏遺書

    PKUL(X/081.6/6051/C2)

    附注：

        題記：書根有胡適題字。

5123 王先謙自定年譜三卷（清）王先謙撰 清光緒三十四年(1908)長沙王氏刻本

    1函3冊；17.5厘米

    PKUL(X/979.2/1842/C2)

    附注：

题记:书根有胡适题字。

5124 王阳明先生传习录三卷卷末一卷年谱一卷（清）孙奇逢等评 陶滪霍等续评 民国四年(1915)文胜印局铅印本

　　1函2册;14.4厘米

　　PKUL(X/111.63/1243)

　　附注:

　　　题记:书根有胡适题字。

5125 王贻上与林吉人手札一卷王贻上与汪于鼎手札一卷（清）王士禛撰 民国九年(1920)江阴缪氏刻本

　　1函1册;12.5厘米

　　烟画东堂小品

　　PKUL(X/081.18/2741a/C2)

　　附注:

　　　题记:书根有胡适题字。

5126 王制笺一卷（清）皮锡瑞编 清光绪三十四年(1908)思贤书局刻本

　　1函1册;21厘米

　　PKUL(X/373.09/4081)

　　附注:

　　　题记:书根有胡适题字。

　　　其他:朱墨套印。

5127 王忠文公集二十卷（明）王祎撰 清同治九年(1870)退补斋刻本

　　1函10册;19.4厘米

　　金华丛书

　　PKUL(X/081.478/4777/C2)

　　附注:

　　　题记:书根有胡适题字。

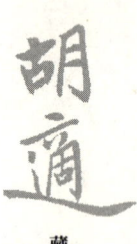

5128 忘筌書十卷 (宋)潘殖撰 清嘉慶十六年(1811)蒲城祝氏留香室刻本

1函2冊;19.1厘米

蒲城遺書

PKUL(X/B229/5)

附注:

題記:書前有胡適題記:"此書是南宋思想史的一種重要材料。胡適。十四,一,五。"

5129 忘憂清樂集一卷 (宋)李逸民撰 民國五年(1916)影印本

1函1冊;20.6厘米

隨盦叢書續編

PKUL(X/081.17/2816d/C3)

附注:

題記:書根有胡適題字。

5130 望嵩堂奏稿十二卷 陳璧撰 陳宗蕃編 民國二十一年(1932)鉛印本

1函6冊;17.1厘米

PKUL(X/917.9123/7570/C3)

附注:

題記:書根有胡適題字;書衣有贈書者題記:"敬贈適之先生,陳綿。廿一年九月一日。"

5131 薇省同聲集四種 (清)彭鑾輯 清光緒十六年(1890)刻本

1函2冊;14.5厘米

PKUL(X/I222.85/20)

附注:

題記:書根有胡適題字。

5132 為一齋文鈔一卷 (清)陳嘉謨撰 民國二十年(1931)冀縣陳悅華鉛印本

1函1冊;16.4厘米

PKUL(X/817.79/7540/C2)

附注:

  題記:書根有胡適題字。

5133 唯識二十論一卷 （唐）釋玄奘譯 清宣統二年(1910)江西刻經處刻本

  1函1冊;18厘米

  PKUL(X/239.5204/3044a/C2)

  附注:

    印章:書衣題"適"字。

    批注圈劃:書內有胡適朱筆批注圈劃。

5134 唯識二十論述記四卷 （唐）釋窺基撰 清宣統二年(1910)江西刻經處刻本

  1函2冊;18厘米

  PKUL(X/239.5204/3044a/C2)

  附注:

    印章:書衣有胡適題"適"字。

5135 唯識開蒙問答二卷 （元）釋雲峯集 清宣統三年(1911)揚州藏經禪院刻本

  1函2冊;17.9厘米

  PKUL(X/232.7407/1022/C3)

  附注:

    題記:書根有胡適題字。

5136 維摩詰所説經三卷 （後秦）釋鳩摩羅什譯 清同治九年(1870)南京金陵刻經處刻本

  1函1冊;17厘米

  PKUL(X/232.37/4062)

  附注:

    題記:書衣有胡適朱筆題記:"這是一部很荒誕的小説,居然有人奉作經典,豈非怪事！適,九,九,十二";另有墨筆題記:"朱芾皇贈。四年前的跋大謬。此書有文學意味,故能行遠;説理簡而不繁,故能傳久而效大。《法華》與《維摩》真二大魔力,最不可忽視。適。十四,一,廿九。"

批注圈劃：書內多處有胡適批注圈劃。

5137 葦間老人題畫集一卷 （清）邊壽民撰 民國十年（1921）如皋冒氏刻本
1函1冊；16.5厘米
楚州叢書
PKUL（X/Z122.53/1）
附注：
題記：書根有胡適題字。

5138 味檗齋文集十五卷 （明）趙南星著 清光緒五年（1879）刻本
1函8冊；17.3厘米
畿輔叢書
PKUL（X/817.69/4946）
附注：
題記：書根有胡適題字。

5139 味菜堂疊次韻詩二卷 汪淵撰 民國四年（1915）鉛印本
1函1冊；17.1厘米
PKUL（X/I222/5）
附注：
題記：封面題"適之兄惠存，弟洪範五寄贈"。

5140 味菜堂詩集四卷 汪淵撰 清光緒二十三年（1897）刻本
1函1冊；18.3厘米
PKUL（X/I222.75/30）
附注：
題記：敘後有胡適題記："此序真不可卒讀。譚獻負一世盛名，而實不通。卷一，頁二十三'予祖居績北郎家溪。自乾隆中遷此（此當指休寧商山），與洲（此指竹洲）為鄰'。是此人原籍績溪而居休寧商山，已歷百餘年。適。九，十一，十一。"

5141 味閒堂詞鈔一卷 (清)陶然撰 民國十八年(1929)中華書局鉛印本

　　1函1冊;15.3厘米

　　PKUL(X/I222.85/9)

　　附注:

　　　　印章:內封鈐有"陶善鍾"朱文方印。

　　　　題記:內封有胡適題記:"適之學長惠存,同學弟毓琪陶善鍾敬贈。"

5142 味辛詞二卷 顧隨撰 民國十七年(1928)鉛印本

　　1函1冊;13.1厘米

　　PKUL(X/811.78/3174b/C2)

　　附注:

　　　　題記:書衣有作者題記:"適之先生教正,受業顧隨。"

5143 渭南詩集二卷 (唐)趙嘏撰 民國十年(1921)如皋冒氏刻本

　　1函1冊;16.5厘米

　　楚州叢書

　　PKUL(X/Z122.53/1)

　　附注:

　　　　題記:書根有胡適題字。

5144 魏略輯本二十五卷 (魏)魚豢撰 張鵬一輯 民國十三年(1924)陝西文獻徵輯處刻本

　　1函2冊;16.4厘米

　　關隴叢書

　　PKUL(X/913.1/2790/C4)

　　附注:

　　　　題記:書根有胡適題字。

5145 魏三體石經遺字考一卷 (清)孫星衍撰 清光緒十六年(1890)四川尊經書局刻本

　　1函1冊;19.9厘米

石經彙函

PKUL(X/098.5/3191.1)

附注：

題記：書根有胡適題字。

5146 魏石經考二卷 王國維撰 民國五年(1916)上海倉聖明智大學影印本

1函1冊；14.8厘米

廣倉學窘叢書甲類第一集

PKUL(X/081.18/4127/C2；1)

附注：

題記：書根有胡適題字。

5147 魏書宗室傳注十二卷魏宗室世系表一卷 羅振玉撰 民國十三年(1924)上虞羅氏刻本

1函4冊；17.9厘米

PKUL(X/913.81043/6051/C5)

附注：

題記：書衣題"羅叔言先生送我的，胡適。十三，十二，十八"。

5148 魏正始石經殘字二卷(尚書一卷春秋一卷) 羅振玉輯 民國十二年(1923)海寧慎初堂陳氏影印本

1函2冊；25.5厘米

PKUL(X/990.813/6051a)

附注：

題記：書根有胡適題字。

5149 溫州古甓記一卷 (清)孫詒讓撰 民國間(1912—1949)鉛印本

1函1冊；16.2厘米

PKUL(X/991.41/1200/C3)

附注：

題記：書根有胡適題字。

5150 文昌雜録六卷補遺一卷 （宋）龐元英撰 清乾隆二十一年（1756）雅雨堂刻本

　　1函1冊;18厘米

　　雅雨堂叢書

　　PKUL(SB/081.17/2168/C4:4)

5151 文端公年譜三卷 （清）錢儀吉編 清光緒二十年（1894）刻本

　　1函3冊;17.7厘米

　　PKUL(X/K827.49/9)

　　附注：

　　　題記：書根有胡適題字。

5152 文公先生經世大訓十六卷 （宋）朱熹撰 （明）余祐編 明嘉靖元年（1522）河南按察司刻本

　　1函6冊;22.9厘米

　　PKUL(S/K245.63/1)

　　附注：

　　　題記：書根有胡適題字。

5153 文集八卷 （清）章學誠撰 民國十一年（1922）吳興劉氏嘉業堂刻本

　　1函6冊;18.2厘米

　　章氏遺書

　　PKUL(X/081.57/0070.1/C6)

　　附注：

　　　印章：各卷首頁有"胡適"朱文方印。

　　　題記：書根有胡適題字。

5154 文集七卷 （清）章學誠撰 民國間（1912—1949）浙江圖書館鉛印本

　　1函4冊;17.7厘米

　　章氏遺書

　　PKUL(X/081.57/0070.3/C3)

附注：

  批注圈劃：書內有胡適批注。

5155 文瀾閣目索引 楊立誠編 民國十八年（1929）浙江印刷公司鉛印本

  1函1冊；16.4厘米

  PKUL(G/Z834/1/C2)

  附注：

    題記：書根有胡適題字。

5156 文史通義內篇一卷外篇三卷 （清）章學誠撰 民國間（1912—1949）浙江圖書館鉛印本

  1函2冊；17.7厘米

  章氏遺書

  PKUL(X/081.57/0070.3/C3)

  附注：

    題記：封面有胡適題記："這幾個月以來，我到處搜求章實齋的遺著，甚至寫信到日本去訪問，——却不知道浙江圖書館已將此書刻出了！十年一月二日，俞平伯君為我買到此書，為十年度第一部新得的書，我的歡喜自不必說了！胡適。十，一，二。"

    批注圈劃：書內多處有胡適批注。

5157 文史通義內篇六卷外篇三卷 （清）章學誠撰 民國十一年（1922）吳興劉氏嘉業堂刻本

  1函5冊；18.2厘米

  章氏遺書

  PKUL(X/081.57/0070.1/C6)

  附注：

    印章：各卷首頁鈐有"胡適"朱文方印。

    題記：書根有胡適題字。

5158 文史通義補編一卷附鈔本目一卷刊本所有鈔本所無目一卷 （清）章學誠撰 清

光緒二十三年(1897)元和江氏湖南使院刻本

1函1冊;16.2厘米

靈鶼閣叢書第四集

PKUL(X/081.17/3141/C2:3)

附註:

題記:書根有胡適題字。

5159 **文始九卷** 章炳麟著 民國間(1912—1949)上海右文社鉛印本

1函4冊;15厘米

章氏叢書

PKUL(X/081.58/0090.1:1)

附註:

題記:書根有胡適題字。

5160 **文始九卷** 章炳麟著 民國二年(1913)浙江圖書館影印本

1函1冊;19.5厘米

PKUL(X/411/0090a)

附註:

印章:封面鈐有"胡適藏書"朱文方印。

題記:書衣有贈書者題記:"這《文始》是章太炎先生研究文字學最精的著作。民國六年九月二十日奉送適之先生。玄同。"

5161 **文外編四卷** (清)薛福成撰 清光緒十九年(1893)無錫薛氏刻本

1函4冊;17厘米

庸盦全集

PKUL(X/081.57/4435/C3)

附註:

題記:書根有胡適題字。

5162 **文心雕龍十卷** (南朝梁)劉勰撰 (清)黃叔琳注 (清)紀昀評 清道光十三年(1833)兩廣節署刻本

1597

1函4冊;18厘米

PKUL(X/810.04/7246/C2)

附注：

　　題記：書前有羅家倫題記："謹贈適之先生，以爲去國紀念；因爲他是三年來影響我思想最大的先生。學生家倫謹誌。九，九，七。"

　　其他：朱墨套印。

5163 文心雕龍十卷補注一卷（南朝梁）劉勰撰（清）黃叔琳注 民國六年（1917）潮陽鄭氏龍谿精舍刻本

1函1冊;17.4厘米

龍谿精舍叢書

PKUL(X/081.18/8762/C2:11)

附注：

　　題記：書根有胡適題字。

5164 文續編二卷（清）薛福成撰 清光緒十五年（1889）無錫薛氏刻本

1函2冊;17厘米

庸盦全集

PKUL(X/081.57/4435/C3)

附注：

　　題記：書根有胡適題字。

5165 文選課虛四卷（清）杭世駿撰 清咸豐元年（1851）長沙小娜嬛山館刻本

1函1冊;13厘米

杭氏七種

PKUL(X/081.57/4047a/C2)

5166 文選旁證四十六卷（清）梁章鉅撰 清光緒八年（1882）吳下刻本

2函12冊;20.6厘米

PKUL(X/810.079/4423/C2)

附注：

題記:書根有胡適題字。

5167 文貞公年譜二卷 (清)李清植纂輯 清(1644—1911)安溪李氏刻本

　　1函2冊;16.3厘米

　　PKUL(X/K827.49/3)

　　附注:

　　　題記:書根有胡適題字。

5168 文中子中説十卷 (宋)阮逸註 清光緒二年(1876)浙江書局刻本

　　1函2冊;18厘米

　　PKUL(X/111.37/1037.2)

　　附注:

　　　題記:書根有胡適題字。

5169 問津院志六卷卷首一卷卷末一卷 (清)王會釐纂 清光緒三十一年(1905)刻本

　　1函6冊;20.4厘米

　　PKUL(X/981.389/1085)

　　附注:

　　　題記:書根有胡適題字。

5170 問影樓輿地叢書第一集十五種 (清)胡思敬編 清光緒三十四年(1908)京師鉛印本

　　1函10冊;17.6厘米

　　PKUL(X/981.08/4764/C2)

　　附注:

　　　題記:書根有胡適題字。

5171 翁山文鈔六卷 (清)屈大均撰 民國三十七年(1948)長沙商務印書館影印本

　　1函1冊;11.8厘米

　　廣東叢書

　　PKUL(X/081.483/0535)

附注：
    題記：書根有胡適題字。

5172 翁文恭公日記不分卷 （清）翁同龢撰 民國十四年（1925）上海涵芬樓影印本
    8 函 40 冊；16.6 厘米
    PKUL(X/979.3/8078/C2)
    附注：
        題記：書根有胡適題字。

5173 甕牖餘談八卷 （清）王韜撰 清光緒元年（1875）上海申報館鉛印本
    1 函 4 冊；12.4 厘米
    PKUL(X/088.7/1042/C2)
    附注：
        題記：書根有胡適題字。

5174 我佛山人筆記四種四卷 （清）吳趼人撰 民國四年（1915）瑞華書局鉛印本
    1 函 4 冊；17.1 厘米
    PKUL(X/818.81/2668/C2)
    附注：
        題記：書根有胡適題字。

5175 我信錄二卷 （清）羅聘撰 清宣統元年（1909）南陵徐氏刻本
    1 函 1 冊；14.4 厘米
    懷豳雜俎
    PKUL(X/081.18/2816b/C4)
    附注：
        題記：書根有胡適題字。

5176 臥游錄一卷 （宋）呂祖謙撰 清同治九年（1870）退補齋刻本
    1 函 1 冊；19.7 厘米
    金華叢書

PKUL(X/081.478/4777/C2)

附注：

题记：书根有胡适题字。

5177 吴礼部诗话一卷 （元）吴师道撰 民国十三年（1924）永康胡氏梦选庼刻本

1函1册;18.2厘米

续金华丛书

PKUL(X/081.478/4777a/C2;10)

附注：

题记：书根有胡适题字。

5178 吴礼部文集二十卷附录一卷 （元）吴师道撰 民国十三年（1924）永康胡氏梦选庼刻本

1函6册;18.2厘米

续金华丛书

PKUL(X/081.478/4777a/C2;8)

附注：

题记：书根有胡适题字。

5179 吴山夫先生年谱一卷 段朝端撰 民国十年（1921）如皋冒氏刻本

1函1册;16.5厘米

楚州丛书

PKUL(X/Z122.53/1)

附注：

题记：书根有胡适题字。

5180 吴山子遗文一卷 （清）吴育撰 民国九年（1920）江阴缪氏刻本

1函1册;12.5厘米

烟画东堂小品

PKUL(X/081.18/2741a/C2)

附注：

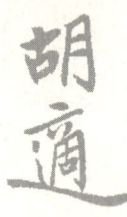

　　題記：書根有胡適題字。

5181 吳興藏書錄一卷（清）鄭元慶撰 民國二十年（1931）北平富晉書社影印本
　　1函1冊；10.3厘米
　　范聲山雜著
　　PKUL(X/081.57/4481/C2)
　　附注：
　　　題記：書根有胡適題字。

5182 吳興記一卷（南朝宋）山謙之撰 民國二十年（1931）北平富晉書社影印本
　　1函1冊；10.3厘米
　　范聲山雜著
　　PKUL(X/081.57/4481/C2)
　　附注：
　　　題記：書根有胡適題字。

5183 吳興入東記一卷（南朝梁）吳均撰 民國二十年（1931）北平富晉書社影印本
　　1函1冊；10.3厘米
　　范聲山雜著
　　PKUL(X/081.57/4481/C2)
　　附注：
　　　題記：書根有胡適題字。

5184 吳興山墟名一卷（南朝宋）張玄之撰 民國二十年（1931）北平富晉書社影印本
　　1函1冊；10.3厘米
　　范聲山雜著
　　PKUL(X/081.57/4481/C2)
　　附注：
　　　題記：書根有胡適題字。

5185 吳興沈夢麟先生花谿集三卷 （元）沈夢麟撰 清宣統二年(1910)沈氏刻本

1函2冊;12.9厘米

枕碧樓叢書

PKUL(X/081.18/3435/C2)

5186 吳興統記一卷 （宋）左文質撰 民國二十年(1931)北平富晉書社影印本

1函1冊;10.3厘米

范聲山雜著

PKUL(X/081.57/4481/C2)

附注：

　題記：書根有胡適題字。

5187 吳興志續編一卷 （宋）周世南等撰 民國二十年(1931)北平富晉書社影印本

1函1冊;10.3厘米

范聲山雜著

PKUL(X/081.57/4481/C2)

附注：

　題記：書根有胡適題字。

5188 吳游片羽 葉恭綽等撰 民國十七年(1928)鉛印本

1函1冊;12.7厘米

PKUL(X/811.1088/4442)

附注：

　題記：書根有胡適題字。

5189 吳越春秋十卷附札記一卷逸文一卷 （漢）趙曄撰 （宋）徐天祐音注 清光緒三十二年(1906)影刻本

1函2冊;18.7厘米

隨庵徐氏叢書

PKUL(X/081.17/2816b/C2)

1603

5190 吳越春秋十卷附札記一卷逸文一卷 （漢）趙曄撰 （宋）徐天祐音注 民國六年
（1917）潮陽鄭氏龍谿精舍刻本
1函3冊；17.4厘米
龍谿精舍叢書
PKUL（X/081.18/8762/C2：2-3）
附注：
題記：書根有胡適題字。

5191 吳越春秋校勘記一卷 （清）顧觀光著 清光緒九年（1883）上海獨山莫祥芝刻本
1函1冊；18.6厘米
武陵山人遺書
PKUL（X/081.57/3149/C2）
附注：
題記：書根有胡適題字。

5192 吳中判牘一卷 （清）蒯德模撰 民國十八年（1929）江寧刻本
1函1冊；17.8厘米
PKUL（X/811.179/4224.1）
附注：
題記：書根有胡適題字。

5193 無病詞三卷 顧隨撰 民國十六年（1927）鉛印本
1函1冊；13.1厘米
PKUL（X/811.78/3174b/C2）
附注：
題記：書衣有作者題記："適之先生教正，受業顧隨。"

5194 無腔村笛二卷 （清）吳振棫撰 清（1644—1911）刻本
1函1冊；19厘米
PKUL（X/I222.849/12）
附注：

題記：書根有胡適題字。

5195 無聞集四卷 （清）崔述著 清道光四年（1824）刻本
　　1函2冊；19.5厘米
　　崔東壁先生遺書
　　PKUL(X/081.579/2233.3/C2：3）
　　附註：
　　　題記：書根有胡適題字。
　　　批注圈劃：書內有胡適朱筆批注圈劃。

5196 無邪堂答問五卷 （清）張之洞述 （清）朱一新輯 清光緒二十二年（1896）上海鴻寶齋石印本
　　1函4冊；11.7厘米
　　PKUL(X/087.7/1133.1）
　　附註：
　　　題記：書根有胡適題字。
　　　其他：本書存卷1—4。

5197 無益有益齋論畫詩二卷 （清）李葆恂撰 清宣統元年（1909）南陵徐氏刻本
　　1函1冊；14.4厘米
　　懷幽雜俎
　　PKUL(X/081.18/2816b/C4）
　　附註：
　　　題記：書根有胡適題字。

5198 無冤錄二卷 （元）王與撰 清宣統元年（1909）沈氏刻本
　　1函2冊；13.1厘米
　　枕碧樓叢書
　　PKUL(X/081.18/3435/C2）

5199 五燈會元五十七卷 （宋）釋普濟撰 清光緒三十四年（1908）長沙刻本

1605

3 函 20 册;18.2 厘米

PKUL(X/230.96/8030.1)

附注:

　　題記:書根有胡適題字。

5200 五服異同彙三卷 (清)崔述著 清道光四年(1824)刻本

　　1 函 2 册;19.5 厘米

　　崔東壁先生遺書

　　PKUL(X/081.579/2233.3/C2:3)

　　附注:

　　　　題記:書根有胡適題字。

　　　　批注圈劃:書内有胡適朱筆批注圈劃。

5201 五美緣全傳八十回 清道光二十三年(1843)慎德堂刻本

　　1 函 6 册;12.2 厘米

　　PKUL(X/813.35/1828)

　　附注:

　　　　題記:書根有胡適題字。

5202 五子近思録十四卷 (宋)朱熹編 (清)汪佑訂補 清康熙三十二年(1693)刻本

　　1 函 4 册;20.5 厘米

　　PKUL(SB/111.5636/2540a)

　　附注:

　　　　題記:書根有胡適題字。

5203 五宗圖説一卷 (清)萬光泰撰 民國五年(1916)上海倉聖明智大學鉛印本

　　1 函 1 册;14.8 厘米

　　廣倉學宭叢書甲類第一集

　　PKUL(X/081.18/4127/C2:1)

　　附注:

　　　　題記:書根有胡適朱筆題字。

5204 武林舊事十卷 （宋）周密輯 民國間(1912—1949)上海進步書局石印本

1函2冊;13厘米

PKUL(X/981.3978/7730.1)

附注：

題記：書衣有胡適題記："七年,二月廿四夜,在東安市場買的。適。"

5205 武陵山人遺書十種 （清）顧觀光著 清光緒九年(1883)上海獨山莫祥芝刻本

1函10冊;18.7厘米

PKUL(X/081.57/3149/C2)

附注：

題記：書根有胡適題字。

5206 武夷新集二十卷楊文公逸詩文一卷 （宋）楊億撰 清嘉慶十六年(1811)浦城祝氏留香室刻本

1函6冊;19.1厘米

浦城遺書

PKUL(X/081.481/3665/C2)

附注：

題記：書根有胡適題字。

5207 物理論一卷 （晉）楊泉撰 （清）孫星衍輯 民國六年(1917)潮陽鄭氏龍谿精舍刻本

1函1冊;17.4厘米

龍谿精舍叢書

PKUL(X/081.18/8762/C2:9)

附注：

題記：書根有胡適題字。

5208 物理小識十二卷 （清）方以智著 （清）于藻重訂 清康熙三年(1664)刻本

1函6冊;19.4厘米

PKUL(SB/500.88/0028/C2)

附注：

題記：書根有胡適題字。

5209 物異考一卷 （宋）方鳳撰 民國十三年（1924）永康胡氏夢選廎刻本

1函1冊；18.2厘米

續金華叢書

PKUL(X/081.478/4777a/C2:3)

附注：

題記：書根有胡適題字。

5210 婺書八卷 （明）吳之器著 明崇禎十四年（1641）刻本

1函4冊；18.7厘米

PKUL(S/K820/2)

附注：

題記：書根有胡適題字。

5211 鶩音集二卷（彊邨樂府一卷蕙風琴趣一卷） 孫德謙編 民國七年（1918）四益館鉛印本

1函1冊；15.5厘米

PKUL(X/811.78/1220)

附注：

題記：書衣有胡適題記："《鶩音集》況周頤的《蕙風琴趣》，朱孝臧的《彊邨樂府》。"

5212 西陂類稿五十卷補遺一卷 （清）宋犖撰 清康熙五十年（1711）刻 民國六年（1917）印

2函20冊；18.5厘米

PKUL(X/810.72/3099.1)

附注：

題記：書根有胡適題字。

5213 西漢會要七十卷（宋）徐天麟撰 清光緒五年(1879)嶺南學海堂刻本

1函10冊;13.8厘米

PKUL(X/373.09121/2810.4/C2)

附注：

題記：書根有胡適題字。

5214 西漢經學與政治講義一卷 楊向奎撰 民國間(1912—1949)石印本

1函1冊;25.5厘米

PKUL(X/D092/4)

附注：

題記：書衣後有作者題記："適之先生指正，學生楊向奎謹贈。三五，八，五。"

5215 西漢年紀三十卷（宋）王益之撰 清同治十二年(1873)退補齋刻本

2函10冊;19.4厘米

金華叢書

PKUL(X/081.478/4777/C2)

附注：

題記：書根有胡適題字。

5216 西河合集（清）毛奇齡撰 清康熙二十五年(1686)蕭山書留草堂刻本

10函130冊;20.1厘米

PKUL(X/081.57/2042/C2)

附注：

題記：書衣有胡適題記："民國六年十月三日，在琉璃廠買得這部書。價銅子四十四個。胡適。"

批注圈劃：書前《西河先生傳》及總目多處有胡適批注圈劃。

5217 西河詩話一卷西河詞話一卷（清）毛奇齡撰 清宣統三年(1911)上海文瑞樓石印本

1函2冊;16.4厘米

PKUL(X/811.104/2042)

附註：

　　題記：書根有胡適題字。

5218 **西湖消夏錄一卷** 官道尊撰 民國十七年(1928)協昌印刷公司鉛印本

1函1冊;17.9厘米

勵志齋叢書

PKUL(X/I265/3)

附註：

　　題記：書根有胡適題字。

5219 **西湖新志十四卷** 胡祥翰輯 民國十年(1921)鉛印本

1函4冊;17.8厘米

PKUL(X/981.355/4734)

附註：

　　題記：書衣有胡適題記。

5220 **西晉地理圖** (清)楊守敬編繪 清宣統元年(1909)刻本

1函1冊;23厘米

PKUL(X/K992.637/1、X/981.209/4634/C3)

附註：

　　題記：書根有胡適題字。

　　其他：本書有2冊;朱墨套印。

5221 **西京雜記二卷** (漢)劉歆撰 清光緒間(1875—1908)湖北崇文書局刻本

1函1冊;10.7厘米

正覺樓叢刻

PKUL(X/081.17/3120/C2:3)

附註：

　　題記：書根有胡適題字。

5222 西京雜記二卷 (漢)劉歆撰 民國六年(1917)潮陽鄭氏龍谿精舍刻本
　　1函1冊;17.4厘米
　　龍谿精舍叢書
　　PKUL(X/081.18/8762/C2:10)
　　附注:
　　　題記:書根有胡適題字。

5223 西庫隨筆一卷 (明)方孔炤著 清光緒十四年(1888)刻本
　　1函1冊;18.6厘米
　　桐城方氏七代遺書
　　PKUL(X/081.6/0073/C2)
　　附注:
　　　題記:書根有胡適題字。

5224 西崑酬唱集二卷 (宋)楊億編 清嘉慶十六年(1811)浦城祝氏留香室刻本
　　1函1冊;18.8厘米
　　浦城遺書
　　PKUL(X/081.481/3665/C2)
　　附注:
　　　題記:書根有胡適題字。

5225 西銘講義一卷 (清)羅澤南著 清咸豐七年(1857)長沙刻本
　　1函1冊;18.3厘米
　　羅山遺集
　　PKUL(X/081.57/6034.1/C2)
　　附注:
　　　題記:書根有胡適題字。

5226 西青散記四卷 (清)史震林撰 清乾隆二年(1737)三餘堂刻本
　　1函8冊;17.8厘米

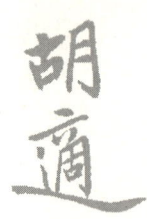

　　PKUL(S/I262/2.1)

　　附注：

　　　題記：書根有胡適題字。

5227 西清續鑑甲編二十卷附錄一卷 （清）高宗弘曆敕編 清宣統二年（1910）上海涵芬樓影印本

　　4函42冊；17.6厘米

　　PKUL(X/991.07/3503/C3)

　　附注：

　　　題記：書根有胡適題字。

5228 西清續鑑乙編二十卷 （清）高宗弘曆敕編 民國二十年（1931）財政部印刷局影印本

　　2函20冊；17.6厘米

　　PKUL(X/991.07/3530.2/C4)

　　附注：

　　　題記：書根有胡適題字。

5229 西儒耳目資 （法）金尼閣撰 民國二十二年（1933）國立北京大學北平圖書館影印本

　　1函3冊；15.3厘米

　　PKUL(X/414/8420/C3)

　　附注：

　　　印章：封面鈐有"胡適之印"朱文方印。

　　　題記：封面有胡適題記："毛子水送我的。胡適。"

5230 西山文鈔八卷 （宋）真德秀撰 清嘉慶間（1796—1820）浦城祝氏留香室刻本

　　1函3冊；19.1厘米

　　浦城遺書

　　PKUL(X/081.481/3665/C2)

　　附注：

題記:書根有胡適題字。

5231 西天目祖山志八卷卷首一卷卷末一卷補遺一卷 (明)釋廣賓纂輯 (清)釋際界增訂 民國二十年(1931)宏大善書局石印本

1函2冊;19.7厘米

PKUL(X/981.368/0030.1)

附注:

題記:內封有胡適題記:"民國廿四年九月遊天目山,項楚愚先生贈。"

5232 西夏紀二十八卷卷首一卷 戴錫章撰 民國十三年(1924)京華印書局鉛印本

1函10冊;17.1厘米

PKUL(X/915.8/4380/C2)

附注:

題記:書根有胡適題字。

5233 西夏紀事本末三十六卷 (清)張鑑著 清光緒十一年(1885)金陵刻本

1函3冊;20.2厘米

PKUL(X/915.8/1188.1)

附注:

題記:書根有胡適題字。

5234 西夏書事四十二卷 (清)吳廣成纂 民國二十四年(1935)北平文奎堂影印本

1函8冊;14.1厘米

PKUL(X/915.8/6007/C2)

附注:

題記:書根有胡適題字。

5235 西廂記五本附十卷 (元)王實甫撰 民國間(1912—1949)夢鳳樓暖紅室刻本

1函8冊;20.2厘米

彙刻傳奇第二種

PKUL(X/812.2/1035.13)

附注：

　　题记：书衣有赠书者题记："民国十一年十月赠适之兄，马裕藻。"

5236　西厢记五卷卷末一卷（元）王实甫撰（清）毛奇龄论定 民国二十年（1931）武进董氏诵芬室影印本

　　1函4册；17.6厘米

　　PKUL（X/812.2/1035.2/C2）

　　附注：

　　　题记：书根有胡适题字。

5237　西巡大事记十一卷卷首一卷校勘记一卷 王彦威辑 王亮编 民国二十二年（1933）北平外交史料编纂处铅印本

　　1函12册；14.2厘米

　　清季外交史料附刊

　　PKUL（X/917.027/1005/C2）

　　附注：

　　　题记：书根有胡适题字。

5238　西游录一卷（元）耶律楚材撰 民国十六年（1927）上虞罗氏铅印本

　　1函1册；14.3厘米

　　PKUL（X/981.3997/1244.4）

　　附注：

　　　题记：书根有胡适题字。

5239　西游录注一卷（清）李文田撰 清光绪二十三年（1897）元和江氏湖南使院刻本

　　1函1册；16.2厘米

　　灵鹣阁丛书第四集

　　PKUL（X/081.17/3141/C2；3）

　　附注：

　　　题记：书根有胡适题字。

5240 西域水道記校補一卷 （清）徐松撰 清宣統元年(1909)番禺沈氏晨風閣刻本

　　1函1册;12.8厘米

　　晨風閣叢書

　　PKUL(X/081.18/3436/C4:1)

5241 西齋語録四卷 （清）郭元鎬著 清乾隆二十四年(1759)刻本

　　1函4册;21厘米

　　PKUL(SB/111.11/0718)

　　附注：

　　　題記：書根有胡適題字。

5242 西征道里記一卷 （宋）鄭剛中撰 清同治八年(1869)退補齋刻本

　　1函1册;20厘米

　　金華叢書

　　PKUL(X/981.415/8775/C2)

　　附注：

　　　題記：書根有胡適題字。

5243 西征道里記一卷 （宋）鄭剛中撰 清同治八年(1869)退補齋刻本

　　1函1册;20厘米

　　金華叢書

　　PKUL(X/081.478/4777/C2)

　　附注：

　　　題記：書根有胡適題字。

5244 西周史四卷 李泰棻撰 民國間(1912—1949)鉛印本

　　1函3册;15.3厘米

　　PKUL(X/911.61/4054.1)

　　附注：

　　　題記：目次前有作者題記："適之先生,箸者敬贈。正誤表另"；書根有胡適題字。

1615

其他：本書存卷1—3。

5245 西周史徵五十七卷 李泰棻撰 民國十六年（1927）許昌徐氏鉛印本

    1函6冊；17.1厘米

    PKUL（X/911.61/4054/C2）

    附注：

        題記：書前有作者題記："適之先生教正，箸者敬贈。"

5246 希山叢著（山廬詩鈔一卷文鈔五卷亞洲史二卷寧東羅譜禮俗譜一卷興民學校小史一卷）附先考幼山府君年譜一卷 羅師楊著 民國二十五年（1936）鉛印本

    1函8冊；15.7厘米

    PKUL（X/081.58/6024/C2）

    附注：

        題記：第8冊書前有贈書者題記："適之先生教正，後學羅香林敬呈。"

5247 息影偶錄八卷 （清）張埏輯 清光緒八年（1882）翠筠山房刻本

    1函8冊；12.7厘米

    PKUL（X/818.97/1142）

    附注：

        題記：書根有胡適題字。

5248 惜抱先生尺牘八卷 （清）姚鼐撰 （清）陳用光輯 清宣統元年（1909）小萬柳堂刻本

    1函4冊；20厘米

    PKUL（X/818.17/4217.1/C4）

    附注：

        題記：書根有胡適題字。

5249 惜抱先生尺牘八卷 （清）姚鼐撰 （清）陳用光輯 清道光三年（1823）刻本

    1函1冊；18.9厘米

    PKUL（X/818.17/4217.3）

附注：

　　題記：書根有胡適題字。

5250 惜惜盦詩稿一卷 陳庚仝撰 民國二十三年(1934)鉛印本

　　1函1册;14.1厘米

　　PKUL(X/I222.76/10)

　　附注：

　　　題記：封面有作者題記："廿三年十二月游次北平,贈給適之先生,并希見教,陳荆鴻";書根有胡適題字。

5251 熙朝紀政八卷 (清)王慶雲撰 清光緒二十八年(1902)上海書局鉛印本

　　1函4册;17厘米

　　PKUL(X/917.013/1001.4/C2)

　　附注：

　　　題記：書根有胡適題字。

5252 熙朝新語十六卷 (清)余金輯 清嘉慶二十三年(1818)刻本

　　1函6册;15.8厘米

　　PKUL(X/K249.45/1/C2)

　　附注：

　　　題記：書根有胡適題字。

　　　其他：本書存卷1—12。

5253 膝寓信筆一卷 (清)方以智著 清光緒十四年(1888)刻本

　　1函1册;18.6厘米

　　桐城方氏七代遺書

　　PKUL(X/081.6/0073/C2)

　　附注：

　　　題記：書根有胡適題字。

5254 郋園北遊文存一卷 葉德輝撰 民國十年(1921)財政部印刷局鉛印本

1函1册;17.6厘米

PKUL(X/817.8/4429/C2)

附注:

  題記:書衣有胡適題記:"葉德輝近作的文,歐少文送我的。適";封面有胡適題記:"此書甚有趣,中間論星命諸書尤有趣。方士易之流毒,一至於此!適之。"

  批注圈劃:書內八處有胡適批注。

5255 郎園讀書志十六卷 葉德輝撰 民國十七年(1928)上海澹園鉛印本

  2函16冊;16.8厘米

  PKUL(X/012.7/4429/C2)

  附注:

    題記:書根有胡適題字。

5256 習學記言五十卷 (宋)葉適撰 民國十二年(1923)胡適鈔本

  2函8冊;27.9厘米

  PKUL(X/Z429.2/7)

  附注:

    題記:書前有胡適題記。

5257 習齋記餘十卷遺著一卷 (清)顏元著 民國十二年(1923)四存學會鉛印本

  1函2冊;18.1厘米

  顏李叢書

  PKUL(X/081.57/0110.1/C2:1)

  附注:

    題記:書根有胡適題字。

5258 戲曲攷原一卷 王國維撰 清宣統元年(1909)番禺沈氏晨風閣刻本

  1函1冊;12.8厘米

  晨風閣叢書

  PKUL(X/081.18/3436/C4:2)

5259 郃陽縣全志四卷 （清）孫景烈撰 清乾隆三十四年（1769）刻本

　　1函2冊；17.6厘米

　　PKUL（X/981.6520/0054/C2）

　　附注：

　　　　題記：書根有胡適題字。

5260 夏峯先生集十六卷 （清）孫奇逢撰 清道光二十五年（1845）大梁書院刻本

　　4函16冊；18厘米

　　PKUL（X/810.6/1243/C2）

　　附注：

　　　　題記：書根有胡適題字。

5261 夏考信錄二卷 （清）崔述著 清嘉慶二十二年（1817）刻本

　　1函1冊；19.8厘米

　　崔東壁先生遺書

　　PKUL（X/081.579/2233.3/C2:1）

　　附注：

　　　　題記：書根有胡適題字。

5262 夏侍郎年譜一卷碑銘一卷 夏敦復等撰 民國九年（1920）上海聚珍仿宋印書局鉛印本

　　1函1冊；18.2厘米

　　PKUL（X/979.2/1831）

　　附注：

　　　　題記：書前有贈書者題記："適之先生惠存，夏懷仁敬贈。廿四年九月三日。"

　　　　印章：書前鈐有"懷仁"朱文方印。

5263 先儒正修齊治錄六帙（正修錄三帙齊治錄三帙）（清）于準纂 清康熙四十七年（1708）刻本

1函6冊;17.2厘米

PKUL(SB/111.119/1030)

附注：

題記：書根有胡適題字。

5264 先澤殘存八種 王元增輯 民國九年(1920)鉛印本

1函1冊;17.8厘米

PKUL(X/810.087/1014/C2)

附注：

題記：書根有胡適題字。

5265 先正讀書訣一卷 （清）周永年輯 清光緒間(1875—1908)元和江氏湖南使院刻本

1函1冊;16.2厘米

靈鶼閣叢書第一集

PKUL(X/081.17/3141/C2:1)

附注：

題記：書根有胡適題字。

5266 先正遺規四卷 （清）汪正集錄 清道光二十四年(1844)刻本

1函4冊;18厘米

PKUL(X/188/3110.1)

附注：

題記：書根有胡適題字。

5267 閒情偶寄十六卷 （清）李漁著 清(1644—1911)刻本

1函6冊;18.5厘米

笠翁秘書

PKUL(X/818.2/4037.1)

附注：

題記：書根有胡適題字。

5268 賢首五教儀開蒙一卷 （清）釋續法集 清光緒二年(1876)長沙刻經處刻本

1函1冊;17.2厘米

PKUL(X/B949.9/5)

附注：

題記:書衣有胡適題記:"華嚴宗的《五祖略記》,《五教義》";書根有胡適題字。

5269 賢首諸乘法數十一卷 釋行深編 日本寬政十二年(1800)皇都書林刻本

1函2冊;21厘米

PKUL(X/230.38/2137.1)

5270 相臺書塾刊正九經三傳沿革例 （元）岳浚著 清光緒三年(1877)湖北崇文書局刻本

1函1冊;19.3厘米

PKUL(X/Z126.25/1)

附注：

題記:書衣有胡適題記:"家藏本,適。"

5271 相宗八要直解八卷 （明）釋智旭撰 清同治九年(1870)南京金陵刻經處刻本

1函2冊;16.8厘米

PKUL(X/239.52/8646a/C2)

附注：

印章:書衣有胡適題"適"字。

5272 香山集十六卷 （宋）喻良能撰 民國十三年(1924)永康胡氏夢選廔刻本

1函2冊;18.2厘米

續金華叢書

PKUL(X/081.478/4777a/C2:5)

附注：

題記:書根有胡適題字。

1621

5273 香山九老會詩一卷 （唐）白居易輯 清宣統元年（1909）番禺沈氏晨風閣刻本

    1函1冊;13厘米

    晨風閣叢書

    PKUL(X/081.18/3436/C4:2)

5274 香谿集二十二卷 （宋）范浚撰 清光緒元年（1875）退補齋刻本

    1函4冊;19.5厘米

    金華叢書

    PKUL(X/081.478/4777/C2)

    附注：

        題記：書根有胡適題字。

5275 香銷酒醒詞一卷香銷酒醒曲一卷 （清）趙慶熺撰 清同治七年（1868）西泠王氏刻本

    1函2冊;17.6厘米

    PKUL(X/I222.849/11)

    附注：

        題記：書前有胡適題記："趙慶熺的《香銷酒醒詞和曲》是兩浙詞人中最可誦的作品。我已有了一部刻本,此刻較佳,故另買一部。十八,十,十二,胡適記于西湖上的環湖旅館。"

        批注圈劃：曲序後有胡適鉛筆批注。

5276 香銷酒醒詞一卷香銷酒醒曲一卷 （清）趙慶熺撰 清光緒十一年（1885）仁和許氏碧聲吟館刻本

    1函1冊;17.5厘米

    PKUL(X/I222.849/11.1)

    附注：

        題記：書衣有胡適題記："趙慶熺《香銷酒醒詞》"；書根有胡適題字。

5277 香雪亭新編者英會記二卷 （清）晝川逸叟撰 民國二十年（1931）刻本

1函2册;18.4厘米

PKUL(X/812.7/5237)

附注:

　　題記:書根有胡適題字。

5278　香祖筆記十二卷　(清)王士禛撰　清康熙四十四年(1705)刻本

1函4册;16.2厘米

PKUL(SB/088.7/1043a/C2)

附注:

　　題記:書根有胡適題字。

5279　湘軍記二十卷　(清)王定安撰　清光緒十五年(1889)江南書局刻本

1函8册;17.9厘米

PKUL(X/917.7/1033b)

附注:

　　題記:書根有胡適題字。

5280　湘輶日記一卷　(清)吕珮芬撰　民國二十六年(1937)北平北江舊廬鉛印本

1函1册;17.1厘米

PKUL(X/979.3/6014/C2)

附注:

　　題記:書衣有胡適題記:"這是最末一次鄉試的記載,最有歷史材料的價值。我所見的科舉制度的記載,没有一部比這日記更詳細的。胡適。一九四六年九月廿一日。"

5281　湘雨樓詞五卷　(清)張祖同撰　民國十一年(1922)刻本

1函4册;12.4厘米

PKUL(X/I222.85/18)

附注:

　　題記:書根有胡適題字。

　　批注圈劃:書内三處有胡適批注。

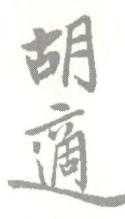

5282 湘雨樓詩二卷 (清)張祖同撰 民國十二年(1923)刻本

    1函2冊;12.5厘米

    PKUL(X/I222.75/33)

    附註:

      題記:書根有胡適題字。

5283 詳解九章算法一卷纂類一卷附札記一卷 (宋)楊輝撰 清道光二十二年(1842)上海郁氏刻本

    1函3冊;18.2厘米

    宜稼堂叢書

    PKUL(X/081.17/4742/C4)

    附註:

      題記:書根有胡適題字。

5284 象山先生全集三十六卷 (宋)陸九淵撰 清宣統二年(1910)江左書林鉛印本

    1函8冊;15.9厘米

    PKUL(X/810.57/7443.1)

    附註:

      題記:書衣有胡適題記:"民國七年五月買的。價一元二角。適。"

5285 象山先生全集三十六卷 (宋)陸九淵撰 清(1644—1911)槐堂書齋陸邦瑞刻本

    2函11冊;18.9厘米

    PKUL(X/810.57/7443.2)

    附註:

      題記:書根有胡適題字。

      其他:本書缺卷1。

5286 嚮言一卷 (清)方以智著 清光緒十四年(1888)刻本

    1函1冊;18.6厘米

    桐城方氏七代遺書

PKUL(X/081.6/0073/C2)

附注:

題記:書根有胡適題字。

5287 蕭山湘湖志八卷外編一卷續志一卷 周易藻編 民國十六年(1927)鉛印本

1函5冊;19.4厘米

PKUL(X/981.355/7764)

附注:

題記:書衣有胡適題記:"單不庵先生送我的。"

5288 洨民遺文一卷 (清)孫傳鳳撰 清光緒二十一年(1895)元和江氏湖南使院刻本

1函1冊;16.2厘米

靈鶼閣叢書第一集

PKUL(X/081.17/3141/C2:1)

附注:

題記:書根有胡適題字。

5289 小辨齋偶存八卷 (明)顧允成撰 清光緒十二年(1886)經里宗祠刻本

1函2冊;19.2厘米

PKUL(X/I214.82/16)

附注:

題記:書根有胡適題字。

5290 小倉山房尺牘十卷 (清)袁枚撰 清光緒十八年(1892) 勤裕堂 交著易堂鉛印本

1函2冊;15厘米

隨園三十八種

PKUL(X/081.57/4048a)

附注:

題記:書根有胡適題字。

5291 小倉山房詩集三十七卷補遺二卷 （清）袁枚撰 清光緒十八年（1892）勤裕堂
交著易堂鉛印本
1函6冊;15厘米
隨園三十八種
PKUL(X/081.57/4048a)
附注：
題記：書根有胡適題字。

5292 小倉山房詩集三十一卷補遺一卷附錄一卷 （清）袁枚撰 清（1644—1911）刻本
1函6冊;12.3厘米
PKUL(X/811.175/4048-1)
附注：
批注圈劃：書內多處有胡適批注。

5293 小倉山房外集八卷 （清）袁枚撰 清光緒十八年（1892）勤裕堂 交著易堂鉛印本
1函1冊;15厘米
隨園三十八種
PKUL(X/081.57/4048a)
附注：
題記：書根有胡適題字。

5294 小倉山房文集三十五卷 （清）袁枚撰 清光緒十八年（1892）勤裕堂 交著易堂鉛印本
1函4冊;15厘米
隨園三十八種
PKUL(X/081.57/4048a)
附注：
題記：書根有胡適題字。

5295 小爾雅訓纂六卷 （清）宋翔鳳撰 民國六年（1917）潮陽鄭氏龍谿精舍刻本

1函1册;17.4厘米

龍谿精舍叢書

PKUL(X/081.18/8762/C2:1)

附注:

　　題記:書根有胡適題字。

5296 **小航文存四卷** 王小航著 民國十九年(1930)刻本

1函4册;16.3厘米

PKUL(SB/817.87/1092、SB/817.87/1092/C2)

附注:

　　題記:一套書前有胡適題記:"朋友朋友,說真的吧!卷三,頁三八。胡適敬題。二十年,五,二七";另一套書根有胡適題字。

　　內附文件:一套書前書後共有著者致胡適親筆信3頁;另一套書後附著者致胡適信1頁。

　　其他:本書有2套。

5297 **小航文存四卷** 王小航著 民國十九年(1930)刻本

1函4册;16.3厘米

水東集上編四種

PKUL(X/081.58/1092a)

附注:

　　題記:封面有吳曉鈴贈胡適書題記:"廿七年春松筠閣書友張子安君買到這書。說是胡先生找的,於是我收下,返平之後幸而未失,轉眼就是九年!現在送給適之先生留個紀念。受業吳曉鈴,卅六,一,廿九。"

5298 **小山類藁選二十卷** (明)張岳撰 明萬曆十五年(1587)刻本

1函6册;20.9厘米

PKUL(SB/810.69/1172/C3)

附注:

　　題記:書根有胡適題字。

1627

5299 小石山房叢書三十九種 (清)顧湘編輯 清同治十三年(1874)虞山顧氏刻本
  2函20冊;17.8厘米
  PKUL(X/081.17//3136/C3)
  附注:
   題記:書根有胡適題字。

5300 小檀欒室彙刻閨秀詞十集 徐乃昌編 清光緒三十一年(1905)南陵徐氏刻本
  2函20冊;16.9厘米
  PKUL(X/811.708/2816/C2)
  附注:
   題記:書根有胡適題字。

5301 小腆紀傳六十五卷補遺五卷 (清)徐鼒撰 (清)徐承禮補遺 清光緒十三年(1887)金陵刻本
  3函16冊;18.6厘米
  PKUL(X/916.9/2840/C3)
  附注:
   題記:書根有胡適題字。

5302 小腆紀年坿攷二十卷 (清)徐鼒撰 清光緒四年(1877)刻本
  2函12冊;18.7厘米
  PKUL(X/910.915/2840.2)
  附注:
   題記:書根有胡適題字。

5303 小敩答問一卷 章炳麟著 民國間(1912—1949)上海右文社鉛印本
  1函1冊;15厘米
  章氏叢書
  PKUL(X/081.58/0090.1:1)
  附注:
   題記:書根有胡適題字。

5304 小心齋劄記十八卷 （明）顧憲成著 清光緒三年（1877）涇里宗祠刻本

　　1函4冊；19厘米

　　顧端文公遺書

　　PKUL（X/111.69/3135a）

　　附注：

　　　　題記：書衣有胡適題記："顧端文遺書，陳通伯兄在無錫給我訪得，送給我的。"

5305 小學叢殘四種（字樣一卷開元文字音義一卷韻銓一卷韻英一卷） 汪黎慶輯 民國五年（1916）上海倉聖明智大學鉛印本

　　1函1冊；14.8厘米

　　廣倉學宭叢書甲類第一集

　　PKUL（X/081.18/4127/C2:1）

　　附注：

　　　　題記：書根有胡適題字。

5306 小學鉤沈十九卷 （清）任大椿輯 清光緒十年（1884）龍氏刻本

　　1函2冊；18.5厘米

　　PKUL（X/415/2244.1）

　　附注：

　　　　題記：書衣有胡適題記："任大椿《小學鉤沈》，六年十月廿九日買的，價卅五個銅子。適。"

　　　　內附文件：書內有胡適抄補目錄3頁。

5307 小學稽業五卷 （清）李塨纂 民國十二年（1923）四存學會鉛印本

　　1函1冊；18.1厘米

　　顏李叢書

　　PKUL（X/081.57/0110.1/C2:3）

　　附注：

　　　　題記：書根有胡適題字。

1629

5308 小學類編六種三十卷（清）李祖望輯 清咸豐二年（1852）江都李氏半畝園刻本
　　 2函16冊；18.4厘米
　　 PKUL（X/411.08/4030/C3）
　　 附注：
　　　 題記：書根有胡適題字。

5309 小學韻語一卷（清）羅澤南著 清同治八年（1869）義學公刻本
　　 1函1冊；18.3厘米
　　 羅山遺集
　　 PKUL（X/081.57/6034.1/C2）
　　 附注：
　　　 題記：書根有胡適題字。

5310 孝經鄭氏注一卷（漢）鄭玄撰（清）嚴可均輯 清光緒二十九年（1903）大關唐氏刻本
　　 1函1冊；18.2厘米
　　 怡蘭堂叢書
　　 PKUL（X/Z121.6/4）

5311 孝獻莊和至德宣仁溫惠端敬皇后行狀一卷傳一卷（清）王熙等撰 民國五年（1916）仁和吳氏雙照樓刻本
　　 1函1冊；15.3厘米
　　 PKUL（X/K827.49/8）
　　 附注：
　　　 題記：書根有胡適題字。
　　　 其他：朱印。

5312 笑笑錄六卷（清）獨逸窩退士手編 清光緒五年（1879）申報館鉛印本
　　 1函4冊；12.4厘米
　　 PKUL（X/818.2/7745.1、X/818.2/7745.1/C2）

附注：

  題記：書根有胡適題字。

  其他：本書有2套。

5313 嘯盦詩存四卷 夏仁虎著 民國九年(1920)刻本

  1函2册;16.6厘米

  PKUL(X/I222.76/13)

  附注：

    題記：書根有胡適題字。

5314 獻盦詞四卷零夢詞一卷 夏仁虎著 民國九年(1920)刻本

  1函2册;15.3厘米

  PKUL(X/I222.85/10)

  附注：

    題記：書根有胡適題字。

5315 歇菴集二十卷 (明)陶望齡著 明萬曆間(1573—1620)喬時敏刻本

  3函15册;20.2厘米

  PKUL(SB/810.69/7702.1/C2)

  附注：

    題記：書根有胡適題字。

    其他：本書存卷6—20。

5316 謝參軍詩鈔二卷 (宋)謝翱撰 清嘉慶十九年(1814)浦城祝氏留香室刻本

  1函1册;19.3厘米

  浦城遺書

  PKUL(X/081.481/3665/C2)

  附注：

    題記：書根有胡適題字。

5317 心盦詞存四卷 (清)何兆瀛撰 清同治十二年(1873)武林刻本

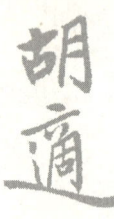

　　　　1 函 2 冊；18.8 厘米

　　　　PKUL(X/I222.849/7)

　　　　附注：

　　　　　　題記：書根有胡適題字。

5318　心太平室集十卷補遺一卷附錄一卷先德集一卷　張一麐撰　民國三十六年（1947）鉛印本

　　　　1 函 4 冊；14.7 厘米

　　　　PKUL(X/810.8/1110、X/081.18/4901/C3)

　　　　附注：

　　　　　　題記：一套書套內有贈書者題記："適之先生□存，徐子為上"；一套書根有胡適題字。

　　　　　　其他：本書有 2 套。

5319　辛卯侍行記六卷（清）陶保廉撰　清光緒二十三年（1897）養樹山房刻本

　　　　1 函 6 冊；15.6 厘米

　　　　PKUL(X/981.4/7720/C3)

　　　　附注：

　　　　　　題記：書根有胡適題字。

5320　辛壬類槀二卷（清）梁濟著　民國十四年（1925）京華印書局鉛印本

　　　　1 函 1 冊；17.8 厘米

　　　　桂林梁先生遺書

　　　　PKUL(X/081.57/3330/C2)

　　　　附注：

　　　　　　題記：書根有胡適題字。

5321　新安志十卷（宋）羅願撰　清光緒十四年（1888）安徽黟縣李氏刻本

　　　　1 函 4 冊；18.4 厘米

　　　　PKUL(X/981.7623/6071/C2)

　　　　附注：

題記:書根有胡適題字。

5322 新編古列女傳八卷附考證一卷 (漢)劉向編撰 清嘉慶元年(1796)元和顧氏刻本

1函2冊;18.1厘米

PKUL(X/971.07/7227)

附注:

題記:書根有胡適題字。

5323 新編金童玉女嬌紅記二卷 (明)劉東生撰 日本昭和三年(1928)日本靜齋學士影印本

1函1冊;12.8厘米

PKUL(X/812.6/7252/C3)

附注:

題記:書根有胡適題字。

5324 新編錄鬼簿二卷 (元)鍾嗣成編 民國十年(1921)上海古書流通處影印本

1函1冊;15.9厘米

楝亭十二種

PKUL(X/081.18/5530/C2:2)

附注:

題記:書根有胡適題字。

5325 新編玉蟾記六卷五十三回 (清)黃石撰 清光緒元年(1875)刻本

1函6冊;13.4厘米

PKUL(X/813.336/4410/C2)

附注:

題記:書根有胡適題字。

5326 新出三體石經攷一卷 章炳麟撰 民國二十二年(1933)北平刻本

1函1冊;17.9厘米

章氏叢書續編

PKUL(X/081.58/0090a)

附注：

題記：書根有胡適題字。

其他：藍印。

5327 新雕徂徠石先生全集二十卷 (宋)石介撰 清光緒九年(1883)刻本

1函4冊;22.1厘米

PKUL(X/I214.42/4)

附注：

題記：書前有胡適題記："此為明鈔南宋紹興間刻本,中多外間通行本所未收之作,較之正誼堂本,多詩四卷,文二十六篇。詩多感事之作,可作傳記的材料。文中如《祥符詔書記》,其重要勝於《怪說》中；又如《怪說》上,正誼本亦不收,皆可寶貴。十二,十二,十九。"

批注圈劃：總目錄二處有胡適朱筆批注。

5328 新方言十一卷 章炳麟著 民國間(1912—1949)上海右文社鉛印本

1函2冊;15厘米

章氏叢書

PKUL(X/081.58/0090.1:1)

附注：

題記：書根有胡適題字。

5329 新獲卜辭寫本一卷後記一卷 董作賓編撰 民國十七年(1928)石印本

1函1冊;27厘米

PKUL(X/991.1/4423)

附注：

題記：書衣有作者題記："適之先生教正,學生作賓謹呈。十八,一,十二。開封北倉女中學董彥堂。"

5330 新嘉坡風土記一卷 (清)李鍾珏撰 清光緒二十一年(1895)元和江氏湖南使院

刻本

1函1冊;16.2厘米

靈鶼閣叢書第二集

PKUL(X/081.17/3141/C2:1)

附注:

　　題記:書根有胡適題字。

5331 新疆禮俗志一卷 (清)王樹枏纂 民國七年(1918)上海聚珍仿宋印書局鉛印本

1函1冊;16.3厘米

PKUL(X/981.9714/1044/C4)

附注:

　　題記:書衣有贈書者題"適之先生,某贈附";書根有胡適題字。

5332 新疆小正一卷 (清)王樹枏纂 民國七年(1918)上海聚珍仿宋印書局鉛印本

1函1冊;16.3厘米

PKUL(X/981.9714/1044/C4)

附注:

　　題記:書衣題"適之先生,某贈 。一二,三,五"。

5333 新解老一卷 劉鼒和撰 民國三年(1914)鉛印本

1函1冊;17.6厘米

PKUL(X/B221.132/1/C2)

附注:

　　題記:書根有胡適題字。

5334 新鐫古今大雅南宮詞紀六卷 (明)陳所聞選 (明)陳邦泰輯 明萬曆三十三年(1605)刻本

1函6冊;21.7厘米

PKUL(SB/812.086/7578/C4)

附注:

　　題記:書根有胡適題字。

5335 新鎸古今大雅南宮詞紀六卷（明）陳所聞選（明）陳邦泰輯 明萬曆三十三年(1605)刻本

　　1函2冊;21.7厘米

　　PKUL(SB/812.086/7578/C3)

　　附注：

　　　題記：書根有胡適題字。

　　　其他：本書存卷4。

5336 新鎸全像武穆精忠傳八卷（明）李贄評（明）李春芳敘 清(1644—1911)三讓堂刻本

　　1函7冊;13.7厘米

　　PKUL(SB/813.3152/1295.1)

　　附注：

　　　題記：書衣後有胡適題記："李春芳本《精忠傳》是明人的本子,與後來改作的大不相同,故可寶貴。此本缺卷四。價肆元。一九三二,五,十九。胡適。"

5337 新鎸玉茗堂批點按鑑參補北宋志傳十卷五十回（明）研石山樵訂正 明萬曆四十六年(1618)刻本

　　1函6冊;21厘米

　　PKUL(SB/813.3151/1124)

　　附注：

　　　題記：書根有胡適題字。

5338 新刊八仙初處東遊記四卷五十六回（明）吳元泰著 清(1644—1911)刻本

　　1函2冊;12.4厘米

　　PKUL(X/813.384/8023.2)

　　附注：

　　　題記：書根有胡適題字。

5339 新刊大宋宣和遺事四集 （宋）佚名撰 民國四年（1915）金陵王洛川鉛印本

　　1函4冊;14.7厘米

　　PKUL(X/813.251/3235.3)

　　附注：

　　　　題記：書衣分別有胡適題"元、亨、利、貞"四字。

5340 新刻按鑑編纂開闢衍繹通俗志傳六卷 （明）周游撰 （明）王黌釋 明崇禎八年（1635）蘇州麟瑞堂刻本

　　1函2冊;19.7厘米

　　PKUL(X/813.311/7738)

　　附注：

　　　　題記：書根有胡適題字。

　　　　其他：本書存卷2、3。

5341 新刻出像增補搜神記六卷 （晉）干寶撰 明萬曆間（1573—1620）金陵大盛堂刻本

　　1函6冊;19.4厘米

　　PKUL(SB/813.18/1030/C2)

　　附注：

　　　　題記：書根有胡適題字。

5342 新刻京本列國志傳八卷 （明）余邵魚撰 清（1644—1911）集錦堂刻本

　　1函8冊;18.6厘米

　　PKUL(X/813.3112/8012.1)

　　附注：

　　　　題記：書根有胡適題字。

5343 新刻京臺公餘勝覽國色天香十卷 （明）吳敬所編輯 清（1644—1911）石蘭書屋刻本

　　1函10冊;14.2厘米

　　PKUL(X/810.08/2647)

附注：

　　題記：書根有胡適題字。

5344　新刻京臺公餘勝覽國色天香十卷　(明)吳敬所編輯　清(1644—1911)益善堂刻本

　　1函8冊；20.9厘米

　　PKUL(X/810.08/2647.1)

　　附注：

　　　　題記：書根有胡適題字。

5345　新刻天花藏批評平山冷燕四卷二十回　(清)荻岸散人編　清(1644—1911)刻本

　　1函4冊；14.5厘米

　　PKUL(X813.351/4248.3)

　　附注：

　　　　題記：書根有胡適題字。

5346　新刻鍾伯敬先生批評封神演義十卷一百回　(明)許仲琳撰　(明)鍾惺評　清(1644—1911)書業成刻本

　　1函6冊；18.8厘米

　　PKUL(X/813.381/0821.3)

　　附注：

　　　　題記：目次後有胡適題記："褚刻本分十九卷一百回,回目與此本同。褚本每回有'総批','又批'。此本只末回保存了'総批','又批'"；書根有胡適題字。

　　　　與胡適的關係：函套有胡適題籤："封神演義。"

5347　新論二卷　(北齊)劉晝撰　民國六年(1917)潮陽鄭氏龍谿精舍刻本

　　2函2冊；17.4厘米

　　龍谿精舍叢書

　　PKUL(X/081.18/8762/C2;9)

　　附注：

附注:

題記:書根有胡適題字。

5348 新齊諧二十四卷 (清)袁枚撰 清光緒十八年(1892)勤裕堂 交著易堂鉛印本

1函4冊;15厘米

隨園三十八種

PKUL(X/081.57/4048a)

附注:

題記:書根有胡適題字。

5349 新鍥重訂出像注釋通俗演義東西兩晉志傳題評十二卷(西晉志傳四卷東晉志傳八卷)(明)陳氏尺蠖齋評釋 清(1644—1911)刻本

2函12冊;21厘米

PKUL(X/813.313/7775.2)

附注:

題記:書根有胡適題字。

5350 新山中一夕話七卷 (明)李贄編 明(1368—1644)刻本

1函4冊;19.8厘米

PKUL(SB/818.2/4047a)

附注:

題記:書根有胡適題字。

5351 新聲譜一卷 (清)朱和羲輯 清宣統元年(1909)南陵徐氏刻本

1函1冊;14.4厘米

懷豳雜俎

PKUL(X/081.18/2816b/C4)

附注:

題記:書根有胡適題字。

5352 新世說八卷 易宗夔撰 民國十一年(1922)湘潭易氏鉛印本

1函4冊;19.2厘米

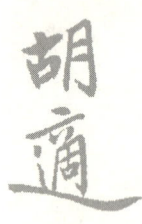

PKUL(X/971.06/6038/C4)

附注：

　　題記：書根有胡適題字。

5353 新書十卷 （漢）賈誼撰 民國六年（1917）潮陽鄭氏龍谿精舍刻本
　　1函1冊；17.4厘米
　　龍谿精舍叢書
　　PKUL(X/081.18/8762/C2:6)
　　附注：
　　　　題記：書根有胡適題字。
　　　　批注圈劃：提要有胡適圈劃。

5354 新修京山縣志草例一卷 李廉方撰 民國三十六年（1947）湖北通志館鉛印本
　　1函1冊；17.9厘米
　　PKUL(X/981.7333/4000)
　　附注：
　　　　題記：書前有胡適題字。

5355 新序十卷 （漢）劉向撰 清光緒九年（1883）長洲蔣氏影刻本
　　1函2冊；16.4厘米
　　鐵華館叢書
　　PKUL(X/081.17/4474a/C2)
　　附注：
　　　　題記：書根有胡適題字。

5356 新序十卷 （漢）劉向撰 民國六年（1917）潮陽鄭氏龍谿精舍刻本
　　1函2冊；17.4厘米
　　龍谿精舍叢書
　　PKUL(X/081.18/8762/C2:3)
　　附注：
　　　　題記：書根有胡適題字。

5357 新續高僧傳四集六十五卷 喻謙編輯 民國十二年(1923)北洋印刷局鉛印本

1函16冊;18.5厘米

PKUL(X/230.96/6808/C2)

附注:

題記:書根有胡適題字。

5358 新選今古奇聞二十二卷 (清)東璧山房主人編 清光緒十七年(1891)京都打磨廠文成堂刻本

1函6冊;13.6厘米

PKUL(X/813.27/5723)

附注:

題記:書根有胡適題字。

5359 新學僞經考十四卷 (清)康有爲撰 清光緒十七年(1891)武林望雲樓石印本

1函8冊;15.9厘米

PKUL(X/090.05/0043.2/C2)

附注:

題記:書衣有胡適題記:"民國七年四月玄同替我買的。適。我尋這部書,尋了幾年,今年纔買到手,故狠歡喜。"

5360 新鶯詞一卷 (清)況周頤撰 清光緒十六年(1890)刻本

1函1冊;14.5厘米

薇省同聲集

PKUL(X/I222.85/20)

附注:

題記:書根有胡適題字。

5361 新約全書三卷 清同治十一年(1872)刻本

1函6冊;18.8厘米

PKUL(X/252.5/0285.8)

1641

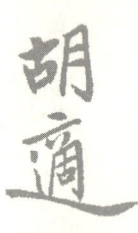

附注：

　　印章：目錄及卷端有胡適印章。

　　題記：內封有胡適題記："我三年前在美國從 Robert Lilley 的家裏收買來的。胡適。一九四八年一月追記。"

5362　新約全書一卷　清咸豐四年(1854)香港英華書院鉛印本

　　1函1冊；16.4厘米

　　PKUL(X/252.5/0285.13)

　　附注：

　　　題記：書衣有胡適題記："Gift from The Orientalia, Inc., New York City, April 30, 1941. Hu Shih。"

5363　新粵謳解心三卷(辛酉稿一卷壬戌稿一卷癸亥稿一卷)　珠海夢餘生著　民國十三年(1924)刻本

　　1函2冊；19.7厘米

　　PKUL(X/814.7/1348)

　　附注：

　　　題記：書根有胡適題字。

5364　新樂府二卷　(清)萬斯同撰　民國十四年(1925)崑山趙氏又滿樓刻本

　　1函1冊；17.5厘米

　　又滿樓叢書

　　PKUL(X/081.18/4901/C3)

5365　新樂府詞一卷　(清)萬斯同撰　清同治八年(1869)刻本

　　1函1冊；17.9厘米

　　PKUL(X/I222.6/2/C2)

　　附注：

　　　題記：書根有胡適題字。

5366　新增刑案匯覽十六卷卷首一卷　(清)潘文舫撰　清光緒間(1875—1908)圖書集

1642

成局鉛印本

1函4冊;15.7厘米

PKUL(X/394.91/3202)

附注:

  題記:書根有胡適題字。

5367 信摭一卷 (清)章學誠撰 民國十一年(1922)吳興劉氏嘉業堂刻本

  1函1冊;18.2厘米

  章氏遺書

  PKUL(X/081.57/0070.1/C6)

  附注:

    印章:卷端鈐有"胡適"朱文方印。

    題記:書根有胡適題字。

5368 信摭一卷 (清)章學誠撰 民國間(1912—1949)上海國光印刷所鉛印本

  1函1冊;16.6厘米

  PKUL(X/Z429.5/13)

  附注:

    題記:書根有胡適題字。

5369 星伯先生小集一卷 (清)徐松撰 (清)繆荃孫輯 民國九年(1920)江陰繆氏刻本

  1函1冊;12.5厘米

  煙畫東堂小品

  PKUL(X/081.18/2741a/C2)

  附注:

    題記:書根有胡適題字。

5370 星辛盦雜著一卷 (清)楊鳳藻著 民國二十一年(1932)天津楊氏鉛印本

  1函1冊;15.3厘米

  PKUL(X/Z429.6/1)

  附注:

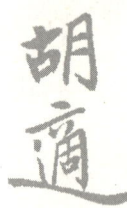

題記：書衣有贈書者題記："胡適之先生。"

5371 星巖集註五集（甲集二卷乙集四卷丙集十卷丁集五卷閏集一卷）（日）梁川孟緯撰（日）木蘇牧注 日本昭和二年（1927）刻本

1 函 8 冊；18.4 厘米

PKUL（X/821.18/3212/C2）

附註：

題記：書根有胡適題字。

內附文件：書內附本書校勘者小倉正恒致胡適親筆信 1 頁。

5372 行素堂目睹書錄（清）朱記榮輯 清光緒十年（1884）朱氏槐廬刻本

1 函 10 冊；12.7 厘米

PKUL（X/081.031/2509/C3）

附註：

題記：書根有胡適題字。

5373 行素齋雜記二卷（清）繼昌撰 清光緒二十七年（1901）湖南臬署刻本

1 函 2 冊；17.5 厘米

PKUL（X/088.7/2260/C2）

附註：

題記：書根有胡適題字。

5374 刑案匯覽六十卷卷末一卷拾遺備考一卷（清）祝慶祺編 清光緒間（1875—1908）圖書集成局鉛印本

3 函 28 冊；15.8 厘米

PKUL（X/394.91/1377.1）

附註：

題記：書根有胡適題字。

其他：本書缺第 1 冊。

5375 刑統賦解二卷（宋）傅霖撰 清宣統三年（1911）沈氏刻本

1函1册;12.9厘米

枕碧樓叢書

PKUL(X/081.18/3435/C2)

5376 刑統賦疏一卷 （元）沈仲緯撰 清宣統三年(1911)沈氏刻本

1函2册;13.4厘米

枕碧樓叢書

PKUL(X/081.18/3435/C2)

5377 醒世姻緣傳一百回 （清）西周生輯著 清(1644—1911)刻本

4函24册;20.4厘米

PKUL(X/813.337/4442.7)

附注:

題記:書根有胡適題字。

批注圈劃:書内凡例後有胡適批注。

5378 醒世姻緣傳一百回 （清）西周生輯著 清(1644—1911)刻本

4函24册;19.7厘米

PKUL(X/813.337/4442.6)

附注:

印章:書衣後及《緣起》首頁有"胡適"朱文方印。

題記:書衣後有胡適題記:"《醒世姻緣》流行刻本有兩種,一種每葉二十行,一種每葉二十四行。這是二十行本,偶有脱葉,書坊曾用廿四行本填補,故其文字不接連。但此本似是早刻本,比較的最接近原本。胡適。"

5379 幸存録二卷 （明）夏允彝撰 清(1644—1911)刻本

1函1册;15.1厘米

PKUL(X/916.905/1022)

附注:

題記:書衣有胡適題記:"夏允彝《幸存録》。十二,二,廿四,遊土地祠,買《野史》五種,胡適。"

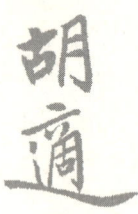

5380 幸存錄二卷 （明）夏允彝撰 清(1644—1911)刻本
　　1函1冊;15.1厘米
　　PKUL(X/K248.53/1)

5381 性理大全會通七十卷 （明）胡廣等纂修 明(1368—1644)刻本
　　4函32冊;19.2厘米
　　PKUL(SB/111.08/4700.4/C2)
　　附註：
　　　題記：書衣有胡適題記："鍾人傑刻《性理會通》七十卷,即《性理大全》,並無增刪。其序中說他要增入的諸家,皆在續編四十二卷中。十二,二,二,胡適。"

5382 性理纂要四卷 （明）施夢龍纂 明(1368—1644)刻本
　　1函4冊;19.1厘米
　　PKUL(SB/110.08/0840/C2)
　　附註：
　　　題記：書根有胡適題字。

5383 性命古訓辯證三卷 傅斯年撰 民國二十九年(1940)長沙商務印書館鉛印本
　　1函2冊;16.7厘米
　　國立中央研究院歷史語言研究所單刊
　　PKUL(X/111.107/2348/C2)
　　附註：
　　　題記：書根有胡適題字。
　　　批注圈劃：書內16頁有胡適批注圈劃。
　　　摺頁：書內六處有摺頁。

5384 性善圖說一卷 （清）陸世儀著 清光緒二十五年(1899)京師刻本
　　1函1冊;13.8厘米
　　陸桴亭先生遺書

PKUL(X/081.57/7442:2)

附注:

　　題記:書根有胡適題字。

5385 性善繹一卷 (明)方學漸著 清光緒十四年(1888)刻本

　　1函1册;18.6厘米

　　桐城方氏七代遺書

　　PKUL(X/081.6/0073/C2)

附注:

　　題記:書根有胡適題字。

5386 姓觿十卷附錄一卷刓記一卷 (明)陳士元著 清光緒十七年(1891)三餘草堂刻本

　　1函3册;16.5厘米

　　湖北叢書

　　PKUL(X/081.473/4995/C2:8)

附注:

　　題記:書根有胡適題字。

5387 姓觿刊誤一卷 (清)易本烺撰 清光緒十七年(1891)三餘草堂刻本

　　1函1册;16.5厘米

　　湖北叢書

　　PKUL(X/081.473/4995/C2:8)

附注:

　　題記:書根有胡適題字。

5388 興聖寺本六祖壇經一卷 (日)鈴木貞太郎 公田連太郎校訂 日本昭和九年(1934)日本東京森江書店鉛印本

　　1函1册;17.7厘米

　　PKUL(X/239.56/8424)

附注:

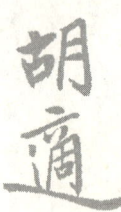

　　印章：封面鈐有"胡適之印"朱文方印。

　　題記：函套書名籤上有胡適題記："鈴木大拙贈，胡適。"

5389 休復居詩集六卷文集六卷附一卷 （清）毛嶽生撰 民國二十五年（1936）寶山滕氏影印本

　　1函4冊；15.3厘米

　　PKUL（X/810.78/2022/C2）

　　附注：

　　題記：書根有胡適題字。

5390 修辭鑑衡二卷 （元）王構撰 民國七年（1918）觀古堂刻本

　　1函1冊；18.7厘米

　　麗廔叢書

　　PKUL（X/081.18/4429d/C2）

　　附注：

　　題記：書根有胡適題字。

5391 修文御覽存一卷 （北齊）祖珽等撰 民國六年（1917）潮陽鄭氏龍谿精舍刻本

　　1函1冊；17.4厘米

　　龍谿精舍叢書

　　PKUL（X/081.18/8762/C2；11）

　　附注：

　　題記：書根有胡適題字。

5392 修習止觀坐禪法要二卷 （隋）釋智顗撰 清光緒二十九年（1903）南京金陵刻經處刻本

　　1函1冊；17.6厘米

　　PKUL（X/B942/4、X/B942/4/C2）

　　附注：

　　題記：一册書衣有胡適朱筆題記："此二書極有用，《小止觀》最好"；另一册書根有胡適題字。

批注圈劃：一册書內多處有胡適朱筆批注圈劃。

其他：本書有2册。

5393 繡戈袍全傳八卷四十二回 （明）隨園主人撰 清（1644—1911）刻本

　　1函4册；11.1厘米

　　PKUL（X/I242.4/8）

　　附注：

　　　題記：書根有胡適題字。

5394 繡像封神演義一百回 （明）許仲琳撰 （明）鍾惺評 清光緒十五年（1889）上海廣百宋齋鉛印本

　　1函10册；16厘米

　　PKUL（X/813.381/0821.4）

　　附注：

　　　印章：序前鈐有"胡適之印"朱文方印。

　　　題記：牌記後有胡適題記："民國廿六年二月廿四，在廠甸買的。胡適。"

5395 繡像漢宋奇書二種六十卷（忠義水滸傳一百一十五回四大奇書第一種一百二十回）（清）熊飛輯 清（1644—1911）刻本

　　2函20册；13.1厘米

　　PKUL（X/813.308/2112.2）

　　附注：

　　　題記：書衣有胡適題記："十，一，三，我在琉璃廠肆雅堂看書，忽見此書，驚喜過望；店家不知寶貴，幾不取值，或者他還笑我傻哩！胡適。百十五回本《水滸傳》廿册"；另《蕩寇志》跋後有胡適題記："此《後水滸》另是一本，乃《續水滸傳》之續也。"

　　　與胡適的關係：函套有胡適題籤："百十五回本《水滸傳》。"

5396 繡像漢宋奇書二種六十卷（忠義水滸傳一百一十五回四大奇書第一種一百二十回）（清）熊飛輯 清（1644—1911）金陵興賢堂刻本

　　4函24册；13.2厘米

PKUL(X/813.308/2112.1)

附注：

題記：書衣有胡適朱筆題記："此（指"金聖嘆先生批點"數字）是後來所加"；書根有胡適題字。

批注圈劃：序及總目多處有胡適朱筆批注圈劃。

5397 繡像繪圖長生殿傳奇四卷 （清）洪昇填詞 民國間（1912—1949）上海進步書局石印本

1函2冊；18.4厘米

PKUL(X/812.7/3460.12)

附注：

題記：書根有胡適題字。

5398 繡像京本雲合奇蹤玉茗英烈全傳十卷八十回 （明）徐渭編 清（1644—1911）刻本

1函4冊；13.6厘米

PKUL(X/813.316/2836.4)

附注：

題記：書根有胡適題字。

5399 繡餘草一卷 陶先畹撰 民國十七年（1928）上海商務印書館鉛印本

1函1冊；17厘米

PKUL(X/I222.76/8、X/I222.76/8/C3)

附注：

題記：書根有胡適題字。

其他：本書有2套。

5400 虛詞指極四卷 施括乾撰 民國三十六年（1947）安慶大中華印書局鉛印本

1函1冊；17.6厘米

指極叢書

PKUL(X/081.58/0854/C2)

附注：

    題記：書衣有作者題記："適之先生惠存，施括乾敬贈。"

5401 虛受堂詩存十八卷（清）王先謙撰 民國十年（1921）刻本

    1函4冊；17.6厘米

    PKUL(X/811.179/1020-1.1)

    附注：

        題記：書根有胡適題字。

5402 虛受堂書札二卷（清）王先謙撰 清光緒三十三年（1907）刻本

    1函2冊；17.5厘米

    PKUL(X/818.17/1020/C2)

    附注：

        題記：書根有胡適題字。

5403 虛受堂文集十六卷（清）王先謙撰 民國十年（1921）刻本

    1函8冊；17.3厘米

    PKUL(X/810.79/1020/C2)

    附注：

        題記：書根有胡適題字。

5404 虛齋格致傳補註一卷（清）陸世儀著 清光緒二十五年（1899）京師刻本

    1函1冊；13.8厘米

    陸桴亭先生遺書

    PKUL(X/081.57/7442:2)

    附注：

        題記：書根有胡適題字。

5405 虛字闡義三卷（清）謝鼎卿著 清光緒元年（1875）京都琉璃廠善成堂刻本

    1函1冊；16.1厘米

    PKUL(X/H141/11)

附注：
    題記：書根有胡適題字。

5406 徐幹中論二卷札記二卷 （漢）徐幹撰 民國六年（1917）潮陽鄭氏龍谿精舍刻本
    1 函 2 冊；17.4 厘米
    龍谿精舍叢書
    PKUL(X/081.18/8762/C2:7)
    附注：
        題記：書根有胡適題字。

5407 徐氏庖言五卷 （明）徐光啓著 民國二十二年（1933）徐家滙光啓社鉛印本
    1 函 2 冊；19.9 厘米
    PKUL(X/916.9123/2893/C3)
    附注：
        題記：書根有題記："《徐文長文集》，詩文卅卷六冊，《四聲猿》原佚，己未春日得於京師廠肆。"（似不是胡適親筆）

5408 徐文長文集三十卷 （明）徐渭撰 （明）袁宏道評點 明萬曆間（1573—1620）刻本
    1 函 6 冊；21.4 厘米
    PKUL(SB/810.69/2836/C5)
    附注：
        題記：書衣有某人題記："《徐文長文集》，詩文卅卷六冊，《四聲猿》原佚，己未春得於京師廠肆"。

5409 徐巡按揭帖一卷 （明）徐吉撰 民國九年（1920）崑山趙氏又滿樓刻本
    1 函 1 冊；18 厘米
    又滿樓叢書
    PKUL(X/081.18/4901/C3)

5410 續安陽縣志十六卷卷首一卷卷末一卷 裴希度等纂修 民國二十二年（1933）北

平文嵐蓚古宋印書局鉛印本

1 函 6 冊;22.4 厘米

PKUL(X/981.6341/5050.5/C2)

附注:

 題記:書衣有贈書者題記:"敬贈適之先生,作賓";書根有胡適題字。

5411 續藏經七千一百四十四卷 (日)前田慧雲編 (日)中野達慧輯訂 民國間(1912—1949)商務印書館鉛印本

150 函 750 冊;21.5 厘米

PKUL(X/B941/3/C3)

附注:

 題記:書根有胡適題字。

5412 續藏經目錄 (民國)商務印書館編 民國間(1912—1949)商務印書館鉛印本

1 函 1 冊;21.3 厘米

PKUL(X/011.8/2426)

附注:

 題記:書根有胡適題字。

5413 續方言二卷 (清)杭世駿撰 清咸豐元年(1851)長沙小嫏嬛山館刻本

1 函 1 冊;13 厘米

杭氏七種

PKUL(X/081.57/4047a/C2)

5414 續古文辭類纂二十八卷 (清)黎庶昌編 清光緒十六年(1890)南京金陵書局刻本

2 函 12 冊;20.7 厘米

PKUL(X/817.08/4218.3/C2)

附注:

 題記:書根有胡適題字。

5415 續古文苑二十卷 (清)孫星衍撰 清光緒十一年(1885)朱氏槐廬家塾刻本
　　1函8冊;16.8厘米
　　PKUL(X/810.08/0043.1)
　　附注:
　　　題記:書根有胡適題字。

5416 續弘簡錄元史類編四十二卷 (清)邵遠平輯 清康熙四十五年(1706)刻本
　　2函14冊;20.7厘米
　　PKUL(X/915.901/1731.1)
　　附注:
　　　題記:書根有胡適題字。

5417 續後漢書九十卷附札記四卷 (元)郝經撰 (元)苟宗道注 清道光二十一年(1841)上海郁氏刻本
　　4函32冊;18.1厘米
　　宜稼堂叢書
　　PKUL(X/081.17/4742/C4)
　　附注:
　　　題記:書根有胡適題字。

5418 續彙刻書目十卷 羅振玉編 民國三年(1914)連平范氏雙魚室刻本
　　2函10冊;14.8厘米
　　PKUL(X/081.031/3128-2/C3)
　　附注:
　　　題記:書衣有胡適題記:"十,三,八,革痴送我的。胡適。"
　　　批注圈劃:目錄有胡適朱筆批注圈劃。

5419 續金華叢書 胡宗楙輯 民國十三年(1924)永康胡氏夢選廔刻本
　　10函120冊;18.2厘米
　　PKUL(X/081.478/4777a/C2)
　　附注:

題記:書根有胡適題字。

其他:本書缺第 73、74、116 冊。

5420 續禮記集説一百卷 (清)杭世駿撰 清光緒二十一年(1895)浙江書局刻本

4 函 40 冊;16.7 厘米

PKUL(X/094.621/4047.1)

附注:

題記:書根有胡適題字。

5421 續齊諧記一卷 (梁)吳均著 清(1644—1911)刻本

1 函 1 冊;19.5 厘米

PKUL(X/813.18/1030)

附注:

題記:書根有胡適題字。

5422 續山東考古録三十二卷卷首一卷 (清)葉圭綬著 清光緒八年(1882)山東書局刻本

1 函 6 冊;18.5 厘米

PKUL(X/981.62/3191/C2)

附注:

題記:書根有胡適題字。

5423 續同人集十七卷 (清)袁枚撰 清光緒十八年(1892)勤裕堂 交著易堂鉛印本

1 函 2 冊;15 厘米

隨園三十八種

PKUL(X/081.57/4048a)

附注:

題記:書根有胡適題字。

5424 續新齊諧十卷 (清)袁枚撰 清光緒十八年(1892)勤裕堂 交著易堂鉛印本

1 函 1 冊;15 厘米

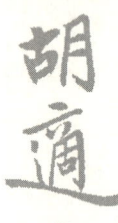

　　　　隨園三十八種

　　　　PKUL(X/081.57/4048a)

　　　附注：

　　　　題記：書根有胡適題字。

5425　續甬上耆舊詩一百二十卷卷首一卷 (清)全祖望輯選 民國七年(1918)四明文獻社鉛印本

　　　　4函24冊;17.9厘米

　　　　PKUL(X/I222.749/16)

　　　附注：

　　　　題記：書根有胡適題字。

5426　續幽怪錄四卷附札記一卷 (唐)李復言編 民國五年(1916)影印本

　　　　1函1冊;19.16厘米

　　　　隨盦叢書續編

　　　　PKUL(X/081.17/2816d/C3)

　　　附注：

　　　　題記：書根有胡適題字。

5427　續增刑案匯覽十六卷 (清)祝慶祺編 清光緒間(1875—1908)圖書集成局鉛印本

　　　　1函8冊;15.8厘米

　　　　PKUL(X/394.91/1377.1)

　　　附注：

　　　　題記：書根有胡適題字。

5428　續中州名賢文表六十八卷 (清)邵松年輯 清光緒三十年(1904)鴻文局石印本

　　　　3函22冊;15.8厘米

　　　　PKUL(X/I214.81/3)

　　　附注：

　　　　題記：書根有胡適題字。

5429 續纂揚州府志二十四卷 (清)英傑修 (清)晏端書纂 清同治十三年(1874)刻本

1函8冊;21厘米

PKUL(X/981.7745/4425)

附注:

題記:書根有胡適題字。

5430 宣道指歸七章 (美)倪維思撰 清光緒三年(1877)鉛印本

1函1冊;18.1厘米

PKUL(X/250.7/8454)

5431 懸榻齋詩集一卷文集一卷 (明)陳履著 民國九年(1920)東莞陳氏刻本

1函2冊;16厘米

聚德堂叢書

PKUL(X/081.17/7527/C2:2)

附注:

題記:書根有胡適題字。

5432 選青閣藏器一卷 (清)王錫榮撰 清光緒間(1875—1908)元和江氏湖南使院刻本

1函1冊;16.2厘米

靈鶼閣叢書第五集

PKUL(X/081.17/3141/C2:3)

附注:

題記:書根有胡適題字。

5433 薛子條貫篇十三卷續篇十三卷 (明)薛瑄撰 (清)戴楫編 清道光二十八年(1848)刻本

1函3冊;18.1厘米

PKUL(X/111.69/4413.4/C2)

附注：
　　題記：書根有胡適題字。

5434 學案小識十五卷卷首一卷 （清）唐鑑撰 清光緒十年（1884）刻本
　　1函6冊；17.4厘米
　　PKUL（X/111.708/0088/C2）
　　附注：
　　　　題記：書根有胡適題字。
　　　　其他：本書存卷1—7。

5435 學蔀通辯十二卷 （明）陳建著 民國十年（1921）東莞陳氏刻本
　　1函3冊；16厘米
　　聚德堂叢書
　　PKUL（X/081.17/7527/C2：1-：2）
　　附注：
　　　　題記：書根有胡適題字。

5436 學蔀通辯十一卷（前編二卷後編三卷續編三卷終編三卷）（明）陳建著 日本安政四年（1857）刻本
　　1函4冊；19.4厘米
　　PKUL（X/111.69/7515.1）
　　附注：
　　　　題記：書根有胡適題字。

5437 學孔精舍詩鈔六卷 （明）孫應鰲撰 清光緒六年（1880）獨山莫氏刻本
　　1函2冊；17.4厘米
　　孫文恭公遺書
　　PKUL（X/081.57/1205/C2）
　　附注：
　　　　題記：書根有胡適題字。

5438 學禮五卷 （清）李塨著 民國十二年(1923)四存學會鉛印本

1函1冊;18.1厘米

顏李叢書

PKUL(X/081.57/0110.1/C2:3)

附注：

題記:書根有胡適題字。

5439 學射錄二卷 （清）李塨著 民國十二年(1923)四存學會鉛印本

1函1冊;18.1厘米

顏李叢書

PKUL(X/081.57/0110.1/C2:3)

附注：

題記:書根有胡適題字。

5440 學詩初槀一卷 （宋）王同祖撰 民國十三年(1924)永康胡氏夢選廔刻本

1函1冊;18.2厘米

續金華叢書

PKUL(X/081.478/4777a/C2:6)

附注：

題記:書根有胡適題字。

5441 學統五十三卷 （清）熊賜履撰 清光緒十七年(1891)三餘草堂刻本

3函12冊;16.5厘米

湖北叢書

PKUL(X/081.473/4995/C2:6-:8)

附注：

題記:書根有胡適題字。

5442 學宛堂詩稿一卷 （清）董威撰 民國九年(1920)江陰繆氏刻本

1函1冊;12.5厘米

煙畫東堂小品

1659

PKUL(X/081.18/2741a/C2)

附注：

　　題記：書根有胡適題字。

5443 學文溯源一卷　吳桂華撰　民國十一年(1922)石印本

　　1函1冊；16.5厘米

　　佗傺軒叢著

　　PKUL(X/H121/3、X/H121/3/C2)

附注：

　　題記：書根有胡適題字。

　　其他：本書有2冊。

5444 學易會集一卷　(明)栗永録等撰　明萬曆七年(1579)刻本

　　1函1冊；20厘米

　　PKUL(SB/B229/4)

附注：

　　題記：書籤有贈書者題記："廿三年春得安陽許氏舊藏呈適之先生，作贄。"

5445 學庸補釋新編(大學補釋一卷中庸補釋一卷)　(清)張承華補釋　清同治三年(1864)刻本

　　1函2冊；16.9厘米

　　PKUL(X/B222.172/6)

附注：

　　題記：書根有胡適題字。

5446 學庸正説(大學正説一卷中庸正説一卷)　(明)趙南星著　清光緒六年(1880)刻本

　　1函2冊；21厘米

　　PKUL(X/B222.175/4)

附注：

題記:書根有胡適題字。

5447 學樂錄四卷 (清)李塨著 民國十二年(1923)四存學會鉛印本
　　1函1冊;18.1厘米
　　顏李叢書
　　PKUL(X/081.57/0110.1/C2:4)
　　附注:
　　　題記:書根有胡適題字。

5448 雪橋詩話三集十二卷 楊鍾羲撰 民國八年(1919)南林劉氏求恕齋刻本
　　1函12冊;13.9厘米
　　求恕齋叢書
　　PKUL(X/811.104/4688b)
　　附注:
　　　題記:書衣有胡適題記:"十,八,廿六,夜自□□時讀,至□□時完。胡適。"

5449 雪橋詩十二卷 楊鍾羲撰 民國二年(1913)南林劉氏求恕齋刻本
　　1函6冊;14.2厘米
　　求恕齋叢書
　　PKUL(X/811.104/4688/C2)
　　附注:
　　　題記:書根有胡適題字。
　　　其他:本書存卷1—6。

5450 雪橋詩話續集八卷 楊鍾羲撰 民國六年(1917)南林劉氏求恕齋刻本
　　1函8冊;13.9厘米
　　求恕齋叢書
　　PKUL(X/811.104/4688a)
　　附注:
　　　題記:書根有胡適題字。

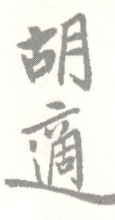

5451 雪橋詩話餘集八卷 楊鍾羲撰 民國十五年(1926)南林劉氏求恕齋刻本

　　1函8冊;14.2厘米

　　求恕齋叢書

　　PKUL(X/811.104/4688d)

　　附注:

　　　題記:書根有胡適題字。

5452 雪月梅傳十卷五十回 (清)陳朗編輯 (清)董孟汾評釋 清乾隆四十年(1775)刻本

　　1函10冊;19厘米

　　PKUL(SB/813.336/7537/C2)

　　附注:

　　　題記:書根有胡適題字。

5453 雪竹樓詩稿十四卷 (清)黃道讓撰 清同治六年(1867)刻本

　　1函6冊;17.5厘米

　　PKUL(X/I222.75/26)

　　附注:

　　　題記:書根有胡適題字。

5454 荀子二十卷 (戰國)荀況撰 (唐)楊倞註 民國三年(1914)右文社影印本

　　1函6冊;16厘米

　　PKUL(X/111.117/4436.12)

　　附注:

　　　題記:書衣有胡適題記:"世德堂《荀子》六本,七年五月買的。胡適。"

5455 荀子二十卷 (戰國)荀況撰 (唐)楊倞註 清光緒二年(1876)浙江書局刻本

　　1函6冊;18.4厘米

　　PKUL(X/111.117/4436.3)

　　附注:

題記:書根有胡適題字。

5456 荀子性善證三篇 姜忠奎撰 民國十五年(1926)鉛印本

　　1函1冊;16.1厘米

　　PKUL(X/B221.393/2、X/B221.393/2/C2)

　　附注:

　　　題記:書根有胡適題字。

　　　其他:本書有2冊。

5457 遜志齋集二十四卷附錄一卷 (明)方孝孺撰 清同治十二年(1873)浙江省城刻本

　　2函12冊;18.9厘米

　　PKUL(X/810.6/0041.2)

　　附注:

　　　題記:書籤有胡適題記:"方孝孺的《遜志齋集》";書根有胡適題字。

5458 顨軒孔氏所著書七種六十卷 (清)孔廣森撰 清嘉慶二十二年(1817)刻本

　　2函10冊;18.6厘米

　　PKUL(X/081.57/1204/C3)

　　附注:

　　　題記:書根有胡適題字。

　　　批注圈劃:原序內有胡適批注。

5459 鴉片事略二卷 (清)李圭撰 民國二十年(1931)北平圖書館鉛印本

　　1函1冊;17.4厘米

　　PKUL(X/K253/1/C2)

　　附注:

　　　印章:卷端鈐有"胡適之印"印章。

　　　題記:書根有胡適題字。

5460 雅述二卷 (明)王廷相著 明嘉靖十八年(1539)刻本

1函2册;18.5厘米

PKUL(SB/111.119/1014)

附注:

题记:书根有胡适题字。

5461 雅雨堂叢書十二種 （清）盧見曾輯 清乾隆二十一年(1756)雅雨堂刻本

24函4册;18厘米

PKUL(SB/081.17/2168/C4)

5462 煙畫東堂小品二十三種 （清）繆荃孫輯 民國九年(1920)江陰繆氏刻本

1函12册;12.5厘米

PKUL(X/081.18/2741a/C2)

附注:

题记:书根有胡适题字。

5463 煙嶼樓筆記八卷 （清）徐時棟撰 清光緒三十四年(1908)鄞徐氏蓬學齋鉛印本

1函2册;15厘米

PKUL(X/088.7/2864/C2)

附注:

题记:书根有胡适题字。

5464 煙嶼樓讀書志十六卷 （清）徐時棟撰 民國十七年(1928)鄞徐氏蓬學齋鉛印本

1函6册;15厘米

PKUL(X/071.7/2864/C2)

附注:

题记:书根有胡适题字。

5465 延平李先生師弟子答問一卷後錄一卷 （宋）朱熹輯 清康熙間(1662—1722)禦兒呂氏寶誥堂刻本

1函1册;18厘米

朱子遺書

PKUL(X/081.55/2540.1/C3)

5466 延平四先生年譜 （清）毛念恃編 清乾隆十年(1745)滏陽張坦刻本

1函2冊;20.3厘米

PKUL(X/K827.44/3)

附注：

題記：書根有胡適題字。

5467 延平王戶官楊英從征實錄一卷 （明）楊英撰 民國二十年(1931)北平國立中央研究院歷史語言研究所影印本

1函1冊;26.1厘米

史料叢書

PKUL(X/916.05/4644/C3)

附注：

題記：書根有胡適題字。

5468 延禧堂壽言六卷 （清）紀昀等編撰 清嘉慶間(1796—1820)刻本

1函2冊;19.2厘米

PKUL(X/I269.49/1)

附注：

題記：書根有胡適題字。

5469 研幾圖一卷 （宋）王柏撰 清同治九年(1870)退補齋刻本

1函1冊;19.2厘米

金華叢書

PKUL(X/081.478/4777/C2)

附注：

題記：書根有胡適題字。

5470 研六室文鈔十卷 （清）胡培翬撰 清道光十七年(1837)涇川書院刻本

1函2冊;17.9厘米

PKUL(X/810.78/4741/C2)

附注：

題記：書前有胡適題記："《研六室文鈔》十卷,分兩冊,無補遺之文,有'吳縣潘氏鄭盦藏'之印,是潘祖蔭家舊物。胡適。九,十,二五","此書第二冊是配成的,亦無潘氏印記。頃始知之。適。九,十一,二八"。

批注圈劃：序首頁及內封有胡適批注。

5471 閻潛丘先生年譜一卷 （清）張穆編 清道光二十七年（1847）壽陽祁氏刻本
1函3冊;19.1厘米
PKUL(X/979.2/1636.1)

附注：

題記：書根有胡適題字。

5472 顏李叢書 （清）顏元 李塨撰 徐世昌等輯 民國十二年（1923）四存學會鉛印本
4函24冊;18.1厘米
PKUL(X/081.57/0110.1/C3)

附注：

印章：書衣後鈐有"但開風氣不為師"朱文長方印、"胡適之印"朱文方印。

題記：書衣後有胡適題記："四存學會排印本《顏李全書》,胡適藏。舊裝卅六冊,今改裝為廿四冊。廿三,二,十三（癸酉除夕）。"

內附文件：凡例前有胡適補抄《顏李全書目次》。

與胡適的關係：函套有胡適題籤："《顏李全書》,四存學會本。"

5473 顏李叢書 （清）顏元 李塨撰 徐世昌等輯 民國十二年（1923）四存學會鉛印本
4函32冊;18.1厘米
PKUL(X/081.57/0110.1/C2)

附注：

題記：書根有胡適題字。

批注圈劃：書內總首頁有胡適鉛筆題記："惲鶴生所作恕谷傳有恕谷著書目,凡二十三種。此目上有ˇ者,皆惲目所有。惲目所有,此目但缺《孟子傳注》一種。而惲目所無,凡有六種。恕谷所著,大概都在此了。適之。"

5474 顔李師承記九卷 徐世昌纂 民國間(1912—1949)刻本

1 函 3 冊;20.1 厘米

PKUL(X/111.73/3846/C2)

附注:

題記:封面有胡適朱筆題記:"此書名頗不通。適之。"

5475 顔瘤子二卷 清(1644—1911)刻本

1 函 1 冊;18.3 厘米

PKUL(X/B828/13)

附注:

題記:書根有胡適題字。

5476 顔氏家訓七卷附録一卷補校注一卷（北齊）顔之推撰（清）趙曦明注（清）盧文弨補注 民國十七年(1928)成都渭南嚴氏孝義家塾刻本

1 函 4 冊;20.6 厘米

PKUL(X/188.3/0135/C2)

附注:

題記:書根有胡適題字。

5477 顔氏家訓七卷注補并重校一卷注補正一卷壬子年重校一卷（北齊）顔之推撰（清）趙曦明注 民國六年(1917)潮陽鄭氏龍谿精舍刻本

2 函 3 冊;17.4 厘米

龍谿精舍叢書

PKUL(X/081.18/8762/C2:10)

附注:

題記:書根有胡適題字。

5478 顔氏學記十卷（清）戴望撰 清宣統間(1909—1911)蜕廬朱氏鉛印本

1 函 1 冊;18.4 厘米

PKUL(X/111.73/4507/C2)

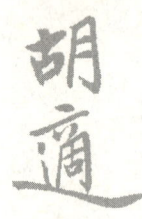

附注:

　　題記:書衣有胡適題記:"戴望的《顏氏學記》十卷,胡適。"
　　內附文件:序後有胡適朱、墨筆補抄目次。

5479 顏氏學記十卷 (清)戴望撰 民國十四年(1925)香山黃氏古愚室影印本
　　1函5冊;13.6厘米
　　清代學術叢書第一集
　　PKUL(X/081.37/4480/C4:1)
　　附注:
　　　　題記:書根有胡適題字。

5480 顏習齋先生年譜二卷 (清)李塨纂 清光緒三十四年(1908)上海國學保存會鉛印本
　　1函1冊;16.9厘米
　　國粹叢書第一集
　　PKUL(K825.1/4)
　　附注:
　　　　題記:書根有胡適題字。

5481 顏習齋先生年譜二卷 (清)李塨纂 民國十二年(1923)四存學會鉛印本
　　1函1冊;18.1厘米
　　顏李叢書
　　PKUL(X/081.57/0110.1/C2:1)
　　附注:
　　　　題記:書根有胡適題字。

5482 顏習齋先生闢異錄二卷 (清)鍾錂纂 民國十二年(1923)四存學會鉛印本
　　1函1冊;18.1厘米
　　顏李叢書
　　PKUL(X/081.57/0110.1/C2:1)
　　附注:

題記:書根有胡適題字。

5483 顏習齋先生言行錄二卷 （清）鍾錂纂 民國十二年(1923)四存學會鉛印本

1函1冊;18.1厘米

顏李叢書

PKUL(X/081.57/0110.1/C2;1)

附注:

題記:書根有胡適題字。

5484 嚴東有詩集四種（歸求草堂詩集六卷秋山紀行集二卷金闕攀松集一卷玉井搴蓮集一卷） （清）嚴長明撰 民國元年(1912)郋園刻本

1函2冊;18.2厘米

PKUL(X/I222.749/29)

附注:

題記:書衣有胡適題記:"《嚴冬友詩集》四種,共兩冊。我因為他與吳敬梓有關係,故買了他回來。十,一,二一,胡適。"

5485 鹽鐵論十卷附考證一卷 （漢）桓寬撰 民國六年(1917)潮陽鄭氏龍谿精舍刻本

1函2冊;17.4厘米

龍谿精舍叢書

PKUL(X/081.18/8762/C2;7)

附注:

題記:書根有胡適題字。

5486 衍波詞一卷 （清）孫蓀意撰 清光緒二十二年(1896)元和江氏湖南使院刻本

1函1冊;16.2厘米

靈鶼閣叢書第三集

PKUL(X/081.17/3141/C2;2)

附注:

題記:書根有胡適題字。

5487 弇山畢公年譜一卷 (清)史善長撰 清嘉慶三年(1798)刻本
　　1函1冊;19.5厘米
　　PKUL(X/979.2/1730.1)
　　附注:
　　　題記:書根有胡適題字。

5488 弇山堂別集一百卷 (明)王世貞撰 明萬曆十八年(1590)刻本
　　4函36冊;19.8厘米
　　PKUL(SB/916.05/1042/C2)
　　附注:
　　　題記:書根有胡適題字。

5489 弇州山人年譜一卷 (清)錢大昕編 清光緒十年(1884)長沙龍氏刻本
　　1函1冊;18.7厘米
　　嘉定錢氏潛研堂全書
　　PKUL(X/081.57/8346:5)
　　附注:
　　　題記:書根有胡適題字。

5490 剡源集三十卷附札記一卷 (元)戴表元撰 清道光二十年(1840)上海郁氏刻本
　　1函8冊;18.1厘米
　　宜稼堂叢書
　　PKUL(X/081.17/4742/C4)
　　附注:
　　　題記:書根有胡適題字。

5491 晏子春秋七卷 (周)晏嬰撰 清光緒元年(1875)浙江書局刻本
　　1函4冊;18.3厘米
　　PKUL(X/111.193/6066.2)
　　附注:
　　　題記:書根有胡適題字。

5492 宴池詩録甲集三卷 淩宴池著 民國二十一年(1932)夕薰齋鉛印本

　　1函1冊;11.6厘米

　　PKUL(X/I226/17)

　　附注:

　　　題記:書根有胡適題字。

5493 硯箋四卷 (宋)高似孫撰 民國十年(1921)上海古書流通處影印本

　　1函1冊;15.9厘米

　　棟亭十二種

　　PKUL(X/081.18/5530/C2:1)

　　附注:

　　　題記:書根有胡適題字。

5494 燕楚游驂録甲編二十卷 京漢鐵路管理局編輯 民國間(1912—1949)京漢鐵路管理局鉛印本

　　1函8冊;20厘米

　　PKUL(X/981.4/0386/C2)

　　附注:

　　　題記:書根有胡適題字。

5495 燕峰詩鈔一卷附録一卷 (清)費密著 民國間(1912—1949)大關唐氏怡蘭堂刻本

　　1函1冊;21厘米

　　PKUL(X/I222.749/26)

　　附注:

　　　題記:書根有胡適題字。

5496 燕蘭小譜五卷 (清)安樂山樵著 清宣統三年(1911)長沙葉氏刻本

　　1函1冊;18.2厘米

　　PKUL(X/811.175/3224/C2、X/811.175/3224/C3)

1671

附注：

　　題記：書根有胡適題字。

　　其他：本書有2冊。

5497 燕喜一卷 （宋）曹冠撰 民國十三年（1924）永康胡氏夢選廎刻本

　　1函1冊；18.2厘米

　　續金華叢書

　　PKUL（X/081.478/4777a/C2：10）

　　附注：

　　　　題記：書根有胡適題字。

5498 燕知草二卷 俞平伯撰 民國十九年（1930）上海開明書局鉛印本

　　1函2冊；14.4厘米

　　PKUL（X/810.8/8012/C2）

　　附注：

　　　　印章：封面後鈐有"德清俞氏"朱文方印；另有一章不能辨識。

　　　　題記：封面後有作者題記："適之先生，平伯敬贈，二十年二月十九日"；書根有胡適題字。

5499 陽九述略一卷 （明）朱之瑜撰 民國二年（1913）鉛印本

　　1函1冊；18.1厘米

　　舜水遺書

　　PKUL（X/081.56/2531/C3）

　　附注：

　　　　題記：書衣後有贈書者題記："《舜水遺書》一函，謹以祝適之先生大喜，家倫謹呈。"

5500 揚州夢二卷 （清）嵇永仁撰 清同治十一年（1872）永州刻本

　　1函2冊；18.3厘米

　　PKUL（X/I237.2/3）

　　附注：

附注:

題記:書根有胡適題字。

5501 揚子法言十三卷 (漢)揚雄撰 (晉)李軌注 清光緒元年(1875)湖北崇文書局刻本

　　1函1冊;19.3厘米

　　PKUL(X/111.25/5640.3)

　　附注:

　　　　題記:書根有胡適題字。

5502 揚子法言十三卷 (漢)揚雄撰 (晉)李軌注 清光緒二年(1876)浙江書局刻本

　　1函1冊;18厘米

　　PKUL(X/111.25/5640.4)

　　附注:

　　　　題記:書根有胡適題字。

5503 楊大洪先生集二卷 (明)楊漣撰 清康熙四十九年(1710)正誼堂刻本

　　1函2冊;19.6厘米

　　PKUL(SB/I214.82/22)

　　附注:

　　　　題記:書根有胡適題字。

5504 楊東萊先生批評西遊記六卷 (元)吳昌齡撰 (日)監谷溫編 日本昭和三年(1928)東京康文社印刷所鉛印本

　　1函1冊;22.7厘米

　　PKUL(X/812.2/2662/C2)

　　附注:

　　　　題記:書根有胡適題字。

5505 楊龜山先生集六卷 (宋)楊時撰 清康熙四十八年(1709)正誼堂刻本

　　1函2冊;20厘米

　　PKUL(SB/810.51/4664a)

附注：
　　題記：書根有胡適題字。

5506 楊龜山先生集四十二卷卷首一卷（宋）楊時撰 清康熙四十六年(1707)刻 光緒五年(1879)重修
　　1函10冊;20厘米
　　PKUL(X/810.51/46641/C2、X/810.51/46641/C3)
　　附注：
　　　題記：書根有胡適題字。
　　　其他：本書有2套。

5507 楊輝算法六卷附札記一卷（宋）楊輝撰 清道光二十二年(1842)上海郁氏刻本
　　1函2冊;18.4厘米
　　宜稼堂叢書
　　PKUL(X/081.17/4742/C4)
　　附注：
　　　題記：書根有胡適題字。

5508 楊林兩隱君集三卷 李文漢 李文林同輯 民國八年(1919)刻本
　　1函1冊;18.2厘米
　　雲南叢書
　　PKUL(X/081.486/4944)
　　附注：
　　　題記：書衣有贈書者題："《韻略易通》，作者蘭止菴的《詩集》和《傳略》謹贈適之先生，後學鴻烈。"

5509 楊升庵夫婦散曲(陶情樂府四卷拾遺一卷楊夫人曲三卷)（明）楊慎等撰 民國十八年(1929)上海商務印書館鉛印本
　　1函1冊;14.8厘米
　　PKUL(X/I222.9/7)

附注：

　　題記：書根有胡適題字。

5510 楊叔嶠先生文集一卷詩集二卷 （清）楊鋭撰 民國三年(1914)成都昌福公司鉛印本

1函2冊；16.3厘米

劉楊合刊

PKUL(X/810.79/4688)

附注：

　　題記：書根有胡適題字。

5511 楊文節公詩集四十二卷 （宋）楊萬里撰 清乾隆六十年(1795)刻本

1函12冊；19.7厘米

PKUL(SB/811.157/4646.1)

附注：

　　印章：總目錄後鈐有"胡適"朱文方印。

　　題記：序後有胡適題記："去年我曾用涵芬樓影印繆影寫本，托趙萬里先生用四庫本校勘此集。今年五月，詩集校畢，萬里來信云：'四庫本剗改之處甚多，未必得據佳本。'今檢校本與此刻本對勘，似此本甚勝，其佳處遠在四庫本之上。此本雖據家藏抄本，其源似出於宋元刻本。此本與繆本不同源，與四庫本也不同源，疑端平刻本之外尚有翻刻本。廿四，五，十四，胡適"；總目錄后有胡適題記："民國廿四年買得此集。胡適。"

　　批注圈劃：書內多處有胡適批注圈劃。

　　與胡適的關係：函套有胡適題籤："楊誠齋詩集，乾隆江西刻本。"

5512 楊文節公文集四十二卷卷首一卷卷末一卷 （宋）楊萬里撰 清乾隆五十九年(1794)刻本

1函12冊；19.7厘米

PKUL(SB/I264.4/11/C2、SB/I264.4/11)

附注：

　　題記：書根有胡適題字。

其他:本書有2套。

5513 楊仲弘集八卷 (元)楊載撰 清嘉慶間(1796—1820)浦城祝氏留香室刻本
1函2冊;18.9厘米
浦城遺書
PKUL(X/081.481/3665/C2)
附注:
題記:書根有胡適題字。

5514 養吉齋叢錄二十六卷餘錄十卷 (清)吳振棫纂 清光緒二十二年(1896)刻本
1函8冊;19.2厘米
PKUL(X/917.05/2654/C3)
附注:
題記:書衣有胡適題記:"吳振棫著《養吉齋叢錄》及《餘錄》";書根有胡適題字。

5515 養素堂文集三十五卷卷首一卷 (清)張澍著 清道光十七年(1837)刻本
2函16冊;17.9厘米
PKUL(X/817.78/1134/C4)
附注:
題記:書根有胡適題字。

5516 養一齋集二十六卷卷首一卷詩話十卷李杜詩話三卷詞三卷四書文一卷試帖一卷 (清)潘德輿撰 清道光二十九至咸豐三年(1849—1853)刻本
2函18冊;20厘米
PKUL(X/810.78/3227/C2)
附注:
題記:書根有胡適題字。

5517 養自然齋詩話十卷 (清)鍾駿聲輯 清同治十三年(1874)刻本
1函10冊;12.8厘米

PKUL（X/I207.22/7）

附注：

　　题记：书根有胡适题字。

5518　姚江学辨二卷　（清）罗泽南著　清咸丰九年（1859）长沙刻本

　　1函2册；18.3厘米

　　罗山遗集

　　PKUL（X/081.57/6034.1/C2）

附注：

　　题记：书根有胡适题字。

5519　药房樵唱三卷　（元）吴景奎著　民国十三年（1924）永康胡氏梦选庼刻本

　　1函1册；18.2厘米

　　续金华丛书

　　PKUL（X/081.478/4777a/C2:8）

附注：

　　题记：书根有胡适题字。

5520　耶律楚材西游录今释一卷　张相文著　民国二十四年（1935）北平中国地学会铅印本

　　1函1册；19厘米

　　南园丛稿

　　PKUL（X/810.8/1140/C3）

附注：

　　题记：书根有胡适题字。

5521　耶稣公会史鉴　清同治九年（1870）上海美华书馆铅印本

　　1函1册；18.1厘米

　　PKUL（X/255/1488）

5522　耶稣降世传　清同治九年（1870）上海美华书馆铅印本

1函1册;18.4厘米

PKUL(X/251.29/1474)

附注:

题记:书衣有题记:"Life of Christ, published □ on mainland, republished □ on □ press-with □□□□, price uncertian, May 20, □□。"

5523 野服考一卷 （宋）方凤纂 民国十三年(1924)永康胡氏梦选庼刻本

1函1册;18.2厘米

续金华丛书

PKUL(X/081.478/4777a/C2:3)

附注:

题记:书根有胡适题字。

5524 野获编三十卷 （明）沈德符著 （清）钱枋辑 清道光七年(1827)扶荔山房刻本

2函20册;19厘米

PKUL(X/910.5/3428/C3)

附注:

题记:书根有胡适题字。

5525 野记四卷 （明）祝允明纂 清同治十三年(1874)刻本

1函2册;19.1厘米

PKUL(X/916.05/3626/C3)

附注:

题记:书根有胡适题字。

5526 夜珠词一卷 茅於美撰 民国三十四年(1945)石印本

1函1册;15厘米

PKUL(X/I226/24)

附注:

印章:书前钤有"於美"朱文方印。

题记:书前有作者题记:"适之先生教正,於美敬呈。一九四六,十月。"

5527 葉天寥年譜一卷續譜一卷別記一卷 （明）葉紹袁撰 民國間（1912—1949）南林劉氏求恕齋刻本

    1函1冊；18.7厘米

    PKUL(X/K827.48/1)

    附注：

        題記：書根有胡適題字。

        批注圈劃：書内多處有胡適批注圈劃。

5528 葉天寥年譜一卷續譜一卷別記一卷甲行日注八卷 （明）葉紹袁撰 民國間（1912—1949）南林劉氏求恕齋刻本

    1函4冊；18.7厘米

    PKUL(X/K827.48/1/C2)

    附注：

        題記：書根有胡適題字。

        其他：朱印。

5529 鄴中記一卷 （晉）陸翽撰 民國六年（1917）潮陽鄭氏龍谿精舍刻本

    1函1冊；17.4厘米

    龍谿精舍叢書

    PKUL(X/081.18/8762/C2:6)

    附注：

        題記：書根有胡適題字。

5530 謁林日記一卷 （法）郭休著 趙詒璹譯 民國九年（1920）石印本

    1函1冊；18.5厘米

    PKUL(X/981.412/2052)

    附注：

        題記：書衣後有譯者題記："適之先生惠存，譯者趙不為敬贈。昔有康有為，今有趙不為，有為未必能有為，不為終可以不為。與其名有為，不如稱不為，孔子曰：人有不為也，而後可以有為。蓋有不為而不可以有爲者，未

1679

有有爲而無不爲者也";書根有胡適題字。

其他:本書爲法、漢文對照。

5531 一行居集八卷附一卷 (清)彭紹升著 民國十年(1921)南京金陵刻經處刻本

1函4冊;18厘米

PKUL(X/230.8/4222)

附注:

題記:書根有胡適題字。

5532 一切經音義二十五卷附華嚴經音義二卷 (唐)釋玄應撰 清同治八年(1869)仁和曹籀刻本

1函4冊;19.8厘米

PKUL(X/232.088/1000/C3)

附注:

題記:書衣有胡適題記:"孫星衍、莊炘、錢坫合校的《一切經音義》,坿臧鏞堂節鈔的《華嚴經音義》。"

5533 伊維淵源錄十四卷 (宋)朱熹著 清康熙間(1662—1722)禦兒呂氏寶誥堂刻本

1函1冊;18厘米

朱子遺書

PKUL(X/081.55/2540.1/C3)

附注:

其他:本書存卷1—8。

5534 壹是紀始二十二卷補遺一卷 (清)魏崧撰 清光緒十四年(1888)刻本

1函8冊;15.5厘米

PKUL(X/088.7/2622.1)

附注:

題記:書根有胡適題字。

5535 夷堅志(甲志二十卷乙志二十卷丙志二十卷丁志二十卷) (宋)洪邁編 清光緒

五年(1879)吴興陸氏十萬卷樓刻本

1 函 12 冊;18 厘米

PKUL(X/I242.1/7)

附注:

題記:書根有胡適題字。

5536 **怡蘭堂叢書十種** 唐鴻學輯 清光緒二十七年至民國十一年(1901—1922)大關唐氏刻本

1 函 5 冊;20.8 厘米

PKUL(X/Z121.6/4)

附注:

其他:本書存 5 種。

5537 **怡志堂詩初編四卷** (清)朱琦撰 清咸豐七年(1857)代州馮志沂署刻本

1 函 1 冊;16.3 厘米

PKUL(X/I222.75/24)

附注:

題記:書根有胡適題字。

5538 **怡志堂文初編六卷** (清)朱琦撰 清同治四年(1865)京師刻本

1 函 2 冊;17 厘米

PKUL(X/I265/7)

附注:

題記:書根有胡適題字。

5539 **宜稼堂叢書七種** (清)郁松年輯 清道光二十至二十二年(1840—1842)上海郁氏刻本

10 函 80 冊;18.4 厘米

PKUL(X/081.17/4742/C4)

附注:

題記:書根有胡適題字。

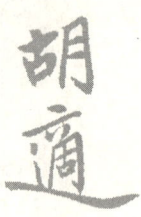

5540 疑盦詩六卷 許承堯撰 民國十五年(1926)鉛印本
　　1函2冊;17厘米
　　PKUL(X/I222.75/34)
　　附注:
　　　題記:書根有胡適題字。

5541 疑年錄四卷 (清)錢大昕編 清光緒十年(1884)長沙龍氏刻本
　　1函1冊;18.7厘米
　　嘉定錢氏潛研堂全書
　　PKUL(X/081.57/8346:5)
　　附注:
　　　題記:書根有胡適題字。

5542 遺筆彙存一卷 (清)梁濟著 民國十四年(1925)京華印書局鉛印本
　　1函1冊;17.8厘米
　　桂林梁先生遺書
　　PKUL(X/081.57/3330/C2)
　　附注:
　　　題記:書根有胡適題字。

5543 儀顧堂集二十卷 (清)陸心源撰 清光緒二十四年(1898)刻本
　　1函6冊;17.7厘米
　　PKUL(X/810.79/7433/C2)
　　附注:
　　　題記:目錄後有胡適題記:"此本比十二卷本多出文八十三篇,此目上有○者皆是十二卷本所無。但十二卷本有六篇,為此本所無,大概已被刪去了。廿六,四,十三,胡適。"
　　　批注圈劃:目錄內五處有胡適朱筆批注圈劃。

5544 儀顧堂集十二卷 (清)陸心源撰 清(1644—1911)刻本

1函4册;17.6厘米

存齋陸氏所著書

PKUL(X/810.79/7433.1)

附注:

  題記:書根有胡適題字。

5545 儀禮釋官九卷卷首一卷 (清)胡匡衷著 清同治八年(1869)續谿胡肇智刻本

1函4册;17.3厘米

PKUL(X/094.52/4770/C2)

附注:

  題記:書根有胡適題字。

5546 儀禮私箋八卷鄭學録四卷 (清)鄭珍撰 清同治五年(1866)成山唐氏刻本

1函8册;18.5厘米

PKUL(X/094.51/8718/C2)

附注:

  題記:書根有胡適題字。

5547 儀禮圖六卷 (清)張惠言撰 清同治九年(1870)楚北崇文書局刻本

1函3册;21.3厘米

PKUL(X/094.582/1150.1/C2)

附注:

  題記:書根有胡適題字。

5548 儀衛軒文集十二卷外集一卷 (清)方東樹撰 清光緒間(1875—1908)刻本

1函4册;17.6厘米

PKUL(X/817.749/0054/C2)

附注:

  題記:卷端有胡適題記:"二十年四月廿二日,借文華堂書店本補鈔";書根有胡適題字。

  批注圈劃:書内三處有胡適批注。

與胡適的關係：書籤函套有胡適題籤："方東樹的《儀衛軒集》。"
　　其他：本書存卷1—6。

5549 儀鄭堂文集二卷 （清）孔廣森撰 民國十四年（1925）錢塘汪氏刻本
　　1函1冊；15.8厘米
　　食舊堂叢書
　　PKUL(X/081.17/3148/C2:4)
　　附注：
　　　題記：書根有胡適題字。

5550 頤堂先生糖霜譜一卷 （宋）王灼撰 民國十年（1921）上海古書流通處影印本
　　1函1冊；15.9厘米
　　楝亭十二種
　　PKUL(X/081.18/5530/C2:2)
　　附注：
　　　題記：書根有胡適題字。

5551 乙卯劄記一卷 （清）章學誠撰 民國間（1912—1949）順德鄧氏風雨樓鉛印本
　　1函1冊；16.3厘米
　　風雨樓叢書
　　PKUL(X/088.7/0070)
　　附注：
　　　題記：書衣有胡適題記："傅孟真送我的。"
　　　批注圈劃：書內兩處有胡適批注。

5552 乙卯劄記一卷 （清）章學誠撰 民國間（1912—1949）浙江圖書館鉛印本
　　1函1冊；17.7厘米
　　章氏遺書
　　PKUL(X/081.57/0070.3/C3)
　　附注：
　　　題記：書根有胡適題字。

5553 乙卯劄記一卷 (清)章學誠撰 民國十一年(1922)吳興劉氏嘉業堂刻本

 1函1冊;18.2厘米

 章氏遺書

 PKUL(X/081.57/0070.1/C6)

 附注:

  印章:卷端有胡適印章。

  題記:書根有胡適題字。

5554 亦玉堂稿十卷 (明)沈鯉撰 清康熙二十九年(1690)刻本

 1函4冊;17.2厘米

 PKUL(X/916.5012/3426/C2)

 附注:

  題記:書根有胡適題字。

5555 易卦圖説一卷 (清)崔述著 清道光四年(1824)刻本

 1函1冊;19.5厘米

 崔東壁先生遺書

 PKUL(X/081.579/2233.3/C2:3)

 附注:

  題記:書根有胡適題字。

5556 易領四卷 (明)郝敬著 清光緒十七年(1891)三餘草堂刻本

 1函2冊;16.5厘米

 湖北叢書

 PKUL(X/081.473/4995/C2:1)

 附注:

  題記:書根有胡適題字。

5557 易筮遺占一卷 (清)李道平著 清光緒十七年(1891)三餘草堂刻本

 1函1冊;16.5厘米

湖北叢書

PKUL(X/081.473/4995/C2:2)

附注:

 題記:書根有胡適題字。

5558 易釋文一卷 (唐)陸德明撰 清乾隆二十一年(1756)雅雨堂刻本

1函1冊;18厘米

雅雨堂叢書

PKUL(SB/081.17/2168/C4:2)

5559 易象通義六卷 (清)秦篤輝撰 清光緒十七年(1891)三餘草堂刻本

1函4冊;16.2厘米

湖北叢書

PKUL(X/081.473/4995/C2:2)

附注:

 題記:書根有胡適題字。

5560 易學啓蒙四卷 (宋)朱熹著 清康熙間(1662—1722)禦兒呂氏寶誥堂刻本

1函1冊;18厘米

朱子遺書

PKUL(X/081.55/2540.1/C3)

5561 易蘊 二卷 (清)楊禾撰 民國十年(1921)如皋冒氏刻本

1函1冊;16.5厘米

楚州叢書

PKUL(X/Z122.53/1)

附注:

 題記:書根有胡適題字。

5562 異部宗輪論述記三卷 (唐)釋玄奘譯 民國十二年(1923)萍寄廬鉛印本

1函1冊;19.1厘米

PKUL(X/232.8/0024a)

附注:

題記:書根有胡適題字。

5563 異部宗輪論述記三卷 (唐)釋玄奘譯 民國元年(1912)江西刻經處刻本

1函1冊;17.9厘米

PKUL(X/232.8/0024a1)

附注:

題記:書衣有胡適題記:"此《述記》甚少發明。十,十,廿七。適。"

批注圈劃:書内多處有胡適批注圈劃。

5564 異國物語考譯一卷 (日)橋川時雄著 日本昭和十年(1935)日本東京三秀舍影印本

1函1冊;17.2厘米

PKUL(X/910.71/4222/C3)

附注:

題記:書前題:"適之先生教,弟橋川時雄敬貽。民國廿五,六,八。"

5565 翊翊齋遺書(筆記二卷文鈔一卷詩鈔一卷附錄一卷) (清)馬翩飛撰 清道光十八年(1838)刻本

1函1冊;18.3厘米

PKUL(X/Z429.5/5、X/Z429.5/5/C2)

附注:

題記:書根有胡適題字。

其他:本書有2套。

5566 義門讀書記五十八卷 (清)何焯撰 清乾隆三十四年(1769)刻本

2函12冊;14.7厘米

PKUL(SB/088.7/2191/C2)

附注:

題記:書根有胡適題字。

1687

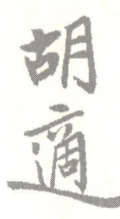

5567 義門先生集十二卷附錄一卷姓氏錄一卷 (清)何焯撰 清宣統元年(1909)平江吳氏刻本

　　1函4冊;18厘米

　　PKUL(X/810.72/2191/C3)

　　附注:

　　　題記:書根有胡適題字。

　　　其他:朱印。

5568 義門鄭氏家儀一卷 (元)鄭泳撰 民國十三年(1924)永康胡氏夢選廎刻本

　　1函1冊;18.2厘米

　　續金華叢書

　　PKUL(X/081.478/4777a/C2:1)

　　附注:

　　　題記:書根有胡適題字。

5569 義烏人物記二卷 (明)金江著 民國十三年(1924)永康胡氏夢選廎刻本

　　1函1冊;18.2厘米

　　續金華叢書

　　PKUL(X/081.478/4777a/C2:2)

　　附注:

　　　題記:書根有胡適題字。

5570 毅齋查先生闡道集十卷卷末一卷 (明)查鐸著 清光緒十六年(1890)涇川查氏刻本

　　1函4冊;21.7厘米

　　PKUL(X/810.6/4086.1)

　　附注:

　　　題記:書衣有胡適題記:"查鐸(1516—1589)";書根有胡適題字。

5571 藝風堂金石文字目十八卷 (清)繆荃孫編 清光緒三十二年(1906)江陰繆氏刻本

1 函 6 冊;18.6 厘米

PKUL(X/991.031/2741/C7)

附注:

　　印章:卷端鈐有"胡適"朱文方印;書根有胡適題字。

5572 藝風堂文集七卷外篇一卷 （清）繆荃孫編 清光緒二十六年(1900)江陰繆氏刻本

1 函 4 冊;17.3 厘米

PKUL(X/817.799/2741/C4)

附注:

　　題記:書根有胡適題字。

5573 藝概六卷 （清）劉熙載撰 清同治十二年(1873)刻本

1 函 2 冊;18 厘米

PKUL(X/810.04/7274.1)

附注:

　　題記:書根有胡適題字。

5574 藝海珠塵一百六十四種 （清）吳省蘭輯 清嘉慶間(1796—1820)南滙吳氏聽彝堂刻本

8 函 64 冊;15.5 厘米

PKUL(X/081.17/2694/C2)

附注:

　　題記:書根有胡適題字。

5575 藝香詞鈔四卷 （清）吳綺著 清乾隆四十一年(1776)刻本

1 函 5 冊;11.6 厘米

PKUL(SB/811.77/2624)

附注:

　　題記:書根有胡適題字。

5576 藝芸書舍宋元本書目二卷 （清）汪士鍾撰 清宣統元年(1909)番禺沈氏晨風閣

刻本

1函1冊;13厘米

晨風閣叢書

PKUL(X/081.18/3436/C4:1)

5577 繹史一百六十卷世系圖一卷年表一卷 (清)馬驌撰 清光緒二十三年(1897)武林尚友齋石印本

2函24冊;13.2厘米

PKUL(X/911/7175.2)

附注:

　題記:書衣有胡適題寫書名;書根有胡適題字。

　批注圈劃:目錄有胡適圈劃。

5578 繹史一百六十卷世系圖一卷年表一卷 (清)馬驌撰 清康熙九年(1670)刻本

4函48冊;19.8厘米

PKUL(X/911/7175/C3)

附注:

　題記:書根有胡適題字。

5579 繹志十九卷 (清)胡承諾撰 清同治十一年(1872)浙江書局刻本

1函8冊;18厘米

PKUL(X/089.7/4710/C2)

附注:

　題記:書根有胡適題字。

5580 繹志十九卷劄記一卷 (清)胡承諾撰 清光緒十七年(1891)三餘草堂刻本

1函8冊;16.5厘米

湖北叢書

PKUL(X/081.473/4995/C2:8-:9)

附注:

　題記:書根有胡適題字。

5581 因明入正理論疏八卷 （唐）釋窺基撰 清光緒二十二年（1896）南京金陵刻經處刻本

　　1函2冊;17.4厘米

　　PKUL(X/231.16/3044/C2)

　　附注：

　　　　題記：書衣有胡適題記："民國七年九月買的。胡適。"

5582 音學辨微一卷 （清）江永著 清宣統元年（1909）國學保存會石印本

　　1函1冊;29.6厘米

　　PKUL(X/417/3130.2)

　　附注：

　　　　題記：書衣有胡適題記："九,十一,二六,神州國光社大廉價時,買的,價式角。"

5583 音學辨微一卷 （清）江永著 民國五年（1916）刻本

　　1函1冊;16.5厘米

　　PKUL(X/417/3130.1)

　　附注：

　　　　題記：書根有胡適題字。

5584 殷卜辭中所見先公先王考一卷 王國維撰 民國五年（1916）上海倉聖明智大學影印本

　　1函1冊;14.8厘米

　　廣倉學宭叢書甲類第二集

　　PKUL(X/081.18/4127/C2:2)

　　附注：

　　　　題記：書根有胡適題字。

5585 殷卜辭中所見先公先王續考一卷 王國維撰 民國五年（1916）上海倉聖明智大學影印本

1函1册;14.8厘米

廣倉學宭叢書甲類第二集

PKUL(X/081.18/4127/C2:2)

附注:

 題記:書根有胡適題字。

5586 殷契佚存一卷攷釋一卷 商承祚纂 民國二十二年(1933)南京金陵大學中國文化研究所影印本

1函2册;20.7厘米

金陵大學中國文化研究所叢刊

PKUL(X/990.811/0013)

附注:

 題記:書根有胡適題字。

5587 殷虛書契考釋一卷 羅振玉撰 民國十二年(1923)決定不移軒刻本

1函1册;18.1厘米

PKUL(X/991.1/6051d)

附注:

 題記:書根有胡適題字。

 與胡適的關係:函套有胡適題籤:"商承祚的《殷虛文字類編》,坿《殷虛書契攷釋》一卷,《待問》十三卷。"

5588 殷虛文字類編十四卷 羅振玉考釋 商承祚類次 民國十二年(1923)決定不移軒刻本

1函6册;18.1厘米

PKUL(X/991.1/6051d)

附注:

 題記:書根有胡適題字。

 與胡適的關係:函套有胡適題籤:"商承祚的《殷虛文字類編》,坿《殷虛書契攷釋》一卷,《待問》十三卷。"

5589 殷周制度論一卷 王國維撰 民國五年(1916)上海倉聖明智大學鉛印本

 1函1冊;14.8厘米

 廣倉學宭叢書甲類第二集

 PKUL(X/081.18/4127/C2:2)

 附注:

  題記:書根有胡適題字。

5590 吟珠一卷 錢少華撰 民國十九年(1930)鉛印本

 1函1冊;7.5厘米

 PKUL(X/I226/23)

 附注:

  題記:書衣有作者題記:"適之先生教正,錢少華寄自蘇島。"

  其他:藍印。

5591 尹健餘先生全集十二種六十一卷 (清)尹會一撰 清光緒五年(1879)謙德堂刻本

 2函16冊;16.7厘米

 畿輔叢書

 PKUL(X/810.73/1781)

 附注:

  題記:書根有胡適題字。

5592 飲虹簃所刻曲四集 盧前編 民國間(1912—1949)飲虹簃刻本

 4函32冊;13.6厘米

 PKUL(X/812.08/2116/C2)

 附注:

  印章:序及目錄首頁有"胡適之印章"朱文方印。

  題記:書根有胡適題字。

5593 印度六派哲學二卷 (日)本村泰賢著 史一如編譯 民國間(1912—1949)鉛印本

1 函 2 冊;19 厘米

PKUL(X/113/5457)

附註:

　　題記:書根有胡適題字。

5594　英軺私記一卷（清）劉錫鴻著　清光緒二十一年(1895)元和江氏湖南使院刻本

1 函 1 冊;16.2 厘米

靈鶼閣叢書第二集

PKUL(X/081.17/3141/C2:1)

附註:

　　題記:書根有胡適題字。

5595　英雲夢傳八卷（清）九容樓主人撰　清(1644—1911)刻本

1 函 8 冊;13.4 厘米

PKUL(X/813.351/4340.2)

附註:

　　題記:書根有胡適題字。

5596　鶯邊詞一卷（清）張思孝撰　民國十二年(1923)崑山趙氏又滿樓刻本

1 函 1 冊;17.4 厘米

又滿樓叢書

PKUL(X/081.18/4901/C3)

5597　螢雪叢說二卷（宋）俞成撰　清同治八年(1869)退補齋刻本

1 函 1 冊;19.9 厘米

金華叢書

PKUL(X/081.478/4777/C2)

附註:

　　題記:書根有胡適題字。

5598　瀛壖雜志六卷（清）王韜撰　清光緒元年(1875)刻本

1函4册；18.5厘米

PKUL(X/981.3976/1042/C2)

附注：

 印章：序首頁鈐有"胡適的書"朱文方印。

 題記：書根有胡適題字。

5599 瘦庵詩集一卷外集一卷 羅惇曧撰 民國十七年(1928)刻本

1函1册；17厘米

PKUL(X/811.18/6096a)

附注：

 題記：書衣有胡適題記："葉公超贈，胡適。十八，四，一"；書根有胡適題字。

5600 應元書院志略一卷 （清）王凱泰纂 清同治九年(1870)刻本

1函1册；18厘米

PKUL(X/981.389/1025)

附注：

 題記：書根有胡適題字。

5601 邕州小集一卷 （宋）陶弼撰 清宣統元年(1909)番禺沈氏晨風閣刻本

1函1册；12.6厘米

晨風閣叢書

PKUL(X/081.18/3436/C4:2)

5602 庸盦海外文編四卷 （清）薛福成撰 清光緒二十一年(1895)無錫薛氏刻本

1函4册；16.6厘米

庸盦全集

PKUL(X/081.57/4435/C3:1-:2)

附注：

 題記：書衣及書根有胡適題字。

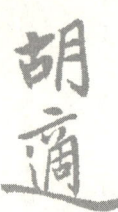

5603 庸盦文編四卷 （清）薛福成撰 清光緒十三年（1887）無錫薛氏刻本

　　1函4冊；17厘米

　　庸盦全集

　　PKUL(X/081.57/4435/C3:1-:2)

　　附註：

　　　題記：書衣及書根有胡適題字。

5604 庸盦文外編四卷 （清）薛福成撰 清光緒十九年（1893）無錫薛氏刻本

　　1函4冊；17厘米

　　庸盦全集

　　PKUL(X/081.57/4435/C3:1-:2)

　　附註：

　　　題記：書衣及書根有胡適題字。

5605 庸盦文續編二卷 （清）薛福成撰 清光緒十五年（1889）無錫薛氏刻本

　　1函2冊；16.6厘米

　　庸盦全集

　　PKUL(X/081.57/4435/C3:1-:2)

　　附註：

　　　題記：書衣及書根有胡適題字。

5606 庸盦全集十種 （清）薛福成撰 清光緒十至二十四年（1884—1898）無錫薛氏刻本

　　4函46冊；17厘米

　　PKUL(X/081.57/4435/C3)

　　附註：

　　　題記：書根有胡適題字。

5607 庸盦文編四卷 （清）薛福成撰 清光緒十三年（1887）無錫薛氏刻本

　　1函4冊；17厘米

　　庸盦全集

PKUL(X/081.57/4435/C3)

附注:

  題記:書根有胡適題字。

5608 庸言四卷 (清)余元遴著 清光緒二十二年(1896)江蘇書局刻本

  1函2冊;17.8厘米

  PKUL(X/B828/12)

  附注:

    題記:書根有胡適題字。

5609 庸言一卷 (明)方學漸著 清光緒十四年(1888)刻本

  1函1冊;18.6厘米

  桐城方氏七代遺書

  PKUL(X/081.6/0073/C2)

  附注:

    題記:書根有胡適題字。

5610 永觀堂海内外雜文二卷 王國維撰 民國五年(1916)上海倉聖明智大學鉛印本

  1函2冊;14.8厘米

  廣倉學宭叢書甲類第二集

  PKUL(X/081.18/4127/C2:2)

  附注:

    題記:書根有胡適題字。

5611 永慕廬文集二卷 (清)蕭文業撰 民國十年(1921)如皋冒氏刻本

  1函1冊;16.5厘米

  楚州叢書

  PKUL(X/Z122.53/1)

  附注:

    題記:書根有胡適題字。

5612 永清文徵三卷 (清)章學誠撰 民國十一年(1922)吳興劉氏嘉業堂刻本
　　1函2冊;18.2厘米
　　章氏遺書
　　PKUL(X/081.57/0070.1/C6)
　　附注：
　　　印章：卷首頁鈐有"胡適"朱文方印。
　　　題記：書根有胡適題字。

5613 永清縣志七卷 (清)章學誠撰 民國十一年(1922)吳興劉氏嘉業堂刻本
　　1函6冊;18.2厘米
　　章氏遺書
　　PKUL(X/081.57/0070.1/C6)
　　附注：
　　　印章：卷首頁鈐有"胡適"朱文方印。
　　　題記：書根有胡適題字。

5614 永樂大典本水經注十五卷 (北魏)酈道元注 民國二十四年(1935)上海商務印書館影印本
　　1函8冊;24.8厘米
　　PKUL(SB/981.341/1731.17)
　　附注：
　　　題記：第1、2、4、7、8冊書衣有胡適題記,注明用殘宋本校勘的卷數和起始頁碼,並有胡適簽名。
　　　夾紙：函套貴有胡適《大典本水經注與舊刻卷數對照簡表》。

5615 永樂大典本水經注十五卷 (北魏)酈道元撰 民國二十四年(1935)上海商務印書館影印本
　　1函8冊;24.8厘米
　　續古逸叢書
　　PKUL(X/981.341/1731.18)
　　附注：

題記:書根有胡適題字。

5616 永樂大典戲文三種 民國二十年(1931)北平古今小品書籍印行會鉛印本

　　1函1冊;19.2厘米

　　PKUL(X/812.2/4442/C2)

　　附注:

　　題記:書根有胡適題字。

5617 詠懷堂丙子詩一卷 (明)阮大鋮著 民國十七年(1928)國立中央大學圖書館鉛印本

　　1函1冊;15厘米

　　PKUL(X/I222.748/4)

　　附注:

　　題記:書根有胡適題字。

5618 詠懷堂詩集四卷 (明)阮大鋮著 民國十七年(1928)國立中央大學圖書館鉛印本

　　1函1冊;15厘米

　　PKUL(X/I222.748/4)

　　附注:

　　題記:書根有胡適題字。

5619 詠懷堂詩外集二卷 (明)阮大鋮著 民國十七年(1928)國立中央大學圖書館鉛印本

　　1函1冊;15厘米

　　PKUL(X/I222.748/4)

　　附注:

　　題記:書根有胡適題字。

5620 詠懷堂戊寅詩一卷 (明)阮大鋮著 民國十七年(1928)國立中央大學圖書館鉛印本

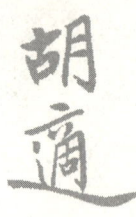

　　　1函1冊；15厘米

　　　PKUL(X/I222.748/4)

　　　附注：

　　　　題記：書根有胡適題字。

5621　詠懷堂辛巳詩二卷 （明）阮大鋮著 民國十七年（1928）國立中央大學圖書館鉛印本

　　　1函1冊；15厘米

　　　PKUL(X/I222.748/4)

　　　附注：

　　　　題記：書根有胡適題字。

5622　幽室文稿六卷 （日）吉田松陰著（日）品川彌二郎編輯 日本明治十四年（1881）文求堂刻本

　　　1函2冊；16厘米

　　　PKUL(JX/820.87/4647/C2)

　　　附注：

　　　　題記：書根有胡適題字。

　　　　其他：本書存卷1、2。

5623　幽心瑤草一卷 （明）孫應鼇撰 清光緒六年（1880）獨山莫氏刻本

　　　1函1冊；17.4厘米

　　　孫文恭公遺書

　　　PKUL(X/081.57/1205/C2)

　　　附注：

　　　　題記：書根有胡適題字。

5624　由拳集二十三卷 （明）屠隆著 明萬曆八年（1580）刻本

　　　1函6冊；19.5厘米

　　　PKUL(SB/810.69/7777.1)

　　　附注：

题记：书根有胡适题字。

5625 遊記一卷 張相文著 民國二十四年(1935)北平中國地學會鉛印本
　　1函1冊；19厘米
　　南園叢稿
　　PKUL(X/810.8/1140/C3)
　　附注：
　　　题记：书根有胡适题字。

5626 遊歷記存一卷 （清）朱書撰 清光緒三十四年(1908)京師鉛印本
　　1函1冊；17.6厘米
　　問影樓輿地叢書
　　PKUL(X/981.08/4764/C2)
　　附注：
　　　题记：书根有胡适题字。

5627 游滇紀事一卷 錢文選撰 民國十九年(1930)鉛印本
　　1函1冊；19.9厘米
　　PKUL(X/981.435/8303/C2)
　　附注：
　　　题记：书根有胡适题字。

5628 輶軒使者絕代語釋別國方言箋疏十三卷 （清）錢繹撰 清光緒間(1875—1908)南陵徐氏刻本
　　1函4冊；16.6厘米
　　積學齋叢書
　　PKUL(X/081.17/2816a/C2：1-2)
　　附注：
　　　题记：书根有胡适题字。

5629 黝曜室詩存一卷 （清）陳鼎著 民國十七年(1928)鉛印本

1 函 1 冊;14.9 厘米

PKUL(X/I222.75/25)

附註:

 題記:書根有胡適題字。

5630 又滿樓叢書十六種二十六卷 趙詒琛輯 民國間(1912—1949)崑山趙氏又滿樓刻本

1 函 8 冊;17.5 厘米

PKUL(X/081.18/4901/C3)

附註:

 題記:序前有胡適題記:"此跋甚俗氣。民國廿六年四月七夜游東安市場,買得此書。胡適。"

5631 于文襄手札一卷 (清)于敏中撰 民國二十二年(1933)北平國立北平圖書館影印本

1 函 1 冊;29.7 厘米

PKUL(X/013.71/1085/C2、X/013.71/1085/C3)

附註:

 印章:卷端鈐"胡適之印"朱印。

 其他:本書有 2 冊。

5632 於越先賢像傳贊二卷 (清)王齡撰 清光緒三年(1877)蕭山王氏刻本

1 函 5 冊;18.2 厘米

PKUL(X/971.02/1028/C2)

附註:

 題記:書根有胡適題字。

5633 俞俞齋文稿(初集四卷詩稿初集二卷詩餘一卷) (清)史念祖撰 清光緒三十二年(1906)廣陵刻本

1 函 6 冊;19.2 厘米

PKUL(X/I215.2/10)

附注：

題記：書根有胡適題字。

5634 娛萱草彈詞三十二卷 （清）橘道人撰 清光緒二十年(1894)刻本

1 函 6 冊；15.5 厘米

PKUL(X/814.77/4441/C3)

附注：

題記：書根有胡適題字。

5635 畬香草存六卷續刻一卷 （清）倪元坦撰 清道光間(1821—1850)刻本

1 函 3 冊；19.5 厘米

讀易樓合刻

PKUL(X/111.79/2714)

附注：

題記：書根有胡適題字。

5636 瑜伽師地論一百卷敘二卷 （唐）釋玄奘譯 民國六年(1917)南京金陵刻經處刻本

4 函 31 冊；17.6 厘米

PKUL(X/239.144/1144.2)

附注：

題記：書根有胡適題字。

5637 虞初新志二十卷 （清）張潮輯 清康熙三十九年(1700)刻本

1 函 10 冊；18.7 厘米

PKUL(X/813.086/1137.1)

附注：

題記：書根有胡適題字。

5638 虞山商語三卷 （明）顧憲成著 清光緒三年(1877)涇里宗祠刻本

1 函 1 冊；19 厘米

顧端文公遺書
PKUL(X/111.69/3135a)

5639 愚書一卷 (宋)唐仲友撰 清宣統三年(1911)金陵教育會石印本
1 函 1 冊;21.2 厘米
金華唐氏遺書
PKUL(X/081.55/0090)
附註:
題記:書根有胡適題字。

5640 漁石集四卷卷首一卷 (明)唐龍撰 清光緒間(1875—1908)退補齋刻本
1 函 4 冊;19.2 厘米
金華叢書
PKUL(X/081.478/4777/C2)
附註:
題記:書根有胡適題字。

5641 餘師錄前集十四卷後集十卷續集八卷 (清)楊希閔纂 清光緒四年(1878)刻本
2 函 16 冊;17.8 厘米
PKUL(X/B208/2)
附註:
題記:書根有胡適題字。

5642 輿地紀勝二百卷卷首一卷 (宋)王象之編 清咸豐五年(1855)南海伍氏粵雅堂刻本
3 函 24 冊;20.7 厘米
PKUL(X/981.38/1023/C2)
附註:
題記:書根有胡適題字。

5643 禹貢集解二卷 (宋)傅寅撰 清同治八年(1869)退補齋刻本

1函2册;20厘米

金華叢書

PKUL(X/081.478/4777/C2)

附注：

  題記：書根有胡適題字。

5644 語石十卷 （清）葉昌熾撰 清宣統元年(1909)長洲葉氏刻本

  1函4册;16.9厘米

  PKUL(X/991/4469/C4)

  附注：

    題記：書根有胡適題字。

5645 玉斗山人文集三卷 （元）王奕著 清宣統三年(1911)沈氏刻本

  1函1册;12.9厘米

  枕碧樓叢書

  PKUL(X/081.18/3435/C2)

5646 玉海二百卷詞學指南四卷附刻十三種 （宋）王應麟撰 清嘉慶十一年(1806)刻本

  10函90册;20.3厘米

  PKUL(X/031.85/1000.2)

  附注：

    題記：書根有胡適題字。

5647 玉井搴蓮集一卷 （清）嚴長明著 清宣統三年(1911)江浦陳氏刻本

  1函1册;16厘米

  房山山房叢書

  PKUL(X/Z121.6/2)

  附注：

    題記：書根有胡適題字。

5648 玉琴齋詞 (清)余懷著 民國十七年(1928)影印本
　　1函4冊;19.9厘米
　　PKUL(X/811.77/8094/C2)
　　附注:
　　　題記:書根有胡適題字。

5649 玉照新志五卷 (宋)王明清撰 民國八年(1919)上海商務印書館鉛印本
　　1函1冊;14.5厘米
　　PKUL(X/I264.4/6、X/I264.4/6/C2、X/I264.4/6/C3)
　　附注:
　　　題記:書根有胡適題字。
　　　其他:本書有3冊。

5650 玉支磯二十回 步月主人訂 清(1644—1911)華文堂刻本
　　1函4冊;17.2厘米
　　PKUL(X/813.351/1440.2)
　　附注:
　　　題記:書根有胡適題字。

5651 御定易經通注四卷 (清)傅以漸 曹本榮同撰 清光緒十七年(1891)三餘草堂刻本
　　1函3冊;16.2厘米
　　湖北叢書
　　PKUL(X/081.473/4995/C2:1)
　　附注:
　　　題記:書根有胡適題字。

5652 御選語錄十九卷 (清)世宗胤禛選 清光緒四年(1878)南京金陵刻經處刻本
　　2函14冊;16.6厘米
　　PKUL(X/239.5691/4430.1)
　　附注:

題記:書根有胡適題字。

5653 御制曆象考成二編 (清)允禄等纂修 清光緒二十四年(1898)杭省德記書莊石印本

2 函 16 冊;12.5 厘米

PKUL(X/520/2337.1)

附注:

題記:書根有胡適題字。

5654 御制曆象考成後編十卷 (清)允禄等纂修 清光緒二十四年(1898)富強齋石印本

1 函 10 冊;12.8 厘米

PKUL(X/520/2337a1)

附注:

題記:書根有胡適題字。

5655 御製諸佛世尊如來菩薩尊者名稱歌曲 明永樂十八年(1420)刻本

1 函 1 冊;28.7 厘米

PKUL(SB/230.88/0248.1)

附注:

題記:函套有贈書者題記:"明永樂刊本佛曲殘本,送給適之先生,馬廉,十九,六,十一。"

其他:書名據後序確定。

5656 御纂性理精義十二卷 (清)李光地等修 清康熙五十六年(1717)內府刻本

1 函 5 冊;22.4 厘米

PKUL(SB/111.08/4094/C2)

附注:

印章:卷端鈐有"適之"朱文方印。

題記:書衣有胡適題記:"此書編纂實遠勝於《性理大全》,很可代表當日的正宗哲學。胡適。十二,二,三。"

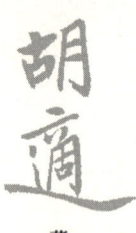

5657 御纂朱子全書六十六卷（宋）朱熹撰（清）李光地等纂修 清嘉慶間（1796—1820）刻本

4 函 32 冊；19 厘米

PKUL（X/111.56/1636.2）

附注：

題記：書根有胡適題字。

5658 喻道傳（美）丁韙良著 清同治十三年（1874）上海美華書館鉛印本

1 函 1 冊；13 厘米

PKUL（X/253.7/1063）

5659 豫章叢書 胡思敬輯 民國間（1912—1949）南昌豫章叢書編刻局刻本

25 函 265 冊；15.4 厘米

PKUL（X/081.475/4764/C2）

附注：

批注圈劃：書前總目内有胡適爲該書子目編寫的冊次號。

5660 諭行旗務奏議（雍正元年至十三年）十三卷（清）允祿等編 清（1644—1911）刻本

1 函 6 冊；21 厘米

PKUL（X/917.3121/2231）

附注：

題記：書根有胡適題字。

5661 鬱岡齋筆塵四卷（明）王肯堂撰 民國十九年（1930）國立北平圖書館鉛印本

1 函 2 冊；17.6 厘米

PKUL（X/088.6/1029/C2）

附注：

題記：卷 8 末有胡適題記："民國廿五，一，七夜，胡適讀畢"；書根有胡適題字。

5662 淵穎集十二卷 (元)吳萊撰 清光緒元年(1875)退補齋刻本

　　1函4冊;19.4厘米

　　金華叢書

　　PKUL(X/081.478/4777/C2)

　　附注:

　　　題記:書根有胡適題字。

5663 淵穎吳先生集十二卷附錄一卷考異一卷 (元)吳萊撰 民國十三年(1924)永康胡氏夢選廔刻本

　　1函4冊;18.2厘米

　　續金華叢書

　　PKUL(X/081.478/4777a/C2:6)

　　附注:

　　　題記:書根有胡適題字。

5664 元朝秘史十卷續集二卷 (元)脫察安撰 清光緒三十四年(1908)葉氏觀古堂刻本

　　1函6冊;19厘米

　　PKUL(X/915.902/1047/C2)

　　附注:

　　　題記:書根有胡適題字。

5665 元朝秘史十五卷 (元)脫察安撰 清光緒二十九年(1903)上海文瑞樓石印本

　　1函4冊;11.7厘米

　　PKUL(X/915.902/1047.2)

　　附注:

　　　題記:書根有胡適題字。

5666 元代畫塑記一卷 (元)佚名撰 國五年(1916)上海倉聖明智大學鉛印本

　　1函1冊;14.8厘米

1709

廣倉學宭叢書甲類第二集
PKUL(X/081.18/4127/C2:2)
附注：
　　題記：書根有胡適題字。

5667 元典章六十卷新集三卷 清光緒三十四年(1908)修訂法律館刻本
3 函 24 冊；19 厘米
PKUL(X/373.09159/1055/C3)
附注：
　　印章：序後鈐有"胡適"朱文方印。
　　題記：序後有胡適題記："黃綬金先生(康)送我的。"

5668 元典章校補釋例六卷 陳垣撰 民國二十三年(1934)北平國立中央研究院歷史語言研究所刻本
1 函 1 冊；17.9 厘米
PKUL(X/373.09159/7541/C3)
附注：
　　題記：書前題："適之先生教，陳垣"。

5669 元典章校補釋例序一卷 胡適撰 民國二十三年(1934)刻本
1 函 1 冊；17.9 厘米
PKUL(X/373.09159/4730)
附注：
　　題記：書衣有胡適題記："子水兄，適之。廿三，十二，十七。"

5670 元豐類稾五十卷卷首一卷 (宋)曾鞏撰 清光緒十六年(1890)慈利漁浦書院刻本
1 函 12 冊；18.8 厘米
PKUL(X/810.51/8017.1/C2)
附注：
　　題記：書根有胡適題字。

5671 元高麗紀事一卷 （元）佚名撰 民國五年（1916）上海倉聖明智大學鉛印本

1函1冊；14.8厘米

廣倉學宭叢書甲類第二集

PKUL（X/081.18/4127/C2:2）

附注：

題記：書根有胡適題字。

5672 元和郡縣圖志四十卷 （唐）李吉甫著 清光緒間（1875—1908）刻本

1函7冊；17.2厘米

畿輔叢書

PKUL（X/981.5/4045.2）

附注：

題記：書衣後有胡適題記："《元和郡縣志》，畿輔叢書本，卅七年（一九四八）在廠甸買的。胡適。"

其他：本書存卷1—18。

5673 元亨釋書微考三十卷 （日）釋師鍊撰 日本天和二年（1682）日本緣山西溪安民窟刻本

3函15冊；22厘米

PKUL（X/B949.9/3）

5674 元明雜劇二十七種 民國十八年（1929）南京國學圖書館影印本

1函6冊；15.8厘米

PKUL（X/812.2/1067/C2）

附注：

印章：序首頁鈐有"胡適之印"朱文方印。

題記：書後有胡適題記："馬丹陽名鈺，初名從義，字宜甫。此劇中説：姓馬名裕（北音讀鈺如裕），字義輔，大致不錯。又説：道號丹陽抱一真人，此乃至元六年（1270）所封。他死在大定廿三年十二月（1184）。此劇中首折記王重陽'甘河遇仙'故事，是當時的民間傳説樣式，與全真教中人

1711

所傳相去也不很遠。當時全真教大行,固有許多全真教劇本。適之。"

5675 元曲別裁集二卷 盧前編 民國十七年(1928)上海開明書店鉛印本
　　1 函 1 冊;13.2 厘米
　　PKUL(X/812.08/2180)
　　附注:
　　　印章:封面及序有胡適印章。

5676 元曲三百首一卷附錄一卷 任中敏編 民國十九年(1930)上海民智書局鉛印本
　　1 函 1 冊;13.8 厘米
　　PKUL(X/812.2/2258.1)
　　附注:
　　　題記:書根有胡適題字。

5677 元曲選二十集一百種 (明)臧懋循輯 民國七年(1918)上海涵芬樓影印本
　　4 函 48 冊;15.6 厘米
　　PKUL(X/812.082/2312/C4)
　　附注:
　　　題記:書衣有胡適題記:"《元曲選》四十八本,民國七年九月買的。胡適";序後有胡適題記:"此兩序必有一序是假的。"

5678 元人選元詩五種 羅振玉輯 民國間(1912—1949)連平范氏雙魚室刻本
　　1 函 6 冊;17.8 厘米
　　PKUL(X/811.10859/6051)
　　附注:
　　　題記:書根有胡適題字。

5679 元史本證五十卷末一卷 (清)汪輝祖撰 (清)汪繼培補 清光緒十五年(1889)會稽徐氏鑄學齋刻本
　　1 函 7 冊;19.1 厘米
　　紹興先正遺書

PKUL(X/081.478/2844/C2:1-:2)

附注:

　　題記:書根有胡適題字。

5680　元史氏族表三卷　(清)錢大昕撰　清光緒十年(1884)長沙龍氏刻本

　　1函2冊;18.7厘米

　　嘉定錢氏潛研堂全書

　　PKUL(X/081.57/8346:4)

　　附注:

　　　　題記:書根有胡適題字。

5681　元史藝文志四卷　(清)錢大昕撰　清光緒十年(1884)長沙龍氏刻本

　　1函2冊;18.7厘米

　　嘉定錢氏潛研堂全書

　　PKUL(X/081.57/8346:4-:5)

　　附注:

　　　　題記:書根有胡適題字。

5682　元史譯文證補三十卷　(清)洪鈞撰　清光緒二十三年(1897)影印本

　　1函4冊;11.4厘米

　　PKUL(X/915.9004/3487.1)

　　附注:

　　　　題記:書根有胡適題字。

5683　元文類七十卷目錄三卷　(元)蘇天爵編　清光緒十五年(1889)江蘇書局刻本

　　2函10冊;19.5厘米

　　PKUL(X/810.0859/4412/C5)

　　附注:

　　　　題記:書衣有胡適題記:"《元文類》七十卷,十冊,十,三,二,顧頡剛為我在蘇州買的。"

1713

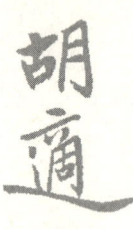

5684 元祐黨人傳十卷 （清）陸心源纂 清光緒十五年（1889）刻本
　　1函4冊；17.2厘米
　　PKUL（X/K827.44/2）
　　附注：
　　　題記：書根有胡適題字。

5685 元真子三卷 （唐）張志和撰 清同治八年（1869）退補齋刻本
　　1函1冊；19.5厘米
　　金華叢書
　　PKUL（X/081.478/4777/C2）
　　附注：
　　　題記：書根有胡適題字。

5686 沅湘通藝錄八卷四書文二卷 （清）江標編 清光緒二十三年（1897）元和江氏湖南使院刻本
　　1函8冊；16.2厘米
　　靈鶼閣叢書第六集
　　PKUL（X/081.17/3141/C2:4）
　　附注：
　　　題記：書根有胡適題字。
　　　其他：本書缺卷8。

5687 袁浦札記一卷 （清）沈豫著 民國二十年（1931）上海蟬隱廬影印本
　　1函1冊；15.1厘米
　　蛾術堂集
　　PKUL（X/081.57/3412.1/C2）
　　附注：
　　　題記：書根有胡適題字。

5688 袁太史時文一卷 （清）袁枚撰 清光緒十八年（1892）勤裕堂 交著易堂鉛印本
　　1函1冊；15厘米

隨園三十八種

PKUL(X/081.57/4048a)

附注：

題記：書根有胡適題字。

5689 袁中郎先生全集二十四卷 （明）袁宏道著 清道光九年(1829)刻本

2函16册；19.9厘米

PKUL(X/810.6/4333.2)

附注：

題記：書根有胡適題字。

5690 原本紅樓夢八卷八十回 （清）曹霑撰 民國九年(1920)上海有正書局石印本

1函12册；16.1厘米

PKUL(X/813.351/5510.44)

附注：

題記：書衣有胡適朱筆題記："此本其實並不甚古。'國初鈔本'四個字尤為不通！適。"

5691 援鶉堂筆記五十卷附刊誤及刊誤補遺 （清）姚範撰 清道光十五年(1835)刻本

2函12册；17.8厘米

PKUL(X/088.7/4288/C3)

附注：

題記：書根有胡適題字。

5692 圓明園記一卷 （清）黃凱鈞撰 民國九年(1920)江陰繆氏刻本

1函1册；12.5厘米

煙畫東堂小品

PKUL(X/081.18/2741a/C2)

附注：

題記：書根有胡適題字。

1715

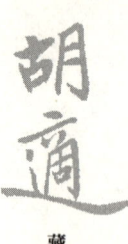

5693 緣督廬日記鈔十六卷 （清）葉昌熾著 王季烈輯 民國二十二年（1933）上海蟬隱廬影印本

  2 函 16 冊；14.5 厘米

  PKUL(X/818.97/4469/C3)

  附注：

   題記：書根有胡適題字。

5694 緣山三大藏目錄三卷 日本刻本

  1 函 3 冊；21.1 厘米

  PKUL(X/232.02/2214)

5695 苑洛集二十二卷 （明）韓邦奇撰 清道光八年（1828）刻本

  2 函 10 冊；18.6 厘米

  PKUL(X/810.64/4454/C2)

  附注：

   題記：書根有胡適題字。

5696 約法會議記錄（一至二編） 約法會議秘書廳編 民國四年（1915）北平約法會議秘書廳鉛印本

  1 函 7 冊；22.9 厘米

  PKUL(X/392.106/2734/C3)

  附注：

   題記：書根有胡適題字。

5697 約翰福音書（官話） （英）韋廉臣譯 清同治七年（1868）鉛印本

  1 函 1 冊；13 厘米

  PKUL(X/252.64/5477)

5698 約翰一二三書暨猶大書註釋 清光緒二年（1876）上海美華書館鉛印本

  1 函 1 冊；19.5 厘米

  PKUL(X/252.79/2411)

5699 約言一卷 （明）薛蕙著 明嘉靖間（1522—1566）刻本

　　1函2冊；19.3厘米

　　PKUL(SB/111.69/4444)

　　附注：

　　　題記：書根有胡適題字。

5700 月道疏一卷附月行九道圖併解 （清）陸世儀著 清光緒二十五年（1899）京師刻本

　　1函1冊；13.8厘米

　　陸桴亭先生遺書

　　PKUL(X/081.57/7442:2)

　　附注：

　　　題記：書根有胡適題字。

5701 月河精舍叢鈔五種 （清）丁寶書輯 清光緒四至十二年（1878—1886）苕溪丁氏刻本

　　3函20冊；17.8厘米

　　PKUL(X/081.17/1035/C4)

　　附注：

　　　題記：書根有胡適題字。

5702 月泉吟社三卷 （宋）吳渭撰 清同治十年（1871）退補齋刻本

　　1函1冊；19.8厘米

　　金華叢書

　　PKUL(X/081.478/4777/C2)

　　附注：

　　　題記：書根有胡適題字。

5703 月下老人籤 民國間（1912—1949）刻本

　　1函1冊；18厘米

PKUL(SB/157.13/7148)

附注：

題記：書衣有胡適朱筆題記："西湖白雪庵月下老人祠的籤詩，據說是一個姓王的徽州名士做的，全操成語，風韻很好。我的一班朋友都喜歡拿這籤詩來玩。十二年九月四夜徐志摩在我這裏閒談，我們嫌這些籤詩之中有幾籤太壞了，就補作了八籤換上去。這也可算是'特別改良'的月老籤詩了！十二，九，九，藏暉。在煙霞洞。"

批注圈劃：書內多處有胡適朱筆批注圈劃。

夾紙：正文中有胡適、徐志摩補作籤詩八首。

5704 悅心集四卷 （清）世宗胤禛輯 清雍正四年（1726）刻本

1 函 2 冊；17.5 厘米

PKUL(SB/810.08/2234.1)

附注：

題記：書根有胡適題字。

5705 悅齋文鈔十卷 （宋）唐仲友撰 清宣統三年（1911）金陵教育會石印本

1 函 4 冊；21.2 厘米

金華唐氏遺書

PKUL(X/081.55/0090)

附注：

題記：書根有胡適題字。

5706 越絕書十五卷附札記一卷 （漢）袁康撰 民國六年（1917）潮陽鄭氏龍谿精舍刻本

1 函 2 冊；17.4 厘米

龍谿精舍叢書

PKUL(X/081.18/8762/C2:2)

附注：

題記：書根有胡適題字。

5707 越縵堂日記十二集（孟學齋日記受禮廬日記祥琴室日記息茶庵日記桃花聖解盦日記桃花聖解盦日記第二集荀學齋日記）（清）李慈銘撰 民國九年（1920）會稽李氏影印本

 8 函 51 冊；25.4 厘米

 PKUL(X/818.97/4088/C3)

 附注：

  題記：書衣有胡適標記日記日期；封面前有胡適題記："此書與曾國藩的日記是近世兩種重要史料。民國十年三月一日，胡適"；傳後有胡適題記："此傳太略，當參考日記中材料，為作一傳。第七冊之末卷，記母喪一篇，是狠好的傳料。"

  批注圈劃：《緣起》內四處有胡適批注。

5708 越諺三卷越諺賸語二卷（清）范寅輯 清光緒八年（1882）谷應山房刻本

 1 函 3 冊；18.7 厘米

 PKUL(X/814.523/4430/C2)

 附注：

  題記：書衣有胡適題記："《越諺》上卷。九，八，二三，在南京買的。胡適。"

5709 粵謳一卷（清）明珊居士撰 清道光八年（1828）刻本

 1 函 1 冊；18.2 厘米

 PKUL(X/814.283/6717.1/C2)

 附注：

  題記：書根有胡適題字。

5710 粵謳一卷（清）明珊居士撰 清咸豐八年（1858）廣州登雲閣刻本

 1 函 1 冊；18.2 厘米

 PKUL(X/814.283/6717/C2)

 附注：

  題記：書根有胡適題字。

5711 粵西詞見二卷 (清)況周儀撰 清光緒二十二年(1896)金陵刻本
　　1函1冊;17.8厘米
　　PKUL(X/I222.849/6)
　　附注:
　　　題記:書根有胡適題字。

5712 閱藏知津四十四卷總目四卷 (清)釋智旭輯 清光緒十八年(1892)南京金陵刻經處刻本
　　1函10冊;17.8厘米
　　PKUL(X/232.02/8646.1)
　　附注:
　　　題記:書衣有胡適題記:"十,一,一五,托鄭介石先生在北京大佛寺買的。胡適。"

5713 閱史郄視四卷續一卷 (清)李塨著 民國十二年(1923)四存學會鉛印本
　　1函1冊;18.1厘米
　　顏李叢書
　　PKUL(X/081.57/0110.1/C2:4)
　　附注:
　　　題記:書根有胡適題字。

5714 閱書隨劄一卷 (清)章學誠撰 民國間(1912—1949)浙江圖書館鉛印本
　　1函1冊;17.7厘米
　　章氏遺書
　　PKUL(X/081.57/0070.3/C3)
　　附注:
　　　題記:書根有胡適題字。

5715 閱書隨劄一卷 (清)章學誠撰 民國十一年(1922)吳興劉氏嘉業堂刻本
　　1函1冊;18.2厘米
　　章氏遺書

PKUL(X/081.57/0070.1/C6)

附注:
 印章:卷端鈐有"胡適"朱文方印。
 題記:書根有胡適題字。

5716 閱微草堂筆記二十四卷 (清)紀昀撰 清嘉慶五年(1800)北平盛氏刻本
 1 函 10 冊;17 厘米
 PKUL(X/813.187/2767/C2)
 附注:
  題記:書根有胡適題字。

5717 樂府傳聲二卷 (清)徐大椿著 清光緒七年(1881)刻本
 1 函 1 冊;10.7 厘米
 PKUL(X/812.01/2844.1)
 附注:
  題記:書根有胡適題字。

5718 樂府新編陽春白雪前集五卷後集五卷 (元)楊朝英編 清光緒三十一年(1905)南陵徐氏影印本
 1 函 1 冊;17.1 厘米
 隨弇叢書
 PKUL(X/811.508/4644.2)
 附注:
  題記:書根有胡適題字。

5719 樂府指迷一卷附記一卷 (宋)張炎撰 民國二十年(1931)北平富晉書社影印本
 1 函 1 冊;10.3 厘米
 范聲山雜著
 PKUL(X/081.57/4481/C2)
 附注:
  題記:書根有胡適題字。

5720 樂詩考略一卷 王國維撰 民國五年(1916)上海倉聖明智大學鉛印本

　　1 函 1 冊;14.8 厘米

　　廣倉學宭叢書甲類第一集

　　PKUL(X/081.18/4127/C2:1)

　　附注:

　　　　題記:書根有胡適朱筆題字。

5721 樂書要錄 (唐)武則天撰 清光緒間(1875—1908)湖北崇文書局刻本

　　1 函 1 冊;10.7 厘米

　　正覺樓叢刻

　　PKUL(X/081.17/3120/C2:2)

　　附注:

　　　　題記:書根有胡適題字。

　　　　其他:本書存卷 5—7。

5722 樂學軌範九卷 (朝鮮)柳子光等撰 日本昭和八年(1933)朝鮮古典刊行會影印本

　　1 函 3 冊;19.8 厘米

　　PKUL(X/770.1/4719/C3)

　　附注:

　　　　題記:書根有胡適題字。

5723 雲杜故事一卷 (清)易本烺撰 清光緒十七年(1891)三餘草堂刻本

　　1 函 1 冊;16.2 厘米

　　湖北叢書

　　PKUL(X/081.473/4995/C2:8)

　　附注:

　　　　題記:書根有胡適題字。

5724 雲緬山川志一卷 (清)李榮陛撰 清光緒三十四年(1908)京師鉛印本

1函1册;17.6厘米

問影樓輿地叢書

PKUL(X/981.08/4764/C2)

附注：

　　題記：書根有胡適題字。

5725 雲棲法彙三十二種三十五卷 （明）釋袾宏撰 清光緒二年（1876）滿洲赫如山刻本

6函35册;22.1厘米

PKUL(X/230.8/3530/C2)

附注：

　　題記：書根有胡適題字。

5726 雲起軒詞鈔一卷 （清）文廷式撰 清光緒三十三年（1907）南陵徐氏刻本

1函1册;14.4厘米

懷豳雜俎

PKUL(X/081.18/2816b/C4)

附注：

　　題記：書根有胡適題字。

5727 雲谿稿一卷 （宋）吕皓撰 民國十三年（1924）永康胡氏夢選廎刻本

1函1册;18.2厘米

續金華叢書

PKUL(X/081.478/4777a/C2:5)

附注：

　　題記：書根有胡適題字。

5728 雲仙散録一卷附札記一卷 （唐）馮贄撰 清光緒三十二年（1906）影刻本

1函1册;20.9厘米

隨庵徐氏叢書

PKUL(X/081.17/2816b/C2)

1723

5729 韻補五卷 (宋)吳棫撰 清光緒九年(1883)邵武徐氏刻本
　　1函2冊;17.6厘米
　　PKUL(X/414.16/2643/C2)
　　附注:
　　　題記:書根有胡適題字。

5730 韻補正一卷 (清)顧炎武撰 清光緒九年(1883)邵武徐氏刻本
　　1函1冊;17.6厘米
　　PKUL(X/414.16/2643/C2)
　　附注:
　　　題記:書根有胡適題字。

5731 韻補正一卷 (清)顧炎武撰 清(1644—1911)蓬瀛閣刻本
　　1函1冊;18.4厘米
　　亭林遺書
　　PKUL(X/081.57/3191.2/C2)
　　附注:
　　　題記:書根有胡適題字。

5732 韻籟四卷 (清)華長忠撰 清光緒十五年(1889)華氏松竹齋刻本
　　1函2冊;18.6厘米
　　PKUL(X/414.1/4475)
　　附注:
　　　題記:書根有胡適題字。

5733 韻略易通一卷 (明)蘭茂著 民國三年(1914)刻本
　　1函1冊;17.8厘米
　　雲南叢書
　　PKUL(X/081.486/4944)
　　附注:

题记:书衣有赠书者题记:"适之先生惠存,後學楊鴻烈謹贈。"

5734 韻學餘説一卷 王國維撰 民國五年(1916)上海倉聖明智大學鉛印本

1函1册;14.8厘米

廣倉學宭叢書甲類第二集

PKUL(X/081.18/4127/C2:2)

附注:

题记:書根有胡適题字。

5735 雜劇十段錦十集 (明)朱有燉撰 民國二年(1913)董氏誦芬室影印本

1函4册;10.7厘米

PKUL(X/812.6/2548/C3)

附注:

印章:目錄及卷端有"胡適藏書"朱文方印。

5736 雜學辨一卷附錄一卷 (宋)朱熹輯 清康熙間(1662—1722)禦兒吕氏寶誥堂刻本

1函1册;18厘米

朱子遺書

PKUL(X/081.55/2540.1/C3)

5737 藏要第一輯敘論 歐陽漸撰 民國十九年(1930)支那內學院刻本

1函1册;15.1厘米

PKUL(X/B94/17)

附注:

题记:書根有胡適题字。

5738 澤雅堂文集十卷 (清)施補華撰 清光緒十九年(1893)濟南刻本

1函2册;17.5厘米

PKUL(X/817.78/0834.1)

附注:

題記：書根有胡適題字。

5739　曾文正公家書十卷　（清）曾國藩撰　清光緒十六年（1890）鴻寶南局鉛印本
　　　1函5冊；13.5厘米
　　　PKUL（X/188.3/8064.10）
　　附注：
　　　題記：書根有胡適題字。

5740　曾文正公家訓二卷　（清）曾國藩撰　清光緒十六年（1890）鴻寶南局鉛印本
　　　1函1冊；13.5厘米
　　　PKUL（X/B828.2/2）
　　附注：
　　　題記：書根有胡適題字。

5741　曾文正公手書日記　（清）曾國藩撰　清宣統元年（1909）上海中國圖書公司影印本
　　　4函40冊；26.4厘米
　　　PKUL（X/818.97/8064/C3）
　　附注：
　　　題記：書根有胡適題字。

5742　曾文正公書札二十七卷　（清）曾國藩撰　（清）李瀚章編　清光緒二年（1876）傳忠書局刻本
　　　2函13冊；21.3厘米
　　　PKUL（X/818.178/8064a1）
　　附注：
　　　題記：書根有胡適題字。

5743　曾文正公書札三十三卷　（清）曾國藩撰　（清）李瀚章編　民國四年（1915）鉛印本
　　　2函12冊；17.6厘米

PKUL(X/818.178/8064a2)

附注：

题记：书根有胡适题字。

5744 增定南九宫曲谱二十一卷目录一卷附录一卷 （明）沈璟辑 明万历间（1573—1620）三乐斋刻本

1函8册;21厘米

PKUL(SB/812.03/3416)

附注：

题记：书根有胡适题字。

5745 增订二三场群书备考四卷 （明）袁黄著 （明）袁俨註 明崇祯十五年（1642）大观堂刻本

1函4册;20.8厘米

PKUL(SB/Z429.4/1)

附注：

印章：序及各卷首钤有"胡适之印章"朱文方印。

5746 增订汉魏丛书九十四种 （清）王谟辑 清光绪二年（1876）红杏山房刻 民国四年（1915）蜀南马湖卢树柟修补 刻本

12函96册;19.5厘米

PKUL(X/081.32/2189.3)

附注：

题记：书根有胡适题字。

其他：本书存83种。

5747 增订三体石经时代辨误二卷 王小航著 民国十九年（1930）刻本

1函2册;16.4厘米

PKUL(X/098.5/1092)

附注：

内附文件：书内附王小航致胡适亲笔信1页。

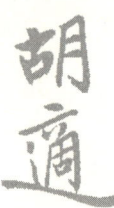

5748 增廣新術二卷（清）羅士琳撰 清光緒十七年（1891）南陵徐氏刻本
   1函1冊;16.6厘米
   積學齋叢書
   PKUL(X/081.17/2816a/C2:2)
   附注：
      題記：書根有胡適題字。

5749 增刻紅樓夢圖詠一卷附紅樓夢紀略一卷紅樓夢廣義一卷紅樓夢論贊一卷
   （清）王墀繪 清光緒八年（1882）上海點石齋石印本
   1函2冊;13.8厘米
   PKUL(X/813.351/5510-80)
   附注：
      題記：書根有胡適題字。

5750 增修東萊書說三十五卷卷首一卷（宋）呂祖謙撰（宋）時瀾修定 清同治八年
   （1869）退補齋刻本
   1函8冊;20厘米
   金華叢書
   PKUL(X/081.478/4777/C2)
   附注：
      題記：書根有胡適題字。

5751 查東山先生年譜一卷（清）沈起撰 民國五年（1916）吳興劉氏嘉業堂刻本
   1函1冊;18.3厘米
   PKUL(X/K827.48/2)
   附注：
      題記：書根有胡適題字。

5752 齋中讀書一卷（清）胡肇昕撰 清光緒二十五年（1899）續黟世澤樓刻本
   1函1冊;17.6厘米

PKUL(X/I222.75/29)

附注:

印章:封面有"胡適藏書"朱文方印。

題記:書衣有胡適題記:"續谿胡肇昕的《齋中讀書》詩。胡子承先生送我的。適。九,七,一〇。"

5753 詹元善先生遺集二卷 (宋)詹體仁撰 清嘉慶間(1796—1820)浦城祝氏留香室刻本

1函1冊;19.1厘米

浦城遺書

PKUL(X/081.481/3665/C2)

附注:

題記:書根有胡適題字。

5754 湛此心齋遺詩一卷附錄一卷附記一卷 (清)胡曦著 民國二十三年(1934)上海商務印書館鉛印本

1函1冊;17.4厘米

PKUL(X/811.179/4768/C2)

附注:

題記:書衣後有贈書者題記:"適之先生惠存,胡毓寰";書根有胡適題字。

5755 湛然居士年譜一卷 張相文著 民國二十四年(1935)北平中國地學會鉛印本

1函1冊;19厘米

南園叢稿

PKUL(X/810.8/1140/C3)

附注:

題記:書根有胡適題字。

5756 戰國策三十三卷 (漢)高誘注 清乾隆二十一年(1756)雅雨堂刻本

1函5冊;18厘米

雅雨堂叢書

1729

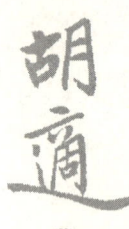

PKUL(SB/081.17/2168/C4:3)

5757 章草考一卷 卓定謀纂輯 民國十九年(1930)北平京華印書局鉛印本
　　1函1冊;13.4厘米
　　自青榭叢書
　　PKUL(X/739.176/2130/C2)
　　附注:
　　　題記:書根有胡適題字。

5758 章實齋文鈔一卷 (清)章學誠著 民國六年(1917)菊飲軒鉛印本
　　1函1冊;17.7厘米
　　PKUL(X/I264.9/3/C2、X/I264.9/3/C3)
　　附注:
　　　題記:書根有胡適題字。

5759 章氏叢書十二種 章炳麟著 民國間(1912—1949)上海右文社鉛印本
　　2函24冊;15厘米
　　PKUL(X/081.58/0090.1)
　　附注:
　　　題記:書根有胡適題字。

5760 章氏叢書續編七種 章炳麟撰 民國二十二年(1933)北平刻本
　　1函4冊;17.9厘米
　　PKUL(X/081.58/0090a)
　　附注:
　　　題記:書根有胡適題字。
　　　其他:藍印。

5761 章氏遺書十二種二十四卷 (清)章學誠撰 民國間(1912—1949)浙江圖書館鉛印本
　　2函13冊;17.7厘米

PKUL(X/081.57/0070.3/C3)

附注:

題記:封面有胡適題記。

批注圈劃:書内多處有胡適批注圈劃。

5762 章氏遺書十七種 (清)章學誠撰 民國十一年(1922)吳興劉氏嘉業堂刻本

4函32冊;18.2厘米

PKUL(X/081.57/0070.1/C6)

附注:

印章:序及各卷首頁有"胡適"朱文方印。

題記:書根有胡適題字。

5763 章氏遺書補遺一卷附録一卷 劉承幹輯 民國十一年(1922)吳興劉氏嘉業堂刻本

1函1冊;18.2厘米

章氏遺書

PKUL(X/081.57/0070.1/C6)

附注:

印章:卷端鈐有"胡適"朱文方印。

題記:書根有胡適題字。

5764 章氏遺書校記一卷 王秉恩撰 民國十一年(1922)吳興劉氏嘉業堂刻本

1函1冊;18.2厘米

章氏遺書

PKUL(X/081.57/0070.1/C6)

附注:

印章:卷端鈐有"胡適"朱文方印。

題記:書根有胡適題字。

5765 章氏遺書正誤表一卷附録一卷 (清)章學誠撰 民國間(1912—1949)浙江圖書館鉛印本

1731

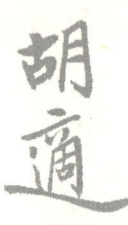

　　1函1冊;17.7厘米

　　章氏遺書

　　PKUL(X/081.57/0070.3/C3)

　　附註:

　　　題記:書根有胡適題字。

5766 張抱初先生印正稿六卷 (清)張信民著 道光八年(1828)刻本

　　1函2冊;19.2厘米

　　PKUL(X/111.79/1127/C3)

　　附註:

　　　題記:書根有胡適題字。

5767 張季子九錄九種八十卷附圖表一卷 張謇撰 張怡祖編 民國二十一年(1932)上海中華書局鉛印本

　　4函26冊;15.1厘米

　　PKUL(X/088.8/1130/C2)

　　附註:

　　　題記:函套書籤有胡適簽名"胡適之"。

5768 張季子詩錄十卷 張謇撰 民國五年(1916)文藝雜志社影印本

　　1函2冊;16厘米

　　PKUL(X/I222.75/35)

　　附註:

　　　題記:書根有胡適題字。

5769 張家口至烏里雅蘇台竹枝詞一卷 (清)志銳撰 清宣統二年(1910)南陵徐氏刻本

　　1函1冊;14.4厘米

　　懷豳雜俎

　　PKUL(X/081.18/2816b/C4)

　　附註:

附注:

　　　　題記:書根有胡適題字。

5770 張介侯先生年譜一卷附錄一卷 馮國瑞輯 民國二十五年(1936)鉛印本

　　1函1冊;16.4厘米

　　PKUL(X/979.2/1134 C2)

　　附注:

　　　　題記:書根有胡適題字。

5771 張力臣先生年譜一卷 段朝端撰 民國十年(1921)如皋冒氏刻本

　　1函1冊;16.5厘米

　　楚州叢書

　　PKUL(X/Z122.53/1)

　　附注:

　　　　題記:書根有胡適題字。

5772 張説之文集二十五卷補遺五卷 (唐)張説撰 清光緒三十一年(1905)仁和朱氏刻本

　　1函6冊;18.9厘米

　　結一廬朱氏賸餘叢書

　　PKUL(X/081.17/2574/C2:1-:2)

　　附注:

　　　　題記:書根有胡適題字。

5773 張憶娘簪華圖卷題詠一卷 (清)江標輯 清光緒二十三年(1897)元和江氏湖南使院刻本

　　1函1冊;16.2厘米

　　靈鶼閣叢書第四集

　　PKUL(X/081.17/3141/C2:3)

　　附注:

　　　　題記:書根有胡適題字。

5774 張子全書十五卷 （宋）張載撰 清同治九年（1870）刻本
　　1 函 8 冊；17.6 厘米
　　PKUL（X/111.53/1143.1/C2）
　　附注：
　　　題記：書根有胡適題字。

5775 掌故叢編十輯 故宮博物院圖書館掌故部編 民國十七至十八年（1928—1929）北平故宮博物院圖書館鉛印本
　　1 函 10 冊；15 厘米
　　PKUL（X/910.204/4342a/C3）
　　附注：
　　　題記：書根有胡適題字。

5776 昭代詞選三十八卷 （清）蔣重光輯 清乾隆三十二年（1767）刻本
　　4 函 20 冊；17 厘米
　　PKUL（SB/811.7087/4429）
　　附注：
　　　題記：書根有胡適題字。

5777 昭代名人尺牘小傳二十四卷 （清）吳修輯 清光緒三十四年（1908）石印本
　　1 函 2 冊；21.3 厘米
　　PKUL（X/971/6028.1/C2）
　　附注：
　　　印章：書衣有胡適簽名"適"。

5778 昭陵碑錄三卷附錄一卷 羅振玉輯 清宣統元年（1909）番禺沈氏晨風閣刻本
　　1 函 2 冊；13 厘米
　　晨風閣叢書
　　PKUL（X/081.18/3436/C4:1）

5779 肇論三卷附寶藏論一卷 （後秦）釋僧肇撰 清同治九年（1870）杭省刻經處刻本

1函1冊;16.8厘米

PKUL(X/232.7/2838.1)

附注:

題記:書根有胡適題字。

5780 肇論略注六卷 (後秦)釋僧肇撰 (明)釋德清述注 清光緒十四年(1888)南京金陵刻經處刻本

1函2冊;16.9厘米

PKUL(X/232.7/2838/C2)

附注:

題記:書根有胡適題字。

5781 謫麐堂遺集四卷(文二卷詩二卷) (清)戴望撰 清光緒元年(1875)刻本

1函1冊;17.6厘米

PKUL(X/810.79/4307-1)

附注:

題記:書根有胡適題字。

5782 謫麐堂遺集四卷(文二卷詩二卷) (清)戴望撰 清宣統三年(1911)上海神州國光社鉛印本

1函1冊;16.5厘米

風雨樓叢書

PKUL(X/810.79/4307-1.1)

附注:

印章:書衣鈐有"玄同"朱文長方印。

題記:書衣有錢玄同題記:"送給適之兄。錢玄同。一九二一,五,二一";書根有胡適題字。

5783 謫麐堂遺集四卷(文二卷詩二卷) (清)戴望撰 清宣統三年(1911)上海神州國光社鉛印本

1函1冊;16.5厘米

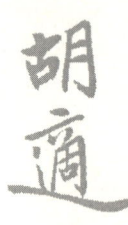

風雨樓叢書

PKUL（X/I215.2/11）

附注：

　　題記：書根有胡適題字；書衣題有贈書者題記："送給適之兄，錢玄同。"

5784 浙東籌防錄四卷（清）薛福成撰 清光緒十二年（1886）無錫薛氏刻本

　　1函4冊；17厘米

　　庸盦全集

　　PKUL（X/081.57/4435/C3:2）

　　附注：

　　　　題記：書衣及書根有胡適題字。

5785 浙江採進遺書總錄十集（清）沈初等纂 清乾隆三十九年（1774）刻本

　　1函10冊；18.3厘米

　　PKUL（X/018.9/3437/C2）

　　附注：

　　　　印章：序及卷端有"胡適之印章"朱文方印。

　　　　題記：封面後有胡適題記："《浙江採集遺書總錄》十冊，巴陵方功惠藏書。民國三十七年（一九四八）七月，用法幣四百萬元買得，約合市價銀元一圓有零！胡適。"

5786 真山民集一卷（宋）真山民撰 清嘉慶十七年（1812）浦城祝氏留香室刻本

　　1函1冊；18.9厘米

　　浦城遺書

　　PKUL（X/081.481/3665/C2）

　　附注：

　　　　題記：書根有胡適題字。

5787 箴膏肓一卷（漢）鄭玄撰（清）王復輯 民國十四年（1925）錢塘汪氏刻本

　　1函1冊；15.8厘米

　　食舊堂叢書

PKUL(X/081.17/3148/C2:1)

附注：

題記：書根有胡適題字。

5788 箴銘錄要一卷 （清）倪元坦撰 清道光間（1821—1850）刻本

1函1冊;19.5厘米

讀易樓合刻

PKUL(X/111.79/2714)

附注：

題記：書根有胡適題字。

5789 枕碧樓叢書十二種 沈家本輯 民國二年（1913）沈氏刻本

2函18冊;12.9厘米

PKUL(X/081.18/3435/C2)

附注：

題記：第1卷書衣有胡適題記："《枕碧樓叢書》,十二種,價六元。胡適,十三,十二,三。"

5790 爭春園全傳六卷四十八回 清道光二十九年（1849）一也軒刻本

1函8冊;11.4厘米

PKUL(X/813.332/2056.1)

附注：

題記：書根有胡適題字。

5791 正法眼藏三卷 （宋）釋宗杲撰 明萬曆至清康熙間（1573—1722）刻本

1函3冊;22.7厘米

徑山藏

PKUL(X/B944/5)

附注：

題記：書根有胡適題字。

5792 正覺樓叢刻二十九種 崇文書局輯 清光緒間(1875—1908)湖北崇文書局刻本

3函31冊;10.9厘米

PKUL(X/081.17/3120/C2)

附注:

題記:書根有胡適題字。

其他:本書存24種。

5793 正誼堂全書六十三種四百七十六卷卷首一卷 (清)張伯行編 清同治五年(1866)正誼堂刻本

24函193冊;19厘米

PKUL(X/111.08/1122/C2)

附注:

印章:總目後鈐有"胡適藏書"朱文方印。

題記:總目後有胡適題記:"正誼堂叢書為'宋學'極重要的史料淵藪。我家舊有一部,在上海被火燒了。今年重買一部,計書二百十七本,價只三十五元,還比不上一部《經韻樓叢書》!近時舊書狠貴了,但宋學書終賣不起價錢。道光間張海珊說:'宋人著作極廉,而時賢解經之書往往兼金不能得。自某年迄某年,約所收數百卷,皆賈人之以為陳年故紙而無人過問者也。'此風至今還在,亦是學術思想史上的一件重要事實。九,七,三。適。"

批注圈劃:書內一處有胡適批注。

5794 正誼堂文集四十卷卷首一卷 (清)張伯行著 清光緒二年(1876)刻本

4函20冊;18.5厘米

PKUL(X/817.729/1122/C2)

附注:

題記:書根有胡適題字。

5795 正音咀華三卷 (清)莎彝尊著 清咸豐三年(1853)麈談軒刻本

1函2冊;18.8厘米

PKUL(X/414.6/4428.1)

附注：

  題記：書根有胡適題字。

5796 鄭板橋四子書真蹟（清）鄭燮書 民國三年(1914)影印本

  1函6冊；28.9厘米

  PKUL(X/739.117/8799)

 附注：

  題記：書根有胡適題字。

5797 鄭氏周易三卷（漢）鄭玄撰（宋）王應麟輯（清）惠棟補輯 清乾隆二十一年(1756)雅雨堂刻本

  1函1冊；18厘米

  雅雨堂叢書

  PKUL(SB/081.17/2168/C4:2)

5798 鄭志三卷補遺一卷（三國魏）鄭小同撰（清）王復輯 民國十四年(1925)錢塘汪氏刻本

  1函1冊；15.8厘米

  食舊堂叢書

  PKUL(X/081.17/3148/C2:1)

 附注：

  題記：書根有胡適題字。

5799 證璧集四卷（清）況周頤輯 民國十五年(1926)刻本

  1函2冊；14.4厘米

  惜陰堂叢書

  PKUL(X/K207/4)

 附注：

  題記：書根有胡適題字。

5800 證俗文十九卷（清）郝懿行著 清光緒十年(1884)東路廳署刻本

1函6册;17.7厘米

郝氏遺書

PKUL(X/Z249.5/10)

附注:

 題記:書根有胡適題字。

5801 證性編八卷 (明)顧憲成著 清光緒三年(1877)涇里宗祠刻本

1函1册;19厘米

顧端文公遺書

PKUL(X/111.69/3135a)

附注:

 其他:本書原缺《徵信或問》二卷。

5802 支更說一卷 (清)陸世儀著 清光緒二十五年(1899)京師刻本

1函1册;13.8厘米

陸桴亭先生遺書

PKUL(X/081.57/7442:2)

附注:

 題記:書根有胡適題字。

5803 枝山文集四卷 (明)祝允明撰 清同治十三年(1874)元和祝氏刻本

1函2册;18.6厘米

PKUL(X/810.64/3626/C2)

附注:

 題記:書衣有胡適題記:"《祝枝山文集》殘本四卷,十,八,十三,在上海買的。適。"

5804 知非日札一卷 (清)章學誠撰 民國間(1912—1949)浙江圖書館鉛印本

1函1册;17.7厘米

章氏遺書

PKUL(X/081.57/0070.3/C3)

附注：

　　題記：書根有胡適題字。

5805 知非日札一卷 （清）章學誠撰 民國十一年（1922）吳興劉氏嘉業堂刻本

　　1函1冊；18.2厘米

　　章氏遺書

　　PKUL（X/081.57/0070.1/C6）

　　附注：

　　　　印章：卷端有胡適印章。

　　　　題記：書根有胡適題字。

5806 知生或問一卷 （明）方孔炤著 清光緒十四年（1888）刻本

　　1函1冊；18.6厘米

　　桐城方氏七代遺書

　　PKUL（X/081.6/0073/C2）

　　附注：

　　　　題記：書根有胡適題字。

5807 脂硯齋重評石頭記八十回 （清）曹霑評 清（1644—1911）鈔本

　　4函12冊；27.4厘米

　　PKUL（NC/5753/5616.7）

　　附注：

　　　　印章：首冊鈐有"胡適"朱文方印。

　　　　題記：首冊有胡適題記："此是過錄乾隆庚辰定本脂硯齋重評石頭記，生平所見，此為第二最古本石頭記。民國廿二年一月廿二日，胡適敬記。"

　　　　批注圈劃：書內多處有胡適朱筆批注。

5808 直齋書錄解題二十二卷 （宋）陳振孫撰 清光緒九年（1883）江蘇書局刻本

　　1函6冊；17.5厘米

　　PKUL（X/018.51/7551.1/C4）

　　附注：

題記：書根有胡適題字。

5809 植物名實圖考三十八卷 （清）吳其濬著 民國八年（1919）山西官書局刻本

3函38冊；24.6厘米

PKUL(X/570.03/2643.6)

附注：

題記：書衣有胡適題記："《植物名實圖考》，共六十本，我在山西省城買的，依預約的價格，連郵費共計十六元零。八年十月，胡適。"

5810 植物名實圖考長編二十二卷 （清）吳其濬著 清道光二十八年（1848）陸應穀刻本

3函22冊；23.6厘米

PKUL(X/570.03/2642/C2)

附注：

題記：書根有胡適題字。

5811 摭言十五卷 （南漢）王定保撰 清乾隆二十一年（1756）雅雨堂刻本

1函2冊；18厘米

雅雨堂叢書

PKUL(SB/081.17/2168/C4:4)

5812 職方舊草二卷 （明）方孔炤著 清光緒十四年（1888）刻本

1函1冊；18.6厘米

桐城方氏七代遺書

PKUL(X/081.6/0073/C2)

附注：

題記：書根有胡適題字。

5813 職源撮要一卷 （宋）王益之編 民國十三年（1924）永康胡氏夢選廎刻本

1函1冊；18.2厘米

續金華叢書

PKUL(X/081.478/4777a/C2:2)

附注:

题记:书根有胡适题字。

5814 指极丛书四种 施括乾撰 民国三十六年(1947)安庆大中华印书局铅印本

1函2册;17.6厘米

PKUL(X/081.58/0854/C2)

附注:

题记:书衣有作者题记:"适之先生惠存,施括乾敬赠。"

其他:本书存3种。

5815 指南后录三卷 (宋)文天祥著 清光绪间(1875—1908)湖北崇文书局刻本

1函1册;10.9厘米

正觉楼丛刻

PKUL(X/081.17/3120/C2:1)

附注:

题记:书根有胡适题字。

5816 徵君孙先生年谱二卷 (清)汤斌等编 清乾隆元年(1736)刻本

1函2册;18厘米

PKUL(SB/K828.49/2)

附注:

题记:书根有胡适题字。

5817 徵息斋遗诗二卷补遗一卷词录一卷遗诗补录一卷 (清)潘慎生著 清宣统二年(1910)影印本

1函1册;13.2厘米

PKUL(X/811.179/3292)

附注:

题记:书衣有作者题记:"适之兄惠存,慎生奉赠。"

1743

5818 至正集八十一卷 (元)許有壬著 清宣統三年(1911)河南教育總會石印本
　　1函10冊;22.6厘米
　　PKUL(X/810.59/0842/C2)
　　附注:
　　　題記:書根有胡適題字。

5819 志矩堂商語一卷 (明)顧憲成著 清光緒三年(1877)涇里宗祠刻本
　　1函1冊;19厘米
　　顧端文公遺書
　　PKUL(X/111.69/3135a)

5820 志學錄一卷 (清)陸世儀著 清光緒二十五年(1899)京師刻本
　　1函2冊;13.8厘米
　　陸桴亭先生遺書
　　PKUL(X/081.57/7442:2)
　　附注:
　　　題記:書根有胡適題字。

5821 志樂輯略三卷 (清)倪元坦撰 清嘉慶間(1796—1820)刻本
　　1函1冊;19.5厘米
　　讀易樓合刻
　　PKUL(X/111.79/2714)
　　附注:
　　　題記:書根有胡適題字。

5822 制科議一卷 (清)陸世儀著 清光緒二十五年(1899)京師刻本
　　1函1冊;13.8厘米
　　陸桴亭先生遺書
　　PKUL(X/081.57/7442:2)
　　附注:
　　　題記:書根有胡適題字。

5823 制義叢話二十四卷 （清）梁章鉅撰 清咸豐九年（1859）知足知不足齋刻本

 1 函 8 冊；17.2 厘米

 PKUL（X/817.04/3308.2/C2）

  附注：

   題記：書根有胡適題字。

   批注圈劃：書內十處有胡適朱筆批注圈劃。

5824 治安要議六卷 （明）陳建著 民國九年（1920）東莞陳氏刻本

 1 函 2 冊；16 厘米

 聚德堂叢書

 PKUL（X/081.17/7527/C2:4）

  附注：

   題記：書根有胡適題字。

5825 治河五説一卷附治河續説一卷 （清）劉鶚撰 清（1644—1911）刻本

 1 函 1 冊；18.1 厘米

 PKUL（X/654.6/7267）

  附注：

   題記：書根有胡適題字。

5826 治鄉三約一卷 （清）陸世儀著 清光緒二十五年（1899）京師刻本

 1 函 1 冊；13.8 厘米

 陸桴亭先生遺書

 PKUL（X/081.57/7442:2）

  附注：

   題記：書根有胡適題字。

5827 質園詩集三十二卷 （清）商盤著 清（1644—1911）刻本

 1 函 8 冊；19.1 厘米

 PKUL（SB/I222.749/27）

附注：

　　題記：書衣有胡適題記："《質園詩集》，六一草堂藏"；書根有胡適題字。

5828　中朝故事一卷（南唐）尉遲偓撰 清光緒至民國間(1875—1949)影刻本

　　1函1冊;18厘米

　　隨庵徐氏叢書

　　PKUL(X/081.17/2816b/C2)

5829　中東戰紀一卷（朝鮮）洪棄父纂 清光緒三十二年(1906)鉛印本

　　1函1冊;14.7厘米

　　PKUL(X/917.8284/3408a/C2)

　　附注：

　　題記：書衣有贈書者題記："先父遺著，恭呈適之先生賜覽，洪櫬贈。"

5830　中國藏書家攷略一卷附索引勘誤表 楊立誠 金步瀛同編 民國十八年(1929)杭州青白印刷社鉛印本

　　1函1冊;14.4厘米

　　PKUL(X/010.97/4600/C5)

　　附注：

　　題記：書根有胡適題字。

5831　中國地方志綜錄 朱士嘉編 民國二十四年(1935)上海商務印書館石印本

　　1函3冊;14.7厘米

　　PKUL(X/981.031/2544a/C9)

　　附注：

　　題記：書前有作者題記："適之先生評正，後學朱士嘉敬贈。廿四年八月八日。"

5832　中國地理沿革史二卷 張相文著 民國二十四年(1935)北平中國地學會鉛印本

　　1函2冊;19厘米

　　南園叢稿

PKUL(X/810.8/1140/C3)

附注：

題記：書根有胡適題字。

5833 中國佛教史四卷 蔣維喬撰 民國十八年(1929)上海商務印書館鉛印本

1函3冊；16.5厘米

PKUL(X/239.5/4422/C6)

附注：

題記：書根有胡適題寫書名。

5834 中國佛學史第一編 周叔迦撰 民國間(1912—1949)最上雲音室鉛印本

1函1冊；17.7厘米

PKUL(X/B949.2/1)

附注：

題記：書根有胡適題字。

5835 中國繪畫上的六法論一卷 劉海粟著 民國二十年(1931)上海中華書局鉛印本

1函1冊；15.4厘米

PKUL(X/J20/1)

附注：

印章：書衣鈐有"海粟之印"朱文方印。

題記：書衣有作者題記："適之評正，海粟。"

5836 中國建築史三編 樂嘉藻著 民國二十二年(1933)武林鉛印本

1函3冊；17.4厘米

PKUL(X/710.109/2244/C3)

附注：

題記：書根有胡適題字。

5837 中國文人畫之研究 （日）大村西崖撰 陳衡恪譯 民國十七年(1928)上海中華書局鉛印本

1函1册;9.2厘米

　　　PKUL(X/730.107/4044.1)

　　附注:

　　　題記:書根有胡適題字。

5838　中國語根字源學二卷 夏育民著 民國二十三年(1934)上海亞洲印刷公司影印本

　　　1函1册;19.9厘米

　　　PKUL(X/411/1007/C3)

　　附注:

　　　題記:書衣有作者題記:"北京大學胡適之先生賜教,夏建鬻敬贈。"

5839　中華民國暫行新刑律 民國(1912—1949)山西六政考核處石印本

　　　1函1册;15.7厘米

　　　PKUL(X/394/5476.2)

　　附注:

　　　印章:封面有胡適簽名"適"。

5840　中外輿地彙鈔十三卷附圖二卷 (清)馬冠群輯 清光緒二十年(1894)蘇州文瑞樓石印本

　　　1函3册;14.4厘米

　　　PKUL(X/980.09/7131/C2)

　　附注:

　　　批注圈劃:書內多處有胡適批注。

5841　中西度量權衡表一卷 (清)佚名撰 清光緒間(1875—1908)元和江氏湖南使院刻本

　　　1函1册;16.2厘米

　　　靈鶼閣叢書第二集

　　　PKUL(X/081.17/3141/C2:1)

　　附注:

题记:书根有胡适题字。

5842 中西回史日曆二十卷 陳垣撰 民國十五年(1926)勵耘書屋鉛印本

　　1函5册;21厘米

　　PKUL(X/900.33/7541/C5)

　　附注:

　　　　题记:書前有作者题记:"適之先生惠鑒,著者敬贈。"

5843 中庸傳註一卷 (清)李塨著 民國十二年(1923)四存學會鉛印本

　　1函1册;18.1厘米

　　顏李叢書

　　PKUL(X/081.57/0110.1/C2:3)

　　附注:

　　　　题记:書根有胡適題字。

5844 中庸集編三卷 (宋)真德秀撰 清嘉慶間(1796—1820)浦城祝氏留香室刻本

　　1函1册;18.5厘米

　　浦城遺書

　　PKUL(X/081.481/3665/C2)

　　附注:

　　　　题记:書根有胡適題字。

5845 中庸輯畧二卷 (宋)石憝輯 清康熙間(1662—1722)禦兒吕氏寶誥堂刻本

　　1函1册;18厘米

　　朱子遺書

　　PKUL(X/081.55/2540.1/C3)

5846 中州名賢文表三十卷 (明)劉昌編 清光緒三十年(1904)鴻文書局石印本

　　1函6册;15.7厘米

　　PKUL(X/I214.71/1)

　　附注:

1749

　　題記:書根有胡適題字。

5847　忠簡公集七卷附辨誣考異一卷 （宋）宗澤撰（清）胡鳳丹纂輯 清同治八年（1869）退補齋刻本
　　1函2冊;20厘米
　　金華叢書
　　PKUL(X/081.478/4777/C2)
　　附注：
　　　　題記:書根有胡適題字。

5848　忠節吳次尾先生年譜一卷附樓山遺事一卷 （清）夏燮編 清(1644—1911)刻本
　　1函2冊;17.2厘米
　　PKUL(X/979.2/1594)
　　附注：
　　　　題記:書根有胡適題字。

5849　忠雅堂詩集二十七卷補遺二卷詞集二卷 （清）蔣士銓撰 清乾隆二十七年（1762）紅杏山房刻本
　　1函8冊;21.4厘米
　　PKUL(X/811.175/4449/C2)
　　附注：
　　　　題記:書根有胡適題字。

5850　忠雅堂文集十二卷 （清）蔣士銓撰 清(1644—1911)刻本
　　1函10冊;18.5厘米
　　PKUL(X/817.739/4448.1)
　　附注：
　　　　題記:書根有胡適題字。

5851　忠正德文集十卷附錄一卷 （宋）趙鼎撰 清道光十一年(1831)刻本
　　1函2冊;18厘米

PKUL(X/810.51/4922/C2)

附注：

题记：书根有胡适题字。

5852 衷墨词一卷 （清）王鹏运撰 清光绪十六年（1890）刻本

　　1函1册；14.5厘米

　　徽省同声集

　　PKUL(X/I222.85/20)

　　附注：

　　　　题记：书根有胡适题字。

5853 衷圣斋文集一卷诗集二卷 （清）刘光第撰 民国三年（1914）成都昌福公司铅印本

　　1函2册；16.3厘米

　　PKUL(X/I222.75/28)

　　附注：

　　　　题记：书根有胡适题字。

5854 种德堂理学格言二卷 （清）沈之缙辑 清康熙四十八年（1709）刻本

　　1函2册；21.2厘米

　　PKUL(S/B828/15)

　　附注：

　　　　题记：书根有胡适题字。

5855 周髀算经校勘记一卷 （清）顾观光著 清光绪九年（1883）上海独山莫祥芝刻本

　　1函1册；18.8厘米

　　武陵山人遗书

　　PKUL(X/081.57/3149/C2)

　　附注：

　　　　题记：书根有胡适题字。

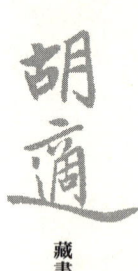

5856 周官禮經注正誤一卷 （清）張宗泰撰 清光緒十六年（1890）南陵徐氏刻本

　　1函1冊；16.6厘米

　　積學齋叢書

　　PKUL（X/081.17/2816a/C2:1）

　　附注：

　　　題記：書根有胡適題字。

5857 周官識小一卷 （清）沈豫著 民國二十年（1931）上海蟬隱廬影印本

　　1函1冊；15.1厘米

　　蛾術堂集

　　PKUL（X/081.57/3412.1/C2）

　　附注：

　　　題記：書根有胡適題字。

5858 周官指掌五卷 （清）莊有可著 清光緒間（1875—1908）湖北崇文書局刻本

　　1函2冊；10.9厘米

　　正覺樓叢刻

　　PKUL（X/081.17/3120/C2:1）

　　附注：

　　　題記：書根有胡適題字。

5859 周禮故書考一卷 （清）程際盛輯 清光緒間（1875—1908）南陵徐氏刻本

　　1函1冊；16.6厘米

　　積學齋叢書

　　PKUL（X/081.17/2816a/C2:1）

　　附注：

　　　題記：書根有胡適題字。

5860 周禮漢讀考六卷 （清）段玉裁撰 清嘉慶元年（1796）刻本

　　1函2冊；17.5厘米

　　經韻樓叢書

PKUL(X/081.57/7714/C2:1)

附注：

　　題記：書根有胡適題字。

5861 周禮正義八十六卷 （清）孫詒讓撰 民國二十年（1931）笛湖精舍刻本

　　6函60冊；18.3厘米

　　PKUL(X/094.42/1200/C2)

　　附注：

　　　　題記：書根有胡適題字。

5862 周禮政要二卷 （清）孫詒讓撰 清光緒二十八年（1902）石印本

　　1函2冊；14.2厘米

　　PKUL(X/094.47/1200.1)

　　附注：

　　　　印章：書衣題胡適簽名"適"。

5863 周禮鄭註十二卷 （漢）鄭玄註 （唐）陸德明音義 民國二十三年（1934）文禄堂影印本

　　1函6冊；19.9厘米

　　PKUL(X/094.42/8700/C3)

　　附注：

　　　　印章：卷端鈐有"胡適長壽"朱文方印。

　　　　其他：藍印。

5864 周秦名學三種（鄧析子校錄一卷尹文子校錄二卷公孫龍子校錄一卷附錄一卷） 王時潤校錄 民國二十三年（1934）鉛印本

　　1函1冊；19厘米

　　PKUL(X/B223/1)

　　附注：

　　　　題記：書衣有作者題記："適之先生正教，時潤敬贈。"

1753

5865 周愨慎公全集 周馥撰 民國十一年(1922)秋浦周氏石印本

4函35冊;15.9厘米

PKUL(X/081.57/7728/C3)

附注:

題記:書根有胡適題字。

其他:本書缺《易理匯參》卷8,1冊。

5866 周世宗實錄一卷 民國九年(1920)江陰繆氏刻本

1函1冊;12.5厘米

煙畫東堂小品

PKUL(X/081.18/2741a/C2)

附注:

題記:書根有胡適題字。

5867 周書顧命後考一卷 王國維撰 民國五年(1916)上海倉聖明智大學鉛印本

1函1冊;14.8厘米

廣倉學宭叢書甲類第一集

PKUL(X/081.18/4127/C2:1)

附注:

題記:書根有胡適朱筆題字。

5868 周易本義四卷卷首一卷 (宋)朱熹撰 清光緒十九年(1893)浙江書局刻本

1函2冊;19.1厘米

PKUL(X/091.2/2540.2)

附注:

題記:書根有胡適題字。

5869 周易參同契通真義三卷 (後蜀)彭曉註 民國十三年(1924)永康胡氏夢選廔刻本

1函1冊;18.2厘米

續金華叢書

PKUL(X/081.478/4777a/C2:3)

附注:

　　題記:書根有胡適題字。

5870 周易傳註四卷繫辭二卷説卦傳一卷筮考一卷（清）李塨著 民國十二年(1923)
四存學會鉛印本

　　1函2冊;18.1厘米

　　顏李叢書

　　PKUL(X/081.57/0110.1/C2:2)

　　附注:

　　　　題記:書根有胡適題字。

5871 周易附説一卷（清）羅澤南著 清咸豐五年(1855)長沙刻本

　　1函1冊;18.3厘米

　　羅山遺集

　　PKUL(X/081.57/6034.1/C2)

　　附注:

　　　　題記:書根有胡適題字。

5872 周易古義七卷 楊樹達撰 民國十八年(1929)上海中華書局鉛印本

　　1函2冊;15.4厘米

　　PKUL(X/091.2/4643/C2)

　　附注:

　　　　印章:書前鈐有"楊樹達印"朱文方印。

　　　　題記:書前題"適之先生教,樹達"。

5873 周易集解纂疏十卷（清）李道平著 清光緒十七年(1891)三餘草堂刻本

　　2函11冊;16.5厘米

　　湖北叢書

　　PKUL(X/081.473/4995/C2:1-:2)

　　附注:

1755

　　題記:書根有胡適題字。

5874 周易考占一卷（清）金榜撰 清光緒間(1875—1908)南陵徐氏刻本
　　1函1冊;16.6厘米
　　積學齋叢書
　　PKUL(X/081.17/2816a/C2:1)
　　附注:
　　　　題記:書根有胡適題字。

5875 周易窺餘十五卷（宋）鄭剛中撰 民國十三年(1924)永康胡氏夢選廔刻本
　　1函4冊;18.2厘米
　　續金華叢書
　　PKUL(X/081.478/4777a/C2:1)
　　附注:
　　　　題記:書根有胡適題字。

5876 周易乾鑿度二卷（漢）鄭玄撰 清乾隆二十一年(1756)雅雨堂刻本
　　1函1冊;18厘米
　　雅雨堂叢書
　　PKUL(SB/081.17/2168/C4:2)

5877 周易説彖一卷 高毓華注 民國間(1912—1949)石印本
　　1函1冊;18.9厘米
　　PKUL(X/091.58/0084)
　　附注:
　　　　題記:書根有胡適題字。

5878 周易音訓二卷（宋）吕祖謙撰 清同治間(1862—1874)退補齋刻本
　　1函1冊;20.3厘米
　　金華叢書
　　PKUL(X/081.478/4777/C2)

附注:

  題記:書根有胡適題字。

5879 周易正義十四卷（唐）孔穎達撰 民國二十四年(1935)藏園傅氏影印本

  1函4冊;23.8厘米

  PKUL(SB/091.2/1223/C4)

  附注:

    印章:卷端鈐有"胡適長壽"朱文方印。

5880 周益國文忠公集（宋）周必大撰 清光緒二十五年(1899)刻本

  4函40冊;18.7厘米

  PKUL(X/810.57/7734)

  附注:

    題記:書根有胡適題字。

5881 朱書百選六卷（宋）朱熹撰 朝鮮刻本

  1函2冊;24.5厘米

  PKUL(SB/818.157/2540)

  附注:

    印章:卷端及目錄有"胡適之印"朱文方印。

    題記:書根有胡適題字。

5882 朱子論語集注訓詁攷二卷（清）潘衍桐輯 清光緒十七年(1891)浙江書局刻本

  1函1冊;16.9厘米

  PKUL(X/096.38/3224/C2)

  附注:

    題記:書根有胡適題字。

5883 朱子年譜四卷年譜附錄二卷（清）王懋竑纂訂 清光緒九年(1883)武昌書局刻本

  1函3冊;17.6厘米

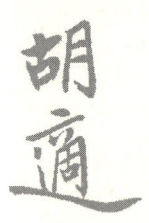

PKUL(X/979.2/1130/C2)

附注：

批注圈劃：書內有胡適批注。

5884 朱子學歸二十三卷 （清）鄭端輯 清光緒間（1875—1908）刻本

1函4冊；17.3厘米

幾輔叢書

PKUL(X/111.56/8702)

附注：

題記：書根有胡適題字。

5885 朱子遺書十五種 （宋）朱熹著 清康熙間（1662—1722）禦兒呂氏寶誥堂刻本

2函15冊；18厘米

PKUL(SB081.55/2540.1/C3)

附注：

題記：書衣有胡適題記："天蓋樓呂氏刻的《朱子遺書》十二種，價十二元。目中所有者，缺《小學》及《儀禮經傳通釋》；目中所無者，缺《孝經刊誤》，《周易參同契注》，《陰符經注》。胡適，十二，二，四。"

其他：本書存11種。

5886 朱子語類五十二卷 （宋）朱熹撰 清康熙間（1662—1722）古吳映峰樓藜光樓刻本

2函16冊；20.2厘米

PKUL(SB/096.77/2540.2)

附注：

題記：書根有胡適題字。

5887 朱子語類評一卷 （清）顏元著 民國十二年（1923）四存學會鉛印本

1函1冊；18.1厘米

顏李叢書

PKUL(X/081.57/0110.1/C2:1)

附注：

  題記：書根有胡適題字。

5888 朱子語類日鈔五卷 （清）陳澧編 清宣統三年（1911）湘潭梁氏刻本

  1函1冊；18.8厘米

  PKUL（X/111.567/7535）

  附注：

    題記：書衣有胡適題記："陳澧《朱子語類日鈔》"；書根有胡適題字。

5889 洙泗考信錄四卷 （清）崔述著 清道光四年（1824）刻本

  1函2冊；19.5厘米

  崔東壁先生遺書

  PKUL（X/081.579/2233.3/C2:2）

  附注：

    題記：書根有胡適題字。

    批注圈劃：書內有胡適朱筆批注圈劃。

5890 洙泗考信餘錄三卷 （清）崔述著 清道光四年（1824）刻本

  1函1冊；19.5厘米

  崔東壁先生遺書

  PKUL（X/081.579/2233.3/C2:2）

  附注：

    題記：書根有胡適題字。

    批注圈劃：書內有胡適朱筆批注圈劃。

5891 硃批諭旨 （清）鄂爾泰等編 清（1644—1911）石印本

  8函60冊；15.2厘米

  PKUL（X/917.3121/3540.4）

  附注：

    題記：書根有胡適題字。

    其他：朱墨套印。

5892 諸史然疑一卷 (清)杭世駿撰 清咸豐元年(1851)長沙小嫏嬛山館刻本
　　1函1冊;13厘米
　　杭氏七種
　　PKUL(X/081.57/4047a/C2)
　　附注:
　　　題記:書衣有胡適題記:"民國六年十月三日,在琉璃廠買得這部書。價銅子四十四個。"

5893 諸史拾遺五卷 (清)錢大昕撰 清光緒十年(1884)長沙龍氏刻本
　　1函1冊;18.7厘米
　　嘉定錢氏潛研堂全書
　　PKUL(X/081.57/8346:4)
　　附注:
　　　題記:書根有胡適題字。

5894 諸天講十五卷 (清)康有爲著 民國十九年(1930)鉛印本
　　1函2冊;16.2厘米
　　PKUL(X/520.1/0043/C2)
　　附注:
　　　題記:書根有胡適題字。

5895 諸子通攷三卷 孫德謙撰 清宣統二年(1910)江蘇存古學堂鉛印本
　　1函3冊;17.7厘米
　　四益宧叢書
　　PKUL(X/111.098/1220/C2)
　　附注:
　　　題記:書根有胡適題字。

5896 諸子文粹六十二卷續編十卷 (清)李寶洤纂 民國六年(1917)上海商務印書館鉛印本

2 函 20 冊;15.9 厘米

PKUL(X/111.08/4033)

附注:

 題記:書根有胡適題字。

5897 竹柏山房十五種 (清)林春溥編 清嘉慶至咸豐間(1796—1861)竹柏山房刻本

 4 函 40 冊;18.3 厘米

 PKUL(X/081.57/4453/C2)

 附注:

  題記:書根有胡適題字。

5898 竹澗先生文集八卷奏議四卷 (明)潘希曾撰 民國十三年(1924)永康胡氏夢選廔刻本

 1 函 3 冊;18.2 厘米

 續金華叢書

 PKUL(X/081.478/4777a/C2:9)

 附注:

  題記:書根有胡適題字。

5899 竹書紀年統箋十二卷 (清)徐文靖補箋 清光緒三年(1877)浙江書局刻本

 1 函 4 冊;18.2 厘米

 PKUL(X/910.913/3427.1)

 附注:

  題記:書根有胡適題字。

5900 竹溪稿二卷 (元)呂浦撰 民國十三年(1924)永康胡氏夢選廔刻本

 1 函 1 冊;18.2 厘米

 續金華叢書

 PKUL(X/081.478/4777a/C2:6)

 附注:

  題記:書根有胡適題字。

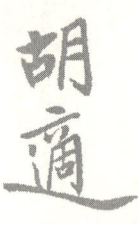

5901 竹崦盦金石目錄五卷 （清）趙魏撰 民國十四年（1925）錢塘汪氏刻本
　　1函2冊；15.8厘米
　　食舊堂叢書
　　PKUL(X/081.17/3148/C2:1)
　　附注：
　　　題記：書根有胡適題字。

5902 竹葉亭雜記八卷 （清）姚元之撰 清光緒十九年（1893）桐城姚氏刻本
　　1函4冊；18厘米
　　PKUL(X/088.7/4213/C3)
　　附注：
　　　題記：書根有胡適題字。

5903 竹齋詩餘一卷 （宋）黃機撰 民國十三年（1924）永康胡氏夢選廔刻本
　　1函1冊；18.2厘米
　　續金華叢書
　　PKUL(X/081.478/4777a/C2:10)
　　附注：
　　　題記：書根有胡適題字。

5904 竺國紀游四卷 （清）周藹聯撰 民國二年（1913）江安傅氏鉛印本
　　1函2冊；16.4厘米
　　PKUL(X/981.98/7741.1/C2)
　　附注：
　　　題記：書根有胡適題字。

5905 麈史三卷 （宋）王得臣撰 民國九年（1920）上海商務印書館鉛印本
　　1函1冊；14.5厘米
　　PKUL(X/Z429.2/1)
　　附注：

题记：书根有胡适题字。

5906 注释拜月亭记二卷 （清）罗懋登注释 清光绪间（1875—1908）贵池刘氏暖红室刻本

1函2册；20.3厘米

PKUL(X/812.39/6041/C3)

附注：

题记：书根有胡适题字。

5907 驻粤八旗志二十四卷卷首一卷 （清）长善等纂 清光绪五年（1879）刻本

2函16册；19.6厘米

PKUL(X/917.05/7180/C2)

附注：

题记：书根有胡适题字。

5908 甄文考略四卷余一卷 （清）宋经畬撰 民国五年（1916）上海仓圣明智大学铅印本

1函2册；14.8厘米

广仓学宭丛书甲类第一集

PKUL(X/081.18/4127/C2:1)

附注：

题记：书根有胡适题字。

5909 庄子十卷 （晋）郭象注 （唐）陆德明音义 清光绪二年（1876）浙江书局刻本

1函4册；18.3厘米

PKUL(X/B222.363/3)

附注：

题记：书根有胡适题字。

5910 庄子解故一卷 章炳麟著 民国间（1912—1949）上海右文社铅印本

1函1册；15厘米

章氏叢書

PKUL(X/081.58/0090.1:1)

附注：

 題記：書根有胡適題字。

5911 莊子今箋一卷 高亨著 民國二十四年(1935)大梁刻本

 1函1冊；18厘米

 PKUL(X/111.1277/0000/C3)

 附注：

  題記：書根有胡適題字。

  其他：朱印。

5912 莊子哲學一卷 蘇甲榮編 民國十九年(1930)鉛印本

 1函1冊；16.8厘米

 PKUL(X/111.1271/4469/C2)

 附注：

  題記：書衣有作者題記："適之先生惠存，甲榮呈。"

5913 戇叟詩鈔四卷 (清)紀映鍾著 清光緒三十一年(1905)江西刻本

 1函1冊；16.5厘米

 PKUL(X/I222.749/31)

 附注：

  題記：書根有胡適題字。

  其他：朱印。

5914 拙存堂題跋一卷 (清)蔣衡著 清宣統二年(1910)江浦陳氏刻本

 1函1冊；16厘米

 房山山房叢書

 PKUL(X/Z121.6/2)

 附注：

  題記：書根有胡適題字。

5915 酌中志餘二卷 (明)劉若愚輯 清光緒間(1875—1908)湖北崇文書局刻本

1函1冊;10.7厘米

正覺樓叢刻

PKUL(X/081.17/3120/C2:3)

附注:

題記:書根有胡適題字。

其他:本書存卷上。

5916 資治通鑑綱目前編外紀卷首一卷 (元)陳子桱編輯 (明)吳勉學增定 清乾隆十年(1745)刻本

1函1冊;17.8厘米

PKUL(SB/910.9157/7514)

附注:

題記:書根有胡適題字。

5917 資治通鑑前編十八卷 (宋)金履祥編輯 清乾隆十二年(1747)刻本

1函8冊;18.5厘米

PKUL(X/910.9155/8073)

附注:

題記:書根有胡適題字。

5918 資治通鑑前編十八卷舉要三卷卷首一卷 (宋)金履祥編輯 清乾隆十年(1745)金華金氏刻本

2函9冊;19.1厘米

率祖堂叢書

PKUL(X/081.55/8073/C3)

5919 子產一卷 任訪秋著 民國三十二年(1943)前鋒報社鉛印本

1函1冊;15.8厘米

前鋒叢書

PKUL(X/K827.25/1)

附注：

　　題記：封面有贈書者題記："適之吾師哂正，受業任維焜敬獻，三十六，六，五。"

5920 **紫峰陳先生文集十三卷卷首一卷**（明）陳琛撰 清乾隆五十四年(1789)刻本

　　1函6冊；21.4厘米

　　PKUL(SB/I214.82/6)

　　附注：

　　　　題記：書根有胡適題字。

5921 **紫巖于先生詩選三卷**（元）于石著 民國十三年(1924)永康胡氏夢選廎刻本

　　1函1冊；18.2厘米

　　續金華叢書

　　PKUL(X/081.478/4777a/C2:6)

　　附注：

　　　　題記：書根有胡適題字。

5922 **自反錄一卷**（明）顧憲成著 清光緒三年(1877)涇里宗祠刻本

　　1函1冊；19厘米

　　顧端文公遺書

　　PKUL(X/111.69/3135a)

5923 **自青榭酬唱一卷** 卓定謀編 民國十六年(1927)上海商務印書館鉛印本

　　1函1冊；12.6厘米

　　自青榭叢書

　　PKUL(X/811.1088/2130)

　　附注：

　　　　題記：書根有胡適題字。

5924 **字鑑五卷**（元）李文仲編 清光緒十年(1884)長洲蔣氏影刻本

1 函 2 冊;16.4 厘米

鐵華館叢書

PKUL(X/081.17/4474a/C2)

附注:

題記:書根有胡適題字。

5925 字學舉隅 (清)龍啟瑞撰 清同治十三年(1874)湖北崇文書局刻本

1 函 1 冊;18.9 厘米

PKUL(X/413/0131.1/C2)

附注:

題記:書根有胡適題字。

5926 宗範八卷 (清)錢伊庵編輯 清光緒十二年(1886)南京金陵刻經處刻本

1 函 3 冊;17.6 厘米

PKUL(X/230.88/8320/C2)

附注:

題記:書根有胡適題字。

5927 宗鏡捷要四卷附清一禪師事錄一卷 幻影禪師選定 民國十年(1921)北京刻本

1 函 2 冊;16.8 厘米

PKUL(X/B942/5)

附注:

題記:書根有胡適題字。

5928 宗鏡錄一百卷上諭一卷 (宋)釋延壽撰 清光緒二十五年(1899)江北刻經處刻本

2 函 20 冊;16.6 厘米

PKUL(X/239.56/1250.1)

附注:

題記:書根有胡適題字。

5929 宗主新歌 清光緒五年(1879)刻本

　　1函1冊;15厘米

　　PKUL(X/253.57/2007)

5930 鄒子願學集八卷 (明)鄒元標著 明萬曆四十七年(1619)吉州龍遇奇刻本

　　2函18冊;21.6厘米

　　PKUL(SB/I214.82/9)

　　附注:

　　　題記:書根有胡適題字。

5931 奏摺譜一卷 (清)饒旬宣撰 清光緒十六年(1890)刻本

　　1函1冊;18.5厘米

　　PKUL(X/910.1237/0053)

　　附注:

　　　題記:書根有胡適題字。

5932 醉醒石十五回 (明)古狂生編輯 民國六年(1917)武進董氏誦芬室刻本

　　1函2冊;17.8厘米

　　PKUL(X/813.26/5244.1)

　　附注:

　　　題記:書前贈書者題記:"昨談至快,送上拙刻盛明雜劇《醉醒石》兩種,即祈適之先生日祉,弟康頓。五月廿二日";序天頭有胡適題記:"'崇禎年時作'之説不能成立。如卷一,頁九説姚君之孫'登萬曆戊戌(二六,1598)進士,官至浙江左布政,雲初俱有盛德',則此書作于清代無疑。書中屢稱'明朝',亦是一證。適之。十三,十一,廿四。"

5933 尊聞居士集八卷 (清)羅有高著 (清)彭紹升録 清光緒八年(1882)刻本

　　1函4冊;17.9厘米

　　PKUL(X/810.79/6040.1/C2)

　　附注:

　　　題記:書衣有胡適題記:"羅有高的《尊聞居士集》。胡適。十五,三,十四。"

　　批注圈劃:書內三處有胡適朱筆批注圈劃。

5934　**左盦集八卷**（清）劉師培撰　民國十七年（1928）刻本
　　1函6冊;17.6厘米
　　PKUL(X/810.79/7274/C2、X/810.79/7274/C3)
　　附注:
　　　題記:書根有胡適題字。
　　　其他:本書有2套。

5935　**左傳杜解補正三卷**（清）顧炎武撰　清(1644—1911)蓬瀛閣刻本
　　1函1冊;18.4厘米
　　亭林遺書
　　PKUL(X/081.57/3191.2/C2)
　　附注:
　　　題記:書根有胡適題字。

5936　**左官異禮略一卷**（清）沈豫著　民國二十年（1931）上海蟫隱廬影印本
　　1函1冊;15.1厘米
　　蛾術堂集
　　PKUL(X/081.57/3412.1/C2)
　　附注:
　　　題記:書根有胡適題字。

5937　**左氏傳說二十卷卷首一卷**（宋）呂祖謙撰　清同治八年（1869）退補齋刻本
　　1函4冊;20厘米
　　金華叢書
　　PKUL(X/081.478/4777/C2)
　　附注:
　　　題記:書根有胡適題字。

5938 左氏傳續說十二卷 (宋)呂祖謙撰 民國十三年(1924)永康胡氏夢選廔刻本

  1函3冊;18.2厘米

  續金華叢書

  PKUL(X/081.478/4777a/C2:1)

  附注:

    題記:書根有胡適題字。

5939 左氏春秋義例辨九卷綱要一卷闕疑錄一卷附錄二卷附檢目引書表 陳槃撰 民國三十六年(1947)上海商務印書館鉛印本

  1函5冊;16.6厘米

  PKUL(X/095.17/7527)

  附注:

    題記:書衣有贈書者題記:"適之先生諟正";書根有胡適題字。

5940 左氏春秋義例辨九卷 陳槃撰 民國三十六年(1947)上海商務印書館鉛印本

  1函1冊;16.6厘米

  PKUL(X/K225.7/1/C2)

  附注:

    題記:書衣題"適之先生教"。

    其他:本書存2卷。

5941 左文襄公年譜十卷 (清)羅正鈞纂 清光緒二十三年(1897)湘陰左氏刻本

  1函10冊;20.1厘米

  PKUL(X/K827.49/6)

  附注:

    題記:書根有胡適題字。

（二）胡適紀念館館藏目錄

1832 愛吾廬題跋一卷（清）呂世宜撰（清）林維源校刊 1923 年日本東京林熊光印本

　　1 冊

　　HSMH（HS-N02F1-027）

　　附注：

　　　　印章：書名頁鈐有"胡適的書"朱文方印。

　　　　題記：書名頁有胡適手寫注記："楊雲萍先生贈。胡適 四八，六，廿九。"

　　　　其他：癸亥首春板橋林氏重刊本。

1833 百廿回紅樓夢（清）曹雪芹撰（清）程偉元 高鶚同校 1957 年臺北青石山莊印本

　　20 冊

　　青石山莊叢書子部小說類 7.

　　HSMH（HS-N05F4-005）

　　附注：

　　　　印章：鈐有"胡適的書"朱文方印。

　　　　夾紙：第 1 冊夾有胡適手寫的筆記便條 1 張。

　　　　相關記載：此書爲胡天獵（韓鏡塘）所贈，即胡適所謂"程乙本"，參見館藏編號：HS-NK05-049-001、HS-MS01-026-002。

　　　　其他：據清乾隆壬子年（1792）程偉元萃文書屋木活字影印。

1834 百廿回紅樓夢（清）曹雪芹撰（清）程偉元 高鶚同校 1961 年臺北青石山莊印本

　　20 冊

　　HSMH（HS-N05F4-007）

　　附注：

印章：鈐有"胡適的書"朱文方印。

與胡適的關係：卷首收錄《胡適之先生序》一文，係據胡適手迹影印，原迹照片可參考館藏編號：HS-MS01-026-002。

相關記載：本書應爲胡天獵（韓鏡塘）所贈，即胡適所謂"程乙本"，參見館藏編號：HS-NK05-049-001、HS-MS01-026-002。

其他：(1)據清乾壬子年（1792）程偉元萃文書屋木活字影印。(2)館藏第1册。

1835　碑傳集一百六十卷附存文一卷集外文一卷 （清）錢儀吉纂錄 黃彭年編訂 四庫善本叢書館影印本

　　60册

　　四庫善本叢書初編史部

　　HSMH（HS-N05F2-001）

　　附注：

　　　印章：各册均鈐有"胡適的書"朱文方印。

　　　批注圈劃：第13册卷27、28有胡適的紅筆圈點與劃綫。

　　　其他：(1)第1册牌記題"四庫善本叢書館景印"。(2)館藏1—22册。

1836　碑傳集補六十卷集外文一卷 閔爾昌纂錄 四庫善本叢書館影印本

　　24册

　　四庫善本叢書初編史部

　　HSMH（HS-N05F2-003）

　　附注：

　　　印章：各册均鈐有"胡適的書"朱文方印。

　　　批注圈劃：第3册偶有胡適的紅筆注記與圈劃。

　　　摺頁：第4册偶有摺頁。

　　　其他：第1册牌記題"四庫善本叢書館景印"。

1837　碧腴齋詩存八卷南園詩選二卷 （清）袁枚輯 1928年上海掃葉山房石印本

　　1册

　　隨園全集之十七／十八

HSMH（HS-N05F3-014）

附注：

 印章:鈐有"胡適的書"朱文方印。

 其他:(1)《南園詩選》又名《何南園詩選》。(2)《碧腴齋詩存》與《南園詩選》合刊一冊。(3)爲《隨園全集》第5函第46冊。

1838 便宜行事虎頭牌雜劇一卷（元）李直夫撰（日）吉川幸次郎等注 1952年日本京都大學仿古排印本

1冊：圖

HSMH（HS-N01F4-032）

附注：

 印章:卷首鈐有"胡適的書"朱文方印。

 相關記載:1951年8月20日橋川時雄致胡適函,轉請奧村茂代呈此書事,可參見館藏號:HS-US01-098-005。

 其他:(1)爲《元曲選釋》第5冊。(2)又名《虎頭牌》。

1839 別號索引 陳乃乾編 上海開明書店印本

1冊

HSMH（HS-N07F5-044）

附注：

 印章:鈐有"胡適的書"朱文方印。

 批注圈劃:序有胡適的藍筆圈點。

 其他:版權頁題名"增訂別號索引"。

1840 抄本飲膳正要三卷（元）忽思慧撰 抄本

3冊

HSMH（HS-N21F2-008）

附注：

 印章:第1冊《飲膳正要序》鈐有"愚齋圖書館藏"朱文方印,爲清人盛宣懷的舊藏(愚齋爲盛宣懷的別號);第1冊目錄鈐有"武進盛氏所藏"朱文方印。

夾紙：多處有夾紙。

其他：(1)卷首有"飲膳正要序 元天曆三年虞集序"。(2)所附紙卡一處粘附筆記紙1張，上有手寫注記："(舊鈔本)飲膳正要 武進盛氏藏書 陳光甫贈。"

1841 **程氏家塾讀書分年日程三卷綱領一卷**（元）程端禮編 1934年上海商務印書館印本

　　2冊

　　四部叢刊續編子部

　　HSMH（HS-N05F1-015）

　　附注：

　　　印章：二冊均鈐有"胡適的書"朱文方印。

　　　摺頁：二冊偶有摺角。

　　　其他：(1)初版。(2)牌記題"上海涵芬樓景印常熟瞿氏鐵琴銅劍樓藏元刊本原書板匡高二十二公分寬十四公分"。

1842 **重刊洛陽伽藍記五卷附校勘記五卷**（北魏）楊衒之撰 徐高阮校勘 1960年臺北"中央研究院"歷史語言研究所排印本

　　2冊

　　"中央研究院"歷史語言研究所專刊42

　　HSMH（HS-N02F4-023）

　　附注：

　　　夾紙：館藏一部上冊頁13處有胡適紅筆手寫夾紙1張，上有"雷儆寰六十五歲生日紀念冊子"字樣。

1843 **春秋繁露義證十七卷卷首一卷**（清）蘇輿撰 清宣統庚戌年(1910)刊本

　　1函4冊

　　HSMH（HS-N01F2-005）

　　附注：

　　　印章：各冊均鈐有"胡適的書"朱文方印及"□□文庫"朱文方印。

　　　題記：第1冊扉頁有胡適的朱筆注記："一九五四年四月在日本東京買得

此書。"

　　批注圈劃:(1)內文朱筆圈劃爲一日人所點讀。(2)1—4冊有胡適的鉛筆,紅、藍、綠筆眉批、圈點、年月換算及摺頁記號。

　　夾紙:各冊有夾紙數張。

　　摺頁:偶有摺頁。

　　其他:第2冊卷7頁9有鉛筆眉批,應非胡適筆迹。

1844 **春柳堂詩稿**（清）張宜泉撰 1955年北京文學古籍刊行社印本

　1冊

　HSMH（HS-N01F5-021）

　附注:

　　印章:館藏二冊均鈐有"胡適的書"朱文方印。

　　題記:館藏一冊扉頁有胡適的紅筆注記:"程靖宇寄贈 胡適 一九五六,三,十四。"

　　批注圈劃:(1)館藏一冊爲胡適批閱本。(2)館藏一冊出版説明後有胡適的紅筆注記;《春柳堂詩稿序》末有1956年3月14日胡適的紅、藍筆長篇注記;全書偶有胡適的紅、藍筆注記。

　　其他:(1)北京第1版。(2)據北京圖書館藏原刊本影印。

1845 **春暉集** 彭國棟著 1958年"中央文物供應社"印本

　1冊

　HSMH（HS-N02F1-023）

　附注:

　　其他:再版。

1846 **春秋始終論等錄文十種**

　1冊

　HSMH（HS-N02F4-003）

　附注:

　　其他:本書收錄文共十種,書名係由本館所擬定。

1775

1847 春秋胡氏傳三十卷校勘記一卷（宋）胡安國撰 1934 年上海商務印書館印本

4 冊

四部叢刊續編經部

HSMH（HS-N05F1-033）

附注：

印章：各冊均鈐有"胡適的書"朱文方印。

其他：(1)初版。(2)第 1 冊牌記題"上海涵芬樓借常熟瞿氏鐵琴銅劍樓藏宋刊本影印原書板匡高十七公分寬十二公分"。

1848 慈衛室詩草 譚延闓著 臺北"中央印鑄局"影印本

1 冊

HSMH（HS-N01F1-005）

附注：

印章：書名頁、內文首頁鈐有"胡適的書"朱文方印；內文首頁鈐有"譚延闓印"白文方印。

批注圈劃：偶有胡適的紅筆注記。

相關記載：1960 年 12 月 30 日，張祖詒送來"中央印鑄局"影印譚延闓的《慈衛室詩草》以做樣本，詳見胡頌平編著《胡適之先生年譜長編初稿》第 9 冊，頁 3424。

其他：影印本。

1849 大唐六典三十卷（唐）李林甫等奉敕注（日）近衛家熙校 日本昭和十年（1935）京都帝國大學文學部影印本

2 冊

HSMH（HS-N02F3-020）

附注：

印章：各冊均鈐有"胡適"白文方印；第 2 冊鈐有"胡適的書"朱文方印。

其他：據日本享保九年(1724)序近衛公府藏版縮印。

1850 大方廣圓覺修多羅了義經二卷（唐）佛陀多羅譯 清光緒元年(1875)重刊本

1 冊

HSMH（HS-N05F5-003）

附注：

印章：鈐有"胡適的書"朱文方印。

批注圈劃：有胡適的紅、藍筆注記與圈劃。

其他：封面書名題"大方廣圓覺經"。

1851 **大慈恩寺三藏法師傳十卷**（唐）釋慧立撰（唐）釋彥悰箋 1923 年支那內學院刊本

3 冊

HSMH（HS-N05F5-014）

附注：

印章：各冊均鈐有"胡適的書"朱文方印；第 3 冊鈐有"福□藏書"朱文方印。

批注圈劃：第 1 冊有胡適的紅筆注記、圈點與劃綫。

1852 **大陸光復國家重建綱領案草案** 1957 年印本

1 冊

HSMH（HS-N21F1-044）

附注：

夾紙：書末夾有"大陸光復國家重建綱領案修正表"1 張。

1853 **大慧普覺禪師書二卷**（宋）釋慧然錄（宋）黃文昌編 1642 年日本京都村上平樂寺印本

2 冊

HSMH（HS-N05F5-004）

附注：

印章：鈐有"胡適"白文方印、"松琴文庫"朱文方印、"スエ殿之惠"朱文方印。

批注圈劃：有胡適的朱、黑、藍筆批注與圈點。

夾紙：偶有夾紙。

1854 大正新脩大藏經（日）高楠順次郎編 1936 年東京大藏出版株式會社印本

4 冊

HSMH（HS-N13F3-017）

附注：

印章：鈐有"胡適的書"朱文方印。

題記：第 1 冊內封面有胡適的黑筆注記："Mr. Richard De Martino 在東京爲我買得此四冊。胡適 一九五五，五，廿。"

批注圈劃：（1）第 1 冊目次有胡適的藍筆注記。（2）第 3 冊《法演禪師語錄》各卷均有胡適的紅筆注記與圈劃。（3）第 4 冊頁 811，《大慧普覺禪師塔銘》頁 836、837，《大慧普覺禪師法語》卷 20—23，25—30，《大慧普覺禪師宗門武庫》，《密菴和尚語錄》頁 983，《虛堂和尚語錄》頁 1064 有胡適的紅、黑、綠筆注記與圈劃。

夾紙：第 4 冊頁 903、947 各有夾紙 1 張。

與胡適的關係：函套書背處有胡適的黑筆題籤："大正大藏（47）净土宗禪宗。"

其他：（1）再版。（2）未知總冊數，館藏 4 冊（第 47 卷諸宗部）。（3）各冊封面題籤："大正新脩大藏經 第四十七卷諸宗部四。"

1855 戴東原、戴子高手札真蹟二卷（清）戴震著 1956 年"中華叢書委員會"影印本

1 冊

"中華叢書"

HSMH（HS-N01F1-004）

附注：

印章：館藏二冊書名頁鈐有"胡適的書"朱文方印。

題記：一冊封面及書名頁有"胡適校本"字樣。

批注圈劃：其中"胡適校本"冊偶有胡適的綠筆批注。

夾紙：館藏一冊有夾紙 2 張。

與胡適的關係：書中及書末附有於 1948 年 5 月 4 日胡適的跋文，爲手稿影件，可參考館藏號：HS-MS01-002-009。

1856 戴東原續方言手稿二卷（清）戴震記 1932 年南京中央研究院歷史語言研究所

影印本

1 冊

HSMH（HS-N02F4-011）

附注：

印章：鈐有"胡適的書"朱文方印、"胡適之印"白文方印。

批注圈劃：《戴東原續方言稿序》有胡適藍筆手寫注記。

其他：(1)版心題"續方言"。(2)據作者手寫稿影印。(3)附羅常培序。

1857 澹廬詩鈔 周樹聲撰 1960 年臺北周樹聲自印本

1 冊

HSMH（HS-N02F1-030）

附注：

印章：鈐有"胡適的書"朱文方印。

內附文件：館藏一冊扉頁粘附周樹聲致胡適的信，似寫於 1960 年，此信函影像檔可參見館藏號：HS-NK05-043-024。

其他：附"詞鈔"。

1858 道咸以來梨園繫年小錄 周明泰錄 1932 年商務印書館印本

1 冊

幾禮居戲曲叢書第三種

HSMH（HS-N02F1-013）

附注：

印章：鈐有"胡適的書"朱文方印、"適之"朱文方印。

與胡適的關係：書名頁題名係胡適所題簽。

其他：初版。

1859 鄧析子一卷尹文子一卷公孫龍子一卷慎子一卷鬼谷子一卷外篇一卷（周）鄧析撰（周）尹文撰（周）公孫龍撰（周）慎到撰（周）鬼谷子撰 1937 年上海商務印書館影印明萬曆刻本

1 冊

景印元明善本叢書十種第六種

1779

HSMH（HS-N01F4-021）

附注：

　　其他：(1)封面書籤題爲"景明刻本子彙"。(2)爲《子彙》第9冊。

1860 第一屆國民大會代表名鑑 許超主編 1954年臺北遠東新聞社總社印本

1冊

HSMH（HS-N21F2-019）

附注：

　　印章：書名頁鈐有"許超"朱文方印。
　　題記：書名頁有許超的藍筆題贈："適之院長惠存 許超敬贈 47.4.24。"
　　夾紙：夾有英文姓名座位表1張。
　　其他：附信封1個，上有藍筆注記："五十二年九月六日 汪克夫自台北錢校長家帶來。"

1861 疊山先生注解章泉澗泉二先生選唐詩五卷（宋）謝枋得注解 1960年青石山莊印本

1冊

青石山莊叢書集部總集類唐詩選本之二

HSMH（HS-N02F1-018）

附注：

　　印章：鈐有"胡適的書"朱文方印。
　　其他：據清同治二年望三益齋刻本影印。

1862 東萊先生詩集二十卷（宋）吕本中撰 1934年上海商務印書館印本

4冊

四部叢刊續編集部

HSMH（HS-N05F1-021）

附注：

　　印章：各冊均鈐有"胡適的書"朱文方印。
　　批注圈劃：(1)第1冊卷首、目錄有胡適的紅、黑筆注記，卷2有胡適的藍筆校改。(2)第3冊卷11有胡適的藍筆批注。(3)第4冊卷15、19有胡适的藍、紅筆批注及圈點。

摺頁：第2、3册偶有摺頁。

其他：(1)再版。(2)第1册牌記題"上海涵芬樓景印中華學藝社借照日本内閣文庫藏宋刊本"。

1863 東潛文稿二卷 （清）趙一清撰 1927年上海中國書店影印本

2册

HSMH（HS-N02F2-001）

附注：

印章：第1册鈐有"胡適之印"白文方印、"胡適之印"朱文方印；二册均鈐有"胡適的書"朱文方印；第2册卷下末批注鈐有"胡適之印"朱文方印。

批注圈劃：(1)第1册《東潛文稿序》末有胡適毛筆注記；卷首有胡適朱、綠筆圈點及劃綫。(2)卷上、下有胡適紅、黑、綠、紫、藍等各色筆圈劃及注記。(3)第2册卷下末粘附剪報有胡適的硃、黑、紫等色筆注記及校正。

夾紙：第1册夾有手寫"趙一清本的附錄"夾紙1張；第2册有空白夾紙1張。

内附文件：第2册卷末粘附二文剪報，分别爲李玄伯《趙昱，趙信及趙一清的生卒年》（刊於1946年10月23日《讀書週刊》）及胡適《與李玄伯先生書 再論趙東潛的生年》（刊於1947年1月29日《讀書週刊》）。

其他：(1)據卷末粘貼胡適《與李玄伯先生書 再論趙東潛的生年》一文印有"三十六，一，八夜"字樣，上有胡適黑筆注記"卅七，八，六夜適之記"字樣，可知此書是胡適携離北平的書稿之一。(2)爲胡適批閱本。

1864 東塾讀書記十二卷又三卷 （清）陳澧撰 清光緒年間廣州廖廷相刊本

1函6册

HSMH（HS-N01F2-007）

附注：

印章：各册均鈐有"胡適的書"朱文方印；第1册《自述》鈐有"胡適"白文方印。

批注圈劃：(1)第1册卷1有胡適藍筆注記："此本原有日本學人用硃點

讀,至卷四止。……"(2)《自述》卷1,3—6,10—12,15,16,21有胡適的紅、藍、綠筆眉批和圈點。(3)卷21末有1957年8月26日胡適的紅筆注記。

其他:原缺卷13,14,卷17—20,卷22—25,共10卷。

1865 東塾集六卷附申范一卷(清)陳澧撰 清光緒十八年(1892)菊坡精舍刊本

1函3冊

HSMH(HS-N01F2-008)

附注:

印章:第1冊書名頁、卷1鈐有"胡適"白文方印、"胡適的書"朱文方印;餘二冊均鈐有"胡適的書"朱文方印。

批注圈劃:偶有胡適的紅、藍筆眉批和圈點。

其他:朱筆批注非胡適筆跡。

1866 杜蘂娘智賞金綫池雜劇一卷(元)關漢卿撰(日)吉川幸次郎等注 1952年日本京都大學仿古排印本

1冊:圖

HSMH(HS-N01F4-033)

附注:

印章:卷首鈐有"胡適的書"朱文方印。

相關記載:1951年8月20日橋川時雄致胡適函,轉請奧村茂代呈此書事,可參見館藏號:HS-US01-098-005。

其他:(1)爲《元曲選釋》第6冊。(2)又名《金綫池》。

1867 度量衡考(日)物茂卿等著 日本東都書林刊本

2冊

HSMH(HS-N01F5-012)

附注:

印章:二冊均鈐有"胡適的書"朱文方印。

1868 讀曲類稿十八卷 周明泰輯錄 1951年香港中華書局印本

3 冊

HSMH（HS-N02F1-019）

附註：

 印章：各冊均鈐有"胡適的書"朱文方印。

 批注圈劃：第1冊自序有胡適的藍筆劃綫及圈點。

 其他：初版。

1869 讀易別錄三卷（清）全祖望著 1921 年上海古書流通處影印本

 1 冊

 知不足齋叢書第廿三集

 HSMH（HS-N01F5-005）

 附註：

  印章：鈐有"胡適的書"朱文方印。

1870 敦煌本論語異文彙考 陳鐵凡撰 喬衍琯校 1961 年臺北師範大學出版組印本

 1 冊

 HSMH（HS-N02F4-008）

 附註：

  印章：館藏一冊鈐有"陳鐵凡印"白文方印。

  題記：館藏一冊書名頁題記："適之先生賜教 晚學陳鐵凡敬上 五十，九，廿一。"

  批注圈劃：館藏一冊偶有胡適的紅筆批校及劃綫。

  夾紙：館藏一冊頁66處有夾紙1張，並有手寫注記。

  其他：初版。

1871 燉煌出土荷澤神會禪師語錄附六祖壇經解説及目次（日）鈴木貞太郎編 1934 年日本東京森江書店仿古排印本

 1 函 4 冊

 HSMH（HS-N05F5-006）

 附註：

  印章：鈐有"胡適手校"白文方印。

題記：函套有鈴木大拙手寫注記：「呈胡適先生 大拙」；胡適黑筆手寫注記：「日本鈴木大拙先生第二次贈我此四冊。至可感激。一九五一，一，廿五，胡適。」

批注圈劃：(1)此四冊爲胡適批校本，多處有胡適的朱、紅、綠、黑、鉛、藍筆批注、校改與圈點。(2)《興聖寺本六祖壇經》頁71雜有金承藝紅筆校記。

夾紙：《燉煌出土六祖壇經》夾有胡適綠筆手寫筆記1張。

與胡適的關係：第4冊收錄胡適《〈壇經〉考之二》一文。

相關記載：1951年1月25日胡適日記提及鈴木大拙贈胡適此書事。

其他：《燉煌出土荷澤神會禪師語錄》、《燉煌出土六祖壇經》、《興聖寺本六祖壇經》、《解説及目次》共4冊，合置一函。

1872 二十史朔閏表 陳垣著 1925年北京大學研究所國學門印本

1冊

國立北京大學研究所國學門叢書

HSMH（HS-N02F4-014）

附注：

印章：鈐有「胡適的書」朱文方印。

題記：(1)封面有毛筆題「王克私先生指正 陳垣敬呈 一九二六年四月十二日」。(2)封面有胡適手寫題記：「一九五○年十一月，在美國紐約買得此書。王克私不知是誰。胡適 十二月三十夜記」，「王克私即是Ph. de Vargas。適又記 一九五一年，二，二十」。

批注圈劃：有胡適的紅、藍、黑、朱筆批注及圈劃。

其他：附西曆、回曆。

1873 風雨樓詩集二卷 蔣一安著 1956年基隆海事專科學校印本

2冊

海專叢書

HSMH（HS-N02F1-022）

附注：

印章：第1冊鈐有「風雨樓」朱文方印、「蔣一安」白文方印。

其他:初版。

1874 佛國禪師文殊指南圖讚 1938 年日本京都鈴木貞太郎印本

　　1 冊

　　HSMH（HS-N02F4-002）

　　附注:

　　　　題記:扉頁有鈴木大拙題贈:"呈胡適先生　大拙拜。"

1875 福建市舶提擧司志（明）高岐輯 1939 年重印本

　　1 冊

　　HSMH（HS-N01F5-007）

1876 古本紅樓夢（清）曹雪芹撰（清）程偉元　高鶚序 1958 年臺北青石山莊印本

　　20 冊

　　HSMH（HS-N05F4-006）

　　附注:

　　　　印章:鈐有"胡適的書"朱文方印。

　　　　夾紙:一冊夾有信封殘片 1 張。

　　　　其他:(1)據清乾隆壬子年(1792)程、高二氏木活排印本影印。(2)館藏第 2 冊。

1877 故宫名畫三百種 "國立故宫博物院""國立中央博物院"合編　王世杰主編 1959 年臺北"國立故宫中央博物院"印本

　　2 函 6 冊

　　HSMH（HS-N16F6-001）

　　附注:

　　　　相關記載:(1)1959 年 12 月 5 日有黎子玉致胡適請賜書評信函 1 封,參見館藏號:HS-NK01-109-001。(2)本部書係於 1959 年 6 月 14 日黎子玉贈予胡適,參見《胡適之先生年譜長編初稿》,第 8 冊,頁 2931。

　　　　其他:中、英文對照。

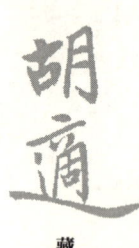

1878 古今小說四十卷 （明）馮夢龍編撰 （明）綠天館主人評次 1947年上海商務印書館刊本

　　6冊：圖

　　HSMH（HS-N01F5-001）

　　附註：

　　　　印章：鈐有"胡適之印"白文方印、"胡適的書"朱文方印。

　　　　批注圈劃：(1)第1冊總目有胡適的紅、藍、黑筆批注。(2)全書多卷有胡適的紅、藍筆眉批圈點與筆記。(3)第6冊卷40末有胡適於1956年4月3日的紅筆筆記，後跋亦有胡適的紅筆圈劃及注記。

　　　　其他：(1)初版。(2)封面題名"全像古今小說"。

1879 顧氏歷代名人畫譜 （明）顧炳篡 （日）大村西崖校輯 日本大正十五年（1926）日本圖本叢刊會刊本

　　1函4冊

　　HSMH（HS-N05F5-009）

　　附註：

　　　　印章：鈐有"胡適的書"朱文方印。

　　　　其他：目錄題名"歷代名公畫譜"。

1880 故唐律疏議三十卷律音義一卷校勘記一卷 （唐）長孫無忌等撰 （宋）孫奭音義 1936年上海商務印書館印本

　　12冊

　　四部叢刊三編史部

　　HSMH（HS-N05F1-035）

　　附註：

　　　　印章：各冊均鈐有"胡適的書"朱文方印。

　　　　摺頁：偶有摺角。

　　　　其他：(1)初版。(2)第1冊牌記題"上海涵芬樓景印吳縣潘氏滂喜齋藏宋刊本原書板高二十二公分寬十六公分"。

1881 古文苑九卷 （宋）佚名輯 清光緒五年（1879）飛青閣校刊本

1 函 2 冊

HSMH（HS-N02F4-012）

附注：

　　印章：上冊鈐有"胡適的書"朱文方印。

　　內附文件：函套內附嘉慶十四年（1809）蘭陵孫氏重刊宋淳熙本《古文苑》卷首之《重刊宋九卷本古文苑序》及《附書一通》（手謄抄件）共 5 張，似用來比勘此刻《光緒重刊〔景宋本〕古文苑九卷》，但未詳謄補人。

　　其他：（1）上冊書名頁題"重刊宋淳熙本 古文苑九卷"。（2）上冊目錄首頁及下冊卷 5 首頁版心均題"清江楊氏家藏"。（3）謄鈔 5 張，其序體書例與傅斯年圖書館藏善本書《嘉慶年間重刊古文苑》之《苑序》、《苑附》行款無異，係過錄卷首序、附。本館另於 1998 年 5 月 1 日校繕此手謄抄件，仿式（20 字×20 行/B4 紙）重行繕打並隨附《古文苑》一書備考。

1882 觀物化齋詩集 但燾著 1960 年臺北排印本

　　1 冊

　　HSMH（HS-N02F1-029）

　　附注：

　　　　印章：序鈐有"胡適的書"朱文方印。

1883 關尹子一卷亢倉子一卷 （周）尹喜撰（周）庚桑楚撰 1937 年上海商務印書館影印明萬曆刻本

　　1 冊

　　景印元明善本叢書十種第六種

　　HSMH（HS-N01F4-018）

　　附注：

　　　　其他：（1）封面書籤題爲"景明刻本子彙"。（2）爲《子彙》第 6 冊。

1884 龜山先生語錄四卷後錄二卷校勘記一卷 （宋）楊時撰 1934 年上海商務印書館印本

　　2 冊

　　　　四部叢刊續編子部

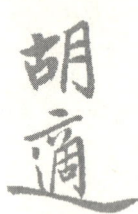

HSMH（HS-N05F1-016）

附注：

印章：鈐有"胡適的書"朱文方印。

摺頁：有幾處摺角。

其他：(1)初版。(2)牌記題"上海涵芬樓借常熟瞿氏鐵琴銅劍樓藏宋刊本景印原書板高二十一公分寬十六公分"。

1885 國朝諸老先生論語精義十卷 （宋）朱熹撰 清康熙中禦兒呂氏寶誥堂重刻白鹿洞原本

5 冊

朱子遺書

HSMH（HS-N01F3-012）

附注：

印章：第 10 冊鈐有"胡適"白文方印、"胡適的書"朱文方印、"觀生廬"朱文長印、"□□"朱文方印；其餘各冊均鈐有"胡適的書"朱文方印、"觀上廬"朱文長印、"□□"朱文方印。

批注圈劃：第 10 冊目錄,卷 1—5,7 有胡適的鉛筆圈劃。

夾紙：第 10 冊夾有《朱子遺書》二刻目錄 1 張。

其他：(1)第 10 冊《國朝諸老先生論語精義》卷 1 頁首有鈐印挖空處,已黑筆手寫闕文補上。(2)第 11—14 冊頁首有鈐印挖空處,已黑筆手寫闕文補上。(3)爲《朱子遺書》第 10—14 冊。

1886 國朝諸老先生孟子精義十四卷 （宋）朱熹撰 清康熙中禦兒呂氏寶誥堂重刻白鹿洞原本

2 冊

朱子遺書

HSMH（HS-N01F3-013）

附注：

印章：二冊均鈐有"胡適的書"朱文方印、"觀生廬"朱文長印、"□□"朱文方印。

批注圈劃：第 15 冊卷 1—3 有胡適的鉛筆打勾及圈劃。

其他：(1)第15冊頁首有鈐印挖空處,已黑筆手寫闕文補上。(2)第16冊頁首均有鈐印挖空處,已重新鈐印補上。(3)爲《朱子遺書》第15、16冊。

1887 國立故宮中央博物院概畧 "國立故宮中央博物院"編 1958年臺北"國立故宮博物院"

   1冊

   HSMH（HS-N15F2-002）

   附注：

   印章：鈐有"胡適的書"朱文方印。

1888 國立中央研究院歷史語言研究所圖書室方志目 張政烺撰集 1939年中央研究院歷史語言研究所刊本

   1冊

   國立中央研究院歷史語言研究所圖書室報告第二號

   HSMH（HS-N01F4-001）

   附注：

   印章：書名頁及凡例均鈐有"胡適的書"朱文方印。

   夾紙：夾附《校勘記》2張。

1889 郭天錫手書日記 （元）郭畀著 1958年上海古典文學出版社印本

   1冊

   HSMH（HS-N02F3-006）

   附注：

   印章：鈐有"胡適的書"朱文方印。

   其他：據郭畀手書真迹影印。

1890 海寧王靜安先生遺書 王國維著 1940年上海商務印書館石印本

   48冊

   HSMH（HS-N06F3-042）

   附注：

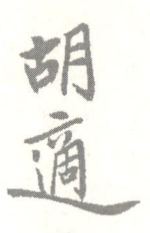

批注圈劃：卷12多處有胡適的紅、藍、綠、黑、鉛筆批注、圈點與劃綫；卷末有胡適紅筆注記："用羅振玉排印本集林校一遍。胡適。"

夾紙：卷12頁33粘附胡適手寫各色筆筆記紙1張，手寫綠筆筆記紙2張。

摺頁：偶有摺角。

其他：館藏第5冊。

1891 海音詩全卷（清）劉家謀撰 吳守禮校注 1953年臺灣文獻委員會印本

　　1冊

　　臺灣叢書學藝門第二種

　　HSMH（HS-N02F1-009）

　　附注：

　　　印章：書名頁鈐有"胡適的書"朱文方印。

　　　其他：據清咸豐五年（1855）年經堂刊本校注印行。

1892 憨山老人夢遊集五十五卷（明）釋德清撰（明）釋通炯編輯 清光緒五年（1879）江北刻經處刊本

　　20冊

　　HSMH（HS-N02F4-004）

　　附注：

　　　印章：各冊封面均鈐有"王□"朱文方印；內文均鈐有"胡適的書"朱文方印。

　　　批注圈劃：(1)第19冊偶有胡適的紅筆圈劃及注記。(2)第20冊有胡適的紅筆注記及劃綫。

　　　相關記載：1961年8月17日有鄭西平致胡適函，說明此書版本等細目，可參考館藏號：HS-NK01-215-004。

　　　其他：(1)其他題名"憨山大師夢遊全集"。(2)版心題名"夢遊集"。

1893 漢學商兌四卷（清）方東樹撰 清光緒二十六年（1900）浙江書局校刊本

　　1函4冊

　　HSMH（HS-N01F4-008）

　　附注：

印章：各册均鈐有"胡適的書"朱文方印。

題記：第1册卷上頁1有胡適紅筆注記："此書我在日本東京買得。書中墨筆批注是一位日本學人的工作。胡適 一九五七，六，十七。"

批注圈劃：第1—3册有胡適的紅、藍筆眉批、圈點及劃綫。

夾紙：第3册有夾紙數張。

與胡適的關係：函套封面有胡適手寫書籤："浙江書局刻的《漢學商兌》（光緒庚子）胡適。"

1894 鶡冠子一卷（宋）陸佃解 1937年上海商務印書館影印明萬曆刻本

1册

景印元明善本叢書十種第六種

HSMH（HS-N01F4-019）

附注：

其他：（1）封面書籤題爲"景明刻本子彙"。（2）爲《子彙》第7册。

1895 合校足本裨海紀遊（清）郁永河著 方豪校 1950年臺灣文獻委員會印本

1册

臺灣叢書第一種

HSMH（HS-N02F1-007）

附注：

印章：封面蓋有"贈閱"印戳；書名頁鈐有"胡適的書"朱文方印。

其他：初版。

1896 恒春縣志二十二卷首一卷末一卷（清）陳文緯主修 屠繼善纂修 1951年臺灣文獻委員會印本

2册

臺灣叢書第二種

HSMH（HS-N02F1-008）

附注：

印章：二册封面蓋有"贈閱"印戳；均鈐有"胡適的書"朱文方印。

批注圈劃：上册《恒春縣志序》、《刱修恒春縣志序》偶有紅筆劃綫。

夾紙：二冊偶有夾紙數張。

其他：據修史廬所藏"中央研究院"歷史語言研究所曬藍本印行。

1897 紅豆村人詩稿十四卷（清）袁樹撰（清）袁枚輯 1928 年上海掃葉山房石印本

2 冊

随園全集之十六

HSMH（HS-N05F3-013）

附注：

印章：鈐有"胡適的書"朱文方印。

其他：(1)書名頁題"紅豆村人詩集"。(2)為《随園全集》第 5 函第 44、45 冊。

1898 紅豆村人續稿四卷（清）袁樹著（清）袁枚輯 1928 年上海掃葉山房石印本

1 冊

随園全集之四十二

HSMH（HS-N05F3-023）

附注：

印章：鈐有"胡適的書"朱文方印。

其他：(1)又名"紅豆村人詩集續刻"。(2)為《随園全集》第 6 函第 55 冊。

1899 紅樓夢一百二十回第一函（清）曹雪芹撰（清）程偉元 高鶚同校 1961 年臺北青石山莊印本

1 函 5 冊

青石山莊叢書子部小說類 7

HSMH（HS-N05F4-008）

附注：

印章：鈐有"胡適的書"朱文方印。

夾紙：館藏一部第 1 冊卷首夾有信封殘片 1 張。

與胡適的關係：第 1 冊卷首收錄 1961 年 2 月 12 日胡適《胡適之先生序》一文，係據胡適手迹影印，原迹照片可參考館藏編號：HS-MS01-026-002。

其他:(1)據清乾壬子年(1792)程偉元萃文書屋木活字影印。(2)封面題名"影乾隆壬子年木活字本百廿回紅樓夢"。(3)館藏第1函第1—30回。

1900 紅樓夢一百二十回第二函（清）曹雪芹撰（清）程偉元 高鶚同校 1961年臺北青石山莊印本

1函5冊

青石山莊叢書子部小說類7

HSMH（HS-N05F4-009）

附注：

其他:(1)據清乾壬子年(1792)程偉元萃文書屋木活字影印。(2)封面題名"影乾隆壬子年木活字本百廿回紅樓夢"。(3)館藏第2函第31—60回。

1901 弘明集十四卷（梁）釋僧祐撰 1929年上海商務印書館印本

5冊

四部叢刊子部

HSMH（HS-N01F5-038）

附注：

印章:各冊均鈐有"胡適的書"朱文方印;第1冊《弘明集序》鈐有"胡適"朱文長印。

批注圈劃:(1)第4冊卷9有胡適的紅筆圈點與注記。(2)第5冊卷12有胡適的紅、藍筆圈點和批注,卷13有紅、藍、黑筆圈點和注記。

夾紙:(1)第1冊卷1有夾紙數張。(2)第5冊卷13有夾紙數張。

相關記載:1952年1月9日胡適致楊聯陞函有關《弘明集》卷13的內文討論,可參考館藏號:HS-LS01-003-019。

其他:牌記記載"上海涵芬樓影印明汪道昆本元書板心高營造尺六寸九分寬四寸五分"。

1902 胡少師年譜二卷（清）胡培系補編（清）胡培翬原輯 清光緒十年(1884)刻本

1冊:圖

HSMH（HS-N01F4-003）

附注：

　　印章：《年譜》敍、卷上鈐有"胡適的書"朱文方印。

　　批注圈劃：封面有毛筆記"一本全"。

1903 胡天獵氏影印古本小説十種樣本

　　1 冊

　　HSMH（HS-N05F4-001）

　　附注：

　　　　印章：鈐有"胡適的書"朱文方印。

　　　　批注圈劃：《第五才子書施耐菴水滸傳》卷4有胡適的紅筆眉批與圈點。

　　　　其他：本書原無封面，當是胡天獵（韓鏡塘）於該書刊行前致贈胡適的樣本。

1904 胡天獵氏影印古本小説十種樣本

　　1 冊

　　HSMH（HS-N05F4-002）

　　附注：

　　　　批注圈劃：封面上有胡適的紅筆注記；內文偶有胡適的紅筆圈點與校改。

1905 華陽國志校勘記十二卷（清）顧觀光輯 1957年四川人民出版社印本

　　2 冊

　　HSMH（HS-N02F1-010）

　　附注：

　　　　印章：二冊均鈐有"胡適的書"朱文方印。

　　　　相關記載：(1)館藏胡適表列東京彙文堂書單，參見館藏號：HS-NK05-187-033。(2)館藏1960年5月5日由日本東京彙文堂出具給胡適的購書發票，參見館藏號：HS-NK05-003-005。

　　　　其他：成都志古堂據武陵山人遺書本重鎸。

1906 槐村詩草 鍾伯毅著 1961年臺北大中書局排印本

1 冊

HSMH（HS-N02F1-028）

附注：

　　印章：扉頁鈐有"伯毅"朱文方印。

　　題記：扉頁有鍾伯毅題"適之先生校正 弟鍾伯毅敬呈 五十年雙十節"。

1907 懷素自敘帖 1961年臺北泰山出版社印本

1 冊

HSMH（HS-N21F2-007）

附注：

　　印章：《懷素自敘帖釋文》鈐有"胡適的書"朱文方印。

1908 寰宇訪碑錄十二卷（清）孫星衍 邢澍撰 清光緒九年(1883)江蘇書局刊本

1 函4 冊

HSMH（HS-N01F4-005）

附注：

　　印章：各冊均鈐有"古越沈氏□□書畫印"朱文方印；第1冊鈐有"胡適的書"朱文方印、"子寅"朱文方印、"沈□德印"白文方印。

　　批注圈劃：(1)《寰宇訪碑錄序》有紅筆劃綫及圈點。(2)全書偶有紅筆圈點。

1909 皇清經解一百九十卷附正訛記一卷（清）阮元輯 清光緒十一年(1885)上海點石齋石印縮本

24 冊

HSMH（HS-N05F2-005）

附注：

　　印章：各冊均鈐有"胡適的書"朱文方印。

　　題記：第1冊書名頁有胡適藍筆注記："友人 Engene Delafield 在紐約一家舊書店裏買得這部經解來送給我，共廿四冊，缺了三冊(第七、第十、第十一)。這是經解的最善本，比阮刻還更好。胡適 一九五五年，四月廿二夜。"

　　　　批注圈劃：多冊有胡適的紅、藍筆批注及圈點。

　　　　夾紙：第1、8、14、24冊有夾紙。

　　　　其他：館藏缺3冊（第7、10、11冊）。

1910　黄石子一卷天隱子一卷玄真子一卷无能子三卷齊丘子一卷（漢）黄石公撰（唐）司馬承禎撰（唐）張志和撰（唐）佚名撰（南唐）譚峭撰 1937年上海商務印書館影印明萬曆刻本

　　　1冊

　　　景印元明善本叢書十種第六種

　　　HSMH（HS-N01F4-020）

　　　附注：

　　　　其他：(1) 封面書籤題爲"景明刻本子彙"。(2) 爲《子彙》第8冊。

1911　慧超往五天竺國傳箋釋（唐）釋慧超撰（日）藤田豐八箋證 1931年北平泉壽東文書藏排印本

　　　1函1冊

　　　HSMH（HS-N05F5-007）

　　　附注：

　　　　印章：鈐有"胡適的書"朱文方印。

1912　濟佛説泗洲大菩薩四字禪經 [1960年]台北[靈峰寺]

　　　1冊

　　　HSMH（HS-N18F5-015）

1913　幾禮居隨筆四卷 周明泰編著 1951年香港印本

　　　1冊

　　　HSMH（HS-N02F1-021）

　　　附注：

　　　　印章：鈐有"胡適的書"朱文方印。

　　　　批注圈劃：卷3有胡適的藍筆劃綫及圈點。

　　　　其他：初版。

1914 紀文達公遺集文集十六卷詩集十六集（清）紀昀撰 孫樹馨編校 清嘉慶十七年（1812）刊本

  2 函 20 冊

  HSMH（HS-N01F4-025）

  附註：

    印章：第 1 冊鈐有"胡適的書"朱文方印。

    批注圈劃：(1)第 1 冊有胡適的紅筆圈點及批注。(2)第 5 冊卷 5，第 6、7、8、10 冊有毛筆圈點。(3)第 6 冊有胡適的紅筆圈點。

    夾紙：第 6、7 冊偶有夾紙數張。

1915 續溪胡氏父子集王右軍書禮運大同篇 胡鍾吾集字 1959 年據胡善述堂藏拓本影印

  1 冊

  HSMH（HS-N02F5-011）

  附註：

    印章：鈐有"胡適的書"朱文方印、"胡鍾吾印"朱文方印。

    題記：扉頁有毛筆題記："適之先生惠存 弟鍾吾敬贈。"

    與胡適的關係：胡適有作一跋文《四十八年元旦》，為朱色手稿影件，其抄錄稿可參見館藏號：HS-NK05-182-015。

    相關記載：胡適《四十八年元旦》題跋一文亦收錄在《胡適之先生年譜長編初稿》，第 7 冊，頁 2793。

    其他：(1)書名係由本館所擬定。(2)收錄《續溪胡氏父子集王右軍書禮運大同篇》、《續溪胡氏父子集王右軍書魏徵十思疏》、《洛神賦》、《蘭亭敘》、《集王右軍書于右任先生愛國詩歌選輯》。

1916 續溪胡氏集王右軍書三種 胡鍾吾集字 1959 年據胡善述堂藏拓本影印

  1 冊

  HSMH（HS-N02F5-010）

  附註：

    印章：鈐有"胡鍾吾印"朱文方印、"胡適的書"朱文方印。

題記：扉頁有毛筆題記："適之先生惠存 己亥（按：1959年）春日弟鍾吾敬贈。"

與胡適的關係：胡適有作一跋文《四十八年元旦》，爲墨色手稿影件，其抄錄稿可參見館藏號：HS-NK05-182-015。

相關記載：胡適《四十八年元旦》題跋一文亦收錄在《胡適之先生年譜長編初稿》，第7冊，頁2793。

其他：書名頁題"續溪胡氏集王右軍書第一輯"。

1917 賈子新書二卷 （漢）賈誼撰 1937年上海商務印書館影印明萬曆刻本

1冊

景印元明善本叢書十種第六種

HSMH（HS-N01F4-015）

附註：

其他：(1)封面書籤題爲"景明刻本子彙"。(2)爲《子彙》第3冊。

1918 校碑隨筆六卷續卷二卷 （清）方若撰 1923年華璋書局校印本

6冊

HSMH（HS-N05F2-004）

附註：

印章：各冊均鈐有"胡適的書"朱文方印；第1冊鈐有"樊士洲章"朱文方印；第4、6冊封面鈐有"樊士洲章"朱文方印、"□錢不賣/□"朱文鼎形印。

批注圈劃：(1)第3冊卷3頁12有胡適的紅筆圈點。(2)第6冊封面有毛筆注記"續卷上下"。

夾紙：(1)第1冊卷1處夾有本書小書卡1張。(2)第2冊卷2夾有香港集古齋書卡殘紙1張。

其他：(1)第1、6冊牌記刊"民國十二年校印"、"華璋書局"。(2)第6冊書名頁題"校碑隨筆續集"；版心題"續校碑隨筆"。

1919 斠讎學 王叔岷著 1959年"中央研究院"歷史語言研究所排印本

1冊

"中央研究院"歷史語言研究所專刊 37

HSMH（HS-N02F1-016）

1920 校刊歷代法寶記三卷（朝鮮）金九經校定 1935 年排印本

1 冊

薑園叢書

HSMH（HS-N05F5-015）

附注：

印章： 鈐有"胡適的書"朱文方印、"胡適校書記"朱文長印。

題記： 扉頁有鈴木大拙黑筆手寫注記："呈 胡適先生 紐育にて 西,千九百五十三年五月 大拙 拜。"

批注圈劃：（1）多處有胡適的紅、黑、藍筆長篇注記、校改與圈點。（2）卷末有胡適紅筆注記："今夜從頭校讀一遍。此卷是很完整的。我當重寫一本。一九六一年,一月七晨,胡適。"

夾紙：（1）卷上頁 7 夾有胡適紅筆注記數字筆記 1 張。（2）卷下頁 23 夾有胡適紅、藍筆筆記 1 張。

相關記載：（1）相關考證資料可參考由胡適指導金承藝作《金九經本〈歷代法寶記〉與倫敦影印敦煌本的差異》一文,參見館藏編號：HS-NK05-193-010。（2）1961 年 1 月 12 日胡適談論此書內容及批校事,並有意請金承藝協助,參見《胡適之先生晚年談話錄》（臺北：聯經,1984）頁 112。

1921 校史隨筆 張元濟著 1957 年上海商務印書館印本

1 冊

HSMH（HS-N02F3-005）

附注：

印章： 鈐有"胡適的書"朱文方印。

其他： 重印第 1 版。

1922 孑遺錄一卷（清）戴名世撰 據知服齋抄本影印

1 冊

HSMH（HS-N01F5-029）

1799

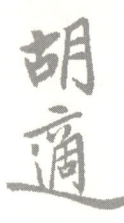

附注：

印章：鈐有"胡適的書"朱文方印。

批注圈劃：《子遺錄序》有胡適的紅筆圈點與校改。

夾紙：夾紙 2 張。

1923 今水經一卷表一卷（清）黃宗羲撰 1921 年上海古書流通處影印本

1 冊

知不足齋叢書第十二集

HSMH（HS-N01F1-012）

附注：

印章：書名頁及內文首頁均鈐有"胡適的書"朱文方印。

批注圈劃：（1）《今水經序》有胡適的朱、紅筆圈點注記。（2）內文偶有胡適的紅筆圈點及劃綫。

1924 近思錄十四卷（宋）朱熹撰 清康熙中禦兒呂氏寶誥堂重刻白鹿洞原本

1 冊

朱子遺書

HSMH（HS-N01F3-006）

附注：

印章：書名頁鈐有"胡適"白文方印；《朱子遺書目錄》鈐有"觀生廬"朱文長方印、"胡適"白文方印；卷 1 首鈐有"胡適的書"朱文方印、"胡適"白文方印等印記。

題記：《朱子遺書目錄》末有胡適的朱筆長篇眉批，說明此書於 1954 年 4 月在日本東京買得。

批注圈劃：卷 1、2 有胡適的紅、黑筆注記和圈點。

其他：（1）卷 1 首頁有鈐印挖空處，胡適手寫黑筆闕文補上。（2）爲《朱子遺書》第 1 冊。

1925 金石錄三十卷校勘記一卷（宋）趙明誠撰 1934 年上海商務印書館印本

5 冊

四部叢刊續編史部

HSMH（HS-N01F5-037）

附注：

印章：各冊鈐有"胡適的書"朱文方印。

批注圈劃：(1)第1冊《金石錄敘》有胡適的紅筆圈點，卷5偶有紅筆劃綫。(2)第2冊卷7有胡適的紅、黑筆注記。(3)第4冊卷26有胡適的藍筆圈點及注記，卷27有紅筆圈點。(4)第5冊全書有胡適的紅、藍筆圈點與批注。

夾紙：(1)第2冊卷7有夾紙1張。(2)第4冊卷26有夾紙1張。(3)第5冊有夾紙數張。

摺頁：第2冊卷9、10有摺頁。

其他：(1)初版。(2)第1冊牌記記載"上海涵芬樓借海鹽張氏涉園藏呂無黨手鈔本景印原書葉心高十九公分寬十四公分"。

1926 景德傳燈錄三十卷（宋）釋道原撰 1935年上海商務印書館印本

10冊

四部叢刊三編子部

HSMH（HS-N05F5-013）

附注：

批注圈劃：多冊有胡適的紅、藍、鉛筆批注、修改與圈點。

摺頁：偶有摺頁。

其他：(1)初版。(2)牌記題"上海涵芬樓景印常熟瞿氏鐵琴銅劍樓藏宋刻本原書版匡高二十二公分寬十六公分"。

1927 經籍訪古志七卷含補遺一卷（日）澀江全善（日）森立之編 清光緒十一年（1885）徐承祖排印本

1函8冊

HSMH（HS-N01F2-002）

附注：

印章：第1冊《經籍訪古志序》、卷1鈐有"胡適的書"朱文方印。

批注圈劃：第1冊《經籍訪古志序》、《經籍訪古志附言》、第8冊書末《經籍訪古志跋》有胡適的藍筆圈劃注記以及年月換算。

夾紙：數冊偶有夾紙。

與胡適的關係：函套封面有胡適的手寫書籤："澀江全善 森立之 經籍訪古志 六卷 補遺一卷。"

1928 居延漢簡考釋釋文之部四卷 勞榦著 1943年中央研究院歷史語言研究所印本

4冊

國立中央研究院歷史語言研究所專刊

HSMH（HS-N01F5-003）

附注：

印章：第1冊封面有"贈閱"印戳；各冊鈐有"胡適的書"朱文方印。

其他：初版。

1929 居延漢簡考釋考證之部二卷 勞榦著 1944年中央研究院歷史語言研究所印本

2冊：圖

國立中央研究院歷史語言研究所專刊

HSMH（HS-N01F5-004）

附注：

印章：第1冊封面有"贈閱"印戳；各冊鈐有"胡適的書"朱文方印。

其他：初版。

1930 居士傳五十六卷（清）彭紹升著（日）石村貞一訓點 1882年東京排印本

6冊

HSMH（HS-N05F5-012）

附注：

印章：鈐有"胡適的書"朱文方印。

批注圈劃：有胡適的紅、藍、鉛筆注記，部分紅筆注記非胡適筆迹。

其他：據桐陰書屋藏板排印。

1931 君山文九卷（日）狩野直喜著（日）吉川幸次郎（日）狩野直禎校記 日本昭和三十四年(1959)排印本

1冊

HSMH（HS-N02F4-006）

附注：

　　印章：書名頁鈐有"胡適的書"朱文方印。

　　題記：紙質書套上有黑筆題記："胡適博士 門下 梅原末治 上。"

　　批注圈劃：偶有胡適的紅、藍筆注記、圈點及劃綫。

　　相關記載：有1959年12月17日狩野直萬致胡適函説明寄贈此書事，可參考館藏號：HS-NK01-208-002。

1932　孔叢子三卷（漢）孔鮒撰 1937年上海商務印書館影印明萬曆刻本

　　1 冊

　　景印元明善本叢書十種第六種

　　HSMH（HS-N01F4-014）

　　附注：

　　　　其他：(1)封面書籤題爲"景明刻本子彙"。(2)爲《子彙》第2冊。

1933　困學紀聞二十卷（宋）王應麟撰 1935年上海商務印書館印本

　　6 冊

　　四部叢刊三編子部

　　HSMH（HS-N05F1-017）

　　附注：

　　　　印章：第1冊鈐有"胡適"白文方印；各冊均鈐有"胡適的書"朱文方印。

　　　　批注圈劃：(1)第3冊卷6、7有胡適的紅、藍筆批注、圈點與劃綫。(2)第6冊多處有胡適的紅、藍筆注記、圈點與劃綫。

　　　　夾紙：第4、5冊夾有紙張。

　　　　其他：(1)初版。(2)第1冊牌記題"上海涵芬樓景印江安傅氏雙鑑樓藏元刊本原書版高二十八公分寬十八公分"。

1934　隸釋二十七卷校勘記一卷（宋）洪适撰 1935年上海商務印書館印本

　　8 冊

　　四部叢刊三編史部

　　HSMH（HS-N05F1-018）

附注：

　　印章：各冊均鈐有"胡適的書"朱文方印。

　　批注圈劃：第 6 冊卷 20、21 有胡適的紅、藍筆眉批、圈點與校改。

　　夾紙：有夾紙數張。

　　摺頁：偶有摺頁。

　　其他：(1)初版。(2)第 1 冊牌記題"上海涵芬樓景印固安劉氏藏明萬曆刊本原書版匡高二十二公分寬十六公分"。

1935 李太白匹配金錢記雜劇一卷 （元）喬孟符撰（日）吉川幸次郎等注 1951 年日本京都大學仿古排印本

　　1 冊：圖

　　HSMH（HS-N01F4-028）

　　附注：

　　相關記載：1951 年 8 月 20 日橋川時雄致胡適函，轉請奧村茂代呈此書事，可參見館藏號：HS-US01-098-005。

　　其他：(1)爲《元曲選釋》第 2 冊。(2)《李太白匹配金錢記》又名《金錢記》。

1936 梨園按試樂府新聲三卷附校記一卷 （元）佚名輯 1936 年上海商務印書館印本

　　1 冊

　　四部叢刊三編集部

　　HSMH（HS-N05F1-013）

　　附注：

　　印章：鈐有"胡適的書"朱文方印。

　　其他：(1)初版。(2)牌記題"上海涵芬樓借常熟瞿氏鐵琴銅劍樓藏元刊本景印原書板匡高十九公分寬十二公分"。

1937 笠澤叢書四卷補遺一卷續補遺一卷 （唐）陸龜蒙撰 大疊山房重刊本

　　1 冊

　　HSMH（HS-N02F5-001）

　　附注：

印章：鈐有"胡適的書"朱文方印、"□□□藏"朱文方印、"□□王氏□藏書"朱文長方印、"□□"白文方印。

其他：(1)目錄題名"重刊校正笠澤叢書"。(2)《跋笠澤叢書》末記有"民國四十一年八月周法高書於楊梅寓廬 又案此冊首題大疊山房重刊者歸安姚覲元所刊是也 見葉德輝《郋園讀書記》"。

1938 練習曲 奧斯基（Leonardo Olschki）作 陳世驤校訂 1959年陳世驤自印本

1冊

HSMH（HS-N02F3-019）

附注：

印章：書名頁鈐有"胡適的書"朱文方印。

其他：譯自 Songs for exercise : Selected lyrics and epigrams。

1939 聊齋志異評註十六卷（清）蒲松齡撰（清）王士正評（清）但明倫新評 上海商務印書館藏版

1函8冊

HSMH（HS-N02F1-032）

附注：

印章：第1冊鈐有"胡適的書"朱文方印；各冊鈐有"適之"朱文方印。

批注圈劃：各冊均有胡適的紅、黑、藍、鉛筆注記、校改與圈劃。

1940 聊齋志異（清）蒲松齡撰 1955年北京文學古籍刊行社印本

1函5冊

HSMH（HS-N02F1-034）

附注：

印章：第1冊鈐有"胡適之印"白文方印。

批注圈劃：第1冊多處有胡適紅、綠筆批注及圈點劃綫；第2冊偶有綠筆校正；第3冊多處有紅筆批注及校正；第4冊偶有紅、綠筆注記及圈點。

夾紙：第1冊有手寫夾紙1張，非胡適筆跡。

其他：據蒲松齡手稿本影印。

1941 臨江驛瀟湘秋夜雨雜劇一卷（元）楊顯之撰（日）吉川幸次郎等注 1952 年日本京都大學仿古排印本

    1 冊：圖

    HSMH（HS-N01F4-031）

    附註：

        印章：書名頁、卷首鈐有"胡適的書"朱文方印。

        夾紙：夾有勘誤表 1 張。

        相關記載：1951 年 8 月 20 日橋川時雄致胡適函，轉請奧村茂代呈此書事，可參見館藏號：HS-US01-098-005 。

        其他：(1)爲《元曲選釋》第 4 冊。(2)又名"瀟湘雨"。

1942 劉子二卷（北齊）劉晝撰 1937 年上海商務印書館影印明萬曆刻本

    1 冊

    景印元明善本叢書十種第六種

    HSMH（HS-N01F4-024）

    附註：

        批注圈劃：上卷有胡適的朱筆圈點。

        其他：(1)封面書籤題爲"景明刻本子彙"。(2)爲《子彙》第 12 冊。

1943 六祖壇經二卷（唐）釋慧能述 1933 年日本京都抄本影印

    1 冊

    HSMH（HS-N05F5-010）

    附註：

        印章：鈐有"興聖寺公用"朱文長印。

1944 綠秋草堂詞一卷玉山堂詞一卷崇睦山房詞一卷過雲精舍詞二卷碧梧山館詞二卷（清）袁枚輯 1928 年上海掃葉山房石印本

    1 冊

    隨園全集之三十五至三十九

    HSMH（HS-N05F3-021）

    附註：

印章：鈐有"胡適的書"朱文方印。

其他：爲《随園全集》第 6 函 53 册。

1945 吕氏春秋校補 王叔岷著 1950 年"中央研究院"歷史語言研究所手稿油印本

1 册

"國立中央研究院"歷史語言研究所專刊 33

HSMH（HS-N02F3-014）

附注：

印章：封面蓋有"贈閲"印戳；書名頁鈐有"胡適的書"朱文方印。

1946 緑煙瑣窗集 （清）富察明義撰 1955 年北京文學古籍刊行社印本

1 册

HSMH（HS-N01F5-018）

附注：

印章：鈐有"胡適的書"朱文方印。

批注圈劃：(1)出版説明有胡適的紅筆長篇注記。(2)偶有胡適紅、藍筆注記與圈點。

夾紙：頁 79 有夾紙 1 張。

其他：(1)北京第 1 版。(2)據北京圖書館舊藏鈔本影印。

1947 緑野翁琴趣 王況裴著 1958 年"中國文化促進社"印本

1 册

HSMH（HS-N02F4-015）

附注：

印章：鈐有"胡適的書"朱文方印。

其他：再版。

1948 陸子一卷小荀子一卷鹿門子一卷 （漢）陸賈（漢）荀悦（唐）皮日休撰 1937 年上海商務印書館影印明萬曆刻本

1 册

景印元明善本叢書十種第六種

HSMH（HS-N01F4-016）

附注：

批注圈劃：有胡適的朱筆圈點以及紅、藍、鉛筆批注。

其他：(1)封面書籤題爲"景明刻本子彙"。(2)爲《子彙》第 4 冊。

1949 論語或問二十卷（宋）朱熹撰 清康熙中禦兒呂氏寶誥堂重刻白鹿洞原本

3 冊

HSMH（HS-N01F3-009）

朱子遺書

附注：

印章：三冊頁首均鈐有"胡適的書"朱文方印、"觀生廬"朱文長方印、"□□"朱文方印。

批注圈劃：第 1 冊卷 1、2 有胡適的鉛筆圈點。

夾紙：第 3 冊卷 14 有夾紙 1 張。

其他：(1)三冊頁首鈐印挖空處已重新鈐印補上。(2)爲《朱子遺書》第 4—6 冊。

1950 論語集注旁證二十卷（清）梁章鉅撰 清光緒十二年（1886）校刊本

1 函 4 冊

HSMH（HS-N01F4-002）

附注：

批注圈劃：第 1 冊序、卷 1 有胡適的藍筆圈點及劃綫。

其他：(1)各冊封面題名"論語旁證"。(2)第 1 冊牌記記載"光緒十有二年丙戌六月校印"。

1951 洛陽伽藍記五卷校勘記一卷（北魏）楊衒之撰 1936 年上海商務印書館影印本

2 冊

四部叢刊三編史部

HSMH（HS-N02F4-020）

附注：

印章：各冊均鈐有"胡適的書"朱文方印。

批注圈劃:(1)第1冊多處有胡適的紅、藍筆批注及圈點。(2)第2冊偶有胡適的紅筆注記及劃綫。

其他:第1冊牌記題"上海涵芬樓影印明如隱堂本"。

1952 洛陽伽藍記合校本五卷集證一卷（北魏）楊衒之撰 張宗祥校 1955年上海商務印書館影印本

　　1冊

　　HSMH（HS-N02F4-022）

　　附註:

　　　印章:鈐有"胡適的書"朱文方印。

　　　夾紙:偶有夾紙。

　　　相關記載:1960年6月自日本彙文堂購得,參見館藏號:HS-NK05-211-027、HS-NK05-187-033。

　　　其他:(1)據1930年張宗祥鐵如意館稿本影印。(2)版心下方記"鐵如意館"。

1953 毛詩古音考四卷讀詩拙言一卷附錄一卷（明）陳第撰 1957年成都四川人民出版社印本

　　4冊

　　HSMH（HS-N02F4-010）

　　附註:

　　　其他:(1)據1933年渭南嚴式誨校刊本印行。(2)與《屈宋古音義》合刊一函。

1954 懋齋詩鈔（清）敦敏撰 1955年北京文學古籍刊行社印本

　　1冊

　　HSMH（HS-N01F5-020）

　　附註:

　　　印章:館藏二冊均鈐有"胡適的書"朱文方印。

　　　題記:館藏一冊扉頁有胡適的紅筆注記:"程靖宇（綏楚）寄來的。S. C. Cheng , 147 Caine Rd. Chung Chi College , Hong Kong, 我猜疑是周汝昌

兄弟托他轉寄給我的。適之。"

批注圈劃:(1)館藏一冊爲胡適批閱本。(2)館藏一冊出版說明後有胡適的紅、藍筆注記;全書有胡適的紅筆注記及圈點。

夾紙:胡適批閱本有夾張數張。

其他:(1)北京第1版。(2)據北京圖書館藏原稿本影印。

1955 夢粱錄二十卷 (宋)吳自牧著 1921年上海古書流通處印本

5冊

知不足齋叢書第二十八集

HSMH (HS-N01F5-031)

附注:

印章:各冊鈐有"胡適的書"朱文方印。

批注圈劃:(1)第1冊《夢粱錄序》有胡適的藍筆注記。(2)第3冊偶有胡適的紅筆圈點及劃綫。(3)第4冊有胡適的紅筆圈點、劃綫與批注。(4)第5冊卷20有胡適的藍筆圈點與批注。

夾紙:(1)第5冊卷20夾有胡適藍筆手寫紙共4張。(2)第5冊卷20原夾有"黃伯芹"名片1張,參見館藏號:HS-NK05-340-154。

1956 孟子或問十四卷 (宋)朱熹撰 清康熙中禦兒呂氏寶誥堂重刻白鹿洞原本

1冊

朱子遺書

HSMH (HS-N01F3-010)

附注:

印章:頁首均鈐有"胡適的書"朱文方印、"觀生廬"朱文長方印、"□□"朱文方印。

批注圈劃:卷14有胡適的鉛筆圈點。

其他:(1)頁首有鈐印挖空處,手寫黑筆闕文補上。(2)爲《朱子遺書》第7冊。

1957 孟子微八卷 (清)康有爲撰 排印本

2冊

HSMH（HS-N02F3-024）

附注：

　　印章：二冊均鈐有"胡適的書"朱文方印。

　　批注圈劃：偶有紅筆句讀。

　　其他：(1)應爲光緒二十七年(1901)康有爲自序排印本。(2)版心下方記"萬木草堂叢書"。

1958 孟子字義疏證三卷附錄一卷 （清）戴震著

2 冊

HSMH（HS-N01F4-009）

附注：

　　印章：二冊均鈐有"胡適的書"朱文方印。

　　批注圈劃：(1)二冊均有胡適的藍筆批校。(2)第 2 冊附錄末有 1953 年 3 月 18 日胡適的藍筆注記。

1959 明本傳奇雜錄二卷 周明泰輯錄 1951 年香港中華書局印本

1 冊

HSMH（HS-N02F1-020）

附注：

　　印章：鈐有"胡適的書"朱文方印。

　　其他：初版。

1960 明代版本圖錄初編十二卷 潘承弼 顧廷龍編 開明書店印本

4 冊

齊魯大學國學研究所專著彙編之四

HSMH（HS-N01F5-036）

附注：

　　批注圈劃：(1)第 1 冊敍、凡例有胡適的朱筆圈點和藍筆注記。(2)第 2—4 冊偶有胡適的藍筆圈點。

　　夾紙：第 4 冊有夾紙 3 張。

　　其他：第 1 冊首有 1941 年顧廷龍敍文。

1811

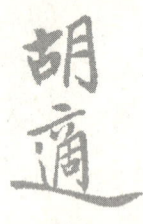

1961 鳴道集說（金）李之純著（日）中島連城校點 1895 年日本京都清水精一郎印本

1 冊

HSMH（HS-N02F4-001）

附注：

題記：《刊鳴道集說序》末有胡適的紅筆長篇注記："明治二十八年,即光緒乙未（1895）。此書在日本印行已五十多年,我竟不知道。去年鈴木大拙先生談起此書有日本本,我就托他代我訪求一部。今年十一月廿四日寄到紐約。胡適敬記。"

批注圈劃：多處有胡適的紅筆注記、校改及圈劃。

相關記載：1951 年 11 月 13 日有 Richard De Martino 致胡適函表示欲寄本書副本,可參見館藏號：HS-US01-093-021。

1962 明清名賢百家書札真蹟小傳 丁念先撰

1 冊

HSMH（HS-N01F1-008）

1963 明清名賢百家書札真迹二卷 陶貞白編 丁念先選輯 1954 年陶貞白影印本

1 函 2 冊

HSMH（HS-N01F1-009）

附注：

印章：函套封面有胡適親筆簽名"適之"字樣；卷上目錄,胡適的序文末及內頁,卷下頁 229 均鈐有"胡適"白文方印。

題記：卷上扉頁有編者題贈："適之先生賜存 陶一珊敬贈 四十三年五月於台北。"

批注圈劃：卷下頁 349 有藍筆修改；頁 447、448 有胡適的藍、綠筆批注。

夾紙：卷上有夾紙 1 張；卷下有夾紙數張,其中史語所的手寫便條紙 2 張,上有胡適的藍筆注記。

與胡適的關係：(1)卷上附 1954 年 4 月 4 日胡適的序文,為手稿影件。(2)卷下頁尾有陶貞白跋,提及胡適鑒別作序之功。

1964 明清史料己編 "中央研究院"歷史語言研究所編 1957—1958 年"中央研究院"歷史語言研究所排印本

10 冊

"中央研究院"歷史語言研究所史料叢書

HSMH（HS-N02F1-005）

附注：

　　印章：各冊封面蓋有"贈閱"印戳,并鈐有"胡適的書"朱文方印。

1965 明清史料庚編 "中央研究院"歷史語言研究所編 1960 年"中央研究院"歷史語言研究所排印本

10 冊

"中央研究院"歷史語言研究所史料叢書

HSMH（HS-N02F1-006）

附注：

　　印章：第 1 冊書名頁蓋有"贈閱"印戳；各冊均鈐有"胡適的書"朱文方印。

1966 明儒學案六十二卷 （清）黄宗羲輯 賈氏修補重刊本

12 冊

HSMH（HS-N02F5-003）

附注：

　　印章：各冊均鈐有"胡適的書"朱文方印；第 1 冊鈐有"胡適之印章"白文方印、"胡適之□"白文方印。

　　批注圈劃：(1)第 1 冊多處有胡適的朱、紅、鉛筆注記、圈點及劃綫。諸序有胡適的紅筆眉批、注記及年代換算。序末有胡適紅筆長篇注記。黄序首有胡適紅筆注記："此序的第二本遠不如第一本",末有胡適關於版本考證的紅筆筆記。賈序末有胡適注記："我買得的本子是賈樸的兒子念祖在雍正十三年(乙卯)(1785)訂正百餘字,修補重印的,有念祖的序。胡適。"總目末有 1960 年 12 月 4 日胡適長篇紅筆筆記比較各版《明儒學案》。(2)第 2 冊卷 10 有胡適的紅筆注記及圈點。(3)第 6 冊卷 32 有胡適的紅筆注記、圈點及劃綫。(4)第 7 冊卷 34 有胡適的藍筆注記及劃綫。

(5)第12冊卷61、62有胡適的藍、紅、朱筆注記、校改及劃綫,卷61頁三處有1952年4月29日胡適紅筆長篇筆記。

夾紙:(1)第1冊夾有"明儒學案"書籤1張。(2)第2、5、10、11、12冊偶有夾紙。

摺頁:第10冊卷54頁13處有摺頁。

與胡適的關係:第1冊封面有胡適朱筆題簽:"賈刻明儒學案 胡適。"

其他:書名頁題"賈若水先生恭閱 明儒學案 紫筠齋藏板"。

1967 明元清系通紀前編一卷正編十五卷 孟森撰 1934年排印本

16冊

HSMH（HS-N02F1-004）

附注:

印章:各冊均鈐有"胡適的書"朱文方印;第10冊《明元清系通紀 正編十》書末鈐有"國立北京大學出版部印行"白文方印。

夾紙:第12冊有夾紙3張。

1968 繆氏考古錄（清）繆荃孫輯 1935年又新印刷局印本

1冊

HSMH（HS-N02F1-014）

附注:

其他:封面題"蘭陵繆氏考古錄"。

1969 默記一卷（宋）王銍著 1959年臺北青石山莊影印本

1冊

青石山莊叢書子部小說類10

HSMH（HS-N05F4-010）

附注:

夾紙:館藏一冊夾有信封殘片1張。

摺頁:偶有摺角。

其他:據《四庫全書》手抄稿本影印。

1970 默堂先生文集二十二卷（宋）陳淵撰 沈度編 1936年上海商務印書館影印本

    5冊

    四部叢刊三編集部

    HSMH（HS-N02F4-018）

    附注：

        其他：牌記題"上海涵芬樓借北平圖書館藏景宋鈔本景印原書葉心高二十公分寬十五公分"。

1971 墨子一卷（周）墨翟撰 1937年上海商務印書館影印明萬曆刻本

    1冊

    景印元明善本叢書十種第六種

    HSMH（HS-N01F4-022）

    附注：

        批注圈劃：偶有胡適的藍筆注記。

        夾紙：扉頁貼有胡適藍筆手寫筆記1張。

        其他：(1)封面書籤題爲"景明刻本子彙"。(2)爲《子彙》第10冊。

1972 墨子經說解二卷（清）張惠言撰 清宣統元年（1909）國學保存會影印手寫清稿本

    1冊

    HSMH（HS-N21F5-145）

    附注：

        印章：鈐有"肇憲珍藏"白文方印、"肇憲"朱文方印、"□□眼福"白文方印等印記。

        題記：扉頁有傅斯年手寫"敬贈中央研究院歷史語言研究所 傅斯年 十八年九月"。

        其他：(1)爲底片型式。(2)內封面題名"張皋文手寫墨子經說解"。(3)卷末有張惠言自序文。

1973 墨子刊誤二卷（清）蘇時學撰 陳柱校刊 1928年上海中華書局排印本

1 冊

HSMH（HS-N01F5-008）

附注：

印章：鈐有"胡適的書"朱文方印。

1974 南村輟耕錄三十卷 （元）陶宗儀撰 1936 年上海商務印書館印本

8 冊

四部叢刊三編子部

HSMH（HS-N05F1-029）

附注：

印章：各冊均鈐有"胡適的書"朱文方印。

批注圈劃：(1)第 1 冊卷 2 偶有胡適的紅筆校改與注記。(2)第 7 冊卷 25 有胡適的紅筆注記與圈點。(3)第 8 冊卷 27、28 有胡適的紅筆注記與圈點。

夾紙：(1)第 3 冊末夾有往紐約的車票 1 張，參考館藏號：HS-NK05-218-004。(2)第 7 冊卷 25 有夾紙 1 張。

摺頁：多處有摺角。

其他：(1)初版。(2)第 1 冊牌記題"上海涵芬樓景印吳縣潘氏滂熹齋藏元刊本原書板高二十二公分寬十四公分"。

1975 內閣大庫書檔舊目 國立中央研究院歷史語言研究所編 1933 年中央研究院歷史語言研究所排印本

1 冊

國立中央研究院歷史語言研究所史料叢書之三

HSMH（HS-N02F1-011）

附注：

印章：封面蓋有"贈閱"印戳；書名頁鈐有"胡適的書"朱文方印。

1976 年華錄四卷 （清）全祖望輯 1929 年上海商務印書館排印本

2 冊

HSMH（HS-N02F1-026）

附注：

印章：二冊均鈐有"胡適的書"朱文方印。

批注圈劃：第1冊《全祖望自敍》有三筆胡適的藍筆批注："丙子夏（乾隆廿一年，1756），全謝山已死一年了！""此書也不像謝山的著作。胡適"，"此序也不是他文字。適之"。

1977 女弟子詩選六卷 （清）袁枚輯 1928年上海掃葉山房石印本

1冊

随園全集之卅一

HSMH（HS-N05F3-019）

附注：

印章：鈐有"胡適的書"朱文方印。

其他：(1) 又名"隨園女弟子詩選"。(2) 爲《隨園全集》第6函51冊。

1978 頖宮禮樂疏十卷 （明）李之藻撰 明萬曆間婺源知縣馮時來刊本

6冊

HSMH（HS-N21F5-133）

附注：

印章：卷10頁1鈐有"□□□藏書印"白文方印；卷末跋鈐有"□□□藏書印"白文方印、"國立北平圖書館收藏"朱文方印。

題記：封面有手寫注記："no.1372 FR. 582 583 ;545-1121 2-102 頖宮禮樂疏十卷 李之藻 明 撰 明萬曆刻本 十行二十二字(21.7x14.2) 六册。"

其他：(1) 爲微捲型式，包裝盒上有胡適的藍筆手寫注記："趙一清硃墨批校水經注箋。"(2) 其攝製來源應爲美國國會圖書館攝製北平圖書館善本書，參見《胡適手稿》第3集，卷5，頁561—581《跋北平圖書館藏的硃墨校本"水經注箋"》。(3) 第6冊正文卷端題"頖宮禮樂疏卷十 浙江後學李之藻著 門人晉江馮時來校 男 梾次彪重校"。(4) 館藏第6冊。

1979 蘋廬詩稿 梁龍撰 仿古排印本

1冊

1817

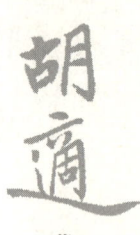

HSMH（HS-N01F1-003）

附注：

批注圈劃：館藏二冊頁 19 均有藍筆修改。

1980 波外樓詩二卷續稿二卷 喬曾劬著 1959 年臺北藝文印書館印本

1 冊

HSMH（HS-N01F5-006）

附注：

印章：鈐有"胡適的書"朱文方印。

題記：扉頁有董作賓題贈："敬呈 適之先生一閱 作賓 四十八，三，十 南港。"

其他：封面及書名頁題名"波外詩藁"。

1981 破幽夢孤鴈漢宮秋雜劇一卷 （元）馬致遠撰（日）吉川幸次郎等注 1951 年日本京都大學仿古排印本

1 冊：圖

HSMH（HS-N01F4-027）

附注：

批注圈劃：《元曲選釋序》有胡適的黑筆圈點。

相關記載：1951 年 8 月 20 日橋川時雄致胡適函，轉請奧村茂代呈此書事，可參見館藏號：HS-US01-098-005。

其他：(1)爲《元曲選釋》第 1 冊。(2)又名"漢宮秋"。

1982 蒲留仙遺著攻略與志異遺稿二卷 劉階平考輯 1950 年臺北正中書局印本

1 冊

HSMH（HS-N02F1-031）

附注：

印章：鈐有"胡適的書"朱文方印。

批注圈劃：(1)偶有鉛筆校改。(2)跋後有胡適的鉛筆批注："此中所收，無一條可取。也無一條文字可讀。胡適 一九五二，五，十八。"

其他：臺初版。

1983 乾隆甲戌脂硯齋重評石頭記二十八卷 （清）曹雪芹撰（清）孫桐生批 1961 年臺北影印本

 1 函 2 冊

 HSMH（HS-N01F3-002）

 附注：

  印章：館藏一套上冊書名頁有胡適毛筆簽名並鈐"適"白文方印。

  題記：一函書名頁有胡適手寫注記："送給志維 適之 五十,五,卅一。"

  批注圈劃：《跋乾隆甲戌脂硯齋重評石頭記影印本》前有胡適朱筆批注影印。

  與胡適的關係：(1)封面書籤爲胡適所題。(2)本書收錄胡適《影印乾隆甲戌脂硯齋重評石頭記的緣起》、《跋乾隆甲戌脂硯齋重評石頭記影印本》等文。(3)扉頁有胡適毛筆影印"字字看來皆是血 十年辛苦不尋常 甲戌本曹雪芹自題詩"。

  相關記載：(1)館藏《影印乾隆甲戌脂硯齋重評石頭記的緣起》寫作原稿，胡適於 1961 年 2 月 12 日寫成此文，參見館藏號：HS-NK05-185-010。(2)館藏 6 頁胡適爲寫《跋乾隆甲戌脂硯齋重評石頭記影印本》的紅筆筆記，參見館藏號：HS-NK05-185-018。(3)館藏關於《乾隆甲戌脂硯齋重評石頭記》胡適的摘錄及筆記，參見館藏號：HS-NK05-185-021。

  其他：據甲戌手抄本影印。

1984 錢牧齋箋注杜詩二十卷 （唐）杜甫撰（清）錢謙益箋註 清宣統三年(1911)上海時中書局石印本

 1 函 8 冊

 HSMH（HS-N01F2-010）

 附注：

  印章：各冊均鈐"胡適的書"朱文方印；第 1 冊封面鈐有"胡適之印章"白文方印。

  題記：第 1 冊封面有胡適注記："在上海托來薰閣陳濟川先生買得此書。價'金元'乙萬元。胡適 一九四九,三,十二。"

  批注圈劃：(1)第 1 冊《草堂詩箋元本序》有胡適的黑筆批注和圈點。(2)

第 5、6 冊有胡適的紅筆圈點。(3)第 7 冊有胡適的紅、藍、鉛筆批注及圈點。(4)第 8 冊偶有朱筆點讀。

夾紙：第 3、5 冊偶有夾紙。

其他：(1)封面書籤題爲"諸名家評定本錢牧齋箋注杜詩"。(2)附《杜工部集附錄》一卷、《唱酬題詠附錄》一卷、《論家詩話》一卷、《少陵先生年譜》一卷。(3)函套書背有胡適朱筆題簽"杜詩"。

1985 樵歌三卷補遺一卷（宋）朱敦儒撰 清光緒庚子年（1900）王氏四印齋刊本

1 冊

HSMH（HS-N02F4-007）

附注：

印章：鈐有"胡適的書"朱文方印。

題記：目錄末有胡適紅筆題注："一九六一年九月，從京都彙文堂買得。我喜歡'樵歌'，詞選裏選了三十首，只次于稼軒的四十六首。胡適記。"

批注圈劃：有胡適的紅筆眉批及圈點。

夾紙：扉頁有胡適手寫夾紙 1 張，記有"朱敦儒的樵歌"。

其他：(1)書名頁題"吳枚菴抄校本"。(2)版心下方題"四印齋"。

1986 欽定四庫全書（清）紀昀編纂 商務印書館據"故宮博物院"所藏文淵閣本影印

6 冊

HSMH（HS-N21F5-143）

附注：

印章：各冊牌記鈐有"國立中央圖書館籌備處之章"朱文方印；每冊均鈐有"文淵閣寶"朱文大方印；第 6 冊《欽定補繪蕭雲從離騷全圖》卷下末鈐有"乾隆御覽之寶"朱文大方印。

題記：各冊牌記記載"商務印書館受教育部中央圖書館籌備處委託景印故宮博物院所藏文淵閣本"。

其他：(1)爲微捲型式，微捲包裝盒粘貼一紙手寫英文通訊處，注記："Shih Cheng, 1718 Kenyon st. N. W., Washington 10, D. C. / Dr. Hu Shih, 104 E. 81st Street New York, N. Y. 。"包裝盒一側面貼有一枚蓋上郵戳的郵票，另側貼有胡適手寫注記："欽定四庫全書 商務印書館景印 共六冊"，盒底則有手寫注記:"53.4.22□自胡太太取。"(2)本書包括《皇祐新樂圖記》三卷、《紹熙州縣釋奠儀圖》一卷、《家山圖書》一卷、《欽定補繪蕭雲從離騷全圖》三卷。

1987 琴學入門 （清）張鶴輯

1 冊

HSMH（HS-N01F5-030）

附注：

　　印章:鈐有"胡適的書"朱文方印。

1988 清代八卿年表四卷附錄一卷 嚴懋功纂 1931 年無錫民生公司排印本

1 冊

曉霞書屋叢著

HSMH（HS-N02F3-010）

附注：

　　印章:鈐有"胡適的書"朱文方印。

　　批注圈劃:(1)封面有胡適紅筆手寫"八卿年表"。(2)卷 3 頁 2 有胡適的藍筆注記。

　　其他:(1)內封面題"清代八卿年表四卷附錄一卷"。(2)牌記題"曉霞書屋叢著之二"。(3)爲《清代徵獻類編》第 2 冊。

1989 清代館選分韻彙編十一卷附錄一卷 嚴懋功纂 1931 年無錫民生公司排印本

4 冊

曉霞書屋叢著

HSMH（HS-N02F3-013）

附注：

　　印章:各冊均鈐有"胡適的書"朱文方印。

　　批注圈劃:(1)各冊封面均有胡適紅筆注記。(2)第 5 冊偶有胡適紅、綠筆注記、圈點及劃綫。(3)第 6 冊偶有胡適的藍筆注記。(4)第 7 冊偶有胡適的紅筆修改、劃綫。

　　夾紙:第 5、7 冊偶有夾紙。

其他：(1)第5冊內封面題"清代館選分韻彙編十一卷附錄一卷"。(2)第5冊敍前牌記題"曉霞書屋叢著之五"。(3)爲《清代徵獻類編》第5—8冊。

1990 清代禁燬書目四種索引四卷附檢字 抱經堂書局編 1931年杭州抱經堂書局排印本

1函4冊

HSMH（HS-N02F3-016）

附注：

印章：各冊鈐有"胡適的書"朱文方印；第1冊卷1鈐有"□□"朱文方印及"□□"白文方印；各冊均鈐有"□□"白文方印。

批注圈劃：(1)第1冊有胡適的藍筆注記、圈點及劃綫。(2)第2冊偶有胡適的藍、黑筆注記。(3)第4冊末跋有胡適的藍筆圈點及劃綫。

其他：第1冊牌記題"杭州抱經堂書局印行"。

1991 清代學者象傳 葉恭綽編 1930年上海商務印書館印本

4冊

HSMH（HS-N01F1-011）

附注：

印章：第1—4冊書名頁均鈐有"胡適的書"朱文方印。

夾紙：第1冊夾有《徵求清代學者象傳啟事》1張。

內附文件：第1冊頁首夾貼1960年12月15日趙叔誠致胡適的贈書信函1封。

其他：初版。

1992 清代巡撫年表四卷附錄一卷 嚴懋功纂 1931年無錫民生公司排印本

1冊

曉霞書屋叢著

HSMH（HS-N02F3-011）

附注：

印章：鈐有"胡適的書"朱文方印。

批注圈劃：(1)封面有胡適紅筆手寫"巡撫年表"。(2)卷3頁5有胡適紅筆注記。

其他：(1)內封面題"清代巡撫年表四卷附錄一卷"。(2)卷首前牌記題"曉霞書屋叢者之三"。(3)爲《清代徵獻類編》第3冊。

1993 清代宰輔年表二卷續補一卷附錄一卷 嚴懋功纂 1931年無錫民生公司排印本

1冊

曉霞書屋叢著

HSMH（HS-N02F3-009）

附注：

印章：鈐有"胡適的書"朱文方印。

批注圈劃：(1)封面有胡適紅筆手寫"宰輔年表"。(2)偶有胡適的紅、藍筆劃綫及注記。

夾紙：有夾紙1張。

其他：(1)內封面題"清代宰輔年表二卷附錄一卷"。(2)牌記題"曉霞書屋叢著之壹"。(3)爲《清代徵獻類編》第1冊。

1994 清代徵獻類編五種 嚴懋功纂 1931年無錫民生公司排印本

8冊

曉霞書屋叢著

HSMH（HS-N02F3-008）

附注：

印章：各冊鈐有"胡適的書"朱文方印。

批注圈劃：有胡適的紅、藍筆批注及圈劃。

夾紙：偶有夾紙。

其他：(1)第1冊書名頁題"清代徵獻類編 五種凡廿九卷"。(2)牌記題"辛未冬日無錫民生公司承印"。(3)全8冊(館藏號：HS-N02F3-009至HS-N02F3-013)。(4)內容：1.《清代宰輔年表》二卷續補一卷附錄一卷。2.《清代八卿年表》四卷附錄一卷。3.《清代總督年表》三卷續補一卷附錄一卷首一卷。4.《清代巡撫年表》四卷附錄一卷。5—8.《清代館選分韻彙編》十一卷附錄一卷。

1995 清代總督年表三卷續補一卷附錄一卷 嚴懋功纂 1931 年無錫民生公司排印本

1 冊

曉霞書屋叢著

HSMH（HS-N02F3-012）

附注：

　　印章：鈐有"胡適的書"朱文方印。

　　批注圈劃：封面有胡適紅筆手寫"總督年表"。

　　其他：(1)内封面題"清代總督年表三卷附錄一卷"。(2)卷首前牌記題"曉霞書屋叢著之四"。(3)爲《清代徵獻類編》第 4 冊。

1996 清理紅本記四卷 奉寬撰 1937 年排印本

4 冊

餘園叢刻第三種

HSMH（HS-N01F2-012）

附注：

　　印章：各冊均鈐有"胡適的書"朱文方印。

　　題記：第 1 冊書名頁有胡適藍筆注記："胡適在日本東京買得。"

　　批注圈劃：偶有胡適的紅筆注記、校改及圈點。

　　夾紙：偶有夾紙。

1997 清平山堂話本 （明）洪楩編 1955 年北京文學古籍刊行社印本

2 冊

HSMH（HS-N01F5-011）

附注：

　　印章：二冊均鈐有"胡適的書"朱文方印。

　　其他：北京第 1 版。

1998 清昇平署存檔事例漫抄六卷附錄三卷 周明泰輯 1933 年印本

1 冊

幾禮居戲曲叢書第四種

HSMH（HS-N02F1-012）

附注：

  印章：書名頁鈐有"胡適的書"朱文方印及"胡適之印"白文方印。

  批注圈劃：卷3頁9有紅筆劃綫。

  與胡適的關係：封面與書名頁題名係胡適所題簽。

  其他：初版。

1999 **清十家絕句二卷** （日）服部孝編輯 據文淵堂藏日本嘉永壬子年（1852）鎸版影印

  2 冊

  HSMH（HS-N02F3-022）

  附注：

    印章：二冊均鈐有"胡適的書"朱文方印、"関氏文庫"朱文方印。

    夾紙：第1冊偶有夾紙。

2000 **青溪文集正編十二卷續編八卷附錄一卷附編三卷** （清）程廷祚撰 1936年北京大學出版組據道光丁酉年孫氏東山草堂本影印

  1 函 10 冊

  HSMH（HS-N01F2-006）

  附注：

    印章：第1冊書名頁、卷1，其餘諸冊均鈐有"胡適的書"朱文方印；第9冊書末鈐有"國立北京大學出版部印行"白文方印。

    題記：第1冊胡適《北京大學新印程廷祚青溪全集序》後，有胡適藍筆注記："我在日本東京山本書店買得此書。書頭寫'凡九'，其實缺了第十冊'附編'三卷。四十三年六月二日 胡適。"

    批注圈劃：全書有胡適用紅、藍、黑筆寫的眉批和圈點。

    夾紙：(1)第1冊《北京大學新印程廷祚青溪全集序》後粘貼胡適自編手寫的附頁（集外文目錄）。(2)第8冊續編卷7頁15夾有胡適黑筆手寫筆記1張。

    與胡適的關係：(1)第1冊收錄胡適《北京大學新印程廷祚青溪全集序》。(2)第9冊收錄胡適《顏李學派的程廷祚》。(3)所缺之冊《附編》卷3收錄胡適短文二則，其中一則爲胡適1936年5月26日所作。

相關記載：（1）相關文章可參考館藏號：HS-NK05-187-003。（2）關於《青溪文集》相關資料可參見胡適日記（1936.5.6）。

其他：缺一冊（附編卷1—3）。

2001 **慶元黨禁**（宋）樵川樵叟撰 **北山酒經三卷**（宋）朱肱撰 1921年上海古書流通處印本

1冊

知不足齋叢書

HSMH（HS-N01F5-032）

附注：

印章：鈐有"胡適的書"朱文方印。

批注圈劃：《慶元黨禁》有胡適的紅筆圈點和注記。

2002 **屈宋古音義三卷**（明）陳第撰 1957年成都四川人民出版社印本

1函2冊

HSMH（HS-N02F4-009）

附注：

其他：（1）據1933年渭南嚴式誨校刊本印行。（2）與《毛詩古音考》（N02F4-010）合刊一函。

2003 **衢州府志十六卷卷首一卷**（明）林應翔修 葉秉敬纂 明天啟二年（1622）刻本

12冊

HSMH（HS-N21F5-135）

附注：

印章：卷13、15首頁均鈐有"□□"朱文長方印、"□□"朱文長方印、"□□"白文方印等三枚藏書印；另16卷末鈐有"國立北平圖書館收藏"朱文方印。

題記：封面寫有"FR. 400；329-1210 401：1-195 no.828 天啟衢州府志 十六卷 卷首一卷 林應翔葉秉敬（明）纂修 明天啟間刻本 九行二十字（21.1*13）十二冊"。

相關記載:此微捲爲胡適向美國國會圖書館購得,其攝製來源爲北平圖書館善本書,參見《胡適手稿》第7集,卷3,頁577、578《衢州府有白居易"傳法堂碑"》(1961.05.23),或參見館藏號:HS-MS01-021-009。

其他:(1)爲微捲型式。微捲包裝盒上有胡適的手寫注記:"嘉靖黄省曾刻水經注";微捲包盒側面貼有"Ch'u-Chou fu-chih(3) Shih-Ching chu. His Tang wen-chih(1)"資料標籤。(2)館藏13—16卷(共2冊),其餘缺。(3)本微捲係《衢州府志》、《水經注》、《西塘先生文集》合録。

2004 權衡度量實驗攷一卷 (清)吴大澂撰 石印本

1冊

HSMH(HS-N02F5-012)

附注:

印章:鈐有"胡適的書"朱文方印、"鶺鶘書巢"朱文長方印、"武維李氏"朱文方印、"觀稼樓藏"白文方印、"珍之"朱文方印、"李寶臻章"朱文長方印、"武維李氏觀稼樓藏"朱文長方印、"武維李氏珍藏"朱文長方印、"珍之所有"朱文方印、"寶臻"朱文方印、"萬"朱文方印、"川"朱文方印。

夾紙:扉頁夾有東京山本書店的書條1張。

其他:牌記題"上虞羅氏刊"。

2005 全校水經注四十卷 (北魏)酈道元撰注 (清)全祖望校 清光緒十四年(1888)無錫薛福成校刊本

12冊

HSMH(HS-N02F2-004)

附注:

印章:第1冊鈐有"胡思杜印"朱文方印,序目頁9鈐有"胡適"朱文方印;第2—11冊鈐有"胡適的書"朱文方印;第6冊鈐有"適之手校"朱文方印;第8冊鈐有"胡適之印"朱文方印;第12冊卷40末鈐有"胡適"朱文方印;附録下卷鈐"胡思杜印"朱文方印。

題記:(1)第1冊封面有胡思杜朱筆抄録"初刻校改本 所謂'全氏七校水經注'"。(2)第1冊牌記題有胡思杜紅筆注記:"民卅八 六月廿七日胡思杜過録一遍。"(3)第1冊原序末有胡思杜朱筆抄録"民國卅六年五月初借得天津圖書館藏的全謝山五校本,過錄在此本上。胡適"。(4)第2冊封面有胡適的朱筆注記二則:"胡適抄全祖望'五校'稿本","此本第一、十二冊留在北平。胡適"。(5)第12冊封面有胡思杜朱筆抄錄"第十二冊","初刻校改本 所謂全氏七校水經注"。

批注圈劃:(1)全書多處有胡適的紅筆圈點及朱、紅、黑、藍、綠、紫、鉛等各色筆批注校語。(2)第2冊卷3末有胡適的綠筆注記:"卅六,六,八日,胡適用天津圖書館藏全校本校至此。"(3)第12冊卷40末有胡思杜朱筆抄錄"民國卅七年五月十六日(一九四八)胡適用天津圖藏的全謝山五校本過錄在這薛刻本上,今天全部過錄完畢"。(4)第12冊附錄下卷末有胡思杜朱筆注記:"民卅八 六月廿七日胡思杜過錄一遍。"(5)各冊卷末多處有胡適的長段批注。

夾紙:(1)各冊有手寫各色筆記夾紙多張。(2)第1冊及第12冊除第1冊卷1頁21所夾附筆記共5頁爲胡適親筆外,餘均爲胡思杜所謄錄。

摺頁:卷8,10,17,20,26,27—31,38原有多處摺頁,重新裱褙後,其痕迹已消失。

相關記載:(1)本書爲1958年自紐約寓所運送至臺灣,參見館藏號:HS-NK05-215-005。(2)1955年9月3日胡適致楊聯陞函,提出索回第1、12冊《水經注》的想法,可參見館藏號:HS-LS01-005-028。(3)胡適《我的三樹〈水經注〉》末有胡適朱筆記:"另有薛刻全校第一、十二冊,在思杜處。"可參見館藏號:HS-MS01-011-014。

其他:(1)胡適批校本。(2)按本書批注時間可知此書是胡適攜離北平的書稿之一。(3)館藏第2—11冊。

2006 全相三國志傳演義(明)羅貫中編 1959年臺北青石山莊印本

12冊:圖

青石山莊叢書子部小説類3

HSMH(HS-N01F5-013)

附注:

印章:鈐有"胡適的書"朱文方印。

其他:(1)全12冊,館藏第1、2冊。(2)據明萬曆周日校刊本影印。

2007 全相三國志傳演義（明）羅貫中編 據明萬曆本影印

    12 冊

    青石山莊叢書子部小説類3

    HSMH（HS-N05F4-004）

    附注：

        其他：卷首題名"全像三國志通俗演義"；版心題名"全像三國演義"。

2008 羣書校補一百卷（清）陸心源輯

    2 函 24 冊

    HSMH（HS-N01F4-035）

    附注：

        印章：第1冊目録、卷1鈐有"胡適的書"朱文方印。

        批注圈劃：偶有朱筆點讀。

2009 群書拾補初編三十九卷（清）盧文弨撰 1887年上海蜚英館據餘姚盧氏刻抱經堂叢書本石印

    1 函 8 冊

    HSMH（HS-N01F4-057）

    附注：

        印章：鈐有"小林氏藏書記"朱文長印、"胡適的書"朱文方印。

        其他：(1)目録題名"羣書拾補初編"。(2)版心題名"羣書拾補"。

2010 熱河日記二十六卷 朴趾源著 1956年臺北"中華叢書委員會"影印本

    6 冊

    "中華叢書"

    HSMH（HS-N02F4-017）

    附注：

        印章：各冊均鈐有"胡適的書"朱文方印。

        批注圈劃：(1)第1冊偶有胡適的紅筆批注與圈劃。(2)第6冊末跋有胡適的紅筆劃綫。

        其他：(1)據"中央圖書館"藏最初鈔稿影印。(2)又名"燕行録"。(3)摘録自《朴氏燕巖集》。

2011 容齋三筆十六卷 （宋）洪邁撰 1934 年上海商務印書館印本
2 冊
四部叢刊續編子部
HSMH（HS-N05F1-025）
附注：
印章：各冊鈐有"胡適的書"朱文方印。
批注圈劃：(1)卷首序有胡適的紅筆注記及劃綫。(2)第 8 冊有胡適的紅、藍筆注記、圈點與劃綫。(3)第 9 冊有胡適的紅筆注記、校改與圈點。
其他：(1)初版。(2)爲《容齋隨筆五集》第 8、9 冊。

2012 容齋四筆十六卷 （宋）洪邁撰 1934 年上海商務印書館印本
2 冊
四部叢刊續編子部
HSMH（HS-N05F1-026）
附注：
印章：各冊均鈐有"胡適的書"朱文方印。
批注圈劃：(1)第 10 冊有胡適的紅、藍筆注記、校改和圈點。(2)第 11 冊有胡適的紅筆圈點與劃綫。
摺頁：偶有摺頁。
其他：(1)初版。(2)爲《容齋隨筆五集》第 10、11 冊。

2013 容齋隨筆十六卷 （宋）洪邁撰 1934 年上海商務印書館印本
4 冊
四部叢刊續編子部
HSMH（HS-N05F1-023）
附注：
印章：各冊鈐有"胡適的書"朱文方印。
批注圈劃：(1)第 1、2 冊有胡適的紅筆圈點劃綫、注記與眉批。(2)第 3 冊有胡適的緑、紅筆眉批與圈點劃綫。(3)第 4 冊有胡適的紅筆圈點及劃綫。

摺頁：第2冊有摺角。

其他：(1)初版。(2)第1冊牌記題"上海涵芬樓景印宋刊本配北平圖書館藏宋刊本常熟瞿氏鐵琴銅劍樓藏明弘治活字本"。(3)爲《容齋隨筆五集》第1—4冊。

2014 **容齋隨筆五集七十四卷** （宋）洪邁撰 1934年上海商務印書館印本

12冊

四部叢刊續編子部

HSMH（HS-N05F1-022）

附注：

印章：各冊均鈐有"胡適的書"朱文方印。

批注圈劃：有胡適的各色筆眉批、校改與圈點。

夾紙：偶有夾紙。

其他：(1)初版。(2)其他書名"容齋隨筆"。(3)第1冊牌記題"上海涵芬樓景印宋刊本配北平圖書館藏宋刊本常熟瞿氏鐵琴銅劍樓藏明弘治活字本"。(4)内容：第1—4冊，《容齋隨筆》；第5—7冊，《容齋續筆》；第8、9冊，《容齋三筆》；第10、11冊，《容齋四筆》；第12冊，《容齋五筆》。

2015 **容齋五筆十卷** （宋）洪邁撰 1934年上海商務印書館印本

1冊

四部叢刊續編子部

HSMH（HS-N05F1-027）

附注：

印章：鈐有"胡適的書"朱文方印。

批注圈劃：卷3、4、8有胡適的紅筆圈點和眉批。

其他：(1)初版。(2)爲《容齋隨筆五集》第12冊。

2016 **容齋續筆十六卷** （宋）洪邁撰 1934年上海商務印書館印本

3冊

四部叢刊續編子部

HSMH（HS-N05F1-024）

附注：

　　印章：各冊均鈐有"胡適的書"朱文方印。

　　批注圈劃：第5、6冊有胡適的紅筆圈點劃綫與校改。

　　夾紙：第5冊卷2有夾紙2張。

　　摺頁：偶有摺頁。

　　其他：(1)初版。(2)爲《容齋隨筆五集》第5—7冊。

2017 三輔黃圖六卷附校勘記一卷（漢）佚名著 1935年上海商務印書館印本

　　1冊

　　四部叢刊三編史部

　　HSMH（HS-N01F5-022）

　　附注：

　　　　印章：鈐有"胡適的書"朱文方印。

　　　　批注圈劃：(1)目錄末有胡適的紅筆注記。(2)全書有胡適的紅筆眉批和圈點。

　　　　其他：牌記記載"上海涵芬樓影印元刊本原書版□高十八公分寬十二公分"。

2018 三階佛法五卷（隋）釋信行撰 1925年日本京都便利堂印刷所影印本

　　1函2冊

　　HSMH（HS-N05F5-005）

　　附注：

　　　　印章：鈐有"適之"白文方印、"適之"朱文方印。

2019 三十一種藏經目錄對照表解初稿 蔡運辰編 1960年桃園修訂中華大藏經會印本

　　1冊

　　HSMH（HS-N13F3-018）

　　附注：

　　　　批注圈劃：多處有胡適的紅、藍、綠筆注記、校改與圈劃。

夾紙：有夾紙數張。

　　相關記載：有1960年5月11日屈映光致胡適贈書信函1封,參見館藏號：HS-NK01-058-015。

　　其他：封面題名"中華大藏經 三十一種藏經目錄對照表解初稿"。

2020 三字經簡注 （宋）王應麟著 齊令辰注 1959年臺北藝文印書館影印本
　　1冊
　　HSMH（HS-N02F4-005）
　　附注：
　　　　印章：封面有"齊如山"白文方印；內頁鈐有"胡適的書"朱文方印、"齊如山"朱文方印、"齊照"朱文方印。
　　　　題記：封面有題贈"適之兄惠存 弟齊如山敬贈"字樣。
　　　　其他：爲朱墨套色影印本。

2021 商務印書館出品說明 上海商務印書館印本
　　1冊
　　HSMH（HS-N21F1-043）
　　附注：
　　　　其他：英文題名"DESTRIPTIONS OF THE COMMERCIAL PRESS EXHIBIC"。

2022 紹唐詩存 李建興著 1961年排印本
　　1冊
　　HSMH（HS-N02F5-007）
　　附注：
　　　　題記：扉頁有作者手題"適之年兄 惠存 弟李建興敬贈"。

2023 韶州曹溪山六祖師壇經二卷附錄二篇 （唐）釋慧能撰 （日）鈴木大拙校訂 1942年日本岩波書店排印本
　　1冊
　　HSMH（HS-N05F5-002）

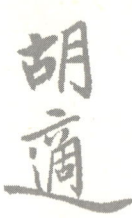

附注：

印章：書名頁鈐有"胡適"朱文長印。

題記：扉頁有鈴木大拙手寫注記："呈胡適先生 千九百五十五年 五月於紐約 大拙拜。"

批注圈劃：有胡適的紅、綠、藍筆批注與校正。

其他：據日本加賀大乘寺所藏鈔本排印。

2024 沈氏三先生文集六十一卷 （宋）沈遘等撰 1936年上海商務印書館印本

8冊

四部叢刊三編集部

HSMH（HS-N05F1-019）

附注：

印章：各冊均鈐有"胡適的書"朱文方印。

批注圈劃：(1)第4、5冊有胡適的藍筆標記數字與圈點。(2)第4、5冊書根有胡適的藍筆注記"括"。(3)第8冊卷61有胡適的紅筆圈點與劃綫。

摺頁：第8冊偶有摺頁。

其他：(1)初版。(2)第1冊牌記題"上海涵芬樓借印浙江省立圖書館藏明覆宋本原書板高廿三公分寬十六公分"。(3)原缺卷11—22。

2025 省廬遺稿 謝國文著 謝汝川輯 1954年臺南大明印刷局印本

1冊

HSMH（HS-N02F1-024）

附注：

印章：扉頁鈐有"謝汝川印"朱文方印。

題記：扉頁注記："胡院長適之博士 惠存 謝汝川敬贈。"

相關記載：此書爲謝汝川所贈，可參見館藏號：HS-NK01-254-005。

2026 盛明雜劇卅種三十卷 （明）沈泰輯 1925年上海中國書店影印本

1函10冊

HSMH（HS-N05F3-025）

附注：

印章:第 1 冊鈐有"胡適的書"朱文方印;第 1 冊卷首有"馬隅卿"白文方印。

題記:第 1 冊扉頁有胡適毛筆注記:"五十年九月,從日本京都彙文堂買得此書。有'馬隅卿'印,是亡友馬廉的書。胡適記。"

其他:據武進董氏誦芬室刻本影印。

2027 詩本義十五卷 (宋)歐陽修撰 1935 年上海商務印書館影印本

3 冊

四部叢刊三編經部

HSMH（HS-N05F1-031）

附注:

印章:各冊均鈐有"胡適的書"朱文方印。

摺頁:卷 7、10、11 偶有摺頁。

其他:(1)初版。(2)第 1 冊牌記題"上海涵芬樓景印吳縣潘氏滂熹齋藏宋刊本原書版匡高二十公分寬十四公分"。

2028 詩集傳二十卷 (宋)朱熹集傳 1936 年上海商務印書館印本

8 冊

四部叢刊三編經部

HSMH（HS-N05F1-032）

附注:

印章:各冊均鈐有"胡適的書"朱文方印。

批注圈劃:(1)第 1、2、8 冊有胡適的紅筆注記與圈點。(2)第 8 冊卷末吳之瑗跋有胡適的紅筆注記與圈點。

其他:(1)初版。(2)第 1 冊牌記題"上海涵芬樓影印中華學藝社借照日本東京岩崎氏靜嘉文庫藏宋本"。

2029 世善堂藏書目錄二卷 (明)陳第編 1921 年上海古書流通處印本

2 冊

知不足齋叢書

HSMH（HS-N01F5-034）

附注：

　　印章：二册均鈐有"胡適的書"朱文方印。

　　批注圈劃：(1)《題詞》有胡適的紅筆圈點和注記。(2)上册有胡適的紅筆劃綫和注記；下册跋有胡適的紅筆圈點和劃綫。

　　其他：據清乾隆六十年(1795)鮑廷博校刊本影印。

2030 詩序辨一卷孝經刊誤一卷朱子周易參同契一卷朱子陰符經考異一卷 (宋)朱熹撰 清康熙中禦兒吕氏寶誥堂重刻白鹿洞原本

1 册

朱子遺書

HSMH（HS-N01F3-015）

附注：

　　印章：頁首鈐有"胡適的書"朱文方印、"觀上盧"朱文長印。

　　其他：爲《朱子遺書》第 18 册。

2031 史學大綱十四講 張壽鏞撰 1958 年影印本

1 册

約園演講集三

HSMH（HS-N02F1-001）

2032 石魚偶記一卷 (宋)楊簡撰 四明張氏約園刊本

1 册

四明叢書

HSMH（HS-N02F1-015）

附注：

　　印章：鈐有"胡適的書"朱文方印。

　　批注圈劃：《石魚偶記序》末有胡適朱筆筆記二則；全文多處有朱筆注記與圈劃。

2033 述學内篇三卷外篇一卷補遺一卷别錄一卷春秋述義一卷 (清)汪中撰

1 函 4 册

HSMH（HS-N01F4-007）

附注：

印章：第1冊王念孫序鈐有"績溪胡氏述禮堂藏書印"朱文長印；各冊首頁均鈐有"胡適"朱文長印、"劉萬章印"朱文方印；各冊末鈐有"黃□燦印"朱文方印、"□□過眼"白文方印、"胡適之印"白文方印。

題記：夾板貼有毛筆注記："敬懇 彥棻兄代轉適之先生 惠收 劉萬章拜託 四十一，十二，廿五。"

夾紙：第2、3、4冊夾有"國立臺灣大學用箋"數張。

2034 雙谿詩存 許世英著 1961年臺北大方文具印刷公司印本

1冊

HSMH（HS-N02F5-008）

附注：

印章：鈐有"許世英"朱文方印。

題記：扉頁有手寫題記："適之吾兄雅教 許世英敬贈 年八十九。"

與胡適的關係：書名頁題名係胡適所題簽。

其他：(1)初版。(2)封面題名"許世英老人手寫雙谿詩存"。(3)牌記題"至德雙谿草堂藏版"。

2035 雙照樓詩詞藁 汪兆銘撰 香港永泰印務公司仿古排印本

1冊

HSMH（HS-N01F2-013）

附注：

印章：鈐有"胡適的書"朱文方印。

2036 水經注首一卷四十卷附錄二卷 （漢）桑欽撰（北魏）酈道元注（清）王先謙校 上海中華書局聚珍倣宋版排印本

12冊

四部備要史部

HSMH（HS-N01F1-013）

附注：

1837

印章：第 1 冊書名頁、《御製熱河考》、第 2—12 冊首頁均鈐有"胡適的書"朱文方印。

批注圈劃：(1)第 1 冊扉頁有胡適的紅筆批注："此是王先謙合校本，豈可說是'據戴氏遺書本'！！胡適。"(2)第 1 冊多處有胡適的紅、綠筆眉批、注記及圈點。(3)第 4、9 冊偶有紅筆批注圈點。

摺頁：第 2、3、9、10 冊偶有摺頁。

2037 水經注四十卷水經注所引書目一卷（北魏）酈道元注（明）朱謀㙔箋註（明）譚元春評點刊刻

1 函 12 冊

HSMH（HS-N01F1-014）

附注：

印章：第 1 冊《刻水經注批點敘》鈐有"胡適的書"朱文方印、"德□草堂"朱文方印、"胡適之印章"白文方印、"胡適之□"白文方印；卷 1 首頁鈐有"胡適"朱文長印、"胡適的書"朱文方印、"德□草堂"朱文方印、"□□珍藏"朱文長印；各冊均鈐有"胡適的書"朱文方印。

批注圈劃：(1)第 1 冊《刻水經注批點敘》文末有胡適紅筆注記："此序尾題'明崇禎'，可見是清初翻刻本。此書是友人 Harold Shadick 教授的書，今夜我用一部影印戴震官本《水經注》，和一部鉛印戴震官本送給他，換得此書。胡適 一九五五，十二，八夜。"(2)卷 1—40 有朱筆標點圈記，內文偶有胡適的紅、黑筆修改及注記。

夾紙：有夾紙多張，卷 9 頁 33 夾有胡適綠筆手寫筆記。

與胡適的關係：函套封面有胡適的手寫書籤："譚元春刻的刪節評點朱氏注箋 胡適。"

相關記載：(1)可參考館藏《胡適水經注版本考：譚元春刻〈水經注批點〉四十卷》，參見《胡適手稿》第 4 集，卷 1，頁 201—207，或館藏號：HS-MS01-011-008。(2)1953 年 8 月 17 日胡適致楊聯陞函提及此書。（見《談學論詩二十年》頁 176，聯經出版社，1998 年），可參考館藏號：HS-LS01-004-026。(3)爲 1958 年第二批自紐約寓所運送來臺的書籍之一，參見館藏號：HS-NK05-215-005。

其他：胡適批閱本。

2038 水經注四十卷（北魏）酈道元注（清）黄晟刻 清乾隆間天都黄晟槐蔭草堂刊本

1 函 10 册

HSMH（HS-N01F1-015）

附注：

印章：《補正水經序》鈐有"明德館圖書章"白文方印及"胡適的書"朱文方印，此後各册卷首均鈐有此二印。

題記：《補正水經序》後有胡適題記："民國四十二年一月（一九五三），我在東京買得此書。"

批注圈劃：(1)《補正水經序》與原序有胡適紅、藍筆圈點、注記，藍筆校語；目録有紅筆校改與胡適筆記(1953-08-08)。(2)卷1末有胡適紅、藍、黑三色筆記(1955-07-08)；卷2末有紅、藍筆筆記(1955-07-09)；卷35、40也有長篇筆記；卷36頁1有胡適校語："一九五四年十一月十六日，借此本過録董沛刻的全校水經注四十卷。"(3)内文有紅、黑、藍、緑、朱等各色眉批多處，有紅筆校改數處。

夾紙：(1)原序有夾紙2張，書中有夾紙多張，但部分黑筆夾紙上字迹應非屬於胡適。(2)卷2貼胡適的紅藍筆筆記數張。

相關記載：爲1958年第二批自紐約寓所運送來臺的書籍之一，參見館藏號：HS-NK05-215-005。

其他：(1)胡適批閱本。(2)夾板上貼有胡適便條(Hotel Dupont Plaza)行款(12.8cm×7.7cm)記朱箋、譚刻、項黄刻三版本之半頁行數與每行字數。

2039 水經注四十卷（北魏）酈道元注（清）戴震校 據清乾隆四十三年(1778)戴震自刊本

10 册

HSMH（HS-N02F2-003）

附注：

印章：第1册書名頁鈐有"胡適的書"朱文方印、"胡適之□"白文方印；《孔繼涵序》末鈐"胡適校書記"朱文長印；第2—10册均鈐有"胡適的書"

朱文方印。

題記：第 1 冊扉頁有胡適朱筆注記："一九四九年三月，我將出國，來薰閣陳濟川先生贈我這部很可愛的戴氏自刊《水經注》。胡適自記 一九四九，五，七，在紐約。"

批注圈劃：(1) 第 1 冊《孔繼涵序》有胡適的朱筆圈點及朱、黑、藍三色眉批。(2) 第 1 冊目錄有胡適朱筆注記："原十四冊，合訂爲十冊，甚失原意。今以一二三等字記合訂的冊數……"胡適用朱筆另標記原冊別，目錄末有胡適的朱筆筆記。(3) 第 4 冊扉頁有胡適的鉛筆注記。(4) 各冊有胡適的朱、紅、藍、綠筆批注、圈點與校記。(5) 各冊書背均有胡適的朱筆注記冊數。

夾紙：(1) 第 1 冊目錄夾有綠紙鉛筆筆記 1 張。(2) 第 6 冊《東汶水》夾有手寫鉛筆注記 1 張。(3) 各冊多處有夾紙。

相關記載：(1) 本書亦記載於胡適《胡適新收的水經注本子》一文，參見館藏號：HS-MS01-012-004，或《胡適手稿》第 5 集，卷 2，頁 239—286。(2) 本書爲 1958 年自紐約寓所運送至臺灣，參見館藏號：HS－NK05－215－005。

2040 水經注十五卷 (漢) 桑欽撰 (北魏) 酈道元注 1935 年上海商務印書館影印本 8 冊

續古逸叢書 43

HSMH（HS-N02F2-005）

附注：

印章：各冊均鈐有"胡適的書"朱文方印。

題記：第 1 冊書名頁有胡適的紅筆注記："李孤帆在香港替我買的。原價港幣 140 元，六折合 84 元，其時港幣 6.15 合美金一元，故此書合美金十三元六角六分。胡適 一九五十，三，三"，"此是我第三次買得大典本《水經注》"。

批注圈劃：(1) 每冊封面均有胡適的藍筆注記。(2) 各冊有胡適的紅、綠、藍等各色筆校語、注記與劃綫。(3) 第 8 冊末跋文有胡適的紅筆圈點及劃綫。

夾紙：第 4、6、7、8 冊有夾紙數張。

相關記載：1950 年 2 月 13 日李孤帆致胡適函説明代購書籍及運費事,參見館藏號：HS-NK02-007-029。

其他：(1)書名頁題名"永樂大典本水經注"。(2)牌記題"上海涵芬樓景印明永樂大典本卷九至卷十五從高陽李氏借印補完"。

2041 水經注首一卷四十卷（漢）桑欽撰（北魏）酈道元注 1929 年上海商務印書館印本

12 冊

四部叢刊史部

HSMH（HS-N02F3-004）

附注：

印章：各冊均鈐有"胡適的書"朱文方印。

題記：第 1 冊扉頁粘附便箋有手寫注記二則："四部叢刊本《水經注》十二冊（合訂三冊）由毛子水取出交藝文館影印 五十二年四月廿九日毛子水記","此書已收回。胡頌平 五二,五,十六"。

批注圈劃：各冊多處有胡適紅、藍、黑、綠、朱筆,鉛筆等各色筆注記、眉批、圈點及劃綫。

夾紙：第 11 冊卷 33 頁 11 夾有胡適手寫藍筆筆記 3 張。

摺頁：第 6 冊偶有摺頁。

其他：(1)胡適批閲本。(2)第 1 冊牌記題"上海涵芬樓景印武英殿聚珍版本原書版匡高營造尺六寸寬四寸"。(3)原 12 冊,合訂爲 3 冊。

2042 水經注四十卷（漢）桑欽撰（北魏）酈道元注 明嘉靖十三年（1534）吴郡黄省曾刻本

2 函 12 冊

HSMH（HS-N21F5-136）

附注：

印章：《刻水經序》、卷 40 末鈐有"國立北平圖書館收藏"朱文方印。

題記：封面寫有"FR.401:196 975 no.829 水經注四十卷 酈道元（後魏）撰 明嘉靖間刻本 十二行二十字(20.1＊15.2)十二冊 二函"。

相關記載：(1)此微捲爲胡適向美國國會圖書館購得,其攝製來源爲北平

1841

圖書館善本書,參見《胡適手稿》第7集,卷3,頁577、578《衢州府有白居易"傳法堂碑"》(1961-05-23),或參見館藏號:HS-MS01-021-009。(2)有1953年8月17日胡適致楊聯陞函,叙述:"黃省曾刻本,我有microfilm",參見館藏號:HS-LS01-004-026。

其他:(1)爲微捲型式。微捲包裝盒上有胡適的手寫注記:"嘉靖黃省曾刻《水經注》。"微捲包盒側面貼有"Ch'u-Chou fu-chih(3) Shih-Ching chu. His Tang wen-chih(1)"資料標籤。(2)本微捲係《衢州府志》、《水經注》、《西塘先生文集》合録。(3)卷首收録黃省曾所撰《刻水經序》。

2043 水經注四十卷（漢）桑欽撰（北魏）酈道元注 馮舒家藏明鈔宋本

12冊

HSMH（HS-N21F5-138）

附注:

印章:《水經注叙》鈐有"静嘉堂珍藏"朱文長方印、"傳是樓珍藏"朱文橢圓印;多卷鈐有"静嘉堂珍藏"朱文長方印、"陳寶晉守吾父記"白文長方印、"已倉父"朱文方印、"馮舒之印"白文方印、"癸巳人"朱文方印、"馮氏己倉"白文方印、"馮己蒼"白文方印、"長樂"朱文橢圓印、"陳寶晉"白文長方印;部分鈐印無法辨識。

題記:封面寫有"共十二本","此書至寶世之子孫切不可以之□□也 同治十二年酉月初七日□□記於□□田舍之讀書草屋"。部分字體遭塗抹,難以辨識。

相關記載:(1)《胡適手稿》第4集卷1頁115—151所收《馮舒（己蒼）校柳僉本〈水經注〉》（記陸心源的"馮己蒼校宋本水經注跋"）、《馮舒（己蒼）家藏寫本水經注,用柳僉影鈔宋刻本校》,即閲讀此本的跋文及校記。是二文本館藏有相關稿,參見館藏號:HS-MS01-010-013。(2)《論學談詩二十年:胡適楊聯陞往來書札》（臺北:聯經出版公司,1998年）頁248、249,談及此《水經注》版本。(3)1955年7月11日有胡適致函諸橋轍次,盼静嘉堂能影印手寫《水經注》馮舒手校之本,或者允許胡適借此本作microfilm,原函可參考館藏號:HS-NK05-003-022。

其他:(1)爲微捲型式。微捲包裝盒上有胡適的紅筆注記:"静嘉堂文庫影照陸心源十萬卷樓原藏馮舒家藏明鈔宋本,用柳僉本校。一九五五年十一月十六日寄到。胡適。"(2)內文有馮舒的批注及校正。

2044 水經注箋四十卷（北魏）酈道元注（明）朱謀㙔箋 據明萬曆四十三年(1615)西楚李長庚刊本影印

10 冊

HSMH（HS-N02F2-002）

附注：

印章：各冊卷首四枚鈐印模糊難辨。第 1 冊鈐有"胡適"白文方印、"胡適的書"朱文方印；第 2—10 冊均鈐有"胡適的書"朱文方印。

題記：第 1 冊卷首《水經注箋序》末有胡適朱筆題"毛子水從日本買得此書，轉贈給我，今天寄到。一九五三，八，十四 胡適"。

批注圈劃：(1)目錄有胡適的黑筆注記。(2)卷 1—40 有胡適的紅、綠、藍、黑、朱筆批注、圈點及校記。

夾紙：(1)各冊有夾紙多張。(2)第 1 冊扉頁貼有胡適手寫黑、綠、藍筆注記。(3)第 3 冊卷 7 夾有胡適手寫黃紙紅筆筆記 2 張；第 3 冊卷 8 夾有胡適手寫黃紙紅筆筆記 1 張；第 3 冊卷 9 夾有胡適手寫紅筆筆記 1 張；第 3 冊卷 10 夾有胡適手寫黃紙紅筆筆記 1 張；第 5 冊卷 16 夾有胡適手寫綠筆筆記 1 張；第 9 冊卷 36、37 各夾有胡適手寫藍筆筆記 1 張。

相關記載：(1)1953 年 8 月 17 日胡適致楊聯陞函提及此書爲毛子水自日本買回所贈，原件影本可參見館藏號：HS-LS01-004-026，或參見《談學論詩二十年》頁 176，聯經出版社，1998 年。(2)《胡適手稿》第 4 集，卷 1，頁 191—194 收錄胡適《朱謀㙔水經注箋四十卷》一文。

其他：爲胡適批閱本。

2045 水經注箋四十卷（明）朱謀㙔撰 明萬曆乙卯年(1615)西楚李長庚刊本

8 冊

HSMH（HS-N21F5-134）

附注：

印章：第 1 冊《水經注箋序》鈐有"國立北平圖書館收藏"朱文方印、"延古堂李氏珍藏"白文雙龍橢圓印、"別下齋藏書"朱文方印、"約堂"白文方印；目錄鈐有"蔣光煦印"白文方印、"生沐"朱文方印、"生沐秘藏"朱文方印等藏印；每冊首頁均鈐有"約堂"白文方印。

題記：封面有手寫注記："no. 1373 FR. 583 103–1125 水經注箋四十卷 朱謀㙔撰 明萬曆間刻本 十行二十字（21.6x15.5）八冊。"

與胡適的關係：胡適日記（1949–12–09）："……下午到 Library Congress（國會圖書館）看趙東潛朱墨校的《水經注箋》的 microfilm……"

相關記載：(1)其攝製來源應爲美國國會圖書館攝製北平圖書館善本書，參見《胡適手稿》第 3 集，卷 5，頁 561—581《跋北平圖書館藏的硃墨校本"水經注箋"》。(2)相關資料可參考胡適《再跋北平圖書館藏的硃墨校本"水經注箋"》（未完稿），參見館藏號：HS–US01–045–003。

其他：(1)爲微捲型式，包裝盒上有胡適的藍筆手寫注記："趙一清硃墨批校《水經注箋》。"(2)卷首有李長庚《水經注箋序》、黃省曾《水經序》、朱謀㙔《水經注箋序》；全書有多人手寫校語。

2046 水經注釋首一卷四十卷附錄二卷朱箋刊誤十二卷（清）趙一清撰 清乾隆五十一年(1786)仁和趙氏小山堂刊本

20 冊

HSMH（HS–N02F2–007）

附注：

印章：第 1 冊書名頁鈐有"胡適的書"朱文方印、"胡適之□"白文方印；目錄鈐有"胡適校書記"朱文長印；各冊均鈐有"胡適的書"朱文方印；第 15 冊鈐有"胡適"朱文長印；第 20 冊卷末鈐有"胡適之印章"白文方印、"胡適"白文方印。

題記：第 1 冊書名頁有胡適朱筆長篇注記："一九四九年三月，我將出國，徐森玉先生鴻寶贈我此書。此是小山堂乾隆丙甲（一七八六）初刻再修改本……此首葉雕刻甚美，每冊封面有原刻書名卷數，皆保存初刻規模，我收藏趙氏書最多，都留在北京了，森玉先生贈此珍本，最可感念。胡適。一九四九，五，七，在紐約東八一街一零四號。"

批注圈劃：(1)各冊有有胡適的朱、紅、藍、鉛等各色筆注記、校改及圈點劃綫。(2)第 1 冊卷首畢序有胡適的紅筆圈點及注記，序末有各色筆長篇筆記，卷首全序末有胡適的朱筆注記；全冊有胡適的圈點劃綫、校改及各色筆注記眉批。(3)第 14 冊附錄有胡適的紅、藍、綠筆注記、圈點及劃綫。(4)第 20 冊朱箋刊誤卷 20 末有胡適長篇注記:"一九五五年,七月六日,胡適用岑氏懼盈齋鈔四庫全書本校小山堂初刻重修改本(即定本)一遍完畢。"

夾紙:(1)各冊均有夾紙數張。(2)第 1 冊卷首目錄有胡適紅筆手寫綠色夾紙 1 張。(3)第 14 冊附錄下分別粘附胡適手寫筆記共計 4 張。(4)第 15 冊朱箋刊誤卷 1 夾有綠色手寫筆記 1 張。(5)第 18 冊朱箋刊誤卷 8 夾有綠色手寫筆記 3 張。(6)第 20 冊朱箋刊誤卷 12 貼有胡適手寫稿紙 2 張;卷末夾有綠色手寫筆記 2 張。

相關記載:胡適《跋哈佛大學及國會圖書館藏的兩部小山堂雕本水經注釋》一文提及此書,參見館藏號:HS-US01-044-009。

其他:版心下方記"東潛趙氏定本"。

2047 水經注釋首一卷四十卷附錄二卷朱箋刊誤十二卷 (清)趙一清撰 清光緒六年(1880)蛟川花雨樓張壽榮重校刊本

20 冊

HSMH(HS-N02F2-008)

附注:

印章:第 1 冊鈐有"胡適"白文方印;各冊均鈐有"胡適的書"朱文方印。

題記:第 1 冊卷首重刊序末有胡適紅筆注記:"民國四十五年三月香港寄來此書,是我第二次買此書。胡適。"

批注圈劃:(1)第 1 冊卷首有胡適的紅筆圈點。(2)第 13 冊卷 38 有胡適的藍筆筆記。(3)第 19 冊卷終有胡適的紅筆注記與圈點。(4)第 20 冊附錄有胡適的藍筆注記。

夾紙:(1)第 1 冊卷首夾手寫筆記 1 張,似非胡適手迹。(2)第 1 冊有夾紙數張;第 11、13 冊偶有夾紙。

相關記載:胡適有《鈔張壽榮"重刊趙氏〈水經注釋〉序"暨張鴻桷跋》一文,可參見館藏號:HS-US01-044-001。

其他:(1)第 1 冊牌記題"光緒庚辰蛟川花雨廔張氏重校□板"。(2)版心下方記"東潛趙氏定本"。

2048 水經注疏四十卷附殘稿一卷 (北魏)酈道元注 (清)楊守敬纂疏 熊會貞參疏

1957 年北京科學出版社據熊會貞手寫本影印

3 函 21 冊

HSMH（HS-N01F2-001）

附注：

印章：各冊均鈐有"胡適的書"朱文方印；第 1 冊書名頁鈐"胡適"白文方印；卷 1 鈐有"胡適校書記"朱文長印。

題記：第 1 冊書名頁有胡適批語："元任韵卿送我此書，最可感念。四十七年（一九五八）九月適之記。"

批注圈劃：(1) 第 1 冊扉頁有 1958 年 8 月 5 日胡適的紅筆筆記，目錄有胡適的長篇紅、綠筆筆記數則。(2) 賀昌羣《影印〈水經注疏〉的説明》有胡適的紅筆劃綫和眉批，文後有胡適的四段紅、綠筆長篇批注。(3) 全書多處有胡適紅、綠、紫、黑、藍筆校改及批注；卷 1 頁 2 有胡適注記："綠筆校中央圖書館藏注疏校本。適之。"(4) 第 11 冊卷 21 頁 45、46 有胡適的兩段紅、綠筆長篇批注，時間分别爲 1958 年 8 月 11 日及 1959 年 1 月 4 日。(5) 第 21 冊頁 46、50 均有 1958 年 8 月 2 日胡適的紅、黑筆眉批。(6) 各冊書根有胡適的朱筆注記冊號及卷數。

夾紙：(1) 多冊有胡適夾紙多張。(2) 第 14 冊卷 28 頁 9 夾有 2 張胡適手寫黑筆按語。

摺頁：第 11 冊偶有幾處摺頁。

相關記載：1958 年 7 月 8 日趙元任致胡適函告知購得此函書並欲贈送事，可參見館藏號：HS-US01-086-018。

其他：(1) 新 1 版。(2) 館藏"胡適校書記"印，爲臺静農所刻，可參見館藏號：03-02-001-009。(3) 第 21 冊爲《注疏》原稿，有胡適的紅、黑筆批校按語。

2049 水經注圖一卷附錄一卷 （清）汪士鐸撰 清咸豐十一年（1861）序刊本

1 冊

HSMH（HS-N02F2-006）

附注：

題記：書名頁有胡適朱筆注記："民國卅八年三月，將出國，在上海買得此圖。胡適。"

批注圈劃:(1)丁取忠序有胡適的紅筆圈點及劃綫。(2)胡林翼《水經注圖序》有胡適的紅筆圈點及劃綫。(3)目錄有胡適的紅筆注記。(4)附錄偶有胡適的紅筆注記及圈點。

夾紙:有夾紙數張。

其他:爲胡適批閱本。

2050 説庫一百七十種 (清)王文濡輯 1915年上海文明書局石印袖珍本

6函60冊

HSMH（HS-N05F3-056）

附注:

印章:各函套及各冊封面均鈐有"鳳□"朱文長印。

批注圈劃:第24、25冊偶有鉛筆校改與圈點。

夾紙:第15冊《唐語林目錄》末粘附1張《唐語林原序目》黑筆手寫紙。

摺頁:偶有摺頁。

其他:初版。

2051 司甯春篆隸書詩艸 司甯春著 1961年臺北"中華書局"印本

1冊

HSMH（HS-N21F2-006）

附注:

夾紙:信封殘紙1張,背面有藍筆手寫地址,另有藍筆注記:"已復謝 五十,八,十九。"

其他:初版。

2052 四松堂集五卷 (清)敦誠撰 1955年北京文學古籍刊行社印本

1冊

HSMH（HS-N01F5-019）

附注:

印章:鈐有"胡適的書"朱文方印。

題記:書名頁有胡適的紅筆注記:"尾葉'負生'一跋,似是周汝昌寫的?此本是刻本,原藏至德周氏。他們爲什麼不用我送給北大的原稿本？難

1847

道他們不知道我此本在北大嗎？適之。"

批注圈劃：(1)《四松堂集序》有胡適的注記和劃綫，序末有胡適的紅、藍筆注記。(2)全書有胡適的紅、藍筆注記和圈點。

夾紙：(1)《四松堂集序》末有胡適手寫筆記1張，記有愛新覺羅宗譜。(2)卷4有胡適的藍色夾紙1張，有胡適的紅筆注記。

其他：(1)北京第1版。(2)部分紅、鉛筆注記非胡適筆迹。

2053 宋三大家詩鈔（日）大窪行等校 日本文化五年（1808）刊本

5冊

HSMH（HS-N01F4-011）

附注：

印章：各冊均鈐有"胡適的書"朱文方印。

批注圈劃：第5冊有胡適的紅筆批校。

其他：(1)封面書籤題爲"宋三大家詩鈔 楊誠齋"。(2)全書前有日人所寫之序；《楊誠齋詩鈔》共5卷；書末有日人所寫之跋。(3)書末跋文末有記"文化五戊辰年冬十一月"，應爲日本文化五年（1808）刊本。(4)第1、4冊偶有紅筆劃綫及注記，但非胡適筆迹。(5)全書應不只5冊。

2054 宋拓集王右軍聖教序及興福寺碑（晉）王羲之行書 胡鍾吾集 1956年臺北憲政論壇社印本

1冊

HSMH（HS-N02F5-009）

附注：

印章：鈐有"胡鍾吾印"朱文方印、"胡適的書"朱文方印。

題記：扉頁有毛筆題記："適之先生惠存 宗弟鍾吾敬贈。"

其他：初版。

2055 蘇東坡天際烏雲帖眞蹟（宋）蘇軾撰并行書 唐嗣堯收藏影印本

1冊

HSMH（HS-N01F1-007）

附注：

印章:館藏二冊書名頁、內頁均鈐有"胡適的書"朱文方印。

　　與胡適的關係:書末題辭有"民國卅六年一月二十日大雪中 胡適敬觀"等字。

2056 素文女子遺稿一卷湘痕閣詩稿二卷湘痕閣詞稿一卷（清）袁枚輯 1928年上海掃葉山房石印本

　　1冊

　　隨園全集之二十五至二十七

　　HSMH（HS-N05F3-017）

　　附注:

　　　印章:鈐有"胡適的書"朱文方印。

　　　其他:爲《隨園全集》第6函49冊。

2057 隨庵徐氏叢書十種 徐乃昌輯 清光緒三十四年（1908）南陵徐氏覆宋元本

　　8冊

　　HSMH（HS-N05F1-002）

　　附注:

　　　印章:鈐有"胡適的書"朱文方印、"□□所藏書"朱文長印。

　　　其他:(1)其他書名"隨盦徐氏叢書 十種"。(2)第1冊封面有毛筆題記:"南陵徐積餘觀詧所詒 無想□□",末字迹佚去難辨。(3)內容:《詞林韻釋》一卷、《吳越春秋》十卷、《蒼崖先生金石例》十卷、《中朝故事》一卷、《雲仙散錄》一卷、《述異記》二卷、《離騷集傳》一卷、《唐女郎魚玄機詩集》一卷、《篋中集》一卷、《樂府新編陽春白雪》前集五卷後集五卷。

2058 隨園八十壽言六卷（清）袁枚輯 1928年上海掃葉山房石印本

　　1冊

　　隨園全集之十五

　　HSMH（HS-N05F3-012）

　　附注:

　　　印章:鈐有"胡適的書"朱文方印。

　　　其他:爲《隨園全集》第5函第43冊。

2059 隨園尺牘十卷牘外餘言一卷（清）袁枚著 1928年上海掃葉山房石印本

2 冊

隨園全集之六至七

HSMH（HS-N05F3-006）

附注：

　　印章：鈐有"胡適的書"朱文方印。

　　批注圈劃：有胡適的藍、黑、紅筆圈點、劃綫與注記。

　　夾紙：二冊均有夾紙。

　　摺頁：偶有摺角。

　　其他：(1)目録及版心題名"小倉山房尺牘"。(2)《隨園尺牘》與《牘外餘言》合刊一冊。(3)爲《隨園全集》第3函第18、19冊。

2060 隨園食單一卷（清）袁枚撰 1928年上海掃葉山房石印本

1 冊

隨園全集之十三

HSMH（HS-N05F3-010）

附注：

　　印章：鈐有"胡適的書"朱文方印。

　　摺頁：書末有一處摺角。

　　其他：爲《隨園全集》第5函第38冊。

2061 隨園詩話十六卷補遺十卷（清）袁枚撰 1928年上海掃葉山房石印本

6 冊

隨園全集之八∕九

HSMH（HS-N05F3-007）

附注：

　　印章：鈐有"胡適的書"朱文方印。

　　批注圈劃：有胡適的黑、紅、鉛筆圈點與注記。

　　摺頁：偶有摺頁。

　　其他：爲《隨園全集》第3函第20—25冊。

2062 隨園隨筆二十八卷（清）袁枚撰 1928 年上海掃葉山房石印本

    4 冊

    隨園全集之十

    HSMH（HS-N05F3-008）

    附注：

        印章：鈐有"胡適的書"朱文方印。

        批注圈劃：有胡適的黑、紅、鉛筆圈點與注記。

        摺頁：偶有摺頁。

        其他：爲《隨園全集》第 3 函第 26 冊、第 4 函第 27—29 冊。

2063 隨園瑣記二卷談瀛録一卷（清）袁祖志著 1928 年上海掃葉山房石印本

    1 冊

    隨園全集之四十至四十一

    HSMH（HS-N05F3-022）

    附注：

        印章：鈐有"胡適的書"朱文方印。

        其他：(1)《談瀛録》又名《涉洋管見》。(2)爲《隨園全集》第 6 函第 54 冊。

2064 隨園續同人集四卷（清）袁枚輯 1928 年上海掃葉山房石印本

    4 冊

    隨園全集之十四

    HSMH（HS-N05F3-011）

    附注：

        印章：鈐有"胡適的書"朱文方印。

        摺頁：偶有摺頁。

        其他：爲《隨園全集》第 5 函第 39—42 冊。

2065 臺北縣志二十七卷卷首一卷 戴德發監修 盛清沂總纂 1960 年臺北縣文獻委員會排印本

    2 函 28 冊

HSMH（HS-N05F6-001）

附注：

印章：鈐有"胡適的書"朱文方印。

2066 臺灣紀錄兩種上冊 胡傳著 胡適 羅爾綱校編 1951年臺北刊本

1冊

臺灣文獻委員會叢書第三種

HSMH（HS-N01F4-066）

附注：

印章："胡適校本"冊鈐有"胡適手校"白文方印、"胡適之□"白文方印、"胡適的書"朱文方印。

題記：館藏一冊封面有胡適的黑筆注記："胡適校本"，胡適的朱筆注記："民國四十年七月廿九日寄到紐約。胡適。"

批注圈劃："胡適校本"冊全書有胡適的朱、紅、黑、藍筆注記、校改與圈劃。

夾紙：(1)"胡適校本"冊《日記》頁14、17、68、69各有夾紙1張。(2)館藏一冊《日記》頁2夾正誤表1張。

內附文件："胡適校本"冊扉頁粘附1951年6月12日黃純青致胡適贈書信函1封，上有胡適的藍筆注記。

與胡適的關係：(1)內封面書名"續黟胡傳著 臺灣日記 貴縣羅爾綱校編"係胡適所題簽。(2)收錄胡適《胡鐵花先生家傳 代序》一文，文末收錄1951年1月19日胡適所寫的後記，紀念館另藏一文亦有胡適親筆校改與注記，二文可資比較，參見館藏號：HS-NK03-001-002。

相關記載：館藏張煥綸代撰；羅爾綱抄；胡適校改《胡鐵花先生家傳》一文，參見館藏號：HS-HC01-008-002。

其他：初版。

2067 臺灣紀錄兩種下冊 （清）胡傳著 胡適 羅爾綱校編 1951年臺北刊本

1冊

臺灣文獻委員會叢書第三種

HSMH（HS-N01F4-067）

附注：

印章："胡適校本"冊鈐有"胡適手校"白文方印、"胡適之□"白文方印、"胡適的書"朱文方印。

題記：館藏一冊封面有胡適的藍筆注記："胡適校本。"

批注圈劃："胡適校本"冊扉頁粘附正誤表；全書有胡適的朱、紅、藍、黑筆注記與校改。

內附文件：(1)"胡適校本"冊書末版權頁前粘貼方豪致胡適的信函，未書年份，僅署月日，因紀念館藏胡適於1951年9月7日致楊聯陞函提及方豪此信內容，故暫定其時間爲1951年8月12日，可參見館藏號：HS-LS01-003-012。(2)"胡適校本"冊封底粘貼方豪《胡鐵花先生與臺東州採訪修志冊》剪報一則(1951-08-10《公論報》第6版)。

與胡適的關係：(1)內封面書名"胡傳著 臺灣禀啟存稿三卷 羅爾綱胡適校編"係胡適所題簽。(2)卷1—3目錄後均收錄1951年1月胡適所寫的後記。(3)《編校後記》收錄1951年1月21日、1951年1月22日胡適致黃純青信函2封。

其他：初版。

2068 鐔津文集二十二卷 （宋）釋契嵩撰 1936年上海商務印書館印本

7冊

四部叢刊三編集部

HSMH（HS-N05F1-028）

附注：

印章：各冊均鈐有"胡適的書"朱文方印。

批注圈劃：(1)第1冊《鐔津明教大師行業記》有胡適的藍筆注記與圈點；卷1、2有胡適的紅筆眉批與圈點劃綫。(2)第5冊卷15、16有胡適的紅筆眉批與圈點。(3)第7冊卷22有胡適的紅筆注記與劃綫；卷末後敍有胡適紅筆年份注記。

摺頁：偶有摺頁。

其他：(1)初版。(2)第1冊牌記題"上海涵芬樓影印常熟瞿氏鐵琴銅劍樓藏明弘治己未刊本"。

2069 唐宋金元明清書畫精華 世界科學社藝術部編 1960 年臺北世界科學社影印本

 1 冊

 HSMH（HS-N02F5-015）

 附註：

  其他：封面題"唐宋金元明清名賢墨寶"。

2070 唐雲麾將軍碑（唐）李邕撰并書

 1 冊

 HSMH（HS-N01F1-006）

 附註：

  印章：內頁鈐有二枚"胡適的書"朱文方印。

  其他：(1)拓本。(2)版權頁題名"李北海雲麾碑"。

2071 陶淵明集十卷（晉）陶淵明撰 清光緒二年(1876)翻刻咸豐辛酉年(1861)縮刻宋刊本

 2 冊

 HSMH（HS-N02F1-017）

 附註：

  印章：二冊均鈐有"胡適的書"朱文方印、"胡適之□"白文方印；第 1 冊鈐有"西湖官館"白文方印、"樂□"白文方印；第 2 冊末鈐有"滇南蘇氏藏書"白文方印、"□生珍秘"朱文方印、"胡適"朱文方印。

  題記：第 1 冊書名頁末有胡適毛筆注記："一九四九，三月卅一日，來董閣陳濟川先生贈我此本。胡適。"

  批注圈劃：(1)第 1 冊卷 2、3、5 有胡適鉛筆注記。(2)第 2 冊卷 6 有 1956 年 3 月 19 日胡適的紅筆眉批及圈點劃綫；卷 8 偶有胡適的鉛筆注記。

2072 天工開物三卷（明）宋應星著（日）江田益英校訂 日本明和八年(1771)菅生堂刻本

 9 冊

 HSMH（HS-N02F3-018）

 附註：

印章：(1)第1册钤有"菅生堂"朱文方印、"□□"朱文圆印、"胡適"白文方印、"長崎千里藏書之印"朱文長印、"觀日樓藏書"朱文方印、"□□"朱文方印。(2)第2、3、4、6、7、8、9冊均鈐有"□□"朱文圓印、"長崎千里藏書之印"朱文長印、"觀日樓藏書"朱文方印、"□□"朱文方印。(3)第5冊鈐有"□□"朱文圓印、"長崎千里藏書之印"朱文方印、"觀日樓藏書"朱文方印、"□"朱文方印。

批注圈劃：(1)第1冊偶有胡適的紅、藍筆注記。(2)第6冊偶有胡適的藍筆注記。(3)第7冊偶有朱筆圈劃及注記，似非胡適筆迹。(4)第9冊末版權頁有胡適的藍筆注記。

其他：第1冊牌記題"南塘先生校訂 千里必究 天工開物 浪華書林 菅生堂"。

2073 天下郡國利病書（清）顧炎武撰 1936年上海商務印書館影印本

50冊

四庫善本叢書初編史部

HSMH（HS-N05F1-036）

附注：

印章：各冊均鈐有"胡適的書"朱文方印。

其他：第1冊牌記題"四庫善本叢書館借涵芬樓印崑山圖書館所藏稿本景印"。

2074 天樂正音譜附跋文二篇（清）吳歷著 方豪 鄭騫校訂 仿古排印本

1冊

HSMH（HS-N01F3-019）

附注：

印章：書名頁鈐有"胡適的書"朱文方印。

題記：封面有胡適紅筆注記："方豪先生寄贈 胡適 一九五一，二，十三。"

批注圈劃：書末跋文後有胡適藍筆注記："台北，羅斯福路四段32巷二號 Manrus，Fang Hao。"

其他：書末有1950年方豪跋及鄭騫跋。

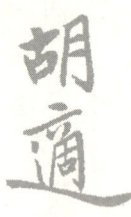

2075 鐵冶亭先生梓里集原本（清）鐵保輯 硃墨批校鈔本

4 冊

HSMH（HS-N02F5-002）

附注：

印章：鈐有"胡天獵隱藏書"朱文長方印、"王研堂"白文方印、"鐵保□印"朱文方印、"理齋"朱文方印、"曹傳章印"白文方印、"鐵"白文方印、"卿"朱文圓印、"補堂"朱文方印等。

其他：(1)書名係由本館擬定。(2)此書多眉注、批注和浮貼箋注，頗似手稿原本，此書成集大約在清乾、嘉年間。

2076 通雅首三卷五十卷（明）方以智著（清）姚文燮校訂 浮山此藏軒藏版

23 冊

HSMH（HS-N05F1-001）

附注：

印章：鈐有"胡適的書"朱文方印。

批注圈劃：(1)第 1 冊各序、目錄、凡例、卷首等均有胡適的紅筆圈點、劃綫及注記。(2)第 2 冊卷首之二有胡適的紅筆注記。(3)卷 13、15 偶有胡適的紅筆圈點及劃綫。

摺頁：偶有摺角。

其他：(1)館闕一冊(卷 5、6)。(2)第 1 冊收錄康熙丙午年姚文燮序、錢澄序、方以智二序。

2077 王荊公年譜考略二十五卷雜錄二卷附錄一卷（清）蔡上翔著 1930 年燕京大學國學研究所重訂本

6 冊

HSMH（HS-N01F5-002）

附注：

印章：各冊封面均印有"胡適"；內鈐有"胡適的書"朱文方印。

題記：第 1 冊書名頁有胡適手寫注記："民國卅九年(1950)十一月，胡適在紐約得此書。"

批注圈劃：各冊多處均有胡適的朱、紅、黑、藍筆注記、校改與圈劃。

1856

2078 王荊文公詩五十卷補遺一卷（宋）王安石撰（宋）李壁箋註 1836年日本據武原張宗松清綺齋刊本影印

    1函4冊

    HSMH（HS-N01F4-006）

    附注：

        印章：函套鈐有"胡適"白文方印、"凌霜文庫"朱文長印；書冊鈐有"胡適的書"朱文方印、"胡適之印"白文方印、"凌霜文庫"朱文長印、"胡適"白文方印、"渡邊千秋藏書"朱文長印。

        批注圈劃：(1)第1冊卷1有胡適的藍筆眉批及圈點。(2)第4冊有胡適的紅、藍筆圈點、批注。

        夾紙：第3冊夾有日文廣告紙1張。

        其他：(1)正文卷端題"王荊文公詩卷之一 鴈湖李壁箋註"。(2)函套及封面書簽均題"官板王半山詩箋注"。

2079 王心齋全集五卷（明）王艮撰 日本大阪刻本

    2冊

    HSMH（HS-N01F2-014）

    附注：

        印章：第1冊《國朝李二曲先生觀感錄叙》鈐有"胡適"白文方印；二冊均鈐有"胡適的書"朱文方印。

        批注圈劃：全書有朱筆點讀，偶有胡適的藍筆批校及圈點。

        其他：版心題爲"王文貞公全集"。

2080 王注老子道德經二卷（晉）王弼註（日）南總宇惠考訂 日本明和七年（1770）江户須原屋茂兵衞刊本

    2冊

    HSMH（HS-N01F4-010）

    附注：

        印章：二冊均鈐有"胡適的書"朱文方印。

        題記：第1冊《刻老子王註序》末有胡適的藍筆注記："此本甚佳。我在東

1857

京買得,價日金只二百元,合美金只五角。一九五四,六月,胡適。"

2081 偽經考十四卷 (清)康有爲學

　　5 冊

　　萬木草堂叢書

　　HSMH（HS-N02F3-025）

　　附注：

　　　　印章：各冊均鈐有"胡適的書"朱文方印。

　　　　批注圈劃：(1)第 1 冊《偽經考後序》偶有胡適的鉛筆劃綫及注記,卷 1 前偶有紅筆劃綫。(2)第 2、3 冊偶有胡適的紅筆圈點及劃綫。

　　　　其他：(1)版心下方記"萬木草堂叢書"。(2)第 1 冊卷首收錄丁巳(1917年)康有爲序于京師美使館之美森院。

2082 韋齋集十二卷附玉瀾集一卷 (宋)朱松撰 1934 年上海商務印書館據常熟瞿氏鐵琴銅劍樓藏明刊本影印

　　3 冊

　　四部叢刊續編集部

　　HSMH（HS-N01F4-056）

　　附注：

　　　　印章：各冊鈐有"胡適的書"朱文方印。

　　　　批注圈劃：各冊有胡適的紅、藍筆眉批和圈點。

2083 文木山房集四卷附錄三卷 (清)吳敬梓撰 1957 年上海古典文學出版社印本

　　1 冊

　　HSMH（HS-N01F5-010）

　　附注：

　　　　印章：鈐有"胡適的書"朱文方印。

　　　　批注圈劃：(1)版權頁有胡適的紅筆劃綫。(2)序有胡適的紅筆圈劃和注記。

　　　　其他：(1)第 1 版。(2)序前版權頁出版說明記有"現在這個本子是用前亞東圖書館的紙型重印的"。

2084 文藪十卷 （唐）皮日休撰 1895 年合肥李氏重刊宋本

1 冊

HSMH（HS-N02F3-007）

附注：

　　印章：鈐有"胡適的書"朱文方印；卷 1 鈐有"□□□□"白文方印。

　　其他：(1)封面題"影宋本皮子文藪"。(2)牌記題"光緒乙未初冬合肥李氏蘭雪堂影宋本重雕"。(3)卷端題名"唐皮日休文藪"。

2085 文苑英華辨證十卷 （宋）彭叔夏撰 1921 年上海古書流通處印本

2 冊

知不足齋叢書

HSMH（HS-N01F5-035）

附注：

　　印章：鈐有"胡適的書"朱文方印。

　　摺頁：第 2 冊卷 9 有一處摺頁。

　　其他：據清乾隆六十年(1795)鮑廷博校刊本影印。

2086 文子二卷 （周）辛銒撰 1937 年上海商務印書館影印明萬曆刻本

1 冊

景印元明善本叢書十種第六種

HSMH（HS-N01F4-017）

附注：

　　其他：(1)封面書籤題為"景明刻本子彙"。(2)為《子彙》第 5 冊。

2087 無邪堂答問五卷 （清）朱一新撰 清光緒二十一年(1895)廣雅書局刊本

1 函 5 冊

HSMH（HS-N01F2-009）

附注：

　　印章：各冊鈐有"胡適的書"朱文方印。

　　批注圈劃：第 3 冊卷 3 頁 40—42 有紅筆劃綫及點讀。

1859

夾紙：第 4 冊有夾紙 1 張。

2088 西塘先生文集十卷附錄一卷（宋）鄭俠撰 明萬曆三十七年（1609）福堂葉氏刻本

8 冊

HSMH（HS-N21F5-137）

附注：

印章：《西塘先生集序》鈐有"國立北平圖書館收藏"朱文方印、"鄭氏注韓居珍藏記"朱文長方印；《錄題》鈐有"宮保尚書"白文方印、"趙印□□"白文方印、"□史心□"朱文方印。

題記：封面寫有"FR.401；985-1199 no.830 西塘先生文集 十卷附錄一卷 鄭俠（宋）撰 明萬曆間刻本 九行十八字（20＊13.7）八冊 一函"。

相關記載：此微捲爲胡適向美國國會圖書館購得，其攝製來源爲北平圖書館善本書，參見《胡適手稿》第 7 集，卷 3，頁 577、578《衢州府有白居易"傳法堂碑"》（1961.05.23），或參見館藏號：HS-MS01-021-009。

其他：(1) 爲微捲型式，微捲包裝盒上有胡適的手寫注記："嘉靖黃省曾刻水經注。"微捲包盒側面貼有"Ch'u-Chou fu-chih（3）Shih-Ching chu. His Tang wen-chih（1）"資料標籤。(2) 本微捲係《衢州府志》、《水經注》、《西塘先生文集》合錄。(3) 館藏卷 1—6（4 冊），缺 4 冊。

2089 西遊補十六回（明）董説撰 1955 年北京文學古籍刊行社印本

2 冊

HSMH（HS-N01F5-017）

附注：

印章：二冊均鈐有"胡適的書"朱文方印。

批注圈劃：第 2 冊劉復《〈西遊補〉作者董若雨傳》有胡適的黑筆注記和劃綫。

其他：(1) 北京第 1 版。(2) 據明崇禎刻本重印。

2090 詳註聊齋志異圖詠十六卷（清）蒲松齡撰（清）呂湛恩注 清光緒十九年（1893）鴻父書局石印本

1 函 8 冊

HSMH（HS-N02F1-033）

附注：

 印章：各冊鈐有"胡適的書"朱文方印。

 其他：(1)第 1 冊書名頁題"詳註聊齋志異圖咏"。(2)牌記題"光緒十有九年鴻父書局石印"。

2091 小倉山房詩集三十七卷補遺二卷（清）袁枚撰 1928 年上海掃葉山房石印本

8 冊

隨園全集之三至四

HSMH（HS-N05F3-004）

附注：

 印章：鈐有"胡適的書"朱文方印。

 摺頁：偶有摺角。

 其他：爲《隨園全集》第 2 函第 9—16 冊。

2092 小倉山房外集八卷（清）袁枚撰 1928 年上海掃葉山房石印本

2 冊

隨園全集之二

HSMH（HS-N05F3-003）

附注：

 印章：鈐有"胡適的書"朱文方印。

 其他：爲《隨園全集》第 1 函第 7、8 冊。

2093 小倉山房文集三十五卷（清）袁枚撰 1928 年上海掃葉山房石印本

6 冊

隨園全集之一

HSMH（HS-N05F3-002）

附注：

 印章：鈐有"胡適的書"朱文方印。

 題記：第 1 冊封面有胡適的藍筆注記："一九五〇年十二月三日大雨裏到

1861

金山服務公司，沒有書可買，只買了《袁隨園全集》，與近年出的路大荒編的《聊齋全集》。胡適。"

批注圈劃：各冊有胡適的紅、黑、藍筆圈點、劃綫及注記。

摺頁：偶有摺角。

相關記載：第 2 冊卷 7 頁 7 有胡適的藍筆注記，與 1950 年 12 月 12 日胡適日記內文可互爲參照。

其他：爲《隨園全集》第 1 函第 1—6 冊。

2094 校刊少室逸書及解説（日）鈴木大拙校 1936 年日本大阪市安宅佛教文庫排印本

1 冊

HSMH（HS-N02F5-006）

附注：

印章：鈐有"胡適的書"朱文方印。

批注圈劃：(1)有胡適的紅、藍、綠、黑筆眉批、校改及劃綫。(2)頁 72 有胡適注記："胡適用巴黎 P. 2045（B）校。前年先在 Berkeley 校未畢。今年在 New York 校完。一九五八，八，四夜。"

夾紙：(1)有夾紙數張。(2)目次夾有胡適紅筆手寫筆記 1 張。

其他：(1)爲胡適校閱本。(2)目録題名"少室逸書"。

2095 筱雲詩集二卷湄君詩集二卷（清）袁枚輯 1928 年上海掃葉山房石印本

1 冊

隨園全集之十九至二十

HSMH（HS-N05F3-015）

附注：

印章：鈐有"胡適的書"朱文方印。

其他：(1)《筱雲詩集》又名《筱雲詩選》；《湄君詩集》又名《湄君詩選》、《粲花軒詩稿》。(2)《筱雲詩集》與《湄君詩集》合刊一冊。(3)爲《隨園全集》第 6 函第 47 冊。

2096 蕭齋詩存十卷 陳定山著 1961 年臺北大中書局印本

1 冊

定山草堂外集

HSMH（HS-N02F4-019）

附注：

題記：牌記有胡適黑筆題"台中市自治街四號 定山草堂 陳定山先生贈 五十,十,廿九收到"。

摺頁：偶有摺頁。

其他：(1)初版。(2)據伍稼青寫本影印。

2097 新刊全相成齋孝經直解一卷（元）貫酸齋（小雲石海崖）撰 1938 年北平來薰閣書店印本

1 冊

HSMH（HS-N02F3-023）

附注：

印章：鈐有"胡適"朱文長印、"胡適的書"朱文方印。

批注圈劃：(1)偶有胡適的藍筆注記。(2)書末有胡適的紅、藍筆注記、修改及劃綫。

内附文件：書末粘附 1941 年 2 月 5 日 Siduey 的信函 1 封。

其他：據日本林秀一所藏元刊本影印。

2098 新齊諧二十四卷續十卷（清）袁枚撰 1928 年上海掃葉山房石印本

8 冊

随園全集之十一至十二

HSMH（HS-N05F3-009）

附注：

印章：鈐有"胡適的書"朱文方印。

批注圈劃：有胡適的藍、黑、紅、鉛筆圈點與注記。

摺頁：偶有摺頁。

其他：爲《随園全集》第 4 函第 30—36 冊、第 5 函第 37 冊。

2099 新唐書糾謬二十卷（宋）吳縝纂 1935 年上海商務印書館影印本

1863

4 冊

四部叢刊三編史部

HSMH（HS-N01F5-039）

附注：

印章：各冊均鈐有"胡適的書"朱文方印。

批注圈劃：(1)第 1 冊序、表、跋及各卷有胡適的紅筆圈點和注記。(2)第 3 冊卷 11、12 有胡適的紅筆圈點和注記。(3)第 5 冊卷 20 偶有胡適的紅筆圈點和注記、書末跋文有紅筆圈劃。

其他：牌記記載"上海涵芬樓景印江安傅氏雙鑑樓藏明刊本原書版匡高十九公分寬十三公分"。

2100 繡像漢宋奇書（清）金聖嘆評點 清刊本

2 函 20 冊

HSMH（HS-N01F5-014）

附注：

印章：鈐有"胡適的書"朱文方印。

其他：本書係《水滸傳》及《三國演義》二種合刻而成，每頁分兩欄，上欄爲《水滸傳》，下欄爲《三國演義》。所刻《忠義水滸傳》係一百十五回本，古本《三國志》係一百二十回本。

2101 許白雲先生文集四卷（元）許謙著 1934 年上海商務印書館影印本

1 冊

四部叢刊續編集部

HSMH（HS-N01F5-009）

附注：

印章：鈐有"胡適的書"朱文方印。

其他：牌記記載"上海涵芬樓景印常熟瞿氏鐵琴銅劍樓藏明正統刊本原書版高二十一公分寬十三公分"。

2102 續碑傳集八十六卷（清）繆荃孫纂錄 四庫善本叢書館影印本

8 冊

四庫善本叢書初編史部

HSMH（HS-N05F2-002）

附注：

  印章：各冊均鈐有"胡適的書"朱文方印。

  批注圈劃：第1冊目錄偶有胡適的紅筆注記。

  其他：第1冊牌記題"四庫善本叢書館景印"。

2103 續甲骨文編十四卷附錄二卷檢字表 金祥恆輯 1959年臺北石印本

1函4冊

HSMH（HS-N01F3-022）

附注：

  印章：各冊均鈐有"胡適的書"朱文方印；第1冊扉頁鈐有"金祥恆"朱文方印。

  題記：第1冊扉頁有金祥恆手題"敬請 胡院長適之先生教正 晚 金祥恆敬贈 四十九年元月廿五日"。

  其他：附錄《合文及甲詞舉隅》、《待問編》。

2104 研六室文鈔十卷補遺一卷（清）胡培翬撰 清光緒四年（1878）績溪胡氏世澤樓重刊本

1函4冊

HSMH（HS-N01F4-004）

附注：

  印章：各冊均鈐有"胡適的書"朱文方印、"汪振之"朱文長印、"□□藏書"白文方印、"□□氏"朱文長印。

  題記：牌記有胡適黑筆手寫注記："此本增入（1）胡晉牲序，（2）汪士鐸墓志，（3）胡培系行狀，（4）補遺文四篇"，"此是績溪胡氏世澤樓重刊本，初刻在道光十七年酉（一八三七）。從日本京都彙文堂買得。胡適 一九六二，二，二十"。

  批注圈劃：全書有胡適的藍筆眉批和校改。

  夾紙：（1）第3、4冊有夾紙數張。（2）第4冊卷9頁3夾有紅筆手寫紙1張，並記"缺一葉"。

1865

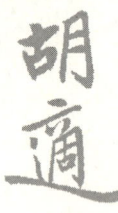

相關記載:1962年1月13日胡頌平致石璋如函,請代向彙文堂函購書籍7種,並附有胡適手寫便條1張,參見館藏號:HS-NK05-011-004。

2105 延平李先生師弟子答問一卷延平李先生答問後錄一卷雜學辨一卷雜學辨附錄一卷（宋）朱熹撰 清康熙中禦兒呂氏寶誥堂重刻白鹿洞原本

　　1冊

　　HSMH（HS-N01F3-007）

　　附注:

　　　印章:《延平李先生師弟子答問》鈐有"胡適的書"朱文方印、"觀生盧"朱文長方印、"□□"朱文方印。

　　　批注圈劃:各卷有胡適的朱、藍、鉛筆注記和圈點。

　　　其他:(1)頁首有鈐印挖空處,胡適手寫黑筆闕文補上。(2)爲《朱子遺書》第2冊。

2106 顏氏家訓彙注二卷附補遺一卷（北齊）顏之推撰 周法高撰輯 1960年臺北"中央研究院"歷史語言研究所排印本

　　4冊

　　"中央研究院"歷史語言研究所專刊41

　　HSMH（HS-N02F4-024）

　　附注:

　　　印章:館藏一部各冊均鈐有"胡適的書"朱文方印;其餘各部均鈐有"胡適紀念館藏書"朱文橢圓印。

　　　題記:館藏一部第1冊扉頁有手寫題記:"適之師教正 生法高敬呈 一九六〇,十一,二六","行首加星號者,請參閱補遺"。

　　　批注圈劃:館藏一部第3冊頁162處有胡適的紅筆校改。

　　　其他:附錄北齊《書文苑傳》等5種。

2107 楊氏女殺狗勸夫雜劇一卷（元）佚名撰（日）吉川幸次郎等注 1951年日本京都大學仿古排印本

　　1冊:圖

　　HSMH（HS-N01F4-029）

附注：

　　批注圈劃:偶有胡適的朱、藍筆批校。

　　相關記載:1951年8月20日橋川時雄致胡適函,轉請奧村茂代呈此書事,可參見館藏號HS-US01-098-005。

　　其他:(1)爲《元曲選釋》第3冊。(2)又名《殺狗勸夫》。

2108 瑶華閣詩草一卷瑶華閣詞鈔一卷瑶華閣詞鈔補遺一卷（清）袁枚輯 1928年上海掃葉山房石印本

　　1冊

　　随園全集之二十八至三十

　　HSMH（HS-N05F3-018）

　　附注：

　　　　印章:鈐有"胡適的書"朱文方印。

　　　　其他:爲《随園全集》第6函第50冊。

2109 野獲編三十卷補遺四卷（明）沈德符著（清）錢枋輯 清道光七年(1827)錢塘姚氏扶荔山房刊本

　　3函20冊

　　HSMH（HS-N02F3-026）

　　附注：

　　　　印章:各冊均鈐有"胡適的書"朱文方印;各冊卷末均鈐有"儷笙□閱"朱文方印、"儷笙閲過"白文方印;第1冊鈐有"鄒氏家藏"白文方印、"勤藝堂印"白文方印、"勤藝堂鄒氏藏書記"朱文方印、"鄒儷笙讀書記"朱文方印。

　　　　批注圈劃:(1)第1冊有胡適的紅筆注記、圈點及劃綫。(2)第2、4冊有胡適的藍筆圈點及劃綫。(3)第14冊偶有胡適的紅筆注記、圈點及劃綫。(4)第15冊有胡適的藍、紅筆注記、圈點及劃綫。(5)第17冊偶有胡適的紅筆圈點;第18冊偶有胡適的紅筆注記。

　　　　夾紙:(1)第11、14、15、17冊偶有夾紙。(2)第15冊卷27頁16處夾有於1960年12月5日胡適的紅筆手寫筆記,共12頁。

　　　　相關記載:1961年10月27日有胡適《沈德符 野獲編二七記明朝的"僧家考課"》一文,所提内文與第15冊所夾之紅筆手寫筆記相關,可參見館藏號：HS-MS01-023-006。

其他：(1) 第 1 冊牌記題"道光丁亥春鐫 野獲編 錢唐姚氏鑒藏"；版心下方題"扶荔山房"。(2) 第 4 冊卷 5 有清人鄒存淦（字儷笙）朱筆長篇注記。

2110 葉醉白畫集第一冊 葉醉白著 "中國新聞出版社"印本

1 冊

HSMH（HS-N21F2-005）

附注：

印章：扉頁鈐有"□□□□"白文方印。

題記：扉頁有作者毛筆題贈："適公 誨正 晚葉醉白呈。"

內附文件：夾附作者致胡適的贈書信函 1 封，原件參見館藏號：HS-NK05-114-004。

2111 藝風老人年譜一卷 （清）繆荃孫撰 1936 年文祿堂刊本

1 冊

HSMH（HS-N02F5-005）

附注：

印章：鈐有"胡適的書"朱文方印。

其他：牌記題"丙子正月梓文祿堂經印"。

2112 儀顧堂續跋十六卷 （清）陸心源著 清末歸安陸氏刊本

1 函 6 冊

HSMH（HS-N01F4-034）

附注：

印章：目錄、卷 1、卷 6、卷 12 鈐有"□□藏書"白文方印。

批注圈劃：(1) 第 1 冊《儀顧堂續跋序》有胡適的紅筆眉批。(2) 卷 5—8 有胡適的紅、藍、黑筆批注、劃綫及圈點。

夾紙：全函偶有夾紙。

相關記載：卷 8 頁 3《馮己蒼校宋本水經注跋》有胡適的紅、藍筆批注及圈劃，1955 年 7 月 11 日胡適致諸橋轍次函，提及此書及此卷，可參見館藏號:HS-NK05-003-022,亦可參見館藏號:HS-MS01-010-012。

2113 伊洛淵源録十四卷上蔡先生語録三卷 (宋)朱熹撰 清康熙中禦兒吕氏寶誥堂重刻白鹿洞原本

2 冊

HSMH(HS-N01F3-011)

附注:

印章:頁首均鈐有"胡適的書"朱文方印、"觀生廬"朱文長方印、"□□"朱文方印。

批注圈劃:(1)二冊扉頁均有胡適紅筆手寫的《伊洛淵源録目次》。(2)卷2—4、卷11—14有胡適的紅筆注記和圈劃。(3)《上蔡先生語録》卷上有胡適的紅筆圈劃。

其他:(1)二冊頁首均有鈐印挖空處,已重新鈐印補上。(2)爲《朱子遺書》第8、9冊。

2114 易學啓蒙四卷 (宋)朱熹撰 清康熙中禦兒吕氏寶誥堂重刻白鹿洞原本

1 冊

HSMH(HS-N01F3-014)

附注:

印章:頁首鈐有"胡適的書"朱文方印、"觀生廬"朱文長印、"□□"朱文方印。

批注圈劃:卷1—3有胡適的紅、藍筆注記及圈點。

其他:(1)頁首有鈐印挖空處,已黑筆手寫闕文補上。(2)爲《朱子遺書》第17冊。

2115 因樹屋書影十卷 (清)周亮工撰 (清)吳宗信校訂 清雍正三年(1725)周在延序重刻賴古堂刊本

10 冊

HSMH(HS-N02F3-017)

附注:

印章:第1冊徐序鈐有"忠□□"朱文方印,卷1鈐有"李□"白文方印;各冊均鈐有"胡適的書"朱文方印;第9冊卷首鈐有"忠州李氏平等閣珍藏"

1869

朱文方印。

批注圈劃：(1)第 1 冊偶有朱筆圈點及朱、毛筆眉批，似非胡適筆迹；第 1 冊卷 1 頁 50、53 有胡適紅筆批注。(2)第 2 冊偶有朱筆圈點。(3)第 3 冊偶有朱筆圈點及毛筆眉批，似非胡適筆迹。(4)第 4 冊偶有朱筆圈點及眉批，似非胡適筆迹。(5)第 5 冊偶有朱筆圈點。(6)第 6—10 冊偶有朱筆圈點及朱、毛筆眉批，似非胡適筆迹。

其他：第 3 冊偶有夾紙。

2116 飲水詞鈔二卷箏船詞一卷捧月樓詞二卷（清）袁枚輯 1928 年上海掃葉山房石印本

　　1 冊

　　隨園全集之三十二至三十四

　　HSMH（HS-N05F3-020）

　　附注：

　　　　印章：鈐有"胡適的書"朱文方印。

　　　　其他：爲《隨園全集》第 6 函第 52 冊。

2117 殷虚文字外編 董作賓編輯 嚴一萍摹釋 1956 年臺北藝文印書館印本

　　1 冊

　　HSMH（HS-N02F4-013）

　　附注：

　　　　印章：鈐有"胡適的書"朱文方印。

　　　　其他：初版。

2118 甬上族望表二卷句餘土音三卷（清）全祖望撰 清嘉慶十九年（1814）雕本

　　1 函 3 冊

　　HSMH（HS-N01F2-011）

　　附注：

　　　　印章：第 1 冊《甬上族望表》卷上，第 2、3 冊《句餘土音》卷中均鈐有"胡適的書"朱文方印、"胡適"白文方印、"□□藏書記"白文方印。

　　　　批注圈劃：(1)第 1 冊《甬上族望表》卷上有胡適的朱筆批注及 1959 年 11

月26日的二則藍筆批注。(2)第2冊《句餘土音序》有胡適的朱筆批注和圈點,序末有1954年8月28日胡適的朱筆長篇批注,並提及此書是在東京買得;第2冊卷上頁25—27有胡適的朱筆批注及圈點。(3)第3冊卷下多處有胡適的朱筆批注及圈點。

夾紙:第2、3冊偶有夾紙。

相關記載:(1)第1冊《甬上族望表》卷上胡適的朱、藍筆眉批;第2冊《句餘土音序》末胡適的朱筆短跋亦收錄在胡頌平著《胡適之先生年譜長編初稿》第8冊,頁3072—3074。(2)1959年11月26日胡適致張其昀函,提及《甬上族望表》及《句餘土音》有影印流通的價值,參見館藏號:HS-NK01-035-010。

其他:一冊爲《甬上族望表》,二冊爲《句餘土音》。

2119 右任詩存上卷六卷下卷四卷 于右任撰 1956年臺北"中華叢書委員會"印本

2冊

"中華叢書"

HSMH(HS-N02F4-016)

附注:

題記:上卷封面有作者題贈:"適之我兄惠存 于右任 五十年十二月。"

摺頁:下卷偶有摺頁記號。

2120 又玄集三卷 (唐)韋莊選 1958年上海古典文學出版社印本

1冊

HSMH(HS-N02F3-021)

附注:

印章:扉頁鈐有"胡適的書"朱文方印。

題記:扉頁有程綏楚毛筆題贈:"適之校長華誕 學生綏楚敬賀 民國戊戌寄於九龍。"

相關記載:1959年2月24日程綏楚致胡適函,文中提及此書相關事項,參見館藏號:HS-NK01-053-022。

其他:第1版。

2121 玉函山房輯佚書第五十二冊 （清）馬國翰輯 清光緒十年（1884）湘遠堂重刊本

1 冊

玉函山房叢書

HSMH（HS-N01F5-023）

附注：

印章：鈐有"究禮樓藏書"白文方印、"胡適的書"朱文方印。

批注圈劃：序文有胡適的藍筆圈點；全書有胡適的紅、藍筆圈點和眉批。

其他：版心下方記"湘遠堂重刊"。

2122 玉函山房輯佚書第五十三冊 （清）馬國翰輯 清光緒十年（1884）湘遠堂重刊本

1 冊

玉函山房叢書

HSMH（HS-N01F5-024）

附注：

印章：鈐有"究禮樓藏書"白文方印、"胡適的書"朱文方印。

批注圈劃：書目及內文有胡適的朱、紅、藍筆圈點與批注。

夾紙：有夾紙 1 張。

其他：版心下方記"湘遠堂重刊"。

2123 玉函山房輯佚書第五十四冊 （清）馬國翰輯 清光緒十年（1884）湘遠堂重刊本

1 冊

玉函山房叢書

HSMH（HS-N01F5-025）

附注：

印章：鈐有"究禮樓藏書"白文方印、"胡適的書"朱文方印。

批注圈劃：偶有胡適的藍筆注記。

其他：版心下方記"湘遠堂重刊"。

2124 玉函山房輯佚書第五十五冊 （清）馬國翰輯 清光緒十年（1884）湘遠堂重刊本

1 冊

玉函山房叢書

HSMH（HS-N01F5-026）

附注：

印章：鈐有"究禮樓藏書"白文方印、"胡適的書"朱文方印。

批注圈劃：偶有胡適的藍筆圈點和批注。

夾紙：有夾紙2張。

其他：版心下方記"湘遠堂重刊"。

2125 玉函山房輯佚書第五十六冊 （清）馬國翰輯 清光緒十年(1884)湘遠堂重刊本

1冊

玉函山房叢書

HSMH（HS-N01F5-027）

附注：

印章：鈐有"究禮樓藏書"白文方印、"胡適的書"朱文方印。

批注圈劃：偶有胡適的藍筆批注及劃綫。

其他：版心下方記"湘遠堂重刊"。

2126 玉函山房輯佚書第五十七冊 （清）馬國翰輯 清光緒十年(1884)湘遠堂重刊本

1冊

玉函山房叢書

HSMH（HS-N01F5-028）

附注：

印章：鈐有"究禮樓藏書"白文方印、"胡適的書"朱文方印。

批注圈劃：偶有胡適的藍筆批注。

其他：版心下方記"湘遠堂重刊"。

2127 于文襄手札一卷 （清）于敏中撰 1933年國立北平圖書館手稿影印本

1冊

HSMH（HS-N06F3-050）

附注：

印章：鈐有"適之"朱文方印、"適之手校"朱文方印、"胡適"朱文方印。

題記：封面有胡適毛筆注記："陳援菴先生贈 卅五年八月廿七日 胡適"；

1873

另有胡適的毛筆長篇注記:"于敏中給陸錫熊的手札五十六通,民國廿二年,援菴先生曾攷定其次第。卅五年九月一日我又依我去年考定的次序,重行拆開排定,然後重裝爲此本。每札上方的鉛筆數目字是原影印本的次第。"

批注圈劃:(1)版權頁有胡適的藍筆注記:"用藍鉛加圈的數字表示新攷定的次第。胡適",朱筆注記:"今天用朱筆寫一九四五年新定的次第。胡適 一九四九,十一,廿六。"(2)有胡適的朱、藍、鉛等各色筆注記。

夾紙:(1)扉頁粘貼胡適手寫"于敏中致陸錫熊紀昀五十六札新定目次"稿紙1張。(2)有夾紙數張。

內附文件:書末粘附9月1日陳垣致胡適的信函原稿,年份不詳,參見館藏號:HS-NK05-091-001。

其他:此册係胡適新定本,爲胡適携離北平的少數書稿之一。

2128 語譯廣解四書讀本 沈知方主稿 蔣伯潛注釋 1952年台灣啓明書局印本

1函8册

HSMH(HS-N02F5-013)

附注:

印章:鈐有"胡適的書"朱文方印、"涵芬閣藏"朱文方印、"沈知方印"白文方印等印。

其他:(1)臺2版。(2)夾板封面題"四書讀本"。

2129 鬻子一卷晏子春秋內篇二卷 (周)鬻熊(周)晏嬰撰 1937年上海涵芬樓影印明萬曆刻本

1册

景印元明善本叢書十種第六種

HSMH(HS-N01F4-013)

附注:

批注圈劃:目錄有朱筆劃記。

摺頁:偶有摺頁。

其他:(1)封面書籤題爲"景明刻本子彙"。(2)爲《子彙》第1册。

2130 原本紅樓夢 （清）曹雪芹撰 （清）戚蓼生序 有正書局大字本影印本

　　1 冊

　　HSMH（HS-N01F3-001）

　　附註：

　　　　印章：第 1 冊末有"獵隱藏書"朱文長印。

　　　　相關記載：1961 年 2 月 23 日有胡天獵致胡適贈書信函 1 封，原件可參考館藏號：HS-NK01-196-017。

　　　　其他：(1)封面書籤題爲"國初鈔本原本紅樓夢 一"；版心題爲"石頭記"。分爲八十回。(2)未知總冊數，館藏第 1 冊。

2131 袁家三妹合稿四卷 （清）袁枚輯 1928 年上海掃葉山房石印本

　　1 冊

　　随園全集之二十一至二十四

　　HSMH（HS-N05F3-016）

　　附註：

　　　　印章：鈐有"胡適的書"朱文方印。

　　　　其他：爲《随園全集》第 6 函 48 冊。

2132 元曲選釋第一集 日本京都大學人文科學研究所輯 1951 年日本京都大學仿古排印本

　　1 函 3 冊

　　HSMH（HS-N01F4-026）

　　附註：

　　　　題記：函套封面書籤有胡適的藍筆注記："橋川時雄贈。"

　　　　相關記載：1951 年 8 月 20 日橋川時雄致胡適函，轉請奧村茂代呈此書事，可參見館藏號：HS-US01-098-005。

　　　　其他：(1)內封面書籤題爲"元曲選釋"。(2)本函共分 3 冊，內容：第 1 冊，《破幽夢孤雁漢宮秋雜劇》一卷；第 2 冊，《李太白匹配金錢記雜劇》一卷；第 3 冊，《楊氏女殺狗勸夫雜劇》一卷。

2133 元曲選釋第二集 京都大學人文科學研究所輯 1952 年日本京都大學仿古排

1875

印本

1函3册

HSMH（HS-N01F4-030）

附注：

相關記載：1951年8月20日橋川時雄致胡適函,轉請奧村茂代呈此書事,可參見館藏號：HS-US01-098-005。

其他：(1)内封面書籤題爲"元曲選釋"。(2)本函共分3册,内容：第4册,《臨江驛瀟湘秋夜雨雜劇》一卷；第5册,《便宜行事虎頭牌雜劇》一卷；第6册《杜蕊娘智賞金綫池雜劇》一卷。

2134 袁太史稿一卷（清）袁枚撰 1928年上海掃葉山房石印本

1册

隨園全集之五

HSMH（HS-N05F3-005）

附注：

印章：鈐有"胡適的書"朱文方印。

批注圈劃：(1)封面書籤"袁太史詩稿"中的"詩"字被黑色筆圈起。(2)有胡適的紅筆圈點與劃綫。

其他：(1)目錄題名"袁太史時文"。(2)爲《隨園全集》第3函第17册。

2135 閱紅樓夢隨筆（清）周春著 1958年北京中華書局印本

1册

HSMH（HS-N05F4-024）

附注：

印章：鈐有"胡適的書"朱文方印。

批注圈劃：有胡適紅筆注記、劃綫與校改。

其他：(1)第1版。(2)據上海圖書館藏拜經樓鈔本影印。

2136 約園演講集 張壽鏞撰 影印本

1册

HSMH（HS-N02F1-003）

2137 掌故叢編第一輯 故宮博物院文獻館編 1930年北平景山西大高殿刊本

1冊

HSMH（HS-N01F3-020）

附注：

　　印章：目錄鈐有"胡適的書"朱文方印。

　　題記：目錄末有胡適手寫黑筆注記："去年在東京得此冊。胡適 一九六一，六，廿五。"

　　批注圈劃：《汪景祺西征隨筆》一卷頁1有胡適的藍筆圈點。

　　相關記載：館藏1960年5月5日由日本東京彙文堂出具給胡適的購書發票，參見館藏號：HS-NK05-003-005。

　　其他：再版。

2138 張子語錄三卷後錄二卷附校勘記一卷（宋）張載撰 1934年上海商務印書館印本

1冊

四部叢刊續編子部

HSMH（HS-N05F1-014）

附注：

　　印章：鈐有"胡適的書"朱文方印。

　　批注圈劃：上卷有胡適的朱筆眉批。

　　其他：(1)再版。(2)牌記題"上海涵芬樓借常熟瞿氏鐵琴銅劍樓藏宋刊本景印原書板高二十一公分寬十六公分"。

2139 張狀元孟子傳二十九卷附校勘記一卷（宋）張九成撰 1936年上海商務印書館印本

5冊

四部叢刊三編經部

HSMH（HS-N05F1-020）

附注：

　　印章：各冊均鈐有"胡適的書"朱文方印。

其他：(1)初版。(2)第 1 冊牌記題"上海涵芬樓影印海鹽張氏涉園照存吳縣潘氏滂憙齋藏宋刊本原書板匡高十九公分寬十三公分"。

2140 昭德先生郡齋讀書志四卷附志一卷後志二卷考異一卷（宋）晁公武撰（宋）趙希弁撰并輯後志 1935 年上海商務印書館印本

8 冊

四部叢刊三編史部

HSMH（HS-N05F1-034）

附註：

印章：各冊均鈐有"胡適的書"朱文方印。

摺頁：偶有摺頁。

其他：(1)初版。(2)第 1 冊牌記題"上海涵芬樓景印北平故宮博物院圖書館藏宋淳祐袁州刊本原書版匡高二十三公分寬十八公分"。

2141 正誼堂全書（清）張伯行輯 清同治五年（1866）福州正誼書院刊八年至九年（1869—1870）續刊本

6 函 170 冊

HSMH（HS-N01F6-001）

附註：

印章：鈐有"胡適的書"朱文方印。

批注圈劃：第 1 冊《重刊正誼堂全書總目》頁 15 有毛筆注記。

相關記載：1961 年 8 月 19 日胡適函鄭西平提及欲收購此書，計 170 冊，詳見《胡適之先生年譜長編初稿》第 10 冊，頁 3700，或館藏號：HS-NK05-120-005。

2142 中國公學校史 胡適著 自印本

1 冊

HSMH（HS-N05F5-016）

附註：

印章：館藏一冊封面有胡適的紅筆簽名"胡適"。

內附文件：館藏胡適紅筆簽名之冊末粘附楊亮功《吳淞江上——我在中

國公學一段辦學的經歷》一文,偶有胡適的紅筆注記與劃綫。

2143 中國書譜殷商編 嚴一萍編 1958年藝文印書館印本

1冊

HSMH（HS-N01F1-010）

附注：

印章：書名頁、頁1鈐有"胡適的書"朱文方印。

其他：初版。

2144 中國哲學史大綱卷中中古哲學史 胡適著 1919年鉛印本

1冊

HSMH（HS-N21F1-001）

附注：

批注圈劃：全書有朱、黑、紅筆注記與修改。

夾紙：(1)偶有夾紙。(2)書末夾有黑筆手寫紙3張。

內附文件：(1)書末粘貼錢寶琮致胡適書信1封,探討第六章《迷信與科學》,並附貼錢寶琮黑筆手寫筆記"中國哲學史第十三篇第六章訂誤及討論"2張。可參見館藏號：HS-NK05-133-004。(2)書末粘貼1921年3月9日Phessing致胡適英文信1封,影像檔可參見館藏號：HS-NK05-175-001。

與胡適的關係：封面有胡適的毛筆題籤："民國八年鉛印本 中古哲學史舊稿。"

其他：(1)封面有胡適黑筆手寫"民國八年鉛印本 中古哲學史舊稿",應爲胡適携離北平的書籍之一。(2)爲《中古哲學史》前7章。(北平,北大出版部,1919年;此本未續完。其中第7章"王充與評判的精神"曾在雜誌上發表,後來收在黃暉的《論衡校釋》,作爲附錄之一。)

2145 中庸輯略二卷 (宋)朱熹撰 清康熙中禦兒吕氏寶誥堂重刻白鹿洞原本

1冊

HSMH（HS-N01F3-008）

附注：

印章：《中庸輯略序》鈐有"胡適的書"朱文方印、"觀生盧"朱文長方印及"□□"朱文方印。

夾紙：卷下夾樹葉1片。

其他：(1)頁首鈐印挖空處已重新鈐印補上。(2)為《朱子遺書》第3冊。

2146 中庸說殘三卷 (宋)張九成撰 1936年上海商務印書館影印本

 1冊

 四部叢刊三編經部

 HSMH（HS-N05F1-030）

 附注：

  印章：鈐有"胡適的書"朱文方印。

  其他：(1)初版。(2)牌記題"上海涵芬樓影印海鹽張氏涉園照存日本京都東福寺藏宋槧本原書板匡高二十公分寬十五公分"。

2147 中吳紀聞六卷 (宋)龔明之撰 1921年上海古書流通處印本

 2冊

 知不足齋叢書

 HSMH（HS-N01F5-033）

 附注：

  印章：二冊均鈐有"胡適的書"朱文方印。

  批注圈劃：(1)《中吳紀聞序》末有胡適的紅筆圈點與注記。(2)二冊均有胡適的紅、綠筆圈點和批注。

2148 諸子大綱 張壽鏞撰 影印本

 1冊

 約園演講集四

 HSMH（HS-N02F1-002）

2149 朱子讀余隱之尊孟辨三卷 (宋)朱熹撰 (日)巖崎胖訓點 日本元祿八年(1695)池田屋三郎右衛門刊行本

 3冊

HSMH（HS-N01F2-003）

附注：

　　印章：各冊均鈐有"胡適的書"朱文方印。

2150 朱子年譜四卷考異四卷朱子論學切要語二卷（清）王懋竑纂訂 武昌書局校刊本

4冊

HSMH（HS-N01F2-004）

附注：

　　印章：各冊均鈐有"胡適的書"朱文方印。

　　批注圈劃：(1)第1冊序、原序有胡適的紅筆眉批。(2)第4冊《朱子年譜校勘記》《朱子年譜考異校勘記》《朱子論學切要語校勘記》《附記校勘存疑》，書末的序、跋分別有胡適的紅筆眉批、圈劃。

　　夾紙：第2、3冊有夾紙數張。

　　其他：(1)第1冊書名頁刊記："寶應王予中先生纂訂 武昌書局校刊"。(2)版心下方記"白田草堂"。(3)書中另有紅色毛筆書寫的眉批及圈點，似非胡適手迹。

2151 朱子年譜三卷（明）葉公回校 日本寬文六年（1666）大阪河內屋八兵衛刊本

2冊

HSMH（HS-N01F3-016）

附注：

　　印章：二冊頁首均鈐有"胡適的書"朱文方印、"□□館圖書印"朱文長印。

　　批注圈劃：(1)二冊均有胡適的紅筆劃綫、圈點及注記。(2)坤冊書末有胡適的紅筆長篇注記。

　　夾紙：乾冊卷中有朱筆手寫夾紙1張。

　　內附文件：乾冊扉頁粘附1960年6月21日房兆楹致胡適函，說明在日本買得此書等事。

　　其他：(1)據明宣德六年（1431）葉公回刻本翻刻。(2)版心上方記"朱子"。

2152 朱子年譜四卷考異四卷附錄二卷 （清）王懋竑撰 清咸豐三年（1853）南海伍氏刊本

7 冊

粵雅堂叢書二編第十四集 152—158

HSMH（HS-N01F3-018）

附注：

印章：第 1 冊鈐有"胡適"朱文長印、"胡適"白文方印；第 2—7 冊頁首均鈐有"胡適的書"朱文方印。

批注圈劃：(1)全書有胡適的紅、藍、綠、鉛筆注記、圈點及劃綫。(2)第 7 冊附錄卷 1 頁 9 處有胡適手寫藍筆鈔補。

夾紙：(1)卷 1 上頁 23 夾有胡適藍筆手寫筆記 1 張。(2)卷 1 下頁 6 中夾有胡適紅、藍筆抄寫的張栻《艮齋銘》。

其他：胡適批閱本。

2153 朱子年譜外記二卷 （元）脫脫撰 （明）戴銑輯 日本寬政元年(1789)崇高堂刊本

1 冊

HSMH（HS-N01F3-017）

附注：

印章：首頁鈐有"胡適的書"朱文方印、"山□□書畫記"白文長印、"好古堂圖書記"朱文長印。

題記：首頁有胡適朱筆眉批："杜聯喆女士（房兆楹夫人）寄贈 胡適 一九五一，一，一。"

批注圈劃：(1)全書有胡適的紅、藍、黑筆圈點及注記。(2)卷上末有 1952 年 7 月 7 日胡適藍筆手寫長篇注記。

內附文件：書末粘貼黃彰健致胡適信函 1 封，相關資料可參見館藏號：HS-NK05-100-031。

其他：版心下方記"崇高堂刊"。

2154 朱子遺書 （宋）朱熹撰 清康熙中禦兒呂氏寶誥堂重刻白鹿洞原本

2 函 18 冊

HSMH（HS-N01F3-005）

附注：

題記：《朱子遺書目録》末有胡適的朱筆長篇眉批，説明此書於1954年4月在日本東京買得。

2155 朱子語類一百四十卷（宋）朱熹撰（宋）黎靖德編 翻刻本

40 冊

HSMH（HS-N05F5-001）

附注：

印章：鈐有"胡適的書"朱文方印。

題記：第1冊書名頁有胡適朱筆注記："此是清朝晚期上海書店（似是千頃堂）翻吕氏刻本，房兆楹夫人杜聯喆替我買的"，"胡適 一九五十，十一，十一"。

批注圈劃：多冊有胡適的朱、紅、黑、藍、緑、鉛筆等各色筆批注、圈點與劃記。

夾紙：(1)部分書冊偶有夾紙。(2)第2冊卷6頁1夾有胡適藍筆手紙筆記1張。(3)第37冊卷128頁13夾有胡適手寫筆記3張。

與胡適的關係：第1冊封面有胡適朱筆題籤："朱子語類大全 四十本"，"黎靖德編"。

相關記載：第1冊序目頁34有胡適紅筆注記："我另有'朱子語類的歷史'小記。適之。"《朱子語類的歷史》全文可參見《胡適手稿》第9集，卷1，頁1—29；《胡適之先生年譜長編初稿》，第6冊，頁2113—2122；或參見館藏編號：HS-MS01-025-001。

2156 諸子詹詹録二卷（清）袁樹著（清）袁枚輯 1928年上海掃葉山房石印本

1 冊

随園全集之四十三

HSMH（HS-N05F3-024）

附注：

印章：鈐有"胡適的書"朱文方印。

其他：爲《隨園全集》第6函第56冊。

1883

2157 子華子二卷（晉）程本撰 1937年上海涵芬樓影印明萬曆刻本

    1冊

    景印元明善本叢書十種第六種

    HSMH（HS-N01F4-023）

    附注：

      摺頁：偶有摺頁。

      其他：(1)封面書籤題爲"景明刻本子彙"。(2)爲《子彙》第11冊。

2158 子彙二十四種（明）周子義等輯 1937年上海涵芬樓影印明萬曆刻本

    12冊

    景印元明善本叢書十種第六種

    HSMH（HS-N01F4-012）

    附注：

      其他：封面書籤題爲"景明刻本 子彙"。

2159 字通（宋）李從周編

    1冊

    知不足齋叢書

    HSMH（HS-N07F2-060）

2160 足字大本隨園全集四十三種（清）袁枚撰輯 1928年上海掃葉山房石印本

    6函56冊

    隨園全集

    HSMH（HS-N05F3-001）

    附注：

      印章：各冊鈐有"胡適的書"朱文方印。

      題記：第1函第1冊封面有胡適的藍筆注記："一九五〇年十二月三日大雨裏到金山服務公司，沒有書可買，只買了《袁隨園全集》，與近年出的路大荒編的《聊齋全集》。胡適。"

      批注圈劃：(1)部分函套書籤有胡適的藍筆注記。(2)有胡適的黑、紅、藍筆圈點、劃綫與注記。

期刊目録

（一）北大圖書館館藏目錄

5942 北大半月刊/編者不詳.——北平：北京大學學生自治會
　　　1948：No. 4,9
　　　27 頁；26 厘米
　　　PKUL（館藏號缺）
　　　附注：
　　　　題記：封面有贈刊者題記："胡校長指正。"
　　　　其他：第 4 期爲"五四特大號"。

5943 北平市物價與生活費指數月報/北平市政府統計處編.——北平：北平市政府統計處
　　　1947：No. 1,2；1948：No. 3,5—7
　　　11 頁；25.7 厘米
　　　PKUL（館藏號缺）

5944 北平市政統計/北平市政府統計室編.——北平：北平市政府統計室
　　　1946：No. 2
　　　118 頁；25.4 厘米
　　　PKUL（館藏號缺）
　　　附注：
　　　　其他：本期爲"户口與生命統計專輯"。

5945 布丁/黃學周主編.——鄭州：中華國語羅馬字促進會隴海鐵路分會
　　　創刊號
　　　70 頁；21.8 厘米
　　　PKUL（館藏號缺）
　　　附注：

内附文件:書内夾有作者打印書信 1 封。

5946 重慶清華/編者不詳. ——重慶:清華中學

1948:No. 21

4 頁;26.8 厘米

PKUL（館藏號缺）

5947 第一綫/第一綫雜誌社編輯委員會編輯. ——遼陽:第一綫社

1947:Vol. 1, No. 10

29 頁;26.3 厘米

PKUL（館藏號缺）

5948 東方與西方/東方與西方雜誌社編輯. ——出版地不詳:出版者不詳

1947:Vol. 1, No. 3,4

60 頁;26.4 厘米

PKUL（館藏號缺）

5949 東方雜誌/蘇繼廎主編. ——上海:商務印書館

1946:Vol. 42, No. 4

64 頁;25.8 厘米

PKUL（館藏號缺）

5950 讀書通訊/朱有瓛主編. ——上海:中國文化服務社

1947:第一四五期

24 頁;25.7 厘米

PKUL（館藏號缺）

5951 讀書雜誌/編者不詳. ——出版地不詳:出版者不詳

《努力周報》增刊,共十八期

38 厘米

PKUL（館藏號缺）

附注：

  與胡適的關係：封面爲胡適題寫。

5952 法律知識/李朋，丁作韶主編. ——北平：法律知識出版社

  1948：Vol. 2, No. 3,4

  40 頁；25.4 厘米

  PKUL（館藏號缺）

5953 拂曉雜誌/編者不詳. ——北平：北師附小

  1937：Vol. 3, No. 7

  2, 2, 74 頁；20.4 厘米

  PKUL（館藏號缺）

  附注：

    其他：本期爲"各科教學過程專號"。

5954 歌謠增刊/北京大學研究所國學門歌謠研究會編輯. ——北京：北京大學印刷課

  1923：增刊

  44 頁；27 厘米

  PKUL（館藏號缺）

5955 歌謠周刊/北京大學研究所國學門歌謠研究會編輯. ——北京：北京大學研究所國學門歌謠研究會

  1925：合訂本第四冊

  26.5 厘米

  PKUL（館藏號缺）

5956 共鳴/青陽旅外學聯會編. ——出版地不詳：青陽旅外學聯會出版股

  1930：創刊號

  6, 48, 108, 38, 30, 22, 10, 6, 28 頁；22.2 厘米

  PKUL（館藏號缺）

附注：

    内附文件：刊内夹有宁华庭致胡适书信1页。

    与胡适的关系：刊内有胡适题写刊名。

5957 观察/储安平主编.——上海：观察周刊社

Vol. 2, No. 7（1947）—Vol. 5, No. 13（1948）

23 页；25.8 厘米

PKUL（馆藏号缺）

附注：

    其他：第 2 卷存第 7、10、18 期；第 3 卷存第 4—6, 9, 11—16, 18, 20, 23 期；第 4 卷存第 1、5、6、13、14、18、21、23、24 期；第 5 卷存第 1、2、4、5、7、11、13 期。第 5 卷第 7 期有 2 册。

5958 光明报/著者不详.——出版地不详：出版者不详

1948：Vol. 1

23 页；25.5 厘米

PKUL（馆藏号缺）

附注：

    印章：封面钤有"李大超印"朱文方印。

    题记：封面有赠刊者题记："胡适先生。"

5959 广西省通志馆馆刊/广西省通志馆第一组编辑.——桂林：广西省通志馆

1948：No. 2, 3

50 页；26 厘米

PKUL（馆藏号缺）

5960 国防月刊/国防月刊社编辑.——南京：国防月刊社

1948：Vol. 5, No. 2

4, 155 页；25.6 厘米

PKUL（馆藏号缺）

附注：

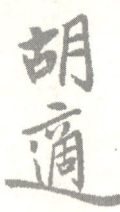

夾紙:刊内夾有宋同福、孫麟生、張彭春、朱得仁、陸匡文名片各1張。

5961 國際文化/湯一雯主編.——南京:出版者不詳

1948:Vol. 1, No. 2,4,5

26 厘米

PKUL(館藏號缺)

5962 國立北平圖書館館刊/國立北平圖書館館刊編輯委員會.——北平:國立北平圖書館

1936:Vol. 10, No. 5

144 頁;25.6 厘米

PKUL(館藏號缺)

附注:

題記:封面有胡適題記:"此冊是王重民借的。"

批注圈劃:書内 22 頁有胡適批注圈劃。

5963 國立上海商學院院務月刊/國立上海商學院出版組編輯.——上海:國立上海商學院出版組

1947:Vol. 1, No. 1

32 頁;26 厘米

PKUL(館藏號缺)

5964 國立西北大學校刊/國立西北大學出版組編輯.——西安:國立西北大學出版組

1948

16 頁;24.3 厘米

PKUL(館藏號缺)

附注:

題記:封面有江紹原題記:"小原:此刊首載你的臭爸爸無力替你治病故臭的臭文章,看過不必留,寄贈胡適之先生可也。十一月廿三日。"

5965 國立中山大學研究院文科研究所歷史學部史學專刊/國立中山大學研究院文科研究所歷史學部編輯.——廣州：國立中山大學出版部

    1935：Vol. 1，No. 1

    330 頁；25.9 厘米

    PKUL（館藏號缺）

5966 國立中央圖書館館刊/國立中央圖書館編輯.——南京：國立中央圖書館

    1947：復刊 No. 1

    78 頁；25.9 厘米

    PKUL（館藏號缺）

5967 海王/閻幼甫主編.——南京：海王社

    1948：第二十年 No. 12

    177—192 頁；25.5 厘米

    PKUL（館藏號缺）

5968 建國公論/編者不詳.——出版地不詳：出版者不詳

    1946：Vol. 1，No. 3

    17 頁；25.6 厘米

    PKUL（館藏號缺）

    附注：

        其他：本刊有 3 冊。

5969 教育通訊/教育通訊社編輯.——出版地不詳：正中書局

    1947：復刊 Vol. 4，No. 6；1948：復刊 Vol. 4，No. 12

    46 頁；25.9 厘米

    PKUL（館藏號缺）

5970 教育雜誌/趙廷為，李季開主編.——上海：商務印書館

    1947：Vol. 32，No. 4

    67 頁；25.7 厘米

PKUL（館藏號缺）

附注：

　　題記：封面有陳友松題記："胡校長教正。"
　　內附文件：刊內夾有天津《民國日報》陳友松撰寫文章剪報 1 張，上有作者題記："十一月一日天津《民國日報》，呈胡校長教正。"

5971　京滬週刊/京滬週刊社編輯.——上海：京滬週刊社

1947：Vol. 1, No. 31, 34；1948：Vol. 2, No. 13, 14

25.8 厘米

PKUL（館藏號缺）

附注：

　　其他：其中第 1 卷第 31 期有 2 冊。

5972　經濟評論/方顯廷主編.——上海：經濟評論社

1947：Vol. 1, No. 14

23 頁；25.6 厘米

PKUL（館藏號缺）

附注：

　　題記：封面有贈刊者題記："適公校長指正，範敬贈。"
　　批注圈劃：刊內 4 頁有胡適批注圈劃。

5973　凱旋/王再勵主編.——瀋陽：凱旋雜誌社

1947：No. 17

40 頁；25.5 厘米

PKUL（館藏號缺）

5974　科學畫報/中國科學社主編.——上海：中國科學圖書儀器公司

1947：Vol. 13, No. 3

128—205 頁；24.9 厘米

PKUL（館藏號缺）

5975 科學時報/曾昭掄等主編.——北平：世界科學社
1946：Vol. 12, No. 7；1947：Vol. 14, No. 4
25.9 厘米
PKUL（館藏號缺）

5976 狂飆月刊/姜蘊剛主編.——成都：狂飆社
1948：Vol. 2, No. 2
41—80 頁；22.4 厘米
PKUL（館藏號缺）

5977 勵學/國立山東大學勵學社編輯.——青島：國立山東大學勵學社
1934：Vol. 1, No. 2
300 頁；25.9 厘米
PKUL（館藏號缺）

5978 民治/民治周刊社編輯.——上海：民治周刊社
1946：No. 2
18 頁；26.4 厘米
PKUL（館藏號缺）

5979 民族/何炳賢編輯.——上海：生活書店
1936：Vol. 4, No. 1
43 頁；15 厘米
PKUL（館藏號缺）
附註：
內附文件：刊內夾有《民族》雜誌社打印書信 1 頁。

5980 清華學報/國立清華大學清華學報編輯部編輯.——北平：國立清華大學
1947：Vol. 14, No. 1
196 頁；25.8 厘米
PKUL（館藏號缺）

5981 清華周刊/編者不詳. ——出版地不詳：出版者不詳

 No. 10

 16 頁；25.6 厘米

 PKUL（館藏號缺）

 附注：

  其他：本期爲"三十六周年校慶紀念特刊"。

5982 社會建設/孫本文主編. ——南京：社會建設月刊社

 1948：復刊 Vol. 1, No. 1

 104 頁；26.1 厘米

 PKUL（館藏號缺）

 附注：

  題記：封面有編者題記："適之先生教正拙文,孫本文。"

5983 申論/編者不詳. ——上海：申論週刊社

 1948：Vol. 1, No. 10

 16 頁；25.7 厘米

 PKUL（館藏號缺）

5984 詩刊/編者不詳. ——上海：新月書店

 1931：創刊號, No. 2, 3

 21 厘米

 PKUL（館藏號缺）

 附注：

  印章：其中一冊創刊號封面有胡適鋼筆簽名"胡適之"。

  題記：第 2 期扉頁有贈書者題記："子水兄雅正,志摩,七月十日。"

  批注圈劃：第 2 期内數處有鉛筆校改；書末有鋼筆書"嬰兒"白話詩。

  其他：本刊創刊號有 2 册。

5985 史地叢刊/國立湖北師範學院史地學系編輯. ——沙市：國立湖北師範學院

1947：創刊號，第二三期合刊，第四五六期合刊

26 厘米

PKUL（館藏號缺）

附注：

印章：三冊封面均鈐有"唐祖培印"朱文方印。

題記：三冊封面均有贈刊者題記："適之老師教正。生唐祖培敬呈。卅六，九，十五。"

5986 **史學**/國立北京大學史學社編輯. ——北平：國立北京大學史學系一九三六級級友會史學社

1935：No. 1

104 頁；25.7 厘米

PKUL（館藏號缺）

附注：

題記：其中一冊扉頁有史學社題記："適之師教正，史學社，二十四年一月。"

其他：本刊有 2 冊。

5987 **史學季報**/燕京大學歷史學會編輯. ——北平：景山書社

1931：No. 3

216 頁；26.5 厘米

PKUL（館藏號缺）

附注：

印章：封面鈐有"燕京大學歷史學會"藍文橢圓印。

題記：封面有燕京大學歷史學會題記："胡適之先生指正，燕京大學歷史學會敬贈，一九三一，八，一九。"

5988 **史學年報**/燕京大學歷史學會編輯. ——北平：景山書社

1932：No. 4

187 頁；26.5 厘米

PKUL（館藏號缺）

5989 史學年報/燕京大學歷史學會編輯. ——北平：燕京大學歷史學會

    1934：Vol. 2, No. 1

    284 頁；26.4 厘米

    PKUL（館藏號缺）

5990 世紀評論/張純明主編. ——南京：世紀出版社

    Vol. 1, No. 4（1947）—Vol. 4, No. 10（1948）

    26.1 厘米

    PKUL（館藏號缺）

    附注：

      其他：第 1 卷存第 4、8、14、21、24 期；第 2 卷存第 3,10,12,14,20—22 期；第 3 卷存第 1,5,20—23 期；第 4 卷存第 6、10 期。

5991 世間解/續可編輯. ——天津：世間解月刊社

    1947：Vol. 1

    23 頁；26.3 厘米

    PKUL（館藏號缺）

5992 世界與中國/李樹桐主編. ——北平：世界與中國雜誌社

    1946：Vol. 1, No. 1—5

    25.8 厘米

    PKUL（館藏號缺）

5993 市政評論/編者不詳. ——出版地不詳：市政評論社

    Vol. 10, No. 4

    41 頁；26 厘米

    PKUL（館藏號缺）

    附注：

      題記：封面有贈刊者題記："適之先生教正，邱致中敬贈。"

      其他：本期爲"憲法市制研究專號"。

5994 思想與時代/思想與時代社編輯.——杭州：思想與時代社

1947：No. 41—43

26.3 厘米

PKUL（館藏號缺）

5995 太平洋/太平洋雜誌編輯部編輯.——北平：太平洋雜誌社

1948：No. 1—4,6

25 厘米

PKUL（館藏號缺）

5996 圖書季刊/國立北平圖書館圖書季刊編輯部編.——北平：國立北平圖書館

1945：新第六卷第一二期合刊；1946：新第七卷第一二期合刊

26 厘米

PKUL（館藏號缺）

附注：

題記：新第6卷第1、2期合刊封面有題記："東昌胡同胡適之先生（共二冊）"；新第7卷第1、2期合刊封面有題記："東昌胡同胡適之先生。"

5997 文史雜誌/文史雜誌社編輯.——重慶：文史雜誌社

1941：Vol. 1, No. 9

62 頁；21.2 厘米

PKUL（館藏號缺）

5998 文學雜誌/朱光潛主編.——上海：商務印書館

1947：Vol. 2, No. 3

203 頁；21.1 厘米

PKUL（館藏號缺）

5999 文訊/文訊月刊社編輯.——出版地不詳：文通書局

1947：Vol. 7, No. 2

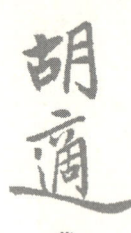

　　　　48 頁；25.2 厘米

　　　　PKUL（館藏號缺）

6000 **文藝與生活**/中華全國美術協會北平分會，世界科學社青年輔導部，中華全國文藝作家協會北平分會主編. ——北平：世界科學社

　　　　1946：Vol. 2, No. 2

　　　　112 頁；25.6 厘米

　　　　PKUL（館藏號缺）

6001 **現代知識**/現代知識半月刊社編輯委員會編輯. ——北平：現代知識半月刊社

　　　　Vol. 1, No. 1（1947）—Vol. 2, No. 10（1948）

　　　　32 頁；25.4 厘米

　　　　PKUL（館藏號缺）

　　　　附注：

　　　　　　其他：第 1 卷存第 1、2、6、10、23 期；第 2 卷存第 1、4、5、7、8、10 期。

6002 **新路**/新路周刊編輯部編輯. ——北平：中國社會經濟研究會

　　　　1948：創刊號；Vol. 1, No. 2—5, 8, 14—16

　　　　19 頁；25.8 厘米

　　　　PKUL（館藏號缺）

6003 **新思潮**/李辰冬主編. ——北平：紅藍出版社

　　　　1946：Vol. 1, No. 2, 3

　　　　64 頁；25.7 厘米

　　　　PKUL（館藏號缺）

6004 **新自由**/新自由社編輯. ——北平：新自由社

　　　　1948：Vol. 2, No. 2, 3

　　　　25.7 厘米

　　　　PKUL（館藏號缺）

6005 學原/學原社編輯.——南京:學原社

　　1947:Vol. 1, No. 6

　　110 頁;25.8 厘米

　　PKUL(館藏號缺)

6006 醫文摘要/王大同等編輯.——上海:中華醫學會

　　1947:Vol. 1, No. 1

　　64 頁;24.2 厘米

　　PKUL(館藏號缺)

　　附注:

　　　　題記:封面有贈刊者題記:"敬呈胡校長。"

6007 禹貢/顧頡剛主編.——北平:禹貢學會

　　Vol. 1, No.1(1934 年 3 月)—Vol. 5, No. 12(1936 年 8 月)

　　34 頁;26.5 厘米

　　PKUL(館藏號缺)

　　附注:

　　　　其他:第 1 卷存第 1—7,9—12 期;第 2 卷存第 1—8 期;第 3 卷存第 1、2 期;第 4 卷存第 5 期;第 5 卷存第 12 期。

6008 月華/月華報社編輯.——北平:月華報社

　　1947:No.8,11, 1948:No. 1—3

　　31 頁;26 厘米

　　PKUL(館藏號缺)

6009 哲學評論/中國哲學會編輯.——出版地不詳:中國哲學會

　　1947:Vol. 10, No. 4—6

　　26 厘米

　　PKUL(館藏號缺)

6010 正論/正論社編輯.——出版地不詳:出版者不詳

1947：No. 6,9；1948：No. 3,7—9

22 頁；25.8 厘米

PKUL（館藏號缺）

6011 政治季刊/陳石孚，王鏡清主編.——南京：國立政治大學研究部

1948：Vol. 6, No. 1

2, 176 頁；26.8 厘米

PKUL（館藏號缺）

附注：

　　印章：扉頁鈐有"鏡清"朱文方印。

　　題記：扉頁有主編者題記："適之先生指正,王鏡清敬贈,五,三。"

6012 知識與生活/知識與生活社編輯.——北平：知識與生活社

1947：卷期不詳

31 頁；25.3 厘米

PKUL（館藏號缺）

6013 治史雜誌/國立北京大學史學會主編.——北平：國立北京大學史學會

1937：Vol. 1, No. 1

117 頁；25.6 厘米

PKUL（館藏號缺）

附注：

　　與胡適的關係：刊名爲胡適題寫。

6014 中國學報/方湖主編.——重慶：中國學報

1943：Vol. 1, No. 2

2, 122 頁；25.4 厘米

PKUL（館藏號缺）

附注：

　　印章：封面有胡適簽名"胡適之"。

6015 周論/周論編輯委員會編輯.——北平:周論雜誌社

Vol. 1, No. 1 (1948)—Vol. 2, No. 18 (1948)

15 頁;25.9 厘米

PKUL(館藏號缺)

附注:

題記:創刊號其中一册封面有贈刊者題記:"胡校長。"

與胡適的關係:刊名爲胡適題寫。

其他:第 1 卷存創刊號,第 4、6、10、12、13、15、17、18、20、21、23 期;第 2 卷存第 1,6—8,17,18 期。創刊號有 2 册。

6016 助産學報/北平國立第一助産學校編輯委員會編輯.——北平:北平國立第一助産學校出版委員會

1948:創刊號

61 頁;26 厘米

PKUL(館藏號缺)

附注:

内附文件:刊内夾有葉式欽致胡適書信油印件 1 頁。

與胡適的關係:刊名爲胡適題寫。

6017 自由批判/自由批判社編輯委員會編輯.——北平:自由批判社

1948:Vol. 1, No. 2,4,5

25.6 厘米

PKUL(館藏號缺)

6018 自由與進步/自由與進步社編輯委員會編輯.——南京:自由與進步半月刊社

1948:Vol. 1, No. 4

25.7 厘米

PKUL(館藏號缺)

（二）胡適紀念館館藏目錄

2161 半月論壇/半月論壇編輯委員會編輯.——臺中：半月論壇社
　　　1961：Vol. 1, No. 3,4
　　　24 頁；26 厘米
　　　HSMH（HS-N21F4-016, HS-N21F4-017）

2162 北京大學研究所國學門月刊/國立北京大學研究所國學門編輯.——上海：開明書店
　　　1926：Vol. 1, No. 1
　　　148 頁：摺圖；26 厘米
　　　HSMH（HS-N02F6-058）
　　　附注：
　　　　印章：鈐有"胡適的書"朱文方印。
　　　　其他：封面注"考古學專號"。

2163 北京大學研究所國學門月刊/國立北京大學研究所國學門編輯.——上海：開明書店
　　　1926：Vol. 1, No. 2
　　　149—254 頁：表；26 厘米
　　　HSMH（HS-N02F6-059）
　　　附注：
　　　　印章：鈐有"胡適的書"朱文方印。

2164 北京大學研究所國學門月刊/國立北京大學研究所國學門編輯.——上海：開明書店
　　　1926：Vol. 1, No. 3
　　　255—350 頁；26 厘米
　　　HSMH（HS-N02F6-060）

附注：

  印章：鈐有"胡適的書"朱文方印。

2165 北京大學研究所國學門週刊/北京大學研究所國學門編輯. ——北京：北京大學研究所國學門

  1925：Vol. 1, No. 1

  24 頁：圖；26 厘米

  HSMH（HS-N02F6-005）

  附注：

    印章：鈐有"胡適的書"朱文方印。

    批注圈劃：有黑筆劃綫。

2166 北京大學研究所國學門週刊/北京大學研究所國學門編輯. ——北京：北京大學研究所國學門

  1925：Vol. 1, No. 2

  24 頁：圖；26 厘米

  HSMH（HS-N02F6-006）

  附注：

    印章：鈐有"胡適的書"朱文方印。

    與胡適的關係：收錄胡適《漢初儒道之争》一文。

2167 北京大學研究所國學門週刊/北京大學研究所國學門編輯. ——北京：北京大學研究所國學門

  1925：Vol. 1, No. 3, 7, 8, 10, 12, 13, 14, 17

  24 頁：圖；26 厘米

  HSMH（HS-N02F6-007，HS-N02F6-011，HS-N02F6-012，HS-N02F6-014，HS-N02F6-016，HS-N02F6-017，HS-N02F6-018，HS-N02F6-020）

  附注：

    印章：鈐有"胡適的書"朱文方印。

2168 北京大學研究所國學門週刊/北京大學研究所國學門編輯. ——北京：北京大

學研究所國學門

1925：Vol. 1, No. 4

24 頁：圖；26 厘米

HSMH（HS-N02F6-008）

附注：

印章：鈐有"胡適的書"朱文方印。

與胡適的關係：收錄胡適《跋郎兆玉刻本墨子》一文。

2169 北京大學研究所國學門週刊/北京大學研究所國學門編輯. ——北京：北京大學研究所國學門

1925：Vol. 1, No. 5

24 頁：圖；26 厘米

HSMH（HS-N02F6-009）

附注：

印章：鈐有"胡適的書"朱文方印。

與胡適的關係：收錄容庚《紅樓夢的本子問題質胡適之俞平伯先生》一文。

2170 北京大學研究所國學門週刊/北京大學研究所國學門編輯. ——北京：北京大學研究所國學門

1925：Vol. 1, No. 6

24 頁；26 厘米

HSMH（HS-N02F6-010）

附注：

印章：鈐有"胡適的書"朱文方印。

與胡適的關係：收錄容庚《紅樓夢的本子問題質胡適之俞平伯先生（二）》一文。

2171 北京大學研究所國學門週刊/北京大學研究所國學門編輯. ——北京：北京大學研究所國學門

1925：Vol. 1, No. 9

24 頁：圖；26 厘米

HSMH（HS-N02F6-013）

附注：

 印章：鈐有"胡適的書"朱文方印。

 與胡適的關係：收錄容庚《紅樓夢的本子問題質胡適之俞平伯先生（三續）》一文。

2172 北京大學研究所國學門週刊/北京大學研究所國學門編輯.——北京：北京大學研究所國學門

 1925：Vol. 1，No. 11

 24 頁；26 厘米

 HSMH（HS-N02F6-015）

 附注：

  印章：鈐有"胡適的書"朱文方印。

  與胡適的關係：收錄容庚《紅樓夢的本子問題質胡適之俞平伯先生（四）》一文。

2173 北京大學研究所國學門週刊/北京大學研究所國學門編輯.——北京：北京大學研究所國學門

 1926：Vol. 1，No. 1—12

 1 冊：圖；26 厘米

 HSMH（HS-N02F6-004）

 附注：

  印章：鈐有"胡適的書"朱文方印。

  與胡適的關係：(1)第 2 期收錄胡適《漢初儒道之争》一文；第 4 期收錄胡適《跋郎兆玉刻本墨子》一文。(2)第 5 期收錄容庚《紅樓夢的本子問題質胡適之俞平伯先生》一文；第 6 期收錄容庚《紅樓夢的本子問題質胡適之俞平伯先生（二）》一文；第 9 期收錄容庚《紅樓夢的本子問題質胡適之俞平伯先生（三）》一文；第 11 期收錄容庚《紅樓夢的本子問題質胡適之俞平伯先生（四）》一文。

  相關記載：有 1917 年胡適覆容庚信，刊布在《紅樓夢考證》，參見《胡適之先生晚年談話錄》（臺北：聯經，1984）頁207。

其他：合訂本。

2174 北京大學研究所國學門週刊/北京大學研究所國學門編輯.——北京：北京大學研究所國學門

  1926：Vol. 2, No. 15, 16

  40 頁；26 厘米

  HSMH（HS-N02F6-019）

  附注：

    印章：鈐有"胡適的書"朱文方印。

2175 北京大學研究所國學門週刊/北京大學研究所國學門編輯.——上海：開明書店

  1926：Vol. 2, No. 18

  113—136 頁：圖；26 厘米

  HSMH（HS-N02F6-021）

2176 北京大學研究所國學門週刊/北京大學研究所國學門編輯.——上海：開明書店

  1926：Vol. 2, No. 19

  137—160 頁：表；26 厘米

  HSMH（HS-N02F6-022）

  附注：

    印章：鈐有"胡適的書"朱文方印。

2177 北京大學研究所國學門週刊/北京大學研究所國學門編輯.——上海：開明書店

  1926：Vol. 2, No. 21

  185—208 頁；26 厘米

  HSMH（HS-N02F6-023）

  附注：

印章:鈐有"胡適的書"朱文方印。

2178 北京大學研究所國學門週刊/北京大學研究所國學門編輯.——上海:開明書店

1926:Vol. 2,No. 22

209—232 頁;26 厘米

HSMH(HS-N02F6-024)

附注:

印章:鈐有"胡適的書"朱文方印。

2179 北京大學研究所國學門週刊/北京大學研究所國學門編輯.——上海:開明書店

1926:Vol. 2,No. 23

233—256 頁;26 厘米

HSMH(HS-N02F6-025)

附注:

印章:鈐有"胡適的書"朱文方印。

2180 北京大學研究所國學門週刊/北京大學研究所國學門編輯.——上海:開明書店

1926:Vol. 2,No. 24

257—280 頁;26 厘米

HSMH(HS-N02F6-026)

附注:

印章:鈐有"胡適的書"朱文方印。

2181 禪學研究/(日)市川白弦編輯.——京都:禪學研究會

1942:No. 37

180 頁:圖;21 厘米

HSMH(HS-N06F1-026)

附注:

題記:封面內頁有石璋如手寫注記:"適之先生惠閱 璋如寄贈於京都。"

2182 禪學研究/(日)市川白弦編輯.——京都:禪學研究會

  1943:No. 38

  108 頁;21 厘米

  HSMH(HS-N06F1-027)

  附註:

   題記:封面內頁有石璋如手寫注記:"適之先生惠閱 璋如寄贈於京都。"

   批注圈劃:偶有紅筆劃綫。

2183 暢流/編者不詳.——臺北:暢流半月刊社

  1958:Vol. 18,No. 9

  33 頁:圖;26 厘米

  HSMH(HS-N21F3-093)

  附註:

   題記:館藏一冊封面有王洪鈞的手寫題贈:"敬呈適之先生 晚王洪鈞呈 十二,廿一。"

   批注圈劃:館藏一冊王洪鈞《傅孟真先生逝世八年祭》一文有紅筆劃綫。

2184 暢流/編者不詳.——臺北:暢流半月刊社

  1960:Vol. 22,No. 2

  33 頁:圖;26 厘米

  HSMH(HS-N21F3-094)

  附註:

   批注圈劃:高陽《曹雪芹對紅樓夢最後的構想》一文有胡適的紅筆校改。

2185 暢流/編者不詳.——臺北:暢流半月刊社

  1960:Vol. 22,No. 3

  33 頁:圖;26 厘米

  HSMH(HS-N21F3-095)

2186 暢流/編者不詳.——臺北：暢流半月刊社

    1961：Vol. 23, No. 8, 10

    34 頁：圖；26 厘米

    HSMH（HS-N21F3-096, HS-N21F3-097）

2187 暢流/編者不詳.——臺北：暢流半月刊社

    1961：Vol. 24, No. 5—7, 9

    35 頁：圖；26 厘米

    HSMH（HS-N21F3-098, HS-N21F3-099, HS-N21F3-100, HS-N21F3-101）

2188 大陸雜誌/大陸雜誌編輯委員會主編.——臺北：大陸雜誌社

    1951：Vol. 3, No. 7

    32 頁；26 厘米

    HSMH（HS-N21F4-042）

    附注：

      批注圈劃:郭廷以《近代西洋文化之輸入及其認識——聯合國中國同志會第三一次座談會紀要》一文,有胡適的藍筆注記、校改與劃綫。

2189 大陸雜誌/大陸雜誌編輯委員會主編.——臺北：大陸雜誌社

    1952：Vol. 4, No. 1

    32 頁：圖；26 厘米

    HSMH（HS-N21F4-043）

    附注：

      印章:封面蓋有"贈閱"、"請指教"印戳。

      批注圈劃:(1)郭廷以《近代科學與民主思想的輸入（上）——晚清譯書與西學》一文,有胡適的藍、紅、鉛筆注記、校改與劃綫。(2)頁 11 有胡適的紅筆注記。

2190 大陸雜誌/大陸雜誌編輯委員會主編.——臺北：大陸雜誌社

    1952：Vol. 4, No. 2

32 頁：表；26 厘米

HSMH（HS-N21F4-044）

附注：

批注圈劃：郭廷以《近代科學與民主思想的輸入（下）——晚清譯書與西學》一文，有胡適的紅、藍筆注記、校改與劃綫。

2191 大陸雜誌/大陸雜誌編輯委員會主編.——臺北：大陸雜誌社

1953：Vol. 7, No. 3

32 頁；26 厘米

HSMH（HS-N21F4-045）

附注：

批注圈劃：館藏一冊《記中央圖書館藏的"直隸河渠書"稿本二十六冊》一文偶有胡適的朱筆校改。

與胡適的關係：收錄胡適《記中央圖書館藏的"直隸河渠書"稿本二十六冊》一文。

2192 大陸雜誌/大陸雜誌編輯委員會主編.——臺北：大陸雜誌社

1957：Vol. 14, No. 4

32 頁：圖；26 厘米

HSMH（HS-N21F4-046）

附注：

題記：封面有李書華的黑筆題贈："適之吾兄：本期第一篇請指正。弟書華 四六,四,二四。"

批注圈劃：(1)李書華《唐代以前有無雕板印刷》一文，有胡適的紅、藍筆注記與校改，參見館藏號：HS-US01-029-011。(2)頁 26、27 有鉛筆的數字注記。

2193 大陸雜誌/大陸雜誌編輯委員會主編.——臺北：大陸雜誌社

1958：Vol. 17, No. 3

34 頁：圖；26 厘米

HSMH（HS-N21F4-047）

2194 大陸雜誌/大陸雜誌編輯委員會主編.——臺北：大陸雜誌社

1958：Vol. 17，No. 5，6

[11]頁：圖；26厘米

HSMH（HS-N21F4-048）

附注：

批注圈劃：(1)李書華《印刷發明的時期問題(上)》一文,有胡適的紅筆校改與劃綫。(2)李書華《印刷發明的時期問題(下)》一文,有胡適的紅、黑筆注記、校改與劃綫。

其他：第5、6期二册合訂爲一册,均擷選部分内文重新裝訂成册。

2195 大陸雜誌/大陸雜誌編輯委員會主編.——臺北：大陸雜誌社

1958：Vol. 17，No. 8

32頁：圖；26厘米

HSMH（HS-N21F4-049）

2196 大陸雜誌/大陸雜誌編輯委員會主編.——臺北：大陸雜誌社

1958：Vol. 17，No. 11

32頁；26厘米

HSMH（HS-N21F4-050）

附注：

與胡適的關係：收錄胡適《説"史"》一文。

相關記載：紀念館藏屈萬里《"説史"讀後記》,可參考館藏編號：HS-NK01-058-017。

2197 大陸雜誌/大陸雜誌編輯委員會主編.——臺北：大陸雜誌社

1959：Vol. 18，No. 12

32頁；26厘米

HSMH（HS-N21F4-051）

附注：

與胡適的關係：收錄胡適《關於江陰南菁書院的史料》一文,參見館藏號：

　　　　HS-NK04-001-012。

　　相關記載:館藏《關於江陰南菁書院的史料》一文有胡適手稿及其補記,可參考館藏號:HS-MS01-006-003。

2198 **大陸雜誌**/大陸雜誌編輯委員會主編.——臺北:大陸雜誌社

　　　1959:Vol. 19, No. 3

　　　30,[4]頁:圖;26厘米

　　　HSMH(HS-N21F4-052)

　　　附注:

　　　　批注圈劃:張景樵《蒲松齡與"聊齋志異"(上)》一文,有胡適的紅筆圈劃,參見館藏號:HS-NK01-036-006。

　　　　相關記載:館藏張景樵致胡適信函1封,可知本書係張景樵寄贈胡適,參見館藏號:HS-NK01-036-007。

2199 **大陸雜誌**/大陸雜誌編輯委員會主編.——臺北:大陸雜誌社

　　　1959:Vol. 19, No. 4

　　　28,[4]頁:圖;26厘米

　　　HSMH(HS-N21F4-053)

　　　附注:

　　　　批注圈劃:張景樵《蒲松齡與"聊齋志異"(下)》一文,有胡適的紅筆校改與劃綫,參見館藏號:HS-NK01-036-026。

　　　　相關記載:館藏張景樵致胡適信函1封,可知本書係張景樵寄贈胡適,參見館藏號:HS-NK01-036-007。

2200 **大陸雜誌**/大陸雜誌編輯委員會主編.——臺北:大陸雜誌社

　　　1959:Vol. 19, No. 5, 8

　　　30,[4]頁;26厘米

　　　HSMH(HS-N21F4-054,HS-N21F4-056)

2201 **大陸雜誌**/大陸雜誌編輯委員會主編.——臺北:大陸雜誌社

　　　1959:Vol. 19, No. 7

28，[4]頁；26 厘米

HSMH（HS-N21F4-055）

2202 大陸雜誌/大陸雜誌編輯委員會主編.——臺北：大陸雜誌社

1959：Vol. 19，No. 10

32 頁；26 厘米

HSMH（HS-N21F4-057）

附註：

與胡適的關係：收錄胡適《記美國普林斯敦大學的葛思德東方書庫藏的磧砂藏經原本》一文，參見館藏號：HS-NK05-183-019。

相關記載：(1)胡適《記美國普林斯敦大學的葛思德東方書庫藏的磧砂藏經原本》一文，可參考館藏手稿原件，館藏號：HS-MS01-024-021。(2)《磧砂藏》影本相關資料可參見館藏號：HS-LS01-006-001；或參考《論學談詩二十年：胡適楊聯陞往來書札》(臺北：聯經出版公司,1998)，頁 250-252。(3)紀念館目前藏《磧砂藏》影本目錄共 1 冊，見館藏號：N08F3-002。

2203 大陸雜誌/大陸雜誌編輯委員會主編.——臺北：大陸雜誌社

1960：Vol. 20，No. 3

34 頁：圖；26 厘米

HSMH（HS-N21F4-058）

附註：

相關記載：(1)頁 15"註一七"處提及胡適《跋新發見"皇明監國魯王壙志"》一文，胡適於 1959 年 10 月 31 日成稿，參見館藏號：HS-NK01-074-003。(2)台銀文獻叢刊《魯春秋》中附錄《跋金門新發見"皇明監國魯王壙誌"》一文，參見館藏號：HS-NK01-074-009。

其他：《"皇明監國魯王壙誌"考釋》一文參見館藏號：HS-NK01-074-005。

2204 大陸雜誌/大陸雜誌編輯委員會主編.——臺北：大陸雜誌社

1960：Vol. 21，No. 1,2

106 頁：圖；26 厘米

HSMH（HS-N21F4-059）

附注：

　　印章：(1)館藏一冊封面有胡適的紅筆簽名"適之"。(2)館藏一冊頁 1 鈐有"胡適的書"朱文方印。

　　批注圈劃：莊申《雪漁圖小考》一文，館藏一冊偶有胡適的紅筆校改。

　　摺頁：館藏一冊有數頁摺頁。

　　與胡適的關係：收錄胡適《跋清代學人書札詩箋十二冊》一文。

　　其他：《清代學人書札詩箋十二冊》爲胡適於 1954 年 4 月 7 日在東京山本書店買得，相關資料可參見館藏號：HS-LS01-005-009，或《論學談詩二十年：胡適楊聯陞往來書札》（臺北：聯經出版公司，1998），頁 201、202，及《胡適之先生年譜長編初稿》，第 7 冊，頁 2422、2436。

2205 大陸雜誌/大陸雜誌編輯委員會主編. —— 臺北：大陸雜誌社

　　1960：Vol. 21, No. 3

　　34 頁：圖；26 厘米

　　HSMH（HS-N21F4-060）

　　附注：

　　題記：館藏一冊封面有李書華手寫題贈："送給適之兄 弟書華 四九，九，一四。"

　　與胡適的關係：收錄胡適《從二千五百年前的弭兵會議說起——中華民國聯合國同志會四十九年度會員大會遷台十週年紀念大會席上講》一文，參見館藏號：HS-NK05-184-018。

2206 大陸雜誌/大陸雜誌編輯委員會主編. —— 臺北：大陸雜誌社

　　1960：Vol. 21, No. 7

　　32 頁；26 厘米

　　HSMH（HS-N21F4-061）

2207 大陸雜誌/大陸雜誌編輯委員會主編. —— 臺北：大陸雜誌社

　　1960：Vol. 21, No. 11

7+頁：圖；26厘米

HSMH（HS-N21F4-062）

附注：

題記：封面有李書華的藍筆手寫題贈："適之兄指正 書華寄贈 五〇，九，二七。"

其他：全冊僅收錄李書華《敦煌發現有年代的印本》一文，頁7後佚失。

2208 大陸雜誌/大陸雜誌編輯委員會主編.——臺北：大陸雜誌社

1961：Vol. 22, No. 5

34頁；26厘米

HSMH（HS-N21F4-063）

附注：

其他：李樹桐《初唐帝室間相互關係的演變（下）》一文，偶有藍筆劃綫與校改，非胡適的筆迹。

2209 大陸雜誌/大陸雜誌編輯委員會主編.——臺北：大陸雜誌社

1961：Vol. 23, No. 1, 2, 4, 5, 7—9

34頁；26厘米

HSMH（HS-N21F4-064，HS-N21F4-065，HS-N21F4-066，HS-N21F4-067，HS-N21F4-069，HS-N21F4-070，HS-N21F4-071）

2210 大陸雜誌/大陸雜誌編輯委員會主編.——臺北：大陸雜誌社

1961：Vol. 23, No. 6

34頁；26厘米

HSMH（HS-N21F4-068）

附注：

夾紙：館藏一冊頁11夾有信封殘片1張，上有黑筆注記："台北師範大學李緘。"

2211 大陸雜誌/大陸雜誌編輯委員會主編.——臺北：大陸雜誌社

1961：Vol. 23, No. 10

36 頁：圖；26 厘米

HSMH（HS-N21F4-072）

2212 大陸雜誌/大陸雜誌編輯委員會主編. ——臺北：大陸雜誌社

1961：Vol. 23，No. 11

32 頁；26 厘米

HSMH（HS-N21F4-073）

2213 大學生活/大學生活編輯委員會編輯. ——香港：友聯書報發行公司

1959：Vol. 5，No. 13

50 頁：圖；20 厘米

HSMH（HS-N21F2-097）

附注：

題記：封面有藍筆手寫題贈："太老師 姪孫何錡章上。"

與胡適的關係：收錄何錡章《杜威思想——杜威百年冥誕紀念會上胡適博士講演記》一文，參見館藏號：HS-NK01-203-029。

相關記載：1959 年 11 月 29 日有何錡章致胡適函，爲《大學生活》邀稿，參見館藏號：HS-NK01-203-029。

2214 燈塔/編者不詳. ——香港：證道出版社

1957：No. 16

32 頁：圖；26 厘米

HSMH（HS-N21F2-067）

附注：

批注圈劃：《胡適與基督教》有藍筆修改及注記，應非胡適筆迹。

與胡適的關係：收錄蟫廬《胡適與基督教》一文，參見館藏號：HS-NK01-322-026。

2215 東方學報/賀光中編輯. ——新加坡：東方學會

1958：Vol. 1，No. 2

1，332，26 頁：圖；27 厘米

HSMH（HS-N02F6-027）

附注：

印章：鈐有"胡適的書"朱文方印。

2216 東海學報/東海學報編輯委員會編輯.——臺中：東海大學

1960：Vol. 2, No. 1

322 頁；26 厘米

HSMH（HS-N02F6-041）

附注：

印章：扉頁蓋有"贈閱"印戳，鈐有"胡適的書"朱文方印。

批注圈劃：偶有胡適的藍筆注記及劃綫。

其他：原爲半年刊，自 1977 年改爲年刊。

2217 東海學報/東海學報編輯委員會編輯.——臺中：東海大學

1960：Vol. 2, No. 2

122 頁：圖；26 厘米

HSMH（HS-N02F6-042）

附注：

印章：鈐有"胡適的書"朱文方印；蓋有"贈閱 請交換"印戳。

2218 獨立評論/獨立評論社編.——北平：獨立評論社

1932—：No. 1—75

3 冊；27 厘米

HSMH（HS-N10F6-003）

附注：

印章：鈐有"胡適的書"朱文方印。

題記：(1)第 1 冊扉頁有英文手寫注記："Ph de Vargas June 9. 1933。"(2)第 1 冊書末有胡適的黑筆題記："1950 年十月，我在美國紐約的一家舊書店裡買到獨立的前七十五期，是老朋友 Ph. de Vargas 的藏書一部分。胡適。"

批注圈劃：第 1 冊多處有胡適的紅筆校改、劃綫與注記；第 2 冊偶有黑筆

1917

校改;第 3 冊偶有紅、鉛筆劃綫與注記。

夾紙:(1)第 1 冊有夾紙 1 張;第 2、3 冊各有夾紙數張。(2)第 1 冊扉頁粘貼胡適手寫筆記便條紙 2 張,一張注記各期期數與出刊時間;另一張注記:"頃查 Columbia Univ. 所藏獨立始知 229 期是 Nov. 29, 1936 出來的,中有張熙若的《冀察不應以特殊自居》,被宋哲元封了。230 期是 April 18, 1937 年續出的。出到 244 期,July 25, 1937 出版,July 28,北平就丟了。"(3)第 3 冊第 55 號頁 18 夾有手寫筆記 1 張,有胡適的藍筆注記:"此一卷裏只有我的文兩篇 (51) 獨立評論的一週年,(52—53) 保全華北的重要。"

與胡適的關係:各冊均收錄胡適所作的文章數則。

其他:(1)原書不只 3 冊,館藏僅 3 冊(1—75 號)。(2)精裝。

2219 讀書雜志/讀書雜誌社編.——北京:讀書雜誌社

1922:No. 1

HSMH(HS-N21F5-114)

附注:

與胡適的關係:收錄胡適《發展"讀書雜志"的緣起》、《一千九百年前的一個社會主義者——王莽》、《讀楚辭》、《評新詩集(一)》等文。

相關記載:胡適日記(1922-09-03)記載:"今天《努力》(18)出版,《讀書雜志》第一期出版。兩年的志願,到今年始得看見第一期!"

其他:(1)1922 年 9 月 3 日第一期出版,共出 18 期,至 1924 年 2 月 22 日停刊,係努力週報的增刊,每月第一周出版。(2)為微捲型式。包裝盒上有胡適的紅筆手寫注記:"《努力週報》1—75《讀書雜志》1—14";另有以綠、鉛筆手寫英文及數字。

2220 讀書雜志/讀書雜誌社編.——北京:讀書雜誌社

1922:No. 2

HSMH(HS-N21F5-115)

附注:

與胡適的關係:收錄胡適《北京的平民文學》、《評新詩集(二)》等文。

2221 **讀書雜志**/讀書雜誌社編.——北京：讀書雜誌社

　　1922：No. 3

　　HSMH（HS-N21F5-116）

　　附注：

　　　　與胡適的關係：收錄胡適《記李覯的學説——一個不曾得君行道的王安石》一文。

2222 **讀書雜志**/讀書雜誌社編.——北京：讀書雜誌社

　　1922：No. 4

　　HSMH（HS-N21F5-117）

　　附注：

　　　　與胡適的關係：(1)收錄陸侃如《讀"讀楚辭"》一文。(胡適《讀楚辭》一文刊登在《讀書雜志》第1期)。(2)收錄胡適《元人的曲子》一文。

2223 **讀書雜志**/讀書雜誌社編.——北京：讀書雜誌社

　　1923：No. 5

　　HSMH（HS-N21F5-118）

2224 **讀書雜志**/讀書雜誌社編.——北京：讀書雜誌社

　　1923：No. 6

　　HSMH（HS-N21F5-119）

2225 **讀書雜志**/讀書雜誌社編.——北京：讀書雜誌社

　　1923：No. 7

　　HSMH（HS-N21F5-120）

　　附注：

　　　　與胡適的關係：(1)收錄胡適《一個最低限度的國學書目》一文。(2)董作賓《讀"西遊記考證"》文末有胡適的後記一則。(3)收錄胡適《讀王國維先生的"曲錄"》一文。

2226 **讀書雜志**/讀書雜誌社編.——北京：讀書雜誌社

1923：No. 8

HSMH（HS-N21F5-121）

附注：

與胡適的關係：收錄胡適《讀梁漱冥先生的"東西文化及其哲學"》一文。

2227 讀書雜志/讀書雜誌社編. ——北京：讀書雜誌社

1923：No. 9

HSMH（HS-N21F5-122）

附注：

其他：第9期首版有手寫注記："篇中全謝山誤金謝山 泰皇誤爲秦皇。"

2228 讀書雜志/讀書雜誌社編. ——北京：讀書雜誌社

1923：No. 10

HSMH（HS-N21F5-123）

2229 讀書雜志/讀書雜誌社編. ——北京：讀書雜誌社

1923：No. 11

HSMH（HS-N21F5-124）

2230 讀書雜志/讀書雜誌社編. ——北京：讀書雜誌社

1923：No. 12

HSMH（HS-N21F5-125）

2231 讀書雜志/讀書雜誌社編. ——北京：讀書雜誌社

1923：No. 13

HSMH（HS-N21F5-126）

2232 讀書雜志/讀書雜誌社編. ——北京：讀書雜誌社

1923：No. 14

HSMH（HS-N21F5-127）

2233 讀者文摘/编者不詳.——臺北：讀者文摘社

  1959：Vol. 15, No. 1

  124 頁：圖；19 厘米

  HSMH（HS-N21F2-117）

2234 反攻/编者不詳.——臺北："反攻出版社"

  1960：No. 225

  36 頁；26 厘米

  HSMH（HS-N21F4-004）

  附注：

    批注圈劃：(1)李光濤《記朝鮮實錄中之"宋史筌"》一文有胡適的藍筆校改及紅筆劃綫。(2)蘇同炳《明代的内閣——明代相權問題研究之二》一文有胡適的紅筆圈劃。

    其他：月刊。

2235 反攻/编者不詳.——臺北："反攻出版社"

  1961：No. 232

  36 頁；26 厘米

  HSMH（HS-N21F4-005）

  附注：

    批注圈劃：蘇同炳《鄭芝龍前記》一文偶有胡適的紅筆劃綫。

    其他：月刊。

2236 反攻/编者不詳.——臺北："反攻出版社"

  1961：No. 235

  36 頁；26 厘米

  HSMH（HS-N21F4-006）

  附注：

    題記：封面有藍筆手寫題贈："敬贈胡院長 後學費海璣敬獻 五十年十月十六日。"

    批注圈劃：費海璣《朱子行誼續考》一文有胡適的紅筆劃綫。

其他:月刊。

2237 匪情研究/"國防部"情報局編.——臺北:"國防部"情報局

1959:Vol. 1, No. 6

2,256頁:圖表;26厘米

HSMH(HS-N21F1-014)

附注:

批注圈劃:偶有胡適的紅筆圈劃。

夾紙:封面內頁浮貼贈書謝函一則(1959-03-06)。

2238 匪情研究叢刊/"光復大陸設計研究委員會"編.——出版地不詳:"光復大陸設計研究委員會"

1960:Vol. 1, No. 1

[2],81頁:表;26厘米

HSMH(HS-N21F1-015)

附注:

其他:封面有藍筆注記:"綜002。"

2239 匪情研究叢刊/"光復大陸設計研究委員會"編.——出版地不詳:"光復大陸設計研究委員會"

1961:Vol. 1, No. 6

[1],43頁:表;26厘米

HSMH(HS-N21F1-016)

2240 輔仁學誌/輔仁大學輔仁學誌編輯會編.——北平:輔仁大學圖書館

1928—1930:Vol. 1,2

1冊:圖,表;26厘米

HSMH(HS-N12F3-023)

附注:

印章:鈐有"胡適的書"朱文方印。

批注圈劃:第2卷第2期滕固《關於院體畫和文人畫之史的考察》一文有

胡適的紅筆注記、校改與劃綫。

其他:(1)精裝。(2)第 1 卷第 1、2 期,第 2 卷第 1、2 期合刊。(3)半年刊。

2241 輔仁學誌/輔仁大學輔仁學誌編輯會編. ——北平:輔仁大學圖書館

1931—1934:Vol. 3,4

1 冊:圖, 表; 26 厘米

HSMH(HS-N12F3-024)

附注:

印章:鈐有"胡適的書"朱文方印。

批注圈劃:第 3 卷第 1 期王重民《清代兩個大輯佚書家評傳》一文有胡適的紅筆注記、校改與劃綫。

其他:(1)精裝。(2)第 3 卷第 1、2 期,第 4 卷第 1、2 期合刊。(3)半年刊。

2242 輔仁學誌/輔仁大學輔仁學誌編輯會編. ——北平:輔仁大學圖書館

1936—1937:Vol. 5,6

1 冊:圖, 表; 26 厘米

HSMH(HS-N12F3-025)

附注:

印章:鈐有"胡適的書"朱文方印。

其他:(1)精裝。(2)第 5 卷第 1、2 期,第 6 卷第 1、2 期合刊。(3)半年刊。

2243 輔仁學誌/輔仁大學輔仁學誌編輯會編. ——北平:輔仁大學圖書館

1938—1939:Vol. 7,8

1 冊:圖, 表; 26 厘米

HSMH(HS-N12F3-026)

附注:

印章:鈐有"胡適的書"朱文方印。

批注圈劃:第 7 卷陳垣《湯若望與木陳忞》、啟功《山水畫南北宗説考》等文有胡適的紅筆注記與劃綫。

夾紙：第 7 卷有夾紙 1 張。

其他：(1) 精裝。(2) 第 7 卷第 1、2 期，第 8 卷第 1、2 期合刊。(3) 半年刊。

2244 輔仁學誌/輔仁大學輔仁學誌編輯會編.——北平：輔仁大學圖書館

1940—1941：Vol. 9,10

1 冊：圖，表；26 厘米

HSMH（HS-N12F3-027）

附注：

印章：鈐有"胡適的書"朱文方印。

批注圈劃：第 9 卷第 2 期陳垣《清初僧諍記》一文有胡適的紅筆注記與劃綫。

夾紙：第 9 卷第 2 期陳垣《清初僧諍記》一文有夾紙數張。

其他：(1) 精裝。(2) 第 9 卷第 1、2 期，第 10 卷第 1、2 期合刊。(3) 半年刊。

2245 輔仁學誌/輔仁大學輔仁學誌編輯會編.——北平：輔仁大學圖書館

1942—1943：Vol. 11,12

1 冊：圖，表；26 厘米

HSMH（HS-N12F3-028）

附注：

印章：鈐有"胡適的書"朱文方印。

批注圈劃：第 11 卷余遜《早期道教之政治信念》一文有胡適的鉛筆劃綫。

其他：(1) 精裝。(2) 第 11 卷第 1、第 2 合期，第 12 卷第 1、第 2 合期。(3) 半年刊。

2246 輔仁學誌/輔仁大學輔仁學誌編輯會編.——北平：輔仁大學圖書館

1945—1946：Vol. 13,14

1 冊：圖，表；26 厘米

HSMH（HS-N12F3-029）

附注：

印章：鈐有"胡適的書"朱文方印。

夾紙：第14卷有夾紙2張。

其他：(1)精裝。(2)第13卷第1、第2合期,第14卷第1、第2合期。(3)半年刊。

2247 輔仁學誌/輔仁大學輔仁學誌編輯會編. ——北平：北平輔仁大學

1947：Vol. 15：No. 1,2

290,4頁：圖；26厘米

HSMH（HS-N12F3-030）

附注：

印章：鈐有"胡適的書"朱文方印。

批注圈劃：鹿煇世《歸潛志作者劉祈》、陳垣《宋元僧史三種述評》、柴德賡《全謝山與胡稚威》、陳奇猷《韓非子集釋刪要》等文均有胡適的紅、鉛筆注記與圈劃。

夾紙：有夾紙2張。

其他：(1)精裝。(2)第15卷第1、第2合期。(3)半年刊。

2248 歌謠周刊/北大研究所國學門歌謠研究會編. ——北京：北大研究所國學門歌謠研究會

1925：No. 49—72

1冊；26厘米

HSMH（HS-N02F6-002）

附注：

印章：鈐有"胡適的書"朱文方印；封底有 A. W. Hummel 的簽名。

其他：(1)第3冊合訂本。(2)又名"歌謠週刊"。(3)A. W. Hummel 曾任美國國會圖書館東方組主任,是胡適的一位好友。參見胡頌平編著《胡適之先生年譜長編初稿》,第5冊,頁1769。

2249 歌謠周刊/北大研究所國學門歌謠研究會編. ——北京：北大研究所國學門歌謠研究會

1925：No. 73—96

1 冊；26 厘米

HSMH（HS-N02F6-001）

附注：

　　印章：鈐有"胡適的書"朱文方印；封底有 A. W. Hummel 的簽名。

　　批注圈劃：偶有胡適的紅、藍筆注記及校改。

　　其他：(1)第 4 冊合訂本。(2)又名"歌謠週刊"。(3)A. W. Hummel 曾任美國國會圖書館東方組主任，是胡適的一位好友。參見胡頌平編著《胡適之先生年譜長編初稿》，第 5 冊，頁 1769。

2250　共匪暴政實錄/"司法行政部"調查局編. ——臺北："司法行政部"調查局

　　1961：No. 43

　　2, 28 頁；19 厘米

　　HSMH（HS-N08F2-053）

　　附注：

　　　　印章：鈐有"胡適的書"朱文方印。

2251　共匪暴政實錄/"司法行政部"調查局編. ——臺北："司法行政部"調查局

　　1961：No. 44

　　2, 29 頁；19 厘米

　　HSMH（HS-N08F2-054）

　　附注：

　　　　印章：鈐有"胡適的書"朱文方印。

2252　國魂/"國魂編輯委員會"編輯. ——臺北："新中國出版社"

　　1957：No. 140

　　60 頁；26 厘米

　　HSMH（HS-N21F3-103）

　　附注：

　　　　印章：館藏二冊頁 3 均鈐有"胡適的書"朱文方印。

　　　　批注圈劃：(1)館藏一冊頁 51、54，封底偶有藍筆劃綫。(2)館藏一冊任卓宣《我們底基本認識》一文有胡適的紅筆圈劃。

與胡適的關係: 收錄張鐵君《論胡適先生的三無主義》一文。

其他: 月刊。

2253 國際文摘/編者不詳.——高雄:"國際文摘社"

1956:No. 23

50頁:圖;19厘米

HSMH(HS-N21F2-115)

附注:

其他: 封面收錄胡適照片1張。

2254 國立北京大學國學季刊/北京大學國學季刊編輯委員會編輯.——北京:國立北京大學出版部

1923:Vol. 1, No. 1—4

4, 782, [15]頁:圖;26厘米

HSMH(HS-N02F6-046)

附注:

印章: 鈐有"胡適的書"朱文方印。

批注圈劃: (1)《發刊宣言》有黑、鉛筆劃綫。(2)第1卷第2號《科學的古史家崔述》有黑筆劃綫及鉛筆英文注記。(3)第1卷第4號《巴黎圖書館敦煌書目》偶有鉛筆、紅筆注記及劃綫。

夾紙: 有夾紙數張。

與胡適的關係: (1)第1卷第1號《發刊宣言》由胡適所執筆。(2)第1卷第2號收錄胡適《科學的古史家崔述》一文。

其他: (1)精裝。(2)合訂本。(3)內頁部分鉛筆注記與劃綫,似非胡適的筆跡。

2255 國立北京大學國學季刊/北京大學國學季刊編輯委員會編輯.——北京:國立北京大學出版部

1923:Vol. 1, No. 2

203—399頁:圖;26厘米

HSMH（HS-N02F6-049）

附注：

 印章：鈐有"胡適的書"朱文方印。

 夾紙：館藏一冊頁 219 夾有黃色手寫筆記 1 張。

 與胡適的關係：收錄胡適《科學的古史家崔述》一文。

 其他：偶有鉛筆劃綫及注記，似非胡適筆迹。

2256 國立北京大學國學季刊/北京大學國學季刊編輯委員會編輯. ——北京：國立北京大學出版部

 1923：Vol. 1, No. 3

 401—571 頁：圖；26 厘米

 HSMH（HS-N02F6-050）

 附注：

  印章：鈐有"胡適的書"朱文方印。

2257 國立北京大學國學季刊/北京大學國學季刊編輯委員會編輯. ——北京：國立北京大學出版部

 1925：Vol. 2, No. 1

 1—204 頁：圖；26 厘米

 HSMH（HS-N02F6-051）

 附注：

  印章：館藏一冊鈐有"胡適的書"朱文方印。

  批注圈劃：館藏一冊《戴東原年譜》一文偶有胡適的藍、紅筆注記與修改。

  與胡適的關係：收錄胡適《戴東原的哲學》一文。

2258 國立北京大學國學季刊/北京大學國學季刊編輯委員會編輯. ——北京：國立北京大學出版部

 1925—1930：Vol. 2, No. 1—4

 826 頁：摺圖；26 厘米

 HSMH（HS-N02F6-047）

 附注：

印章:鈐有"胡適的書"朱文方印。

批注圈劃:《戴東原的哲學》有黑筆劃綫及英文注記。

與胡適的關係:第 2 卷第 1 號收錄胡適《戴東原的哲學》一文。

其他:(1)精裝。(2)合訂本。

2259 國立北京大學國學季刊/北京大學國學季刊編輯委員會編輯. ——北京:國立北京大學出版部

 1930:Vol. 2, No. 3

 397—628 頁:表;26 厘米

 HSMH（HS-N02F6-052）

 附注:

  印章:鈐有"胡適的書"朱文方印。

2260 國立北京大學國學季刊/北京大學國學季刊編輯委員會編輯. ——北京:國立北京大學出版部

 1932:Vol. 3, No. 1—3

 540 頁:摺圖;26 厘米

 HSMH（HS-N02F6-048）

 附注:

  印章:鈐有"胡適的書"朱文方印。

  批注圈劃:偶有鉛筆注記及劃綫。

  其他:(1)精裝。(2)合訂本。

2261 國立北京大學國學季刊/北京大學國學季刊編輯委員會編輯. ——北京:國立北京大學出版部

 1932:Vol. 3, No. 1

 182,[12]頁,圖版[9]頁:圖;26 厘米

 HSMH（HS-N02F6-053）

 附注:

  印章:鈐有"胡適的書"朱文方印。

2262 國立北京大學國學季刊/北京大學國學季刊編輯委員會編輯. ——北京：國立北京大學出版部

  1932：Vol. 3, No. 2

  183—396 頁：表；26 厘米

  HSMH（HS-N02F6-054）

  附注：

    印章：鈐有"胡適的書"朱文方印。

2263 國立北京大學國學季刊/北京大學國學季刊編輯委員會編輯. ——北京：國立北京大學出版部

  1932：Vol. 3, No. 3

  397—540 頁：摺圖；26 厘米

  HSMH（HS-N02F6-055）

  附注：

    印章：鈐有"胡適的書"朱文方印。

2264 國立北京大學國學季刊/北京大學國學季刊編輯委員會編輯. ——北京：國立北京大學出版部

  1934：Vol. 4, No. 4

  276，[12]頁：圖；26 厘米

  HSMH（HS-N02F6-056）

  附注：

    印章：鈐有"胡適的書"朱文方印。

    其他：封面題"劉 白 林紀念號"。

2265 國立北京大學國學季刊/北京大學國學季刊編輯委員會編輯. ——北京：國立北京大學文科研究所

  1951：Vol. 7, No. 2

  153—294 頁；26 厘米

  HSMH（HS-N02F6-057）

  附注：

印章:鈐有"胡適的書"朱文方印。
　　　批注圈劃:封面有英文手寫注記。

2266 國立臺灣大學考古人類學刊/臺灣大學考古人類學刊編輯委員會編輯.——臺北市:臺灣大學出版委員會
　　1954:No. 4
　　68頁,圖版[17]頁;26厘米
　　HSMH(HS-N02F6-029)
　　附注:
　　　印章:鈐有"胡適的書"朱文方印。
　　　其他:不定期期刊。

2267 國立臺灣大學考古人類學刊/臺灣大學考古人類學刊編輯委員會編輯.——臺北市:臺灣大學出版委員會
　　1960:No. 15,16
　　170頁,圖版[35]頁:表;26厘米
　　HSMH(HS-N02F6-030)
　　附注:
　　　其他:不定期期刊。

2268 國立臺灣大學理學院心理學系研究報告/心理學系研究報告編輯委員會編.——臺北:臺灣大學出版委員會
　　1958:No. 1
　　152頁,表;26厘米
　　HSMH(HS-N18F5-022)

2269 國立臺灣大學文史哲學報/臺灣大學文史哲學報編輯委員會編輯.——臺北:臺灣大學出版委員會
　　1956:Vol. 7
　　208頁,圖版[24]頁:摺圖;26厘米
　　HSMH(HS-N02F6-036)

附注：

  印章：钤有"胡適的書"朱文方印。

  其他：英文題名"BULLETIN OF THE COLLEGE OF ARTS. NATIONAL TAIWAN UNIVERSITY"。

2270 國立臺灣大學文史哲學報/臺灣大學文史哲學報編輯委員會編輯.——臺北：臺灣大學出版委員會

  1958：Vol. 8

  295 頁，圖版[2]頁：摺圖；26 厘米

  HSMH（HS-N02F6-037）

  附注：

    印章：钤有"胡適的書"朱文方印。

    其他：英文題名"BULLETIN OF THE COLLEGE OF ARTS. NATIONAL TAIWAN UNIVERSITY"。

2271 國立政治大學學報/"國立政治大學出版委員會"編輯.——臺北："國立政治大學"

  1960：Vol. 1

  409 頁；26 厘米

  HSMH（HS-N02F6-043）

  附注：

    印章：封面內頁蓋有"贈閱"、"國立政治大學"印戳，钤有"胡適的書"朱文方印。

2272 國立政治大學學報/"國立政治大學出版委員會"編輯.——臺北："國立政治大學"

  1960：Vol. 2

  476 頁：表；27 厘米

  HSMH（HS-N02F6-044）

  附注：

    印章：钤有"胡適的書"朱文方印。

批注圈劃:頁 43 有胡適的紅筆修改。

夾紙:頁 303 夾附贈書簡箋 1 張,題有"適之先生 賜存 國立政治大學"字樣。

其他:精裝。

2273 國立政治大學學報/"國立政治大學出版委員會"編輯.——臺北:"國立政治大學"

1961:Vol. 3

400 頁:表;27 厘米

HSMH（HS-N02F6-045）

附注:

印章:鈐有"胡適的書"朱文方印。

其他:精裝。

2274 國學月報/北京述學社編輯部編輯.——北京:樸社

1927:Vol. 2,No. 1

51 頁;24 厘米

HSMH（HS-N02F6-061）

附注:

印章:鈐有"胡適的書"朱文方印。

2275 國學月報/北京述學社編輯.——北京:樸社出版經理部

1927:Vol. 2,No. 2

1 冊;24 厘米

述學社刊物

HSMH（HS-N06F3-032）

附注:

印章:鈐有"胡適的書"朱文方印。

2276 國學月報/北京述學社編輯部編輯.——北京:樸社

1927:Vol. 2,No. 4

161—212 頁；24 厘米

HSMH（HS-N02F6-062）

附注：

　　印章：鈐有"胡適的書"朱文方印。

2277 國學月報/北京述學社編輯部編輯.——北京：樸社

1927：Vol. 2, No. 5

213—256 頁；24 厘米

HSMH（HS-N02F6-063）

附注：

　　印章：鈐有"胡適的書"朱文方印。

2278 國學月報/北京述學社編輯部編輯.——北京：樸社

1927：Vol. 2, No. 6

257—308 頁：摺圖；24 厘米

HSMH（HS-N02F6-064）

附注：

　　印章：鈐有"胡適的書"朱文方印。

2279 國學月報/北京述學社編輯部編輯.——北京：樸社

1927：Vol. 2, No. 7

309—362 頁：表；24 厘米

HSMH（HS-N02F6-065）

附注：

　　印章：鈐有"胡適的書"朱文方印。

　　批注圈劃：目錄有黑筆劃記。

2280 國學月報/北京述學社編輯部編輯.——北京：樸社

1927：Vol. 2, No. 11

555—606 頁；24 厘米

HSMH（HS-N02F6-066）

附注：

　　印章：鈐有"胡適的書"朱文方印。

　　與胡適的關係：收錄胡適《七月八日遊杭州南峯道中作》一文。

2281 國學月報/北京述學社編輯部編輯.——北京：樸社

　　1927：Vol. 2, No. 12

　　607—730 頁；24 厘米

　　HSMH（HS-N02F6-067）

　　附注：

　　　　印章：鈐有"胡適的書"朱文方印。

　　　　與胡適的關係：收錄胡適、張爲騏《"孔雀東南飛"年代的討論》一文。

2282 國學月刊/胡韞玉，陳乃乾編輯.——上海：大東書局

　　1926：Vol. 1, No. 1

　　25 頁：圖；26 厘米

　　HSMH（HS-N02F6-038）

　　附注：

　　　　印章：鈐有"胡適的書"朱文方印。

　　　　批注圈劃：封面有鉛筆注記及黑筆手寫注記。

2283 國學月刊/胡韞玉，陳乃乾編輯.——上海：大東書局

　　1926：Vol. 1, No. 2

　　26 頁：圖；26 厘米

　　HSMH（HS-N02F6-039）

　　附注：

　　　　印章：鈐有"胡適的書"朱文方印。

2284 國學月刊/胡韞玉，陳乃乾編輯.——上海：大東書局

　　1926：Vol. 1, No. 3

　　40 頁：圖；26 厘米

　　HSMH（HS-N02F6-040）

附注:

　　印章:鈐有"胡適的書"朱文方印。

2285　海潮音/海潮音編委會編輯.──臺北:海潮音社

　　1960:Vol. 41, No. 9

　　22頁;26厘米

　　HSMH(HS-N21F4-023)

　　附注:

　　　批注圈劃:封面及封底偶有鉛筆劃記。

　　　與胡適的關係:收錄周祥光《胡適慎言!──讀"中華傳統及其將來"有感》一文。

2286　海事/編者不詳.──臺北:海事雜誌社

　　1957:No. 120

　　15頁;21厘米

　　HSMH(HS-N21F2-111)

　　附注:

　　　夾紙:頁15有信封殘片1張,印記"SEAMAN'S NEWSMAGAZINE 海事雜誌社 台北市愛國東路七十四巷十一號"。

　　　相關記載:有1960年4月26日本書編輯鮑雨林致胡適贈書信函並述辦《海事》雜誌及呈萬言書事,原信函可參見館藏號:HS-NK01-180-005。

　　　其他:(1)封面有鮑雨林的手寫黑筆注記:"上總統萬言書。"(2)本書無版權頁。

2287　海事/編者不詳.──臺北:海事雜誌社

　　[1959]:No. 120

　　[18]頁;21厘米

　　HSMH(HS-N21F2-112)

　　附注:

　　　相關記載:1960年4月26日有本書編輯鮑雨林致胡適贈書信函並述辦《海事》雜誌及呈萬言書事,原信函可參見館藏號:HS-NK01-180-005。

其他：(1)本書頁數編排無順序，內頁有粘貼，似為重新整理。(2)封面有鮑雨林的手寫黑筆注記："近文四則。"(3)《愛琴海中的羅得斯島》一文有黑筆劃記，應非胡適的筆迹。(4)本書無版權頁。

2288 海外論壇/"海外論壇編輯委員會"編輯．——香港："海外論壇社"

　　1961：Vol. 2, No. 1

　　15 頁：圖；26 厘米

　　HSMH（HS-N21F2-070）

　　附註：

　　　　與胡適的關係：收錄胡適《所謂"曹雪芹小象"的謎》一文，參見館藏號：HS-NK04-013-004。本文成稿於 1960 年 11 月 22 日，原件手稿可參見館藏號：HS-MS01-026-001。

　　　　相關記載：(1)《所謂"曹雪芹小象"的謎》亦曾在《新時代》第 1 卷第 4 期上發表。(2)關於"曹雪芹小象"相關資料可參見胡適日記(1928-11-28)及胡頌平編著《胡適之先生晚年談話錄》（臺北：聯經，1984）頁 304。

2289 核子科學/核子科學季刊社編．——臺北：核子科學季刊社

　　1960：Vol. 3, No. 2

　　98 頁：圖；26 厘米

　　HSMH（HS-N18F5-020）

　　附註：

　　　　印章：鈐有"胡適的書"朱文方印。

2290 會議/編者不詳．——臺北：出版者不詳

　　1959：No. 6

　　23 頁；26 厘米

　　HSMH（HS-N21F2-014）

　　附註：

　　　　與胡適的關係：封面書名係胡適所題簽。

2291 建設/編者不詳．——臺北：建設雜誌社

1961：Vol. 10, No. 6

34 頁：圖；26 厘米

HSMH（HS-N21F4-019）

2292 教育與文化/教育與文化週刊社主編.——臺北：臺灣書店

1958：No. 198

35 頁；26 厘米

HSMH（HS-N21F3-104）

附注：

其他：雙周刊。

2293 教育與文化/教育與文化週刊社主編.——臺北：臺灣書店

1959：No. 204

35 頁；26 厘米

HSMH（HS-N21F3-105）

附注：

其他：雙周刊。

2294 教育與文化/教育與文化週刊社主編.——臺北：臺灣書店

1961：No. 265,266

83 頁：表；26 厘米

HSMH（HS-N21F3-106）

附注：

其他：(1)265、266 兩期合刊本。(2)雙周刊。

2295 今日佛教/編者不詳.——臺北：今日佛教社

1961：No. 50

35 頁：圖；26 厘米

HSMH（HS-N21F3-044）

附注：

題記：封面有胡適的手寫紅筆注記："鍾伯毅先生贈。他說作者蘇芬，江西人,是北大畢業的。適之 五十,十,廿一。"

與胡適的關係:收錄蘇芬《胡適精神——糾正兩個錯誤的觀念》一文;偶有胡適的紅筆校改。

2296 今日佛教/編者不詳.——臺北:今日佛教社

1961:No. 55

35 頁:圖;26 厘米

HSMH(HS-N21F3-045)

2297 今日婦女/今日婦女編輯委員會編輯.——臺北:今日婦女社

1955:Vol. 2, No. 7

51 頁:圖;19 厘米

HSMH(HS-N21F2-098)

附注:

批注圈劃:目錄有胡適的黑筆圈劃。

與胡適的關係:收錄黃守誠《胡適先生的母親——讀"四十自述"書後》一文,參見館藏號:HS-NK01-199-011。

相關記載:1959 年 6 月 20 日黃守誠寄贈本書,並附信函 1 封,原件可參見館藏號:HS-NK01-199-011。

2298 今日世界/編者不詳.——香港:今日世界出版社

1959:No. 168

32 頁:圖;26 厘米

HSMH(HS-N21F4-076)

附注:

內夾書信:館藏一冊夾有影印剪報 2 張,收錄胡適夏道平譯《杜威在中國》("自由中國",第 21 卷,第 4 期)一文,有藍筆劃綫與校改。

與胡適的關係:收錄胡適《紀念林肯的新意義》一文。

相關記載:《紀念林肯的新意義》一文可參見館藏原件手稿,館藏號:HS-NK05-183-003,原題名爲《林肯一百五十年的生日紀念》。相關資料亦可參考胡頌平《胡適之先生年譜長編初稿》,第 8 冊,頁 2812。

2299 今日世界/編者不詳.——香港：今日世界出版社

1959：No. 177

32 頁：圖；26 厘米

HSMH（HS-N21F4-077）

附注：

批注圈劃：頁3《中美兩國教育專家開會討論中國文化》一文，以紅筆圈選，參見館藏號：HS-NK01-006-006。

2300 今日世界/編者不詳.——香港：今日世界出版社

1960：No. 205

32 頁：圖；26 厘米

HSMH（HS-N21F4-078）

附注：

與胡適的關係：收錄雷復生《最近在西雅圖完滿閉幕的中美學術合作會議》一文，文內附胡適相關照片數張。此會議於 1960 年 7 月 10 日在美國西雅圖華盛頓大學召開，胡適發表演說，講題爲"中國的傳統與將來"，參見館藏號：HS-NK05-296-015。

2301 今日世界/編者不詳.——香港：今日世界出版社

1961：No. 214，218，221

32 頁：圖；26 厘米

HSMH（HS-N21F4-079，HS-N21F4-080，HS-N21F4-081）

2302 經濟部國立臺灣大學合辦漁業生物試驗所研究報告/漁業生物試驗所編.——臺北：漁業生物試驗所

1959：Vol. 1，No. 3

[1]，47 頁，圖版[8]頁；26 厘米

HSMH（HS-N18F5-017）

附注：

印章：鈐有"劉發煊印"朱文方印。

題記：封面有手寫題贈："適之院長教正 劉發煊敬贈。"

2303 競業旬報/競業學會編. —— 上海：競業學會

  1908：No. 25

  HSMH（HS-N21F5-128）

  附注：

  與胡適的關係：(1)收錄胡適以"鐵兒"爲筆名的《婚姻篇(續)》《棄父行》、《霜天曉角》、《真如島(續)》等文，《時聞》數則，以"適之"爲筆名的《楊斯盛傳》、《無鬼叢話(一)》、《消夏叢摭》等文。(2)《戒纏足歌》文末有胡適的短評一則。

  相關記載：胡適留學日記(1914.08.29)有《棄父行》相關記載。

  其他：(1)爲微捲型式。包裝盒上有藍筆手寫注記："Hu Shih Items 競業旬報 25—41"。(2)本微捲含第 25、28、34、40、41 期等 5 期(1908 年 8 月 27 日—1909 年 2 月)。

2304 競業旬報/競業學會編. —— 上海：競業學會

  1908：No. 28

  HSMH（HS-N21F5-129）

  附注：

  與胡適的關係：(1)收錄胡適以"鐵兒"爲筆名的《論毀除神佛》、《真如島(續)》等文。(2)以"適广"爲筆名的《社會雜評(二)中國的政府》一文。(3)以"適之"爲筆名的《無鬼叢話(三)》一文。(4)以"適"爲筆名的《讀書劄記》二則。

  其他：(1)爲微捲型式。包裝盒上有藍筆手寫注記："Hu Shih Items 競業旬報 25—41"。(2)本微捲含第 25、28、34、40、41 期等 5 期(1908 年 8 月 27 日—1909 年 2 月)。

2305 競業旬報/競業學會編. —— 上海：競業學會

  1908：No. 34

  HSMH（HS-N21F5-130）

  附注：

與胡適的關係：收錄胡適以"鐵兒"爲筆名的《白話(一)愛國》、《金玉之言(一)》、《讀漢書雜記(一)》等文，以"騂"爲筆名的《對于中國公學風潮之感言》一文。

其他：(1)爲微捲型式。包裝盒上有藍筆手寫注記："Hu Shih Items 競業旬報25—41。"(2)本微捲含第25、28、34、40、41期等5期(1908年8月27日—1909年2月)。

2306 競業旬報/競業學會編．——上海：競業學會

1909：No. 40

HSMH（HS-N21F5-131）

附注：

與胡適的關係：收錄胡適的《鐵兒啟事》一文。

相關記載：第40期起胡適辭去主筆職務，參見胡頌平《胡適之先生年譜長編初稿》，第1冊，頁78、79。

其他：(1)爲微捲型式。包裝盒上有藍筆手寫注記："Hu Shih Items 競業旬報25—41"。(2)本微捲含第25、28、34、40、41期等5期(1908年8月27日—1909年2月)。

2307 競業旬報/競業學會編．——上海：競業學會

1909：No. 41

HSMH（HS-N21F5-132）

附注：

相關記載：《競業旬報》自第41期起停刊，參見胡頌平《胡適之先生年譜長編初稿》，第1冊，頁89。

其他：(1)爲微捲型式。包裝盒上有藍筆手寫注記："Hu Shih Items 競業旬報25—41。"(2)本微捲含第25、28、34、40、41期等5期(1908年8月27日—1909年2月)。

2308 科學畫報/"中華科學協進會"編輯．——臺北：科學畫報社

1961：Vol. 1，No. 7

[2]，267—304頁：圖；26厘米

HSMH（HS-N21F2-013）

2309 科學教育/"中國自然科學促進會編輯委員會",科學教育編輯部編輯.——臺北:"中國自然科學促進會"

1956：Vol. 2, No. 6

65 頁：圖；26 厘米

HSMH（HS-N21F4-011）

附注：

其他:雙月刊。

2310 科學教育/"中國自然科學促進會編輯委員會",科學教育編輯部編輯.——臺北:"中國自然科學促進會"

1958：Vol. 4, No. 3

52 頁：圖；26 厘米

HSMH（HS-N21F4-012）

附注：

其他:雙月刊。

2311 科學教育/"中國自然科學促進會編輯委員會",科學教育編輯部編輯.——臺北:"中國自然科學促進會"

1958：Vol. 4, No. 6

72 頁：圖；26 厘米

HSMH（HS-N21F4-013）

附注：

其他:雙月刊。

2312 科學教育/"中國自然科學促進會編輯委員會",科學教育編輯部編輯.——臺北:"中國自然科學促進會"

1961：Vol. 7, No. 9

54 頁：圖；26 厘米

HSMH（HS-N21F4-014）

附注:

    其他:月刊。

2313 **孔孟學報**/孔孟學會編.——臺北:孔孟學會

    1961:No. 1

    [5],247 頁;26 厘米

    HSMH(HS-N17F3-010)

2314 **孔孟學報**/孔孟學會編.——臺北:孔孟學會

    1961:No. 2

    1,232 頁:表;26 厘米

    HSMH(HS-N17F3-011)

2315 **禮拜天**/編者不詳.——出版地不詳:晨報社

    1959:Vol. 10,No. 4

    16 頁:圖;28 厘米

    HSMH(HS-N21F4-015)

2316 **歷史研究**/歷史研究編輯委員會編.——北京:科學出版社

    1955:No. 3

    [1],134 頁;26 厘米

    HSMH(HS-N06F4-001)

    附注:

        印章:鈐有"胡適的書"朱文方印。

        與胡適的關係:(1)收錄范文瀾《看看胡適的"歷史的態度"和"科學方法"》一文。(2)收錄蔡美彪《階級鬥爭是歷史發展的動力——論胡適派反動的歷史觀及其流毒》一文。(3)收錄梁從誡《胡適不是研究歷史,而是歪曲和捏造歷史——在批判胡適歷史觀點討論會上的發言》一文。

        相關記載:本書係於 1955 年 8 月 9 日陳受頤所寄贈,參見館藏號:HS-US01-008-001。

2317 聯合評論/編者不詳. ——九龍：嘉羅印刷有限公司

1958—1959，No. 1—26

1 冊；39 厘米

HSMH（HS-N21F2-003）

附注：

夾紙：有夾紙 1 張，上有藍筆注記："香港九龍金馬倫道三十八號三樓 聯合評論社寄 四八,五,十一。"

其他：1—26 期合訂本。

2318 綠濤/綠濤文藝出版社編輯部編輯. ——臺北：臺灣大學綠濤出版社

1959：No. 23

26 頁：圖；21 厘米

HSMH（HS-N21F2-101）

2319 每週評論/編者不詳. ——北京：每週評論社

1918：No. 1

HSMH（HS-N21F5-002）

附注：

與胡適的關係：收錄胡適白話詩《奔喪到家》。

相關記載：《每週評論》第 1 號於 1918 年 12 月 22 日出版，可參見胡適《紀念五四》一文，《胡適之先生年譜長編初稿》，第 1 冊，頁 330。

其他：原爲微卷型式。微捲包裝盒上有胡適的藍筆注記："每週評論 史丹佛大學胡佛研究所贈。"

2320 每週評論/編者不詳. ——北京：每週評論社

1918：No. 2

HSMH（HS-N21F5-003）

附注：

其他：原爲微卷型式。微捲包裝盒上有胡適的藍筆注記："每週評論 史丹佛大學胡佛研究所贈。"

2321 每週評論/編者不詳. ——北京：每週評論社

　　1919：No. 3

　　HSMH（HS-N21F5-004）

　　附注：

　　　　其他:原爲微卷型式。微捲包裝盒上有胡適的藍筆注記:"每週評論 史丹佛大學胡佛研究所贈。"

2322 每週評論/編者不詳. ——北京：每週評論社

　　1919：No. 4

　　HSMH（HS-N21F5-005）

　　附注：

　　　　其他:原爲微卷型式。微捲包裝盒上有胡適的藍筆注記:"每週評論 史丹佛大學胡佛研究所贈。"

2323 每週評論/編者不詳. ——北京：每週評論社

　　1919：No. 5

　　HSMH（HS-N21F5-006）

　　附注：

　　　　其他:原爲微卷型式。微捲包裝盒上有胡適的藍筆注記:"每週評論 史丹佛大學胡佛研究所贈。"

2324 每週評論/編者不詳. ——北京：每週評論社

　　1919：No. 6

　　HSMH（HS-N21F5-007）

　　附注：

　　　　與胡適的關係:收錄胡適譯《弒父之兒》一文,本文亦收錄在《短篇小說》（臺北:胡適紀念館,1972）頁65—75。

　　　　其他:原爲微卷型式。微捲包裝盒上有胡適的藍筆注記:"每週評論 史丹佛大學胡佛研究所贈。"

2325 每週評論/編者不詳. ——北京：每週評論社

1919：No. 7

HSMH（HS-N21F5-008）

附注：

與胡適的關係：(1)收錄胡適《文學的考據》一文。(2)收錄胡適譯《弒父之兒》一文，本文亦收錄在《短篇小説》(臺北：胡適紀念館，1972)頁65—75。

其他：原爲微卷型式。微捲包裝盒上有胡適的藍筆注記："每週評論 史丹佛大學胡佛研究所贈。"

2326 **每週評論**/編者不詳.——北京：每週評論社

1919：No. 8

HSMH（HS-N21F5-009）

附注：

其他：原爲微卷型式。微捲包裝盒上有胡適的藍筆注記："每週評論 史丹佛大學胡佛研究所贈。"

2327 **每週評論**/編者不詳.——北京：每週評論社

1919：No. 9

HSMH（HS-N21F5-010）

附注：

其他：原爲微卷型式。微捲包裝盒上有胡適的藍筆注記："每週評論 史丹佛大學胡佛研究所贈。"

2328 **每週評論**/編者不詳.——北京：每週評論社

1919：No. 10

HSMH（HS-N21F5-011）

附注：

其他：原爲微卷型式。微捲包裝盒上有胡適的藍筆注記："每週評論 史丹佛大學胡佛研究所贈。"

2329 **每週評論**/編者不詳.——北京：每週評論社

1919：No. 11

HSMH（HS-N21F5-012）

附注：

  其他：原爲微捲型式。微捲包裝盒上有胡適的藍筆注記："每週評論 史丹佛大學胡佛研究所贈。"

2330 每週評論/編者不詳.——北京：每週評論社

  1919：No. 12

  HSMH（HS-N21F5-013）

  附注：

    其他：原爲微捲型式。微捲包裝盒上有胡適的藍筆注記："每週評論 史丹佛大學胡佛研究所贈。"

2331 每週評論/編者不詳.——北京：每週評論社

  1919：No. 13

  HSMH（HS-N21F5-014）

  附注：

    其他：原爲微捲型式。微捲包裝盒上有胡適的藍筆注記："每週評論 史丹佛大學胡佛研究所贈。"

2332 每週評論/編者不詳.——北京：每週評論社

  1919：No. 14

  HSMH（HS-N21F5-015）

  附注：

    其他：原爲微捲型式。微捲包裝盒上有胡適的藍筆注記："每週評論 史丹佛大學胡佛研究所贈。"

2333 每週評論/編者不詳.——北京：每週評論社

  1919：No. 15

  HSMH（HS-N21F5-016）

  附注：

其他:原爲微卷型式。微捲包裝盒上有胡適的藍筆注記:"每週評論 史丹佛大學胡佛研究所贈。"

2334 每週評論/編者不詳.——北京:每週評論社

1919:No. 16

HSMH(HS-N21F5-017)

附注:

其他:原爲微卷型式。微捲包裝盒上有胡適的藍筆注記:"每週評論 史丹佛大學胡佛研究所贈。"

2335 每週評論/編者不詳.——北京:每週評論社

1919:No. 17

HSMH(HS-N21F5-018)

附注:

其他:(1)原爲微卷型式。微捲包裝盒上有胡適的藍筆注記:"每週評論 史丹佛大學胡佛研究所贈。"(2)收錄《特別附錄:對於新舊思潮的輿論》一文。

2336 每週評論/編者不詳.——北京:每週評論社

1919:No. 18

HSMH(HS-N21F5-019)

附注:

與胡適的關係:收錄胡適譯《愛情與麵包》一文,亦收錄在《短篇小説》(臺北:胡適紀念館,1972)頁87—101。

其他:原爲微卷型式。微捲包裝盒上有胡適的藍筆注記:"每週評論 史丹佛大學胡佛研究所贈。"

2337 每週評論/編者不詳.——北京:每週評論社

1919:No. 19

HSMH(HS-N21F5-020)

附注:

與胡適的關係：收錄胡適譯《愛情與麵包（續）》一文，亦收錄在《短篇小説》（臺北：胡適紀念館，1972）頁 87—101。

其他：(1)原爲微卷型式。微捲包裝盒上有胡適的藍筆注記："每週評論 史丹佛大學胡佛研究所贈。"(2)收錄《每週評論第二次特別附錄：對於新舊思潮的輿論》一文。

2338 每週評論／編者不詳．——北京：每週評論社

1919：No. 20

HSMH（HS-N21F5-021）

附注：

與胡適的關係：收錄胡適譯《愛情與麵包（續）》一文，亦收錄在《短篇小説》（臺北：胡適紀念館，1972）頁 87—101。

其他：原爲微卷型式。微捲包裝盒上有胡適的藍筆注記："每週評論 史丹佛大學胡佛研究所贈。"

2339 每週評論／編者不詳．——北京：每週評論社

1919：No. 21

HSMH（HS-N21F5-022）

附注：

其他：原爲微卷型式。微捲包裝盒上有胡適的藍筆注記："每週評論 史丹佛大學胡佛研究所贈。"

2340 每週評論／編者不詳．——北京：每週評論社

1919：No. 22

HSMH（HS-N21F5-023）

附注：

其他：(1)原爲微卷型式。微捲包裝盒上有胡適的藍筆注記："每週評論 史丹佛大學胡佛研究所贈。"(2)收錄《每週評論第三次特別附錄：對於北京學生運動的輿論》一文。

2341 每週評論／編者不詳．——北京：每週評論社

1919：No. 23

HSMH（HS-N21F5-024）

附注：

 其他:原爲微卷型式。微捲包裝盒上有胡適的藍筆注記："每週評論 史丹佛大學胡佛研究所贈。"

2342 每週評論/編者不詳.——北京：每週評論社

 1919：No. 24

 HSMH（HS-N21F5-025）

 附注：

  其他:原爲微卷型式。微捲包裝盒上有胡適的藍筆注記："每週評論 史丹佛大學胡佛研究所贈。"

2343 每週評論/編者不詳.——北京：每週評論社

 1919：No. 25

 HSMH（HS-N21F5-026）

 附注：

  其他:原爲微卷型式。微捲包裝盒上有胡適的藍筆注記："每週評論 史丹佛大學胡佛研究所贈。"

2344 每週評論/編者不詳.——北京：每週評論社

 1919：No. 26

 HSMH（HS-N21F5-027）

 附注：

  與胡適的關係:收錄胡適翻譯杜威《美國之民治的發展》第三講一文。

  其他:（1）原爲微卷型式。微捲包裝盒上有胡適的藍筆注記："每週評論 史丹佛大學胡佛研究所贈。"（2）《每週評論》自第26號起由胡適接辦,參見《胡適之先生年譜長編初稿》,第2冊,頁358。

2345 每週評論/編者不詳.——北京：每週評論社

 1919：No. 27

HSMH（HS-N21F5-028）

附注：

與胡適的關係：收錄胡適記杜威講演《現代教育的趨勢》第二講《對於知識的新態度》一文,時胡適筆名"天風"。

其他：(1)原爲微卷型式。微捲包裝盒上有胡適的藍筆注記："每週評論 史丹佛大學胡佛研究所贈。"(2)1919年6月杜威在北京講演,參見《胡適之先生長譜長編初稿》,第2冊,頁358。

2346 每週評論/編者不詳.——北京：每週評論社

1919：No. 28

HSMH（HS-N21F5-029）

附注：

與胡適的關係：收錄胡適《歡迎我們的兄弟——"星期評論"》一文、《威權》一詩,《愛情與痛苦》、《研究室與監獄》、《他也配》、《北京大學與青島》、《數目作怪》等隨感錄五則。

其他：原爲微卷型式。微捲包裝盒上有胡適的藍筆注記："每週評論 史丹佛大學胡佛研究所贈。"

2347 每週評論/編者不詳.——北京：每週評論社

1919：No. 29

HSMH（HS-N21F5-030）

附注：

與胡適的關係：收錄胡適《一封未寄的信》一文,時胡適筆名"天風",本文亦收錄在《短篇小説》(臺北：胡適紀念館,1972)頁103—119；收錄胡適《愛情與痛苦》一詩,《怪不得他》、《七千個電報》、《方還與杜威夫人》等隨感錄三則。

其他：原爲微卷型式。微捲包裝盒上有胡適的藍筆注記："每週評論 史丹佛大學胡佛研究所贈。"

2348 每週評論/編者不詳.——北京：每週評論社

1919：No. 30

HSMH（HS-N21F5-031）

附注：

 與胡適的關係：收錄胡適《一封未寄的信（續）》一文，時胡適筆名"天風"，本文亦收錄在《短篇小説》（臺北：胡適紀念館，1972）頁103—119。

 其他：原爲微卷型式。微捲包裝盒上有胡適的藍筆注記："每週評論 史丹佛大學胡佛研究所贈。"

2349 每週評論/編者不詳.——北京：每週評論社

 1919：No. 31

 HSMH（HS-N21F5-032）

 附注：

  與胡適的關係：收錄胡適《多研究些問題，少談些主義》一文、《孫文學説》書評一文，《合肥是誰？》、《孔教精義？》等隨感錄二則。

  其他：原爲微卷型式。微捲包裝盒上有胡適的藍筆注記："每週評論 史丹佛大學胡佛研究所贈。"

2350 每週評論/編者不詳.——北京：每週評論社

 1919：No. 32

 HSMH（HS-N21F5-033）

 附注：

  與胡適的關係：收錄胡適《一個問題》小説1篇。

  其他：原爲微卷型式。微捲包裝盒上有胡適的藍筆注記："每週評論 史丹佛大學胡佛研究所贈。"

2351 每週評論/編者不詳.——北京：每週評論社

 1919：No. 33

 HSMH（HS-N21F5-034）

 附注：

  與胡適的關係：收錄胡適節錄知非（藍公武）《問題與主義》一文、胡適《我的兒子》一詩，《微妙之言》、《辜鴻銘》、《闢謬與息邪》等隨感錄三則。

  其他：原爲微卷型式。微捲包裝盒上有胡適的藍筆注記："每週評論 史丹佛大學胡佛研究所贈。"

2352 每週評論/編者不詳.——北京：每週評論社

1919：No. 34

HSMH（HS-N21F5-035）

附注：

與胡適的關係：張慰慈《女子解放與家庭改組》一文後有胡適短跋1篇，收錄胡適《一顆星兒》詩1首，汪長祿（友箕）致胡適信函（1919-08-06）1封，信末並附胡適回覆信函1封。

其他：原為微卷型式。微捲包裝盒上有胡適的藍筆注記："每週評論 史丹佛大學胡佛研究所贈。"

2353 每週評論/編者不詳.——北京：每週評論社

1919：No. 35

HSMH（HS-N21F5-036）

附注：

與胡適的關係：李大釗《再論問題與主義》一文末有胡適的短文一則，胡思聰《一片哭聲》一文前有胡適的短序，汪長祿（友箕）致胡適信函（1919-08-12）1封，信末附胡適的回覆信函1封。

其他：原為微卷型式。微捲包裝盒上有胡適的藍筆注記："每週評論 史丹佛大學胡佛研究所贈。"

2354 每週評論/編者不詳.——北京：每週評論社

1919：No. 36

HSMH（HS-N21F5-037）

附注：

與胡適的關係：收錄胡適《三論問題與主義》一文，《兩個同業》、《又一個同業》、《辜鴻銘》等隨感錄三則，介紹周刊《湘江評論》與《星期日》一文。

其他：原為微卷型式。微捲包裝盒上有胡適的藍筆注記："每週評論 史丹佛大學胡佛研究所贈。"

2355 每週評論/編者不詳. ——北京：每週評論社

    1919：No. 37

    HSMH（HS-N21F5-038）

    附注：

        與胡適的關係：收錄胡適《四論問題與主義——論輸入學理的方法》一文。

        其他：(1)原爲微卷型式。微捲包裝盒上有胡適的藍筆注記："每週評論史丹佛大學胡佛研究所贈。"(2)《每週評論》於1919年8月遭查封，至第37號第1版止。

2356 民主/編者不詳. ——宜蘭："民主週刊社"

    1959：No. 12

    16 頁；26 厘米

    HSMH（HS-N21F2-096）

    附注：

        夾紙：《斥省議員陳火土（濱崎毅）的謬論》一文夾有紙條1張，係對該文的注解，但非胡適筆迹，參見館藏號：HS-US01-028-005。

2357 民主潮/編者不詳. ——臺北："民主潮社"

    1958：Vol. 8，No. 21

    20 頁；26 厘米

    HSMH（HS-N21F3-026）

    附注：

        印章：封面蓋有"贈閱"印戳。

2358 民主潮/編者不詳. ——臺北："民主潮社"

    1959：Vol. 9，No. 10

    20 頁；26 厘米

    HSMH（HS-N21F3-027）

    附注：

        印章：封面蓋有"贈閱"印戳。

2359 民主潮／編者不詳. ——臺北："民主潮社"

1960：Vol. 10, No. 1

20 頁；26 厘米

HSMH（HS-N21F3-028）

附注：

印章：館藏一冊封面蓋有"贈閱"印戳。

2360 民主潮／"民主潮編輯委員會"編輯. ——臺北："民主潮社"

1961：Vol. 11, No. 1

20 頁；26 厘米

HSMH（HS-N21F3-029）

附注：

與胡適的關係：收錄胡適《京師大學堂開辦的日期——北大的校慶究竟應該在那一天？》一文，相關資料可參考吳相湘致胡適函，參見館藏號：HS-NK01-149-008。

相關記載：《京師大學堂開辦的日期——北大的校慶究竟應該在那一天？》亦收錄在《胡適之先生年譜長編初稿》，第 9 冊，頁 3422、3423。

2361 民主潮／"民主潮編輯委員會"編輯. ——臺北："民主潮社"

1961：Vol. 11, No. 4, 8, 11

20 頁；26 厘米

HSMH（HS-N21F3-030，HS-N21F3-031，HS-N21F3-032）

附注：

批注圈劃：封面有胡適的黑筆圈點。

2362 民主潮／"民主潮編輯委員會"編輯. ——臺北："民主潮社"

1961：Vol. 11, No. 16

20 頁；26 厘米

HSMH（HS-N21F3-033）

附注：

印章:封面蓋有"贈閱"印戳。

2363 民主潮/"民主潮編輯委員會"編輯. ——臺北:"民主潮社"

1961:Vol. 11,No. 17

20 頁;26 厘米

HSMH(HS-N21F3-034)

附注:

印章:封面蓋有"贈閱"印戳。

批注圈劃:頁 3 收錄鄭則愈《參加陽明山第二次會談的管見》一文,有胡適的紅筆劃綫及注記。

2364 民主潮/"民主潮編輯委員會"編輯. ——臺北:"民主潮社"

1961:Vol. 11,No. 20,21,23

20 頁;26 厘米

HSMH(HS-N21F3-035,HS-N21F3-036,HS-N21F3-038)

附注:

印章:封面蓋有"贈閱"印戳。

2365 民主潮/"民主潮編輯委員會"編輯. ——臺北:"民主潮社"

1961:Vol. 11,No. 22

20 頁;26 厘米

HSMH(HS-N21F3-037)

附注:

批注圈劃:頁 7、11 有胡適的紅筆劃綫與校改。

2366 民主呼聲週報/編者不詳. ——臺北:"民主呼聲社"

1958:No. 1—31

1 冊;39 厘米

HSMH(HS-N21F2-004)

附注:

摺頁:偶有摺頁。

與胡適的關係：(1)第1019期（1958年5月17日）收錄社論《蔣總統與胡適先生》一文。(2)第1021期（1958年5月31日）收錄社論《論胡適與國運(上)》一文。(3)第1022期（1958年6月7日）收錄社論《論胡適與國運(下)》一文。

其他：爲合訂本第1集再版。

2367 民主評論/編者不詳.——香港："民主評論社"

1949：Vol. 1, No. 1

23 頁；26 厘米

HSMH（HS-N21F2-090）

附注：

印章：封面蓋有"贈閱"印戳。

批注圈劃：(1)封面目錄有鉛筆注記。(2)頁19 王干一《論"蕭軍問題"》一文有黑筆劃綫，參見館藏號：HS-US01-113-019。

2368 民主憲政/"民主憲政編輯委員會"編輯.——臺北："民主憲政雜誌社"

1958：Vol. 15, No. 1, 2

21 頁；26 厘米

HSMH（HS-N21F3-107，HS-N21F3-108）

附注：

題記：封面有毛筆題贈："適之師教正 受業楊一峯敬呈 四七，十二，二。"

其他：半月刊。

2369 民主憲政/"民主憲政編輯委員會"編輯.——臺北："民主憲政雜誌社"

1961：Vol. 20, No. 11；Vol. 21, No. 2

21 頁；26 厘米

HSMH（HS-N21F3-109，HS-N21F3-110）

附注：

其他：半月刊。

2370 民主中國/編者不詳.——臺北："民主中國社"

1959：Vol. 2，No. 11

24 頁；26 厘米

HSMH（HS-N21F4-029）

2371　民主中國/"民主中國編輯委員會"編輯.——臺北："民主中國社"

1960：Vol. 3，No. 21

16 頁；26 厘米

HSMH（HS-N21F4-030）

附注：

批注圈劃：雷嘯岑《對雷震案初審判決的觀感》、徐復觀《"人"的日本》等文，有胡適的紅筆劃綫與注記。

2372　民主中國/"民主中國編輯委員會"編輯.——臺北："民主中國社"

1961：Vol. 4，No. 7，10

16 頁；26 厘米

HSMH（HS-N21F4-031，HS-N21F4-032）

附注：

印章：封面蓋有"贈閲"印戳。

批注圈劃：封面目録有胡適的黑筆圈點。

2373　民主中國/"民主中國編輯委員會"編輯.——臺北："民主中國社"

1961：Vol. 4，No. 11

16 頁；26 厘米

HSMH（HS-N21F4-033）

附注：

印章：封面蓋有"請交換"印戳。

批注圈劃：封面目録有胡適的黑筆圈點。

2374　民主中國/"民主中國編輯委員會"編輯.——臺北："民主中國社"

1961：Vol. 4，No. 22

16 頁；26 厘米

HSMH（HS-N21F4-034）

2375 努力週報/努力週報社編. ——北京：努力週報社

1922：No. 1

HSMH（HS-N21F5-039）

附注：

　　與胡適的關係：(1)收錄胡適《努力歌》，爲第 1 期發刊詞。此詩亦收錄在《嘗試後集》，本館藏有手稿，見館藏號：HS-MS01-030-007。(2)收錄胡適《跋"紅樓夢證考證"（一）》一文。

　　相關記載：胡適《丁文江的傳記》（臺北：胡適紀念館，1973）頁 35 說明籌辦《努力週報》的始末。

　　其他：(1)1922 年 5 月 7 日第 1 期出版，共出 75 期，1923 年 10 月停刊。(2)爲微捲型式。包裝盒上有胡適的紅筆手寫注記："努力週報 1—75 讀書雜志 1—14"；另有以綠、鉛筆手寫英文及數字。

2376 努力週報/努力週報社編. ——北京：努力週報社

1922：No. 2

HSMH（HS-N21F5-040）

附注：

　　與胡適的關係：(1)收錄胡適等《我們的政治主張》一文，共 16 人署名，胡適簽在最後。(2)收錄胡適《跋"紅樓夢考證"（二）》一文。

　　其他：(1)1922 年 5 月 7 日第 1 期出版，共出 75 期，1923 年 10 月停刊。(2)爲微捲型式。包裝盒上有胡適的紅筆手寫注記："努力週報 1—75 讀書雜志 1—14"；另有以綠、鉛筆手寫英文及數字。

2377 努力週報/努力週報社編. ——北京：努力週報社

1922：No. 3

HSMH（HS-N21F5-041）

附注：

　　與胡適的關係：收錄胡適《社論：大家起來監督財政！》一文。

　　其他：(1)1922 年 5 月 7 日第 1 期出版，共出 75 期，1923 年 10 月停刊。

(2)爲微捲型式。包裝盒上有胡適的紅筆手寫注記:"努力週報 1—75 讀書雜志 1—14",另有以綠、鉛筆手寫英文及數字。

2378 努力週報/努力週報社編.——北京:努力週報社

1922:No. 4

HSMH（HS-N21F5-042）

附注:

與胡適的關係:(1)收錄胡適等《關於"我們的政治主張"的討論》一文。(2)收錄胡適《後努力歌》一詩,本詩亦收錄在《嘗試後集》,館藏文稿,參見館藏號:HS-MS01-030-009。

其他:(1)1922 年 5 月 7 日第 1 期出版,共出 75 期,1923 年 10 月停刊。(2)爲微捲型式。包裝盒上有胡適的紅筆手寫注記:"努力週報 1—75 讀書雜志 1—14",另有以綠、鉛筆手寫英文及數字。

2379 努力週報/努力週報社編.——北京:努力週報社

1922:No. 5

HSMH（HS-N21F5-043）

附注:

與胡適的關係:收錄胡適《社論:政論家與政黨》一文,原文誤植標題爲《政論家政與黨》。

其他:(1)1922 年 5 月 7 日第 1 期出版,共出 75 期,1923 年 10 月停刊。(2)爲微捲型式。包裝盒上有胡適的紅筆手寫注記:"努力週報 1—75 讀書雜志 1—14",另有以綠、鉛筆手寫英文及數字。

2380 努力週報/努力週報社編.——北京:努力週報社

1922:No. 6

HSMH（HS-N21F5-044）

附注:

與胡適的關係:《天津保定間的搗鬼》電文末有胡適的短評。

其他:(1)1922 年 5 月 7 日第 1 期出版,共出 75 期,1923 年 10 月停刊。(2)爲微捲型式。包裝盒上有胡適的紅筆手寫注記:"努力週報 1—75 讀書雜志 1—14",另有以綠、鉛筆手寫英文及數字。

2381 努力週報/努力週報社編.——北京：努力週報社

1922：No. 7

HSMH（HS-N21F5-045）

附注：

與胡適的關係：收錄胡適《我的歧路》一文，附錄梅光迪、孫伏廬、常乃惪來信。

其他：(1)1922年5月7日第1期出版，共出75期，1923年10月停刊。(2)爲微捲型式。包裝盒上有胡適的紅筆手寫注記："努力週報 1—75 讀書雜志 1—14",另有以綠、鉛筆手寫英文及數字。

2382 努力週報/努力週報社編.——北京：努力週報社

1922：No. 8

HSMH（HS-N21F5-046）

附注：

與胡適的關係：收錄胡適《這一週》時評數則。

其他：(1)1922年5月7日第1期出版，共出75期，1923年10月停刊。(2)爲微捲型式。包裝盒上有胡適的紅筆手寫注記："努力週報 1—75 讀書雜志 1—14",另有以綠、鉛筆手寫英文及數字。

2383 努力週報/努力週報社編.——北京：努力週報社

1922：No. 9

HSMH（HS-N21F5-047）

附注：

與胡適的關係：收錄胡適《這一週》時評數則。

其他：(1)1922年5月7日第1期出版，共出75期，1923年10月停刊。(2)爲微捲型式。包裝盒上有胡適的紅筆手寫注記："努力週報 1—75 讀書雜志 1—14",另有以綠、鉛筆手寫英文及數字。

2384 努力週報/努力週報社編.——北京：努力週報社

1922：No. 10

HSMH（HS-N21F5-048）

附註：

與胡適的關係：(1)收錄胡適《這一週》時評數則。(2)收錄朱我農致胡適函(1922-06-27)，信末有胡適覆函。

其他：(1)1922 年 5 月 7 日第 1 期出版，共出 75 期，1923 年 10 月停刊。(2)爲微捲型式。包裝盒上有胡適的紅筆手寫注記："努力週報 1—75 讀書雜志 1—14"，另有以綠、鉛筆手寫英文及數字。

2385 努力週報/努力週報社編. ——北京：努力週報社

1922：No. 11

HSMH（HS-N21F5-049）

附註：

與胡適的關係：收錄胡適《這一週》時評數則。

其他：(1)1922 年 5 月 7 日第 1 期出版，共出 75 期，1923 年 10 月停刊。(2)爲微捲型式(反轉片、正像、35mm)。盤存編號：MF024；包裝盒上有胡適的紅筆手寫注記："努力週報 1—75 讀書雜志 1—14"，另有以綠、鉛筆手寫英文及數字。

2386 努力週報/努力週報社編. ——北京：努力週報社

1922：No. 12

HSMH（HS-N21F5-050）

附註：

與胡適的關係：(1)收錄胡適《這一週》時評數則。(2)收錄胡適《宣統與胡適》一文。

其他：(1)1922 年 5 月 7 日第 1 期出版，共出 75 期，1923 年 10 月停刊。(2)爲微捲型式。包裝盒上有胡適的紅筆手寫注記："努力週報 1—75 讀書雜志 1—14"，另有以綠、鉛筆手寫英文及數字。

2387 努力週報/努力週報社編. ——北京：努力週報社

1922：No. 13

HSMH（HS-N21F5-051）

附注：

與胡適的關係：收錄胡適《這一週》時評數則。

其他：（1）1922年5月7日第1期出版，共出75期，1923年10月停刊。（2）爲微捲型式。包裝盒上有胡適的紅筆手寫注記："努力週報1—75 讀書雜志1—14"，另有以綠、鉛筆手寫英文及數字。

2388 努力週報/努力週報社編．——北京：努力週報社

1922：No. 14

HSMH（HS-N21F5-052）

附注：

與胡適的關係：收錄胡適《這一週》時評數則。

其他：（1）1922年5月7日第1期出版，共出75期，1923年10月停刊。（2）爲微捲型式。包裝盒上有胡適的紅筆手寫注記："努力週報1—75 讀書雜志1—14"，另有以綠、鉛筆手寫英文及數字。

2389 努力週報/努力週報社編．——北京：努力週報社

1922：No. 15

HSMH（HS-N21F5-053）

附注：

與胡適的關係：（1）收錄胡適《這一週》時評數則。（2）收錄胡冠英、曹誠英等致胡適信函（1922-07-23），信末有胡適覆信。

其他：（1）1922年5月7日第1期出版，共出75期，1923年10月停刊。（2）爲微捲型式。包裝盒上有胡適的紅筆手寫注記："努力週報1—75 讀書雜志1—14"，另有以綠、鉛筆手寫英文及數字。

2390 努力週報/努力週報社編．——北京：努力週報社

1922：No. 16

HSMH（HS-N21F5-054）

附注：

與胡適的關係：（1）收錄胡適《這一週》時評數則。（2）收錄胡適《一篇絕

妙的平民文學》、《詩中醜的字句》等文。

其他:(1)1922年5月7日第1期出版,共出75期,1923年10月停刊。(2)爲微捲型式。包裝盒上有胡適的紅筆手寫注記:"努力週報1—75 讀書雜志1—14",另有以綠、鉛筆手寫英文及數字。

2391 **努力週報**/努力週報社編.——北京:努力週報社

1922:No. 17

HSMH（HS-N21F5-055）

附注:

與胡適的關係:收錄胡適《這一週:怎麼可以推翻二讀會的憲法案》時評一則。

其他:(1)1922年5月7日第1期出版,共出75期,1923年10月停刊。(2)爲微捲型式。包裝盒上有胡適的紅筆手寫注記:"努力週報1—75 讀書雜志1—14",另有以綠、鉛筆手寫英文及數字。

2392 **努力週報**/努力週報社編.——北京:努力週報社

1922:No. 18

HSMH（HS-N21F5-056）

附注:

與胡適的關係:(1)收錄胡適《這一週》時評一則。(2)陳獨秀《對於現在中國政治問題的我見》文前有胡適的短評。

其他:(1)1922年5月7日第1期出版,共出75期,1923年10月停刊。(2)爲微捲型式。包裝盒上有胡適的紅筆手寫注記:"努力週報1—75 讀書雜志1—14",另有以綠、鉛筆手寫英文及數字。

2393 **努力週報**/努力週報社編.——北京:努力週報社

1922:No. 19

HSMH（HS-N21F5-057）

附注:

與胡適的關係:(1)收錄胡適《這一週》時評數則,時胡適筆名"Q"。(2)收錄胡適《聯省自治與軍閥割據》一文。

其他:(1)1922年5月7日第1期出版,共出75期,1923年10月停刊。(2)爲微捲型式。包裝盒上有胡適的紅筆手寫注記:"努力週報 1—75 讀書雜志 1—14",另有以綠、鉛筆手寫英文及數字。

2394 努力週報/努力週報社編.——北京:努力週報社

1922:No. 20

HSMH(HS-N21F5-058)

附注:

與胡適的關係:(1)收錄胡適《這一週》時評數則。(2)收錄胡適《假使我們做了今日的國務總理?》一文,時胡適筆名"W. G. T."。(3)收錄胡適《罵人》一文。

其他:(1)1922年5月7日第1期出版,共出75期,1923年10月停刊。(2)爲微捲型式。包裝盒上有胡適的紅筆手寫注記:"努力週報 1—75 讀書雜志 1—14",另有以綠、鉛筆手寫英文及數字。

2395 努力週報/努力週報社編.——北京:努力週報社

1922:No. 21

HSMH(HS-N21F5-059)

附注:

與胡適的關係:(1)收錄胡適《這一週》時評數則。(2)收錄胡適《讀者注意!》一文。(3)收錄胡適《"蕙的風"》一文。

其他:(1)1922年5月7日第1期出版,共出75期,1923年10月停刊。(2)爲微捲型式。包裝盒上有胡適的紅筆手寫注記:"努力週報 1—75 讀書雜志 1—14",另有以綠、鉛筆手寫英文及數字。

2396 努力週報/努力週報社編.——北京:努力週報社

1922:No. 22

HSMH(HS-N21F5-060)

附注:

與胡適的關係:(1)收錄胡適《這一週》時評數則。(2)收錄胡適《國際的中國》一文。

其他：(1)1922年5月7日第1期出版，共出75期，1923年10月停刊。(2)爲微捲型式。包裝盒上有胡適的紅筆手寫注記："努力週報 1—75 讀書雜志 1—14"，另有以綠、鉛筆手寫英文及數字。

2397 **努力週報**/努力週報社編. ——北京：努力週報社

1922：No. 23

HSMH（HS-N21F5-061）

附注：

與胡適的關係：收錄胡適《存疑主義》、《淺薄無聊的創作》等文。

其他：(1)1922年5月7日第1期出版，共出75期，1923年10月停刊。(2)爲微捲型式。包裝盒上有胡適的紅筆手寫注記："努力週報 1—75 讀書雜志 1—14"，另有以綠、鉛筆手寫英文及數字。

2398 **努力週報**/努力週報社編. ——北京：努力週報社

1922：No. 24

HSMH（HS-N21F5-062）

附注：

與胡適的關係：收錄胡適《"除非"》一文。

其他：(1)1922年5月7日第1期出版，共出75期，1923年10月停刊。(2)爲微捲型式。包裝盒上有胡適的紅筆手寫注記："努力週報 1—75 讀書雜志 1—14"，另有以綠、鉛筆手寫英文及數字。

2399 **努力週報**/努力週報社編. ——北京：努力週報社

1922：No. 25

HSMH（HS-N21F5-063）

附注：

與胡適的關係：(1)收錄胡適《這一週》時評二則。(2)收錄胡適《記第八屆全國教育會聯合會討論新學制的經過——附學校系統草案》一文。(3)收錄胡適《大明湖》、《回向》二詩。

其他：(1)1922年5月7日第1期出版，共出75期，1923年10月停刊。(2)爲微捲型式。包裝盒上有胡適的紅筆手寫注記："努力週報 1—75 讀

書雜志 1—14",另有以綠、鉛筆手寫英文及數字。

2400 努力週報/努力週報社編.——北京:努力週報社

1922:No. 26

HSMH(HS-N21F5-064)

附注:

其他:(1)1922 年 5 月 7 日第 1 期出版,共出 75 期,1923 年 10 月停刊。(2)為微捲型式。包裝盒上有胡適的紅筆手寫注記:"努力週報 1—75 讀書雜志 1—14",另有以綠、鉛筆手寫英文及數字。

2401 努力週報/努力週報社編.——北京:努力週報社

1922:No. 27

HSMH(HS-N21F5-065)

附注:

與胡適的關係:收錄胡適《這一週》時評二則。

其他:(1)1922 年 5 月 7 日第 1 期出版,共出 75 期,1923 年 10 月停刊。(2)為微捲型式。包裝盒上有胡適的紅筆手寫注記:"努力週報 1—75 讀書雜志 1—14",另有以綠、鉛筆手寫英文及數字。

2402 努力週報/努力週報社編.——北京:努力週報社

1922:No. 28

HSMH(HS-N21F5-066)

附注:

與胡適的關係:收錄胡適《我們還主張召集各省會議》一文。

其他:(1)1922 年 5 月 7 日第 1 期出版,共出 75 期,1923 年 10 月停刊。(2)為微捲型式。包裝盒上有胡適的紅筆手寫注記:"努力週報 1—75 讀書雜志 1—14",另有以綠、鉛筆手寫英文及數字。

2403 努力週報/努力週報社編.——北京:努力週報社

1922:No. 29

HSMH(HS-N21F5-067)

附注：

　　與胡適的關係：(1)收錄胡適《這一週》時評二則。(2)收錄胡適《誰是中國今日的十二個大人物?》一文。

　　其他：(1)1922年5月7日第1期出版,共出75期,1923年10月停刊。(2)爲微捲型式。包裝盒上有胡適的紅筆手寫注記:"努力週報1—75 讀書雜志1—14",另有以綠、鉛筆手寫英文及數字。

2404　努力週報/努力週報社編. ——北京：努力週報社

　　1922：No. 30

　　HSMH（HS-N21F5-068）

　　附注：

　　與胡適的關係：(1)收錄胡適《這一週》時評數則。(2)收錄胡適《新唯實主義述略——"五十年來的世界哲學"的一段》一文。

　　其他：(1)1922年5月7日第1期出版,共出75期,1923年10月停刊。(2)爲微捲型式。包裝盒上有胡適的紅筆手寫注記:"努力週報1—75 讀書雜志1—14",另有以綠、鉛筆手寫英文及數字。

2405　努力週報/努力週報社編. ——北京：努力週報社

　　1922：No. 31

　　HSMH（HS-N21F5-069）

　　附注：

　　與胡適的關係：收錄胡適《吳敬梓年譜》一文。

　　其他：(1)1922年5月7日第1期出版,共出75期,1923年10月停刊。(2)爲微捲型式。包裝盒上有胡適的紅筆手寫注記:"努力週報1—75 讀書雜志1—14",另有以綠、鉛筆手寫英文及數字。

2406　努力週報/努力週報社編. ——北京：努力週報社

　　1922：No. 32

　　HSMH（HS-N21F5-070）

　　附注：

　　與胡適的關係：收錄《本報特別啟事》一文,說明胡適因舊病復發,編輯事務暫托高一涵主持。

其他：(1)1922年5月7日第1期出版,共出75期,1923年10月停刊。(2)爲微捲型式。包裝盒上有胡適的紅筆手寫注記:"努力週報 1—75 讀書雜志 1—14",另有以綠、鉛筆手寫英文及數字。

2407 努力週報/努力週報社編.——北京：努力週報社

1922：No. 33

HSMH（HS-N21F5-071）

附注：

與胡適的關係：收錄胡適《吳敬梓年譜(續)》一文。

其他：(1)1922年5月7日第1期出版,共出75期,1923年10月停刊。(2)爲微捲型式。包裝盒上有胡適的紅筆手寫注記:"努力週報 1—75 讀書雜志 1—14",另有以綠、鉛筆手寫英文及數字。

2408 努力週報/努力週報社編.——北京：努力週報社

1922：No. 34

HSMH（HS-N21F5-072）

附注：

與胡適的關係：(1)收錄《胡適啟事》一則。(2)收錄胡適《吳敬梓年譜(續)》一文。

其他：(1)1922年5月7日第1期出版,共出75期,1923年10月停刊。(2)爲微捲型式。包裝盒上有胡適的紅筆手寫注記:"努力週報 1—75 讀書雜志 1—14",另有以綠、鉛筆手寫英文及數字。

2409 努力週報/努力週報社編.——北京：努力週報社

1922：No. 35

HSMH（HS-N21F5-073）

附注：

與胡適的關係：收錄胡適《新年的舊話》一文。

其他：(1)1922年5月7日第1期出版,共出75期,1923年10月停刊。(2)爲微捲型式。包裝盒上有胡適的紅筆手寫注記:"努力週報 1—75 讀書雜志 1—14"，另有以綠、鉛筆手寫英文及數字。

2410 努力週報/努力週報社編. ——北京：努力週報社

1923：No. 36

HSMH（HS-N21F5-074）

附注：

與胡適的關係：(1)收錄胡適《"胡適先生到底怎樣？"》一文。(2)收錄《胡適啟事》一則。

其他：(1)1922 年 5 月 7 日第 1 期出版，共出 75 期，1923 年 10 月停刊。(2)爲微捲型式。包裝盒上有胡適的紅筆手寫注記："努力週報 1—75 讀書雜志 1—14"，另有以綠、鉛筆手寫英文及數字。

2411 努力週報/努力週報社編. ——北京：努力週報社

1923：No. 37

HSMH（HS-N21F5-075）

附注：

其他：(1)1922 年 5 月 7 日第 1 期出版，共出 75 期，1923 年 10 月停刊。(2)爲微捲型式。包裝盒上有胡適的紅筆手寫注記："努力週報 1—75 讀書雜志 1—14"，另有以綠、鉛筆手寫英文及數字。

2412 努力週報/努力週報社編. ——北京：努力週報社

1923：No. 38

HSMH（HS-N21F5-076）

附注：

與胡適的關係：(1)收錄胡適《這一週：高凌霨證明賄買國會是實》一文。(2)收錄胡適《蔡元培以辭職為抗議》一文。(3)收錄胡適《"別賦"》一詩，時筆名"Q"。(4)收錄胡適《吳敬梓年譜(續三十四期)》一文。

其他：(1)1922 年 5 月 7 日第 1 期出版，共出 75 期，1923 年 10 月停刊。(2)爲微捲型式。包裝盒上有胡適的紅筆手寫注記："努力週報 1—75 讀書雜志 1—14"，另有以綠、鉛筆手寫英文及數字。

2413 努力週報/努力週報社編.——北京：努力週報社

1923：No. 39

HSMH（HS-N21F5-077）

附注：

與胡適的關係：收錄胡適《這一週：賄買國會的問題》、《今日之事》、《蔡元培的"不合作主義"》、《蔡元培與北京教育界》、《吳敬梓年譜（續）》等文。

其他：(1)1922年5月7日第1期出版，共出75期，1923年10月停刊。(2)爲微捲型式。包裝盒上有胡適的紅筆手寫注記："努力週報 1—75 讀書雜志 1—14"，另有以綠、鉛筆手寫英文及數字。

2414 努力週報/努力週報社編.——北京：努力週報社

1923：No. 40

HSMH（HS-N21F5-078）

附注：

與胡適的關係：收錄胡適《這一週：彭允彝代表什麼？》、《這一週：蔡元培是消極嗎？》等文。

其他：(1)1922年5月7日第1期出版，共出75期，1923年10月停刊。(2)爲微捲型式。包裝盒上有胡適的紅筆手寫注記："努力週報 1—75 讀書雜志 1—14"，另有以綠、鉛筆手寫英文及數字。

2415 努力週報/努力週報社編.——北京：努力週報社

1923：No. 41

HSMH（HS-N21F5-079）

附注：

與胡適的關係：收錄胡適《這一週：這個國會配制憲嗎？》一文。

其他：(1)1922年5月7日第1期出版，共出75期，1923年10月停刊。(2)爲微捲型式。包裝盒上有胡適的紅筆手寫注記："努力週報 1—75 讀書雜志 1—14"，另有以綠、鉛筆手寫英文及數字。

2416 努力週報/努力週報社編.——北京：努力週報社

1923：No. 42

HSMH（HS-N21F5-080）

附注：

與胡適的關係：收錄胡適《這一週：上海罷市的取消》、《這一週：司法獨立之破壞》等文。

其他：(1)1922年5月7日第1期出版,共出75期,1923年10月停刊。(2)爲微捲型式。包裝盒上有胡適的紅筆手寫注記:"努力週報1—75 讀書雜志1—14",另有以緑、鉛筆手寫英文及數字。

2417 努力週報/努力週報社編.——北京：努力週報社

1923：No. 43

HSMH（HS-N21F5-081）

附注：

與胡適的關係：(1)收錄胡適《這一週：張紹曾的内閣早就該走了》一文。(2)丁文江《歷史人物與地理的關係》文前有胡適的短言一則。(3)收錄胡適翻譯小説《樓梯上》一文,時筆名"藏暉",亦收録在《短篇小説》(臺北：胡適紀念館,1972)頁251—260。

其他：(1)1922年5月7日第1期出版,共出75期,1923年10月停刊。(2)爲微捲型式。包裝盒上有胡適的紅筆手寫注記:"努力週報1—75 讀書雜志1—14",另有以緑、鉛筆手寫英文及數字。

2418 努力週報/努力週報社編.——北京：努力週報社

1923：No. 44

HSMH（HS-N21F5-082）

附注：

與胡適的關係：收錄胡適以"Q"爲筆名的《這一週：武力統一之夢》、《這一週：國會又出醜了》等文。

其他：(1)1922年5月7日第1期出版,共出75期,1923年10月停刊。(2)爲微捲型式。包裝盒上有胡適的紅筆手寫注記:"努力週報1—75 讀書雜志1—14",另有以緑、鉛筆手寫英文及數字。

2419 努力週報/努力週報社編.——北京：努力週報社

1923：No. 45

HSMH（HS-N21F5-083）

附注：

與胡適的關係：(1)收錄胡適以"Q"爲筆名的《這一週：解嘲》、《這一週：四川的省憲草案》等二文。(2)收錄胡適《吳敬梓年譜（續三十九期）》一文。

其他：(1)1922年5月7日第1期出版，共出75期，1923年10月停刊。(2)爲微捲型式。包裝盒上有胡適的紅筆手寫注記："努力週報 1—75 讀書雜志 1—14"，另有以綠、鉛筆手寫英文及數字。

2420 努力週報/努力週報社編.——北京：努力週報社

1923：No. 46

HSMH（HS-N21F5-084）

附注：

與胡適的關係：收錄胡適《這一週：外交與内政》、《這一週：告日本國民》、《這一週：法國人的恥辱》、《譯書》等文。

其他：(1)1922年5月7日第1期出版，共出75期，1923年10月停刊。(2)爲微捲型式。包裝盒上有胡適的紅筆手寫注記："努力週報 1—75 讀書雜志 1—14"，另有以綠、鉛筆手寫英文及數字。

2421 努力週報/努力週報社編.——北京：努力週報社

1923：No. 47

HSMH（HS-N21F5-085）

附注：

與胡適的關係：(1)收錄胡適以"Q"爲筆名的《這一週：宗淹君論羅爾問題》一文。(2)收錄胡適《吳敬梓年譜（續四十五期）》一文。

其他：(1)1922年5月7日第1期出版，共出75期，1923年10月停刊。(2)爲微捲型式。包裝盒上有胡適的紅筆手寫注記："努力週報 1—75 讀書雜志 1—14"，另有以綠、鉛筆手寫英文及數字。

2422 努力週報/努力週報社編.——北京：努力週報社

1923：No. 48

HSMH（HS-N21F5-086）

附注：

其他：(1)1922 年 5 月 7 日第 1 期出版,共出 75 期,1923 年 10 月停刊。(2)爲微捲型式。包裝盒上有胡適的紅筆手寫注記:"努力週報 1—75 讀書雜志 1—14",另有以綠、鉛筆手寫英文及數字。

2423 努力週報/努力週報社編.——北京：努力週報社

1923：No. 49

HSMH（HS-N21F5-087）

附注：

與胡適的關係：《胡思永遺詩（一）》文前有胡適的短言一則。

其他：(1)1922 年 5 月 7 日第 1 期出版,共出 75 期,1923 年 10 月停刊。(2)爲微捲型式。包裝盒上有胡適的紅筆手寫注記:"努力週報 1—75 讀書雜志 1—14",另有以綠、鉛筆手寫英文及數字。

2424 努力週報/努力週報社編.——北京：努力週報社

1923：No. 50

HSMH（HS-N21F5-088）

附注：

其他：(1)1922 年 5 月 7 日第 1 期出版,共出 75 期,1923 年 10 月停刊。(2)爲微捲型式。包裝盒上有胡適的紅筆手寫注記:"努力週報 1—75 讀書雜志 1—14",另有以綠、鉛筆手寫英文及數字。

2425 努力週報/努力週報社編.——北京：努力週報社

1923：No. 51

HSMH（HS-N21F5-089）

附注：

其他：(1)1922 年 5 月 7 日第 1 期出版,共出 75 期,1923 年 10 月停刊。(2)爲微捲型式。包裝盒上有胡適的紅筆手寫注記:"努力週報 1—75 讀書雜志 1—14",另有以綠、鉛筆手寫英文及數字。

2426 努力週報/努力週報社編.——北京：努力週報社

1923：No. 52

HSMH（HS-N21F5-090）

附註：

與胡適的關係：收錄胡適《吳敬梓年譜(續)》一文。

其他：(1)1922年5月7日第1期出版，共出75期，1923年10月停刊。(2)爲微捲型式。包裝盒上有胡適的紅筆手寫注記："努力週報1—75 讀書雜志1—14"，另有以綠、鉛筆手寫英文及數字。

2427 努力週報/努力週報社編.——北京：努力週報社

1923：No. 53

HSMH（HS-N21F5-091）

附註：

與胡適的關係：(1)收錄胡適《這一週：孫行者與張君勱》、《一年了！》等文。(2)收錄胡適《西湖》一詩。

其他：(1)1922年5月7日第1期出版，共出75期，1923年10月停刊。(2)爲微捲型式。包裝盒上有胡適的紅筆手寫注記："努力週報1—75 讀書雜志1—14"，另有以綠、鉛筆手寫英文及數字。

2428 努力週報/努力週報社編.——北京：努力週報社

1923：No. 54

HSMH（HS-N21F5-092）

附註：

其他：(1)1922年5月7日第1期出版，共出75期，1923年10月停刊。(2)爲微捲型式。包裝盒上有胡適的紅筆手寫注記："努力週報1—75 讀書雜志1—14"，另有以綠、鉛筆手寫英文及數字。

2429 努力週報/努力週報社編.——北京：努力週報社

1923：No. 55

HSMH（HS-N21F5-093）

附注：

其他：(1)1922 年 5 月 7 日第 1 期出版,共出 75 期,1923 年 10 月停刊。(2)爲微捲型式。包裝盒上有胡適的紅筆手寫注記:"努力週報 1—75 讀書雜志 1—14",另有以綠、鉛筆手寫英文及數字。

2430 努力週報/努力週報社編.——北京：努力週報社

1923：No. 56

HSMH（HS-N21F5-094）

附注：

其他：(1)1922 年 5 月 7 日第 1 期出版,共出 75 期,1923 年 10 月停刊。(2)爲微捲型式。包裝盒上有胡適的紅筆手寫注記:"努力週報 1—75 讀書雜志 1—14",另有以綠、鉛筆手寫英文及數字。

2431 努力週報/努力週報社編.——北京：努力週報社

1923：No. 57

HSMH（HS-N21F5-095）

附注：

其他：(1)1922 年 5 月 7 日第 1 期出版,共出 75 期,1923 年 10 月停刊。(2)爲微捲型式。包裝盒上有胡適的紅筆手寫注記:"努力週報 1—75 讀書雜志 1—14",另有以綠、鉛筆手寫英文及數字。

2432 努力週報/努力週報社編.——北京：努力週報社

1923：No. 58

HSMH（HS-N21F5-096）

附注：

其他：(1)1922 年 5 月 7 日第 1 期出版,共出 75 期,1923 年 10 月停刊。(2)爲微捲型式。包裝盒上有胡適的紅筆手寫注記:"努力週報 1—75 讀書雜志 1—14",另有以綠、鉛筆手寫英文及數字。

2433 努力週報/努力週報社編.——北京：努力週報社

1923：No. 59

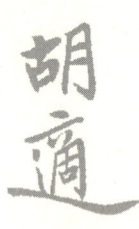

HSMH（HS-N21F5-097）

附注：

其他：(1)1922年5月7日第1期出版,共出75期,1923年10月停刊。(2)爲微捲型式。包裝盒上有胡適的紅筆手寫注記:"努力週報1—75 讀書雜志1—14",另有以綠、鉛筆手寫英文及數字。

2434 努力週報/努力週報社編.——北京:努力週報社

1923：No. 60

HSMH（HS-N21F5-098）

附注：

與胡適的關係：收錄胡適《中國最早的一部討論婦女問題的書——鏡花緣》一文。

其他：(1)1922年5月7日第1期出版,共出75期,1923年10月停刊。(2)爲微捲型式。包裝盒上有胡適的紅筆手寫注記:"努力週報1—75 讀書雜志1—14",另有以綠、鉛筆手寫英文及數字。

2435 努力週報/努力週報社編.——北京:努力週報社

1923：No. 61

HSMH（HS-N21F5-099）

附注：

與胡適的關係：收錄胡適《中國最早的一部討論婦女問題的書——鏡花緣(續)》一文。

其他：(1)1922年5月7日第1期出版,共出75期,1923年10月停刊。(2)爲微捲型式。包裝盒上有胡適的紅筆手寫注記:"努力週報1—75 讀書雜志1—14",另有以綠、鉛筆手寫英文及數字。

2436 努力週報/努力週報社編.——北京:努力週報社

1923：No. 62

HSMH（HS-N21F5-100）

附注：

其他：(1)1922年5月7日第1期出版,共出75期,1923年10月停刊。

(2)爲微捲型式。包裝盒上有胡適的紅筆手寫注記:"努力週報 1—75 讀書雜志 1—14",另有以綠、鉛筆手寫英文及數字。

2437 努力週報/努力週報社編.——北京:努力週報社

1923:No. 63

HSMH(HS-N21F5-101)

附注:

其他:(1)1922 年 5 月 7 日第 1 期出版,共出 75 期,1923 年 10 月停刊。(2)爲微捲型式。包裝盒上有胡適的紅筆手寫注記:"努力週報 1—75 讀書雜志 1—14",另有以綠、鉛筆手寫英文及數字。

2438 努力週報/努力週報社編.——北京:努力週報社

1923:No. 64

HSMH(HS-N21F5-102)

附注:

與胡適的關係:收錄胡適翻譯《洛斯奇爾的提琴》一文,本文亦收錄在《短篇小說》(臺北:胡適紀念館,1972)頁 219—238。

其他:(1)1922 年 5 月 7 日第 1 期出版,共出 75 期,1923 年 10 月停刊。(2)爲微捲型式。包裝盒上有胡適的紅筆手寫注記:"努力週報 1—75 讀書雜志 1—14",另有以綠、鉛筆手寫英文及數字。

2439 努力週報/努力週報社編.——北京:努力週報社

1923:No. 65

HSMH(HS-N21F5-103)

附注:

與胡適的關係:收錄胡適《南高峰上看日出》一詩,賈景德據胡適此詩作古詩一首,本館藏有相關影像檔,參見館藏號:HS-MS01-030-015。

其他:(1)1922 年 5 月 7 日第 1 期出版,共出 75 期,1923 年 10 月停刊。(2)爲微捲型式。包裝盒上有胡適的紅筆手寫注記:"努力週報 1—75 讀書雜志 1—14",另有以綠、鉛筆手寫英文及數字。

2440 努力週報/努力週報社編.——北京：努力週報社

1923：No. 66

HSMH（HS-N21F5-104）

附注：

與胡適的關係：收錄胡適翻譯《洛斯奇爾的提琴（續）》一文，本文亦收錄在《短篇小說》(臺北：胡適紀念館，1972)頁 219—238。

其他：(1) 1922 年 5 月 7 日第 1 期出版，共出 75 期，1923 年 10 月停刊。(2) 爲微捲型式。包裝盒上有胡適的紅筆手寫注記："努力週報 1—75 讀書雜志 1—14"，另有以綠、鉛筆手寫英文及數字。

2441 努力週報/努力週報社編.——北京：努力週報社

1923：No. 67

HSMH（HS-N21F5-105）

附注：

其他：(1) 1922 年 5 月 7 日第 1 期出版，共出 75 期，1923 年 10 月停刊。(2) 爲微捲型式。包裝盒上有胡適的紅筆手寫注記："努力週報 1—75 讀書雜志 1—14"，另有以綠、鉛筆手寫英文及數字。

2442 努力週報/努力週報社編.——北京：努力週報社

1923：No. 68

HSMH（HS-N21F5-106）

附注：

其他：(1) 1922 年 5 月 7 日第 1 期出版，共出 75 期，1923 年 10 月停刊。(2) 爲微捲型式。包裝盒上有胡適的紅筆手寫注記："努力週報 1—75 讀書雜志 1—14"，另有以綠、鉛筆手寫英文及數字。

2443 努力週報/努力週報社編.——北京：努力週報社

1923：No. 69

HSMH（HS-N21F5-107）

附注：

其他：(1) 1922 年 5 月 7 日第 1 期出版，共出 75 期，1923 年 10 月停刊。

(2)爲微捲型式。包裝盒上有胡適的紅筆手寫注記："努力週報 1—75 讀書雜志 1—14"，另有以綠、鉛筆手寫英文及數字。

2444 努力週報/努力週報社編.——北京：努力週報社

  1923：No. 70

  HSMH（HS-N21F5-108）

  附注：

    其他：(1)1922 年 5 月 7 日第 1 期出版，共出 75 期，1923 年 10 月停刊。(2)爲微捲型式。包裝盒上有胡適的紅筆手寫注記："努力週報 1—75 讀書雜志 1—14"，另有以綠、鉛筆手寫英文及數字。

2445 努力週報/努力週報社編.——北京：努力週報社

  1923：No. 71

  HSMH（HS-N21F5-109）

  附注：

    其他：(1)1922 年 5 月 7 日第 1 期出版，共出 75 期，1923 年 10 月停刊。(2)爲微捲型式。包裝盒上有胡適的紅筆手寫注記："努力週報 1—75 讀書雜志 1—14"，另有以綠、鉛筆手寫英文及數字。

2446 努力週報/努力週報社編.——北京：努力週報社

  1923：No. 72

  HSMH（HS-N21F5-110）

  附注：

    其他：(1)1922 年 5 月 7 日第 1 期出版，共出 75 期，1923 年 10 月停刊。(2)爲微捲型式。包裝盒上有胡適的紅筆手寫注記："努力週報 1—75 讀書雜志 1—14"，另有以綠、鉛筆手寫英文及數字。

2447 努力週報/努力週報社編.——北京：努力週報社

  1923：No. 73

  HSMH（HS-N21F5-111）

  附注：

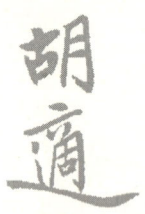

其他：(1)1922年5月7日第1期出版，共出75期，1923年10月停刊。(2)爲微捲型式。包裝盒上有胡適的紅筆手寫注記："努力週報1—75 讀書雜志1—14"，另有以綠、鉛筆手寫英文及數字。

2448 努力週報／努力週報社編．——北京：努力週報社

1923：No. 74

HSMH（HS-N21F5-112）

附注：

其他：(1)1922年5月7日第1期出版，共出75期，1923年10月停刊。(2)爲微捲型式。包裝盒上有胡適的紅筆手寫注記："努力週報1—75 讀書雜志1—14"，另有以綠、鉛筆手寫英文及數字。

2449 努力週報／努力週報社編．——北京：努力週報社

1923：No. 75

HSMH（HS-N21F5-113）

附注：

與胡適的關係：收錄胡適《胡適啟事》、《一年半的回顧》、《胡適之的來信》等文。

其他：(1)1922年5月7日第1期出版，共出75期，1923年10月停刊。(2)爲微捲型式。包裝盒上有胡適的紅筆手寫注記："努力週報1—75 讀書雜志1—14"，另有以綠、鉛筆手寫英文及數字。

2450 情報知識／李甲孚主編．——臺北：情報知識月刊社

1961：Vol. 3, No. 5

50頁：圖；26厘米

HSMH（HS-N21F4-007）

附注：

印章：封面蓋有"請指教"印戳。

2451 清華學報／"清華學報社編輯委員會"編．——臺北："清華學報社"

1956：Vol. 1, No. 1

184 頁：圖；26 厘米

HSMH（HS-N09F6-006）

附注：

 印章：鈐有"胡適的書"朱文方印。

 批注圈劃：館藏二冊有胡適的紅、藍筆注記、校改與劃綫。

 與胡適的關係：收錄胡適《所謂"全氏雙韭山房三世校本"水經注》一文。

 其他：新 1 卷第 1 期。

2452 清華學報／"清華學報社編輯委員會"編．——臺北："清華學報社"

 1957：Vol. 1, No. 2

 275 頁：圖；26 厘米

 HSMH（HS-N09F6-007）

 附注：

  印章：鈐有"胡適的書"朱文方印。

  批注圈劃：有胡適的紅、藍筆注記、校改與劃綫。

  其他：新 1 卷第 2 期。

2453 清華學報／"清華學報社編輯委員會"編．——臺北："清華學報社"

 1958：Vol. 1, No. 3

 189 頁，圖版[12]頁：圖；26 厘米

 HSMH（HS-N09F6-008）

 附注：

  印章：鈐有"胡適的書"朱文方印。

  其他：新 1 卷第 3 期。

2454 清華學報／"清華學報社編輯委員會"編．——臺北："清華學報社"

 1959：No. 1

 274 頁：圖，摺表；26 厘米

 HSMH（HS-N09F6-009）

 附注：

  印章：鈐有"胡適的書"朱文方印。

其他:(1)特刊第1號。(2)封面印有"慶祝梅校長貽琦七十壽辰 科學論文集"字樣。

2455 清華學報/"清華學報社編輯委員會"編. ——臺北:"清華學報社"
1960:Vol. 2, No. 1
317頁:圖,摺表;26厘米
HSMH(HS-N09F6-010)
附注:
與胡適的關係:收錄胡適《注漢書的薛瓚》一文。
其他:(1)新2卷第1期。(2)封面印有"慶祝梅校長貽琦七十壽辰"字樣。

2456 清華學報/"清華學報社編輯委員會"編. ——臺北:"清華學報社"
1961:Vol. 2, No. 2
379頁,圖版[6]頁:圖;26厘米
HSMH(HS-N09F6-011)
附注:
印章:鈐有"胡適的書"朱文方印。
其他:(1)新2卷第2期。(2)封面印有"慶祝梅校長貽琦七十壽辰"字樣。

2457 青杏/編者不詳. ——臺北:臺灣大學醫學院青杏社
1961:No. 11
32頁:圖;26厘米
HSMH(HS-N21F1-012)
附注:
印章:封面蓋有"青杏社"、"請指正"圖章。
題記:封面有黑筆手寫題贈:"謹呈胡適博士惠存 敬贈。"

2458 人間世/劉濟民主編. ——臺北:人間世月刊社
1960:Vol. 4, No. 11

36 頁；26 厘米

HSMH（HS-N21F3-114）

附注：

　　批注圈劃：《雷案的善後問題》一文有胡適的紅筆劃綫。

　　與胡適的關係：收錄《雨花——胡博士興趣何在?》一文。

　　其他：月刊。

2459　人間世／劉濟民主編．——臺北：人間世月刊社

　　1961：Vol. 5, No. 9

　　36 頁；26 厘米

　　HSMH（HS-N21F3-115）

　　附注：

　　　　印章：封面蓋有"贈閱"印戳。

　　　　其他：月刊。

2460　人生／編者不詳．——臺北：人生雜誌社

　　1960：Vol. 12, No. 8

　　28 頁；26 厘米

　　HSMH（HS-N21F4-035）

　　附注：

　　　　與胡適的關係：收錄社論《解剖胡適先生的思想與人格》一文。

　　　　其他：《解剖胡適先生的思想與人格》一文偶有藍筆校改,應非胡適筆迹。

2461　人生／編者不詳．——香港：人生雜誌社

　　1958：Vol. 17, No. 1

　　31 頁；26 厘米

　　HSMH（HS-N21F4-036）

　　附注：

　　　　印章：封面蓋有"贈閱"印戳；頁 2 鈐有"胡適的書"朱文方印。

　　　　其他：(1)半月刊。(2)總第 193 期。

2462　人生/編者不詳.——香港：人生雜誌社

　　　1958：Vol. 17, No. 3

　　　31 頁；26 厘米

　　　HSMH（HS-N21F4-037）

　　　附注：

　　　　印章：封面蓋有"贈閱"印戳。

　　　　其他：(1)半月刊。(2)總第 195 期。

2463　人生/編者不詳.——香港：人生雜誌社

　　　1960：Vol. 21, No. 9

　　　31 頁；26 厘米

　　　HSMH（HS-N21F4-038）

　　　附注：

　　　　印章：封面蓋有"贈閱"印戳。

　　　　與胡適的關係：收錄松山寺佛學研究部《評胡適"中國傳統之將來"》一文。

　　　　其他：(1)半月刊。(2)總第 237 期。

2464　人生/編者不詳.——香港：人生雜誌社

　　　1961：Vol. 22, No. 3

　　　35 頁；26 厘米

　　　HSMH（HS-N21F4-039）

　　　附注：

　　　　印章：封面蓋有"贈閱"印戳。

　　　　其他：(1)半月刊。(2)總第 255 期(中西哲學文化專號)。

2465　人生/編者不詳.——香港：人生雜誌社

　　　1961：Vol. 23, No. 1

　　　31 頁；26 厘米

　　　HSMH（HS-N21F4-040）

　　　附注：

印章:封面蓋有"贈閱"印戳。

其他:(一)半月刊。(二)總第 265 期。

2466 時報雜誌/時報雜誌編輯委員會主編. ——臺北:時報雜誌社

1959:Vol. 24,No. 7

49 頁:圖;19 厘米

HSMH(HS-N21F2-116)

附注:

其他:封面收錄胡適出席"大陸設計會"致詞時的照片。

2467 師大校刊/編者不詳. ——出版地不詳:臺灣省立師範大學出版組

1959:No. 47

753—798 頁:圖;26 厘米

HSMH(HS-N21F1-018)

2468 師大學報/臺灣省立師範大學編. ——臺北:臺灣省立師範大學

1959:No. 4

174 頁:圖;26 厘米

HSMH(HS-N17F2-008)

附注:

印章:鈐有"胡適的書"朱文方印。

2469 師大學報/臺灣省立師範大學編. ——臺北:臺灣省立師範大學

1960:No. 5

180 頁:圖;26 厘米

HSMH(HS-N17F2-009)

附注:

印章:鈐有"胡適的書"朱文方印。

2470 師大學報/臺灣省立師範大學編. ——臺北:臺灣省立師範大學

1961:No. 6

1 冊：圖；26 厘米

HSMH（HS-N17F2-010）

附註：

 印章：鈐有"胡適的書"朱文方印。

2471 時代批評/時代批評編輯委員會編輯. ——香港：時代批評社

 1959：Vol. 8, No. 4, 5

 25 頁：圖；26 厘米

 HSMH（HS-N21F3-047，HS-N21F3-048）

 附註：

  印章：封面蓋有"贈閱"印戳。

2472 時代批評/時代批評編輯委員會編輯. ——香港：時代批評社

 1960：Vol. 11, No. 6

 28 頁；26 厘米

 HSMH（HS-N21F3-049）

2473 時代批評/時代批評編輯委員會編輯. ——香港：時代批評社

 1960：Vol. 11, No. 8

 28 頁；26 厘米

 HSMH（HS-N21F3-050）

 附註：

  其他：館藏一冊頁 3 有藍筆校改，非胡適筆迹。

2474 時代批評/時代批評編輯委員會編輯. ——香港：時代批評社

 1960：Vol. 11, No. 9

 28 頁；26 厘米

 HSMH（HS-N21F3-051）

 附註：

  其他：館藏一冊頁 8、11 有黑筆批注與校改，非胡適筆迹。

2475 **时代批評**/時代批評編輯委員會編輯. ——香港：時代批評社

1961：Vol. 11, No. 10, 11, 12

28 頁；26 厘米

HSMH（HS-N21F3-052, HS-N21F3-053, HS-N21F3-054）

2476 **时代批評**/時代批評編輯委員會編輯. ——香港：時代批評社

1961：Vol. 12, No. 1—6, 8, 12

28 頁；26 厘米

HSMH（HS-N21F3-055, HS-N21F3-056, HS-N21F3-057, HS-N21F3-058, HS-N21F3-059, HS-N21F3-060, HS-N21F3-061, HS-N21F3-064）

2477 **时代批評**/時代批評編輯委員會編輯. ——香港：時代批評社

1961：Vol. 12, No. 9, 10

58 頁：圖；26 厘米

HSMH（HS-N21F3-062）

附注：

其他：第 12 卷 9、10 兩期合刊本。

2478 **时代批評**/時代批評編輯委員會編輯. ——香港：時代批評社

1961：Vol. 12, No. 11

29 頁：圖；26 厘米

HSMH（HS-N21F3-063）

2479 **时代批評**/時代批評編輯委員會編輯. ——香港：時代批評社

1961：Vol. 13, No. 1—8, 10, 12

28 頁；26 厘米

HSMH（HS-N21F3-065, HS-N21F3-066, HS-N21F3-067, HS-N21F3-068, HS-N21F3-069, HS-N21F3-070, HS-N21F3-071, HS-N21F3-072, HS-N21F3-073, HS-N21F3-074）

2480 **拾穗**/拾穗月刊社編輯. ——高雄：拾穗月刊社

1960：No. 121

194 頁：圖；19 厘米

HSMH（HS-N21F4-091）

附注：

　　印章：内封面鈐有"胡適的書"朱文方印。

　　其他：本期刊爲創刊十週年紀念特大號。

2481　詩文之友/編者不詳.——彰化：詩文之友雜誌社

1961：Vol. 13，No. 6

49 頁；21 厘米

HSMH（HS-N21F4-089）

附注：

　　夾紙：頁 15 夾有詩文之友社徵詩稿紙 2 張。

　　與胡適的關係：收錄《舊詩是一條死路嗎？——介紹胡適博士詩論》一文。

　　其他：月刊。

2482　時與潮/時與潮編輯委員會編輯.——臺北：時與潮社

1960：No. 45

27 頁：圖；26 厘米

HSMH（HS-N21F3-012）

附注：

　　印章：封面蓋有"贈閱"印戳。

　　與胡適的關係：收錄《胡適博士回來了》一文。

　　其他：周刊。

2483　時與潮/時與潮編輯委員會編輯.——臺北：時與潮社

1960：No. 50

27 頁：圖；26 厘米

HSMH（HS-N21F3-013）

附注：

印章:封面蓋有"贈閱"印戳。

批注圈劃:封面有胡適手寫紅筆注記:"殘了。"

相關記載:本冊頁5、6已撕下,參見館藏號:HS-NK05-325-058。

其他:周刊。

2484 時與潮/時與潮編輯委員會編輯.——臺北:時與潮社

1961:No. 79,83,88,91,93—95,97—99,102,104

27頁:圖;26厘米

HSMH(HS-N21F3-014,HS-N21F3-015,HS-N21F3-016,HS-N21F3-017,HS-N21F3-018,HS-N21F3-019,HS-N21F3-020,HS-N21F3-021,HS-N21F3-022,HS-N21F3-023,HS-N21F3-024,HS-N21F3-025)

附注:

印章:封面蓋有"贈閱"印戳。

其他:周刊。

2485 十字論壇/十字論壇編輯委員會編輯.——臺北:十字論壇社

1958:No. 10

16頁;27厘米

HSMH(HS-N21F2-068)

附注:

與胡適的關係:收錄《"胡適的領袖慾"究竟是怎麼一回事》一文,參見館藏號:HS-NK01-322-028。

其他:總第55號革新第10期。

2486 臺南文化/黃典權主編.——臺南:臺南市文獻委員會

1959:Vol. 6, No. 3

[2],90頁:表;21厘米

HSMH(HS-N21F2-102)

2487 臺南文化/黃典權主編.——臺南:臺南市文獻委員會

1959:Vol. 6, No. 4

72 頁：表；21 厘米

HSMH（HS-N21F2-103）

附注：

夾紙：頁 13 夾有信封殘片 1 張，上有手寫藍筆注記"黃"。

2488 臺南文化/黃典權主編．——臺南：臺南市文獻委員會

1960：Vol. 7, No. 1

155 頁：表；21 厘米

HSMH（HS-N21F2-104）

附注：

印章：封面蓋有"贈閱"印戳。

批注圈劃：頁 106 有藍筆塗改。

相關記載：收錄黃典權《"皇明監國魯王壙誌"研究》一文，內文提及胡適於 1959 年 11 月 2 日在"中華日報"所發表《跋金門新發見"皇明監國魯王壙誌"》。《跋金門新發見"皇明監國魯王壙誌"》一文於 1959 年 10 月 31 日成稿，原稿參見館藏號：HS-NK01-074-003，或詳見《胡適之先生年譜長編初稿》第 8 冊，頁 3013。

其他：《"皇明監國魯王壙誌"研究》一文參見館藏號：HS-NK01-074-008。

2489 太平詩集/編者不詳．——香港：太平詩集出版

1958：No. 15

20 頁：圖；21 厘米

HSMH（HS-N21F2-099）

2490 太平詩集/編者不詳．——香港：太平詩集出版

1960：No. 31

20 頁：圖；20 厘米

HSMH（HS-N21F2-100）

附注：

印章：封面鈐有"金振庭"朱文方印。

題記：封面有藍筆手寫題贈："適公宗師指正 門人金振庭敬贈 民國四十九年初冬。"

相關記載：1960年11月27日金振庭寄贈胡適本書，並附信函1封及《時事畫報》，原件可參見館藏號：HS-NK01-220-022。

其他：頁1、4、10、18有紅色印記。

2491 臺灣風物／臺灣風物編輯委員會編．——臺北：臺灣風物雜誌社

1959：Vol. 9, No. 5, 6

44頁；21厘米

HSMH（HS-N21F4-082）

附注：

印章：封面蓋有"贈閱"印戳。

其他：(1)第9卷第5、6期合刊本。(2)月刊。

2492 臺灣風物／臺灣風物編輯委員會編．——臺北：臺灣風物雜誌社

1960：Vol. 10, No. 1

54頁：表；21厘米

HSMH（HS-N21F4-083）

附注：

印章：封面蓋有"贈閱"印戳。

批注圈劃：(1)《三勘虛雲和尚年譜》一文有胡適的紅筆注記。(2)頁37，49—53有胡適的紅筆校改與圈劃。

夾紙：夾有紙卡1張，題注："史大林大戰署中的中國 民國卅九年在'外交季刊'發表。"

與胡適的關係：(1)收錄胡適《三勘虛雲和尚年譜》一文。館藏本文抄件，參見館藏號：HS-NK05-183-024。(2)收錄胡適《跋金門新發見"皇明監國魯王壙誌"》一文，此文亦刊佈在《臺南文化》第7卷第1期（1960年9月），本文於1959年10月31日成稿，原稿參見館藏號：HS-NK01-074-003，或詳見《胡適之先生年譜長編初稿》第8冊，頁3013—3018。

2493 台灣工程界／"中國工程師學會刊物出版委員會"．——臺北："中國工程師

學會"

1959：Vol. 12, No. 3, 4

82 頁；表；30 厘米

HSMH（HS-N21F2-010）

附注：

　　其他：第 12 卷第 3、4 期合刊本。

2494　臺灣畫刊/編者不詳.——台中：臺灣省新聞處

1959：No. 25

18 頁；圖，部分彩圖；37 厘米

HSMH（HS-N21F4-001）

2495　臺灣畫刊/編者不詳.——台中：臺灣省新聞處

1961：No. 35, 36

18 頁；圖，部分彩圖；37 厘米

HSMH（HS-N21F4-002，HS-N21F4-003）

2496　臺灣省通志館館刊/臺灣省通志館編.——臺北：臺灣省通志館

1948：Vol. 1, No. 2

28, 8 頁：圖，表；26 厘米

HSMH（HS-N18F3-002）

附注：

　　印章：封面蓋有"贈閱"印戳。

　　其他：月刊。

2497　臺灣省通志館館刊/臺灣省通志館編.——臺北：臺灣省通志館

1948：Vol. 1, No. 3

[1], 29 頁：表；26 厘米

HSMH（HS-N18F3-001）

附注：

　　印章：封面蓋有"贈閱"印戳。

其他:月刊。

2498 臺灣文獻/臺灣省文獻委員會編纂組編.——臺北:臺灣省文獻委員會
1955:Vol. 6, No. 1
[1], 72 頁;26 厘米
HSMH(HS-N18F4-012)
附注:
　　印章:封面蓋有"贈閱"印戳。

2499 臺灣文獻/臺灣省文獻委員會編纂組編.——臺北:臺灣省文獻委員會
1955:Vol. 6, No. 2
[1], 78 頁;26 厘米
HSMH(HS-N18F4-013)
附注:
　　印章:封面蓋有"贈閱"印戳。

2500 臺灣文獻/臺灣省文獻委員會編纂組編.——臺北:臺灣省文獻委員會
1955:Vol. 6, No. 3
[1], 130 頁:表;26 厘米
HSMH(HS-N18F4-014)
附注:
　　印章:封面蓋有"贈閱"印戳。
　　批注圈劃:《中華民族乙未抗日史導論》一文有胡適的紅、藍筆劃綫。

2501 臺灣文獻/臺灣省文獻委員會編纂組編.——臺北:臺灣省文獻委員會
1955:Vol. 6, No. 4
[1], 122 頁:表;26 厘米
HSMH(HS-N18F4-015)
附注:
　　印章:封面蓋有"贈閱"印戳。

2502 臺灣文獻/臺灣省文獻委員會編纂組編. ——臺北：臺灣省文獻委員會 1956：Vol. 7, No. 1, 2

［1］, 116 頁：表；26 厘米

HSMH（HS-N18F4-016）

附注：

 印章：封面蓋有"贈閱"印戳。

 其他：第 7 卷第 1、2 期合刊本。

2503 臺灣文獻/臺灣省文獻委員會編纂組編. ——臺北：臺灣省文獻委員會 1956：Vol. 7, No. 3, 4

［1］, 124 頁：表；26 厘米

HSMH（HS-N18F4-017）

附注：

 印章：封面蓋有"贈閱"印戳。

 其他：第 7 卷第 3、4 期合刊本。

2504 臺灣文獻/臺灣省文獻委員會編纂組編. ——臺北：臺灣省文獻委員會 1957：Vol. 8, No. 1

［1］, 60 頁：表；26 厘米

HSMH（HS-N18F4-018）

附注：

 印章：封面蓋有"贈閱"印戳。

2505 臺灣文獻/臺灣省文獻委員會編纂組編. ——臺北：臺灣省文獻委員會 1957：Vol. 8, No. 2

［1］, 69 頁：表；26 厘米

HSMH（HS-N18F4-019）

附注：

 印章：封面蓋有"贈閱"印戳。

2506 臺灣文獻/臺灣省文獻委員會編纂組編. ——臺北：臺灣省文獻委員會

1957：Vol. 8, No. 3,4

[1], 272 頁：表；26 厘米

HSMH（HS-N18F4-020）

附注：

　　印章：封面蓋有"贈閱"印戳。

　　其他：(1)封面另附題名"清代臺灣方志職官年表特輯"。(2)第8卷第3、4期合刊本。

2507 臺灣文獻/臺灣省文獻委員會編纂組編. ——臺北：臺灣省文獻委員會

1958：Vol. 9, No. 1

[1], 80 頁：表；26 厘米

HSMH（HS-N18F4-021）

附注：

　　印章：封面蓋有"贈閱"印戳。

2508 臺灣文獻/臺灣省文獻委員會編纂組編. ——臺北：臺灣省文獻委員會

1958：Vol. 9, No. 4

[1], 134 頁：表；26 厘米

HSMH（HS-N18F4-022）

附注：

　　印章：封面蓋有"贈閱"印戳。

　　內夾書信：夾附臺灣省文獻委員會贈書信函1封,參見館藏號：HS-NK05-142-014。

2509 臺灣文獻/臺灣省文獻委員會編纂組編. ——臺北：臺灣省文獻委員會

1959：Vol. 10, No. 1

161 頁：表；26 厘米

HSMH（HS-N18F4-001）

附注：

　　印章：封面蓋有"贈閱"印戳。

　　內夾書信：夾附臺灣省文獻委員會贈書信函1封,參見館藏號：HS-

NK05-142-017。

2510 **臺灣文獻**/臺灣省文獻委員會編纂組編. ——臺北：臺灣省文獻委員會
1959：Vol. 10，No. 2
[1]，208 頁：表；26 厘米
HSMH（HS-N18F4-002）
附注：
　　印章：封面蓋有"贈閱"印戳。

2511 **臺灣文獻**/臺灣省文獻委員會編纂組編. ——臺北：臺灣省文獻委員會
1959：Vol. 10，No. 3
[1]，136 頁：表；26 厘米
HSMH（HS-N18F4-003）
附注：
　　印章：封面蓋有"贈閱"印戳。

2512 **臺灣文獻**/臺灣省文獻委員會編纂組編. ——臺北：臺灣省文獻委員會
1959：Vol. 10，No. 4
[1]，119 頁：圖，表；26 厘米
HSMH（HS-N18F4-004）
附注：
　　印章：封面蓋有"贈閱"印戳。
　　夾紙：夾信封殘片 1 張。
　　內夾書信：夾附臺灣省文獻委員會贈書信函 1 封，參見館藏號：HS-NK05-142-023。

2513 **臺灣文獻**/臺灣省文獻委員會編纂組編. ——臺北：臺灣省文獻委員會
1960：Vol. 11，No. 1
[3]，217 頁：圖；26 厘米
HSMH（HS-N18F4-005）
附注：

印章:封面蓋有"贈閱"印戳。

其他:封面另附題名"明監國魯王特輯"。

2514 臺灣文獻/臺灣省文獻委員會編纂組編. ——臺北:臺灣省文獻委員會 1960:Vol. 11, No. 2

[1], 260 頁:表;26 厘米

HSMH (HS-N18F4-006)

附注:

印章:封面蓋有"贈閱"印戳。

2515 臺灣文獻/臺灣省文獻委員會編纂組編. ——臺北:臺灣省文獻委員會 1960:Vol. 11, No. 3

[1], 100 頁:圖;26 厘米

HSMH (HS-N18F4-007)

附注:

印章:封面蓋有"贈閱"印戳,鈐有"胡適的書"朱文方印。

內夾書信:夾附臺灣省文獻委員會贈書信函 1 封,參見館藏號:HS-NK05-142-036。

2516 臺灣文獻/臺灣省文獻委員會編纂組編. ——臺北:臺灣省文獻委員會 1960:Vol. 11, No. 4

[1], 132 頁:圖;26 厘米

HSMH (HS-N18F4-008)

附注:

印章:封面蓋有"贈閱"印戳。

內夾書信:夾附臺灣省文獻委員會贈書信函 1 封,上有藍筆注記:"已復謝五十,八,廿一",參見館藏號:HS-NK05-142-041。

2517 臺灣文獻/臺灣省文獻委員會編纂組編. ——臺北:臺灣省文獻委員會 1961:Vol. 12, No. 1

[2], 178 頁:表;26 厘米

HSMH（HS-N18F4-009）

附注：

　　印章：館藏一冊鈐有"胡適的書"朱文方印。

　　內夾書信：館藏一冊夾附 1961 年 5 月 2 日臺灣文獻發行人李騰嶽致胡適贈書信函 1 封，參見館藏號：HS-NK05-031-050。

　　其他：封面另附題名"鄭成功復臺三百年紀念特輯"。

2518 臺灣文獻/臺灣省文獻委員會編纂組編.——臺北：臺灣省文獻委員會

1961：Vol. 12, No. 2

[1]，140 頁：圖；26 厘米

HSMH（HS-N18F4-010）

附注：

　　印章：封面蓋有"贈閱"印戳。

　　內夾書信：夾附臺灣省文獻委員會贈書信函 1 封，參見館藏號：HS-NK05-142-047。

2519 臺灣文獻/臺灣省文獻委員會編纂組編.——臺北：臺灣省文獻委員會

1961：Vol. 12, No. 3

[1]，178 頁：圖，表；26 厘米

HSMH（HS-N18F4-011）

附注：

　　印章：封面蓋有"贈閱"印戳，鈐有"胡適的書"朱文方印。

　　內夾書信：夾附臺灣省文獻委員會贈書信函 1 封，參見館藏號：HS-NK05-142-050。

2520 統計彙報/"光復大陸設計研究委員會"編.——出版地不詳："光復大陸設計研究委員會"

1961：No. 9

[3]，60 頁：表；21 厘米

HSMH（HS-N21F1-037）

2521 土木工程/"中國土木工程學會出版委員會"編.——臺北:"中國土木工程學會出版委員會"

1960:Vol. 2, No. 3

[2],80頁:圖;26厘米

HSMH(HS-N21F2-061)

附注:

題記:封面有胡國光手寫題贈:"適之先生指教 宗晚國光拜上。"

批注圈劃:封底有紅筆注記。

其他:封面及《應用級數分析剛構應力之研究(一)》一文參見館藏號:HS-NK01-202-002。

2522 土木工程/"中國土木工程學會出版委員會"編.——臺北:"中國土木工程學會出版委員會"

1960:Vol. 2, No. 4

[2],79,[1]頁:圖;26厘米

HSMH(HS-N21F2-062)

附注:

題記:封面有胡國光手寫題贈:"適之先生指教 宗晚胡國光拜上 四九,六,二二。"

夾紙:頁27夾有信封殘片1張。

其他:封面及《應用級數分析剛構應力之研究(二)》一文參見館藏號:HS-NK01-202-003。

2523 圖書館學季刊/"中華圖書館協會"編輯.——北京:"中華圖書館協會"

1928:Vol. 2, No. 3

1冊:圖;26厘米

HSMH(HS-N02F6-031)

附注:

印章:鈐有"胡適的書"朱文方印。

其他:(1)季刊。(2)英文題名"LIBRARY SCIENCE QUARTERLY"。

2524 文聯/文聯季刊編輯委員會編輯.——菲律賓：菲律賓華僑文藝工作者聯合會

1961：No. 3,4

58 頁：圖；26 厘米

HSMH（HS-N21F4-009）

2525 文史薈刊/文史薈刊編輯小組編.——臺南：臺南市文史協會

1960：No. 2

[1]，100 頁：圖；26 厘米

HSMH（HS-N18F3-003）

附注：

印章：封面蓋有"贈閱"印戳。

内夾書信：書内夾有1961年2月10日臺南市文史協會致胡適贈書信函1封，參見館藏號：HS-NK05-142-030。

2526 文壇季刊/朱嘯秋主編.——臺北：文壇出版社

1961：No. 10

130 頁：圖；26 厘米

HSMH（HS-N21F4-010）

2527 文物/文物編輯委員會編.——北京：文物出版社

1959：No. 4

76 頁：圖；26 厘米

HSMH（HS-N18F1-017）

附注：

印章：封面鈐有"胡適"朱文方印。

2528 文物/文物編輯委員會編.——北京：文物出版社

1959：No. 6

78 頁：圖；26 厘米

HSMH（HS-N18F1-018）

附注：

印章:封面鈐有"胡適"朱文方印。

2529 **文物**/文物編輯委員會編. ——北京：文物出版社

　　　1959：No. 7

　　　76 頁：圖；26 厘米

　　　HSMH（HS-N18F1-019）

　　　附注：

　　　　印章:封面鈐有"胡適"朱文方印。

2530 **文物參考資料**/文物參考資料編輯委員會編. ——北京：中國古典藝術出版社

　　　1956：No. 8

　　　80 頁：圖；26 厘米

　　　HSMH（HS-N18F1-020）

　　　附注：

　　　　印章:封面鈐有"胡適"朱文方印。

2531 **文物參考資料**/文物參考資料編輯委員會編. ——北京：中國古典藝術出版社

　　　1956：No. 9

　　　78 頁：圖；26 厘米

　　　HSMH（HS-N18F1-021）

　　　附注：

　　　　印章:封面鈐有"胡適"朱文方印。

2532 **文物參考資料**/文物參考資料編輯委員會編. ——北京：文物出版社

　　　1958：No. 10

　　　73 頁：圖；26 厘米

　　　HSMH（HS-N18F1-022）

　　　附注：

　　　　印章:封面鈐有"胡適"朱文方印。

2533 **文物參考資料**/文物參考資料編輯委員會編. ——北京：文物出版社

1958: No. 11

81頁: 圖; 26厘米

HSMH（HS-N18F1-023）

附注:

 印章:封面鈐有"胡適"朱文方印。

2534 **文獻專刊**/臺灣省文獻委員會編.——臺北: 臺灣省文獻委員會

1950: Vol. 1, No. 3

[1], 76頁: 圖, 表; 26厘米

HSMH（HS-N18F3-006）

附注:

 印章:封面蓋有"贈閱"印戳。

2535 **文獻專刊**/臺灣省文獻委員會編.——臺北: 臺灣省文獻委員會

1950: Vol. 1, No. 4

[1], 42, 11頁: 圖; 26厘米

HSMH（HS-N18F3-007）

附注:

 印章:封面蓋有"贈閱"印戳。

2536 **文獻專刊**/臺灣省文獻委員會編.——臺北: 臺灣省文獻委員會

1951: Vol. 2, No. 1,2

[1], 71頁: 圖, 表; 26厘米

HSMH（HS-N18F3-008）

附注:

 印章:封面蓋有"贈閱"印戳。

 其他:第2卷第1、2期合刊本。

2537 **文獻專刊**/臺灣省文獻委員會編.——臺北: 臺灣省文獻委員會

1951: Vol. 2, No. 3,4

[1], 58, 5頁: 圖; 26厘米

HSMH（HS-N18F3-009）

附注：

印章:封面蓋有"贈閱"印戳。

其他:第2卷第3、4期合刊本。

2538 文獻專刊/臺灣省文獻委員會編.——臺北：臺灣省文獻委員會

1952：Vol. 3, No. 1

[1]，48，20頁；26厘米

HSMH（HS-N18F3-010）

附注：

印章:封面蓋有"贈閱"印戳。

2539 文獻專刊/臺灣省文獻委員會編.——臺北：臺灣省文獻委員會

1952：Vol. 3, No. 2

[5]，78頁：圖；26厘米

HSMH（HS-N18F3-011）

附注：

印章:封面蓋有"贈閱"印戳。

2540 文獻專刊/臺灣省文獻委員會編.——臺北：臺灣省文獻委員會

1952：Vol. 3, No. 3,4

[1]，89頁：表；26厘米

HSMH（HS-N18F3-012）

附注：

印章:封面蓋有"贈閱"印戳。

2541 文獻專刊/林熊祥編.——臺北：臺灣省文獻委員會

1953：Vol. 4, No. 1,2

[2]，136頁，圖版[6]頁：圖；26厘米

HSMH（HS-N18F4-023）

附注：

印章:封面蓋有"贈閱"印戳。

其他:(1)封面另附題名"劉銘傳特輯"。(2)第4卷第1、2期合刊本。

2542 文獻專刊/林熊祥編.——臺北:臺灣省文獻委員會

1953:Vol. 4, No. 3,4

[1],52頁:表;26厘米

HSMH(HS-N18F4-024)

附注:

印章:封面蓋有"贈閱"印戳。

其他:第4卷第3、4期合刊本。

2543 文獻專刊/林熊祥編.——臺北:臺灣省文獻委員會

1954:Vol. 05, No. 1,2

[1],64頁:圖;26厘米

HSMH(HS-N18F4-025)

附注:

印章:封面蓋有"贈閱"印戳。

其他:第5卷第1、2期合刊本。

2544 文獻專刊/林熊祥編.——臺北:臺灣省文獻委員會

1954:Vol. 5, No. 3,4

[2],162頁:圖;26厘米

HSMH(HS-N18F4-026)

附注:

印章:封面蓋有"贈閱"印戳。

其他:(1)封面另附題名"臺灣中部古碑文集成"。(2)第5卷第3、4期合刊本。

2545 文星/文星雜誌編輯委員會主編.——臺北:文星雜誌

1957:Vol. 1, No. 1

38頁:圖;26厘米

HSMH（HS-N21F1-006）

附注：

　　内夾書信：1958 年 4 月 24 日《文星》雜誌社致贈胡適本書，並附信函一通，原件可參見館藏號：HS-NK01-302-001。

2546 文星/文星雜誌編輯委員會主編.——臺北：文星雜誌

　　1960：Vol. 6, No. 5

　　40 頁：圖；26 厘米

　　HSMH（HS-N21F1-007）

　　附注：

　　　　批注圈劃：頁 9 有藍筆校改。

2547 文星/文星雜誌編輯委員會主編.——臺北：文星雜誌

　　1961：Vol. 9, No. 1

　　40 頁：圖；26 厘米

　　HSMH（HS-N21F1-008）

　　附注：

　　　　批注圈劃：目錄及封底版權頁有紅筆圈註。

2548 文星/文星雜誌編輯委員會主編.——臺北：文星雜誌

　　1961：Vol. 9, No. 2

　　40 頁：圖；26 厘米

　　HSMH（HS-N21F1-009）

　　附注：

　　　　批注圈劃：館藏一冊《科學發展所需要的社會改革》一文偶有紅、藍筆劃綫。

　　　　夾紙：館藏一冊頁 5 夾有藍筆手寫紙 1 張。

　　　　與胡適的關係：收錄胡適《科學發展所需要的社會改革》一文。

2549 文星/文星雜誌編輯委員會主編.——臺北：文星雜誌

　　1961：Vol. 9, No. 3

48 頁：圖；26 厘米

HSMH（HS-N21F1-010）

附注：

批注圈劃：館藏一冊李敖《播種者胡適》一文有紅筆劃綫與校改。

與胡適的關係：(1)收錄李敖《播種者胡適》一文。(2)收錄《胡適的經歷和著作》一文。

其他：封面爲胡適照片。

2550 文星/文星雜誌編輯委員會主編.——臺北：文星雜誌

1962：Vol. 9, No. 4

40 頁：圖；26 厘米

HSMH（HS-N21F1-011）

附注：

批注圈劃：館藏一冊《胡適之與"全盤西化"》一文有紅筆劃綫。

與胡適的關係：(1)收錄徐高阮《胡適之與"全盤西化"》一文。(2)收錄鄭學稼《小心求證"播種者胡適"的大膽假設》一文。

2551 文學雜誌/夏濟安主編.——臺北：文學雜誌社

1956—1957：Vol. 1, No. 1—6

1 冊；20 厘米

HSMH（HS-N12F3-033）

附注：

印章：鈐有"胡適的書"朱文方印。

與胡適的關係：第 1 卷第 1 期收錄胡適翻譯《一枝箭，一隻曲子》一文。

其他：(1)精裝。(2)第 1—6 期合訂本。

2552 文學雜誌/夏濟安主編.——臺北：文學雜誌社

1957：Vol. 2, No. 1—6

1 冊；20 厘米

HSMH（HS-N12F3-034）

附注：

印章:钤有"胡适的書"朱文方印。

夾紙:第2卷第2期勞榦《對於白話文與新詩的一個預想》一文有夾紙1張。

其他:(1)精裝。(2)第1—6期合訂本。

2553 文學雜誌/夏濟安主編.——臺北:文學雜誌社

1957—1958:Vol. 3, No. 1—6

1册;20厘米

HSMH(HS-N12F3-035)

附注:

印章:钤有"胡适的書"朱文方印。

其他:(1)精裝。(2)第1—6期合訂本。

2554 文學雜誌/夏濟安主編.——臺北:文學雜誌社

1958:Vol. 4, No. 1—6

1册;20厘米

HSMH(HS-N12F3-036)

附注:

印章:钤有"胡适的書"朱文方印。

其他:(1)精裝。(2)第1—6期合訂本。

2555 文學雜誌/夏濟安,侯健主編.——臺北:文學雜誌社

1959:Vol. 6, No. 6

86頁;21厘米

HSMH(HS-N21F4-087)

附注:

印章:館藏二册頁4均钤有"胡适的書"朱文方印。

題記:館藏一册封面有藍筆手寫題記:"敬煩轉送适之先生。"

其他:月刊。

2556 文學雜誌/夏濟安,侯健主編.——臺北:文學雜誌社

1959：Vol. 7, No. 4

79 頁；21 厘米

HSMH（HS-N21F4-088）

附注：

  印章：目録、頁 79 有林衡茂的紅筆簽名。

  相關記載：1960 年 1 月 18 日有林衡茂致胡適贈書信函 1 封，參見館藏號：HS-NK01-076-017。

  其他：(1)多處有藍筆校改與劃綫，非胡適的筆迹。(2)月刊。

2557 文藝列車/文藝列車編輯委員會編.——嘉義：文藝列車月刊社

1958：Vol. 6, No. 5

20 頁；27 厘米

HSMH（HS-N21F2-069）

2558 現代評論/現代評論社編輯.——北京：現代評論社

1926：Vol. 4, No. 83

1 冊；26 厘米

HSMH（HS-N02F6-003）

附注：

  印章：鈐有"胡適的書"朱文方印。

  與胡適的關係：收録胡適《我們對於西洋近代文明的態度》一文。

2559 現代學術季刊/陳伯莊編輯.——香港：現代學術季刊社

1956—1957：Vol. 1, No. 1—4

1 冊；27 厘米

HSMH（HS-N02F6-033）

附注：

  其他：(1)精裝。(2)合訂本。

2560 現代學術季刊/陳伯莊編輯.——香港：現代學術季刊社

1957：Vol. 1, No. 4

145 頁:表;26 厘米

HSMH（HS-N02F6-034）

附注:

 印章:鈐有"胡適的書"朱文方印。

2561 現代學術季刊/陳伯莊編輯.——香港:現代學術季刊社

 1958:Vol. 2, No. 2

 125 頁;26 厘米

 HSMH（HS-N02F6-035）

2562 憲政論壇/編者不詳.——臺北:"憲政論壇社"

 1961:Vol. 7, No. 9

 24 頁;26 厘米

 HSMH（HS-N21F4-018）

2563 香港佛教/香港佛教編輯委員會編.——香港:福慧精舍

 1960:No. 5

 31 頁:圖;27 厘米

 HSMH（HS-N21F3-046）

附注:

 夾紙:頁 11 夾有信封殘片 1 張。

 與胡適的關係:(1)收錄社論《駁斥香港真報胡適——"中國之傳統與將來"文中涉及的禪宗歷史問題——見七月二十六、七兩日香港真報》一文。(2)收錄樂觀《撕掉胡適博士的外衣》一文。(3)收錄慧威《鬪胡痛言》一文。

2564 新潮/新潮雜誌社編.——北平:國立北京大學出版部

 1920:Vol. 2, No. 3

 403—616 頁;25 厘米

 HSMH（HS-N07F2-043）

附注:

印章:鈐有"胡適的書"朱文方印。

與胡適的關係:收錄胡適《非箇人主義的新生活》一文。

2565 新潮/新潮雜誌社編.——北平:國立北京大學出版部

1920:Vol. 2, No. 4

617—862 頁;25 厘米

HSMH(HS-N07F2-042）

附注:

印章:鈐有"胡適的書"朱文方印。

2566 新青年/編者不詳.——上海:亞東圖書館

1936:Vol. 1—7

8 冊:圖;26 厘米

HSMH(HS-N10F6-004）

附注:

印章:鈐有"胡適的書"朱文方印。

題記:第 1 卷扉頁收錄胡適的毛筆題辭影本:"《新青年》是中國文學史和思想史上劃分一個時代的刊物,最近二十年中的文學運動和思想改革,差不多都是從這個刊物出發的,我們當日編輯作文的一斑(班?)朋友,往往也不容易收存全份,所以我們歡迎這回新青年的重印。胡適。"

批注圈劃:第 5—7 卷偶有胡適的紅筆圈劃、校改與注記。

夾紙:第 3—7 卷各有夾紙。

與胡適的關係:(1)收錄胡適所作的文章數則。(2)第 2 卷第 5 號(1917-01-01)收錄胡適《文學改良芻議》一文。

其他:(1)第 4、6 卷偶有鉛筆注記,非胡適筆跡。(2)第 1—7 卷重印合訂本。

2567 新時代/新時代編輯委員會編輯.——九龍:新時代出版社

1960:Vol. 1, No. 1

27 頁;26 厘米

HSMH(HS-N21F3-077）

2568 新時代/毛子水主編.——臺北：新時代雜誌社

　　1961：Vol. 1, No. 1

　　52 頁：圖；27 厘米

　　HSMH（HS-N21F3-078）

　　附注：

　　　　夾紙：館藏數冊夾有劃撥單。

　　　　與胡適的關係：收錄胡適《清末民初洋學學生題名錄初輯序》一文，原稿參見館藏號：HS-NK05-184-012，爲胡適於 1960 年 4 月 30 日所作。

　　　　其他：創刊號。

2569 新時代/毛子水主編.——臺北：新時代雜誌社

　　1961：Vol. 1, No. 2

　　60 頁：圖，表；27 厘米

　　HSMH（HS-N21F3-079）

　　附注：

　　　　印章：館藏一冊封面有胡適手寫紅筆簽名"適之"。

　　　　與胡適的關係：(1)收錄胡適《發展科學的重任和遠路》一文，館藏一冊有紅筆劃綫，另一冊有藍筆劃綫。(2)收錄胡適、梅貽琦《國家長期發展科學委員會兩年來的工作報告》一文。館藏一冊有胡適的紅筆校改；一冊有紅筆劃綫；一冊有藍筆注記。

2570 新時代/毛子水主編.——臺北：新時代雜誌社

　　1961：Vol. 1, No. 4

　　64 頁：圖，表；27 厘米

　　HSMH（HS-N21F3-080）

　　附注：

　　　　印章：館藏一冊封面有胡適手寫藍筆簽名"適之"。

　　　　批注圈劃：館藏一冊張敬原《目前中國大陸的人口數量研究》一文有胡適的紅、藍筆注記與圈劃。

　　　　與胡適的關係：收錄胡適《所謂"曹雪芹小象"的謎》一文。本文成稿於

1960年11月22日,原件手稿可參見館藏號:HS-MS01-026-001,此文亦在"海外論壇"第2卷第1期上發表,相關內容可參閱胡適的日記(1928-11-28)及胡頌平編著《胡適之先生晚年談話錄》(臺北:聯經,1984)頁304。

相關記載:1961年5月29日有胡適致張敬原函,告之對《目前中國大陸的人口數量研究》一文十分欽佩,參見館藏號:HS-NK04-008-014。

2571 新時代/毛子水主編. ——臺北:新時代雜誌社

1961:Vol. 1, No. 5

64頁:表;27厘米

HSMH(HS-N21F3-081)

附注:

批注圈劃:社論《陽明山會談》一文,有胡適的紅筆校改與劃綫。

與胡適的關係:收錄沈雲龍《刺殺宋教仁案的要犯洪述祖》一文。

相關記載:1961年6月4—5日胡適與胡頌平討論《陽明山會談》、《暗殺宋教仁案的要犯洪述祖》等文,相關內容可參閱胡頌平編著《胡適之先生晚年談話錄》(臺北,聯經,1984)頁191、192。

2572 新時代/毛子水主編. ——臺北:新時代雜誌社

1961:Vol. 1, No. 11

60頁:圖,表;27厘米

HSMH(HS-N21F3-082)

2573 新聞天地/新聞天地社編. ——香港:新聞出版社

1955:No. 387

27頁:圖;26厘米

HSMH(HS-N21F2-063)

附注:

題記:封面有英文藍筆注記:"Dr. Hu Page 6 has an artice on Hu Feng. LC Wang."

批注圈劃:頁6胡秋原《毛澤東要殺胡風嗎(上)》一文有胡適的紅、藍筆校改與圈劃,參見館藏號:HS-US01-059-011。

2574 **新聞天地**/新聞天地社編.——香港：新聞天地社

    1955：No. 388

    27 頁：圖；26 厘米

    HSMH（HS-N21F2-064）

    附注：

        其他：收錄胡秋原《毛澤東要殺胡風嗎（下）》一文，參見館藏號：HS-US01-059-012。

2575 **新聞天地**/新聞天地社編.——香港：新聞天地社

    1959：No. 578

    27 頁；26 厘米

    HSMH（HS-N21F2-065）

    附注：

        批注圈劃：(1)頁3有紅筆圈劃。(2)頁16收錄方外人《雷震出庭應訊》一文有紅筆圈劃。

2576 **新聞天地**/新聞天地社編.——香港：新聞天地社

    1960：No. 627

    34 頁：圖；26 厘米

    HSMH（HS-N21F2-066）

    附注：

        批注圈劃：頁3目錄有紅筆劃綫。

        與胡適的關係：收錄尤比《胡適動態各方矚目》一文，可參見館藏號：HS-NK01-321-004。

2577 **新亞洲**/編者不詳.——香港：新亞洲報導社

    1961：No. 70

    46 頁：圖；26 厘米

    HSMH（HS-N21F4-008）

    附注：

其他:月刊。

2578 新中國評論/"新中國評論社編輯委員會"編輯. ——臺北:"新中國評論社"

1961:Vol. 21, No. 4

24 頁;26 厘米

HSMH(HS-N21F3-075)

附注:

其他:月刊。

2579 新中國評論/"新中國評論社編輯委員會"編輯. ——臺北:"新中國評論社"

1961:Vol. 21, No. 5

28 頁;26 厘米

HSMH(HS-N21F3-076)

附注:

其他:月刊。

2580 醒獅/"中國青年黨中央黨部"編. ——臺北:"中國青年黨中央黨部"

1960:No. 16

18 頁;26 厘米

HSMH(HS-N21F2-089)

附注:

與胡適的關係:收錄李耀宇《由胡適打倒孔家店說起》一文。

其他:復刊第 16 期。

2581 刑事科學/編者不詳. ——臺北:刑事科學社

1960:No. 1

2,77 頁;21 厘米

HSMH(HS-N21F4-084)

附注:

題記:封面有胡適的綠筆題記:"俞叔平先生贈胡適。"

批注圈劃:頁 2—4,17,19,20,31,32,35 有胡適的紅、綠筆校改與圈劃。

其他:(1)季刊。(2)創刊號。

2582 刑事科學/編者不詳.——臺北:刑事科學社

1961:No. 3

100 頁;21 厘米

HSMH(HS-N21F4-085)

附注:

其他:季刊。

2583 刑事科學/編者不詳.——臺北:刑事科學社

1961:No. 4

56 頁;21 厘米

HSMH(HS-N21F4-086)

附注:

其他:季刊。

2584 學粹/學粹雜誌編輯委員會主編.——臺北:學粹雜誌社

1960:Vol. 2, No. 5

27 頁;26 厘米

HSMH(HS-N21F4-026)

附注:

與胡適的關係:收錄社論《胡適之先生思想已轉嚮中國傳統人文主義及理性主義乎?》一文。

2585 學粹/學粹雜誌編輯委員會主編.——臺北:學粹雜誌社

1961:Vol. 4, No. 1

26 頁:圖;26 厘米

HSMH(HS-N21F4-027)

附注:

與胡適的關係:收錄社論《評胡適院長侮辱中華民族之言論》一文。

其他:《評胡適院長侮辱中華民族之言論》一文有紅筆劃綫,應非胡適筆迹。

2586 學知月刊/鍾勳主編. —— 臺北：學知月刊社

1960：Vol. 1, No. 5

28 頁：圖；26 厘米

HSMH（HS-N21F2-060）

附注：

印章：封面鈐有"董占魁印"朱文方印。

題記：封面有董占魁手寫題贈字樣及劃綫。

批注圈劃：頁 8 有藍筆劃綫。

其他：封面及頁 8 均已轉成影像檔，參見館藏號：HS-NK01-182-016。

2587 薰風/薰風月刊編輯委員會編輯. —— 臺北：薰風月刊社

1960：Vol. 1, No. 1, 2, 4—6

30 頁：圖；26 厘米

HSMH（HS-N21F3-001, HS-N21F3-002,（HS-N21F3-004，HS-N21F3-005, HS-N21F3-006）

2588 薰風/薰風月刊編輯委員會編輯. —— 臺北：薰風月刊社

1960：Vol. 1, No. 3

31 頁：圖；26 厘米

HSMH（HS-N21F3-003）

2589 薰風/薰風月刊編輯委員會編輯. —— 臺北：薰風月刊社

1961：Vol. 1, No. 7

34 頁：圖；26 厘米

HSMH（HS-N21F3-007）

2590 薰風/薰風月刊編輯委員會編輯. —— 臺北：薰風月刊社

1961：Vol. 1, No. 8

30 頁：圖；26 厘米

HSMH（HS-N21F3-008）

2591 薰風／薰風月刊編輯委員會編輯.——臺北：薰風月刊社

　　1961：Vol. 2, No. 1, 4, 5

　　38頁：圖；26厘米

　　HSMH（HS-N21F3-009, HS-N21F3-010, HS-N21F3-011）

2592 鹽業通訊／編者不詳.——臺南：臺灣製鹽總廠

　　1953：No. 26

　　26頁：表；26厘米

　　HSMH（HS-N21F4-074）

　　附註：

　　　批註圈劃：館藏二冊封面"第二十六期要目"周維亮《胡鐵花之台鹽治績》一文有紅筆圈點。

　　　相關記載：有1960年6月22日周維亮致胡適贈書信函1封，原信參見館藏號：HS-NK05-043-019。

　　　其他：館藏二冊周維亮《胡鐵花之臺鹽治績——齾海述林之十五》一文，均有黑筆校改，非胡適的筆迹。

2593 鹽業通訊／編者不詳.——臺南：臺灣製鹽總廠

　　1958：No. 86

　　26頁：表；26厘米

　　HSMH（HS-N21F4-075）

　　附註：

　　　印章：封面鈐有"盧嘉興"朱文圓印。

　　　題記：封面有手寫藍筆題贈："適公院座賜閱教正 晚盧嘉興謹呈 47. 11. 22。"

2594 醫界春秋／醫界春秋社編輯委員會編輯.——臺北：醫界春秋社

　　1959：Vol. 1, No. 6

　　23頁：圖；26厘米

HSMH（HS-N21F4-020）

附注：

　　印章：封面蓋有"贈閱"印戳。

　　與胡適的關係：收錄陳顯輝《國醫治愈胡適博士的糖尿病——錄"秋室研經圖跋"》一文。

2595 展望／展望雜誌社編．——香港：自聯出版社

　　1959：No. 2

　　27 頁：圖；26 厘米

　　HSMH（HS-N21F3-111）

　　附注：

　　　　批注圈劃：《擁護胡適做總統》一文有紅筆劃綫。

　　　　與胡適的關係：收錄鍾正華《擁護胡適做總統》一文，參見館藏號：HS-NK01-322-040。

　　　　其他：月刊。

2596 展望／展望雜誌編輯委員會編輯．——香港：自聯出版社

　　1961：No. 9，11

　　27 頁；26 厘米

　　HSMH（HS-N21F3-112，HS-N21F3-113）

　　附注：

　　　　其他：月刊。

2597 政治導論／"政治導論編輯委員會"編輯．——臺中："政治導論社"

　　1959：Vol. 1，No. 8

　　28 頁；26 厘米

　　HSMH（HS-N21F4-021）

　　附注：

　　　　其他：月刊。

2598 政治評論／"政治評論編輯委員會"編輯．——臺北："政治評論社"

1959：Vol. 2, No. 4, 6—8

32 頁；26 厘米

HSMH（HS-N21F3-039, HS-N21F3-040, HS-N21F3-041, HS-N21F3-042）

附注：

 其他：半月刊。

2599 **政治評論**/"政治評論編輯委員會"編輯. ——臺北："政治評論社"

 1961：Vol. 7, No. 8

 32 頁；26 厘米

 HSMH（HS-N21F3-043）

 附注：

  與胡適的關係：收錄社論《論胡適對於東西文明的評價》一文。

  其他：半月刊。

2600 **中國考古學報**/李濟等編輯. ——上海：商務印書館

 1948：Vol. 3

 265 頁，圖版[24]頁：表；26 厘米

 HSMH（HS-N02F6-028）

 附注：

  印章：鈐有"胡適的書"朱文方印。

  批注圈劃：封面有胡適的紅筆注記。

  其他：(1)不定期期刊。(2)其他題名"田野考古報名"。

2601 **中國圖書館學會會報**/"中國圖書館學會會報編輯委員會"編輯. ——臺北："中國圖書館學會"

 1961：No. 12

 36 頁：表；27 厘米

 HSMH（HS-N21F2-011）

2602 **中國圖書館學會會報**/"中國圖書館學會會報編輯委員會"編. ——臺北："中

國圖書館學會"

1954—1961：No. 1—12

1 冊：圖，表；25 厘米

HSMH（HS-N17F3-012）

附註：

 與胡適的關係：第 4 期刊登《胡適之先生來函》一文（1954-09-30）。

 其他：精裝。

2603 中國文藝協會會務通訊/"中國文藝協會"編. ——臺北："中國文藝協會"

1958：No. 20

32 頁；19 厘米

HSMH（HS-N21F4-093）

附註：

 與胡適的關係：收錄胡適《中國文藝復興運動》一文，爲 1958 年 5 月 4 日下午 3 時在"中國文藝協會"第八週年大會中講演全文。

 相關記載：《中國文藝復興運動》一文亦單獨編印成冊，館藏 6 冊，藏書編號：N18F5-001，已轉製成影像檔，參見館藏號：HS-NK05-182-003。

2604 中國憲法學會年刊/"中國憲法學會年刊編輯委員會"編. ——臺北："中國出版社臺灣分社"

1959：No. 6,7

44 頁；27 厘米

HSMH（HS-N18F1-016）

附註：

 其他：合刊本。

2605 中國語文/"中國語文學會"編. ——臺北："中國語文出版社"

1958：Vol. 3, No. 6

98 頁：圖；18 厘米

HSMH（HS-N18F3-040）

附註：

印章:鈐有"胡適的書"朱文方印。

2606 中國語文/"中國語文學會"編輯.——臺北:"中國語文出版社"

1960:Vol. 7, No. 5

100 頁;18 厘米

HSMH(HS-N21F4-092)

附注:

批注圈劃:李辰冬《關於紅樓夢原本的問題》一文,頁 9 有胡適的紅筆劃綫。

其他:月刊。

2607 中華農學會報/"中華農學會"編.——臺北:"中華農學會"

1958:No. 24

172 頁:圖,表;26 厘米

HSMH(HS-N18F5-021)

附注:

印章:鈐有"胡適的書"朱文方印。

2608 中美月刊/編者不詳.——臺北:"中美月刊社"

1960:Vol. 5, No. 5

[20]頁:圖;26 厘米

HSMH(HS-N21F4-025)

附注:

與胡適的關係:收錄余鵬《致胡適之先生的一封信——論裁軍、復員與民主》一文。

其他:中、英文對照。

2609 中外建設/編者不詳.——高雄:"中外建設雜誌社"

1961:No. 22

22 頁:圖;26 厘米

HSMH(HS-N21F4-022)

附注：

與胡適的關係：(1)收錄杜東方《爲胡適之悲！爲之哀！》一文。(2)收錄《論胡適對於東西文明的評價》一文。

其他：周刊。

2610 中央研究院植物學彙刊/"中央研究院"植物研究所編.——臺北："中央研究院"植物研究所

1960：Vol. 1, No. 1

108 頁：圖，表；26 厘米

HSMH（HS-N18F5-018）

附注：

印章：封底蓋有"請交換"印戳，鈐有"胡適的書"朱文方印。

2611 中央研究院植物學彙刊/"中央研究院"植物研究所編.——臺北："中央研究院"植物研究所

1961：Vol. 2, No. 2

141 頁：圖；26 厘米

HSMH（HS-N18F5-019）

2612 中藝/編者不詳.——臺北：中藝月刊社

1961：No. 1

20 頁；26 厘米

HSMH（HS-N21F4-041）

2613 自由人/編者不詳.——香港："自由人報社"

1958：Vol. 15

1 冊；39 厘米

HSMH（HS-N21F2-001）

附注：

題記：封面有毛筆題贈："敬贈適公賜閱 四八。"

與胡適的關係：(1)第 740 期(1958 年 4 月 9 日)收錄馬五先生(雷嘯岑)

《斯文掃地》一文,提及《胡適與國運》一書。(2)第 743 期(1958 年 4 月 19 日)收錄陳紀瀅《寄望於胡適之先生者(上)》一文。(3)第 744 期(1958 年 4 月 23 日)收錄陳紀瀅《寄望於胡適之先生者(續上期)》一文。(4)第 746 期(1958 年 4 月 30 日)收錄杜蘅之《胡適與台灣》一文。(5)第 747 期(1958 年 5 月 3 日)收錄雅斯《從孔子到胡適——不是從胡適到孔子》一文。(6)第 749 期(1958 年 5 月 10 日)收錄劍聲《胡適在台言論片段》、胡玉《活躍在五四紀念中的文藝界——胡適作了長達兩小時的演說》等文。(7)第 750 期(1958 年 5 月 14 日)收錄杜蘅之《人性與自由——再論胡適與臺灣》一文。(8)第 752 期(1958 年 5 月 21 日)收錄歸去來《怪書之謎揭開:胡適與國運原來如此(上)》一文。(9)第 753 期(1958 年 5 月 24 日)收錄歸去來《怪書之謎揭開:胡適與國運原來如此(下)》一文。(10)第 763 期(1958 年 6 月 28 日)收錄左舜生《胡適之臨別贈言》一文。

相關記載:1960 年 3 月 10 日胡適與雷嘯岑談起"自由人"文章,見《胡適之先生晚年談話錄》(臺北:聯經,1984)頁 52。

其他:1958 年 1—6 月合訂本。

2614 **自由人**/編者不詳. ——香港:"自由人報社"

1958:Vol. 16

1 冊;39 厘米

HSMH(HS-N21F2-002)

附注:

題記:封面有毛筆題贈:"敬贈適公賜閱 四八。"

與胡適的關係:(1)第 766 期(1958 年 7 月 9 日)收錄慶光《胡適台灣行追記》一文。(2)第 774 期(1958 年 8 月 6 日)收錄陳永明《慨談一件事——關于胡適之先生的》一文。(3)第 802 期(1958 年 11 月 12 日)收錄鮑家琳《從中共清算"胡適思想"說起》一文。

相關記載:1960 年 3 月 10 日胡適與雷嘯岑談起"自由人"文章,見《胡適之先生晚年談話錄》(臺北:聯經,1984)頁 52。

其他:1958 年 7—12 月合訂本。

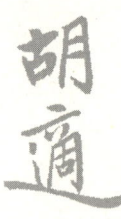

2615 自由太平洋/"自由太平洋月刊社"編.——西貢:"自由太平洋月刊社"

1957:No. 1—12

1冊:圖;26厘米

HSMH(HS-N12F3-031)

附注:

 印章:鈐有"牛若望印"朱文方印、"雷震遠印"白文方印。

 題記:扉頁有毛筆題贈:"胡適先生惠存 牛若望雷震遠敬贈。"

 夾紙:夾信封殘片1張,上有藍筆注記:"己復謝 四九,六,十。"

 其他:(1)精裝。(2)1957年1—12月合訂本。

2616 自由太平洋/"自由太平洋編輯委員會"主編.——西貢:"自由太平洋月刊社"

1958:No. 1—12

1冊:圖;26厘米

HSMH(HS-N12F3-032)

附注:

 印章:鈐有"牛若望印"朱文方印、"雷震遠印"白文方印。

 題記:扉頁有毛筆題贈:"胡適先生惠存 牛若望雷震遠敬贈。"

 夾紙:夾信封殘片1張。

 其他:(1)精裝。(2)1958年1—12月合訂本。

2617 自由談/"自由談雜誌社"編.——臺北:"自由談雜誌社"

1960:Vol. 11, No. 4

74頁:圖;26厘米

HSMH(HS-N21F2-059)

附注:

 夾紙:頁26原夾有胡適手寫紙1張,注記:"陳香梅女士的小說集要我寫短序,交章君穀。"參見館藏號:HS-NK01-029-001。

 與胡適的關係:頁43印有胡適手題"施植之先生早年回憶錄"。

2618 自由亞洲/"自由亞洲編輯委員會"編輯.——臺北:"自由亞洲社"

1961：Vol. 12，No. 17

20 頁；26 厘米

HSMH（HS-N21F4-028）

附注：

其他：(1)半月刊。(2)第十二年第十七期。

2619 **自由陣綫**/編者不詳．——九龍："自由陣綫社"

1955：Vol. 22，No. 1

26 頁：圖；26 厘米

HSMH（HS-N21F2-091）

附注：

批注圈劃：(1)封面有紅筆圈點。(2)頁 5 原收錄景叙《胡風的謬論》，已被剪下，另行貼置在頁 8，並有胡適的紅筆圈劃，參見館藏號：HS-US01-058-032。(3)金達凱《論"胡風問題"》一文，有胡適的紅、藍筆劃綫及校改，參見館藏號：HS-US01-058-024。

摺頁：頁 11 有摺角一處。

其他：頁 19 原收錄《論"胡風問題"》一文後半部分，已被剪下，另行貼置在頁 11。

2620 **自由陣綫**/編者不詳．——九龍："自由陣綫社"

1955：Vol. 23，No. 2

26 頁：圖；26 厘米

HSMH（HS-N21F2-092）

附注：

批注圈劃：景叙《他們幹些甚麼?》一文，有胡適的紅、藍筆校改與圈劃，參見館藏號：HS-US01-059-003。

2621 **自由陣綫**/編者不詳．——九龍："自由陣綫社"

1955：Vol. 23，No. 3

26 頁：圖；26 厘米

HSMH（HS-N21F2-093）

附注：

批注圈劃：(1)清平《胡風派——中國共產教的異端》，有胡適的紅筆劃綫與校改，參見館藏號：HS-US01-059-019。(2)金達凱《胡風事件的歸趨》一文，有胡適的紅筆劃綫圈點與藍筆英文注記，參見館藏號：HS-US01-059-004。

2622 自由陣綫／編者不詳．——九龍："自由陣綫社"

1955：Vol. 23, No. 6

26 頁：圖；26 厘米

HSMH（HS-N21F2-094）

附注：

批注圈劃：景叙《他們幹些什麼?》一文，有胡適的紅筆圈劃，參見館藏號：HS-US01-059-008。

2623 自由陣綫／編者不詳．——九龍："自由陣綫社"

1955：Vol. 23, No. 7

26 頁：圖；26 厘米

HSMH（HS-N21F2-095）

附注：

批注圈劃：屈不平《胡風是怎樣被殘害的?》、景叙《他們幹些什麼?》等文，有胡適的紅、藍筆注記與劃綫，參見館藏號：HS-US01-059-010。

2624 自由中國／"自由中國編輯委員會"主編．——香港："自由中國社"

1950：Vol. 3, No. 10

44 頁；26 厘米

HSMH（HS-N21F2-021）

附注：

與胡適的關係：收錄胡適《史達林雄圖下的中國》一文，館藏一冊有胡適的黑筆圈點及校正，參見館藏號：HS-NK05-181-004。

其他：香港航空版。

2625 自由中國/"自由中國編輯委員會"主編. ——臺北:"自由中國社"

1951:Vol. 4,No. 11

32 頁;26 厘米

HSMH(HS-N21F2-022)

附注:

印章:封面有胡適的藍筆簽名"適之"。

批注圈劃:(1)社論《政府不可誘民入罪》一文,有胡適的藍筆劃綫,參見館藏號:HS-US01-100-018;胡適為此期社論請辭"發行人"的銜名,可參考胡適致雷震函,館藏號:HS-LC01-001-013。(2)《選舉中的政黨與人民》一文,有胡適的黑筆劃綫,參見館藏號:HS-US01-100-018。

2626 自由中國/"自由中國編輯委員會"主編. ——臺北:"自由中國社"

1951:Vol. 4,No. 12

32 頁;26 厘米

HSMH(HS-N21F2-023)

附注:

印章:封面有胡適的藍筆簽名"適之"。

批注圈劃:(1)社論《再論經濟管制的措施》一文,有胡適的藍筆劃綫,參見館藏號:HS-US01-100-019。(2)李念嚴《陳獨秀與陳炯明》、海光《怎樣擊敗俄國》等文,有胡適的黑筆注記及劃綫,參見館藏號:HS-US01-100-019。

2627 自由中國/"自由中國編輯委員會"主編. ——臺北:"自由中國社"

1951:Vol. 5,No. 1

40 頁;26 厘米

HSMH(HS-N21F2-024)

2628 自由中國/"自由中國編輯委員會"主編. ——臺北:"自由中國社"

1951:Vol. 5,No. 4

32 頁:表;26 厘米

HSMH(HS-N21F2-025)

2629 自由中國/"自由中國編輯委員會"主編. ——臺北:"自由中國社"

1951:Vol. 5, No. 5

32 頁;26 厘米

HSMH(HS-N21F2-026)

附注:

印章:封面有胡適的藍筆簽名"適之"。

與胡適的關係:(1)收錄胡適《致本社的一封信》一文,寫於 1951 年 8 月 11 日,向雷震請辭"發行人"的銜名,本文有胡適的朱筆校改,參見館藏號:HS-US01-100-022。(2)收錄胡適《十年來中美關係急趨惡化的原委》一文,參見館藏號:HS-US01-100-022。

2630 自由中國/"自由中國編輯委員會"主編. ——臺北:"自由中國社"

1951:Vol. 5, No. 6

32 頁;26 厘米

HSMH(HS-N21F2-027)

附注:

與胡適的關係:收錄陳誠《陳院長致胡適之先生函》一文,爲回應胡適於 1951 年 8 月 11 日致"自由中國社"請辭發行人事(參見館藏號:HS-US01-100-022),參見館藏號:HS-US01-100-023。

2631 自由中國/"自由中國編輯委員會"主編. ——臺北:"自由中國社"

1951:Vol. 5, No. 7

32 頁:表;26 厘米

HSMH(HS-N21F2-028)

2632 自由中國/"自由中國編輯委員會"主編. ——臺北:"自由中國社"

1955:Vol. 12, No. 7

4+頁;26 厘米

HSMH(HS-N21F2-029)

附注:

與胡適的關係:收錄胡適《寧鳴而死,不默而生》一文。

其他:館藏不全,頁4以後佚失。

2633 自由中國/"自由中國編輯委員會"主編.——臺北:"自由中國社"

1955:Vol. 13,No. 4

32 頁;26 厘米

HSMH(HS-N21F2-030)

附注:

批注圈劃:趙世洞《談今日英國的大學》、沈秉文《胡風事件的總透視》、陳之藩《鐘聲的召喚》等文有胡適的紅筆注記、校改與劃綫。

2634 自由中國/"自由中國編輯委員會"主編.——臺北:"自由中國社"

1957:Vol. 16,No. 4

34 頁;26 厘米

HSMH(HS-N21F2-031)

附注:

其他:再版。

2635 自由中國/"自由中國編輯委員會"主編.——臺北:"自由中國社"

1957:Vol. 17,No. 8

32 頁;26 厘米

HSMH(HS-N21F2-032)

附注:

批注圈劃:封面有胡適的黑筆圈點。

與胡適的關係:收錄社論《讀胡適先生在聯大的演説》一文。

2636 自由中國/"自由中國編輯委員會"主編.——臺北:"自由中國社"

1958:Vol. 19,No. 9

32 頁;26 厘米

HSMH(HS-N21F2-033)

附注:

印章：頁3鈐有"胡適的書"朱文方印。

與胡適的關係：收錄金承藝《讓胡適牽著鼻子走是好漢嗎?》一文。

其他：再版。

2637 自由中國/"自由中國編輯委員會"主編. ——臺北："自由中國社"
1958：Vol. 19, No. 11
34 頁；26 厘米
HSMH（HS-N21F2-034）
附注：
其他：封面印有"世界人權宣言十週年紀念特刊"。

2638 自由中國/"自由中國編輯委員會"主編. ——臺北："自由中國社"
1958：Vol. 19, No. 12
32 頁；26 厘米
HSMH（HS-N21F2-035）
附注：
批注圈劃：(1)《蔡元培先生對我國教育的貢獻》一文偶有胡適的綠筆劃綫及注記。(2)《國是問題與出版法——"亞洲畫報"六十四期讀後感》一文偶有胡適的紅筆劃綫。(3)嚴明《紅樓夢後四十回的考證問題（上）——對林語堂先生的翻案提出商榷》一文有胡適的紅、綠筆校改與圈劃。
相關記載：1959年1月4日有嚴明致胡適函，説明對林語堂論説《紅樓夢》後四十回的考證問題不能心服，參見館藏號：HS-NK01-165-001。

2639 自由中國/"自由中國編輯委員會"主編. ——臺北："自由中國社"
1959：Vol. 20, No. 1
44 頁；26 厘米
HSMH（HS-N21F2-036）
附注：
印章：館藏一册封面蓋有"贈閲"印戳。
與胡適的關係：收錄胡適《關於言論自由和反共救國會議——四十七年

十二月二十二日在臺北民主潮社講演》一文。

相關記載：收錄嚴明《紅樓夢後四十回的考證問題（下）——對林語堂先生的翻案提出商榷》一文，有1959年1月4日嚴明致胡適函，說明對林語堂論說《紅樓夢》後四十回的考證問題不能心服，參見館藏號：HS-NK01-165-001。

其他：封面印有"民國四十八年新年特刊"。

2640 **自由中國**/"自由中國編輯委員會"主編. ——臺北："自由中國社"

  1959：Vol. 20，No. 2

  32 頁；26 厘米

  HSMH（HS-N21F2-037）

  附注：

  批注圈劃：(1)館藏一冊封面有紅筆劃記；另一冊封面有黑筆圈點。(2)館藏一冊多處有胡適的紅、綠筆劃綫。

  其他：館藏3冊。

2641 **自由中國**/"自由中國編輯委員會"主編. ——臺北："自由中國社"

  1959：Vol. 20，No. 3

  32 頁；26 厘米

  HSMH（HS-N21F2-038）

  附注：

  批注圈劃：(1)封面有紅筆劃記。(2)社論《從韓國政爭看我國的民主運動》、《各級法院應不應該隸屬於司法院》、《何必"逼上梁山"啊！——國民黨爲何開除省議員許世賢等黨籍》等文有胡適的紅、綠筆注記與劃綫。

2642 **自由中國**/"自由中國編輯委員會"主編. ——臺北："自由中國社"

  1959：Vol. 20，No. 5

  32 頁；26 厘米

  HSMH（HS-N21F2-039）

2643 **自由中國**/"自由中國編輯委員會"主編. ——臺北："自由中國社"

1959：Vol. 20, No. 6

32 頁；26 厘米

HSMH（HS-N21F2-040）

附注：

  與胡適的關係：收錄胡適《容忍與自由》一文。

2644 自由中國/"自由中國編輯委員會"主編.——臺北："自由中國社"

  1959：Vol. 20, No. 7

  32 頁；26 厘米

  HSMH（HS-N21F2-041）

  附注：

    與胡適的關係：(1)收錄胡適《給本社編輯委員會一封信》一文。(2)收錄毛子水《"容忍與自由"書後》一文。(3)收錄殷海光《胡適論"容忍與自由"讀後》一文。

2645 自由中國/"自由中國編輯委員會"主編.——臺北："自由中國社"

  1959：Vol. 20, No. 9

  32 頁；26 厘米

  HSMH（HS-N21F2-042）

  附注：

    與胡適的關係：收錄殷海光《胡適與國運》一文。

2646 自由中國/"自由中國編輯委員會"主編.——臺北："自由中國社"

  1959：Vol. 20, No. 10

  32 頁；26 厘米

  HSMH（HS-N21F2-043）

2647 自由中國/"自由中國編輯委員會"主編.——臺北："自由中國社"

  1959：Vol. 20, No. 11

  32 頁；26 厘米

  HSMH（HS-N21F2-044）

附注：

　　批注圈劃:封面目錄"教師與'窮'！"有黑筆圈點。

2648　自由中國/"自由中國編輯委員會"主編.——臺北："自由中國社"

　　1959：Vol. 21，No. 1

　　32 頁；26 厘米

　　HSMH（HS-N21F2-045）

　　附注：

　　　批注圈劃:館藏一冊封面右下側有黑筆手寫"王"，並在胡適《論初唐盛唐還沒有雕板書》、《籌安會的醜劇》等文有紅筆劃綫及注記,紅筆褪色嚴重,應非胡適親筆。

　　　與胡適的關係:收錄胡適《論初唐盛唐還沒有雕板書》一文。

2649　自由中國/"自由中國編輯委員會"主編.——臺北："自由中國社"

　　1959：Vol. 21，No. 2

　　32 頁；26 厘米

　　HSMH（HS-N21F2-046）

　　附注：

　　　批注圈劃:封面目錄"請代向監察委員先生們呼籲"有黑筆圈點。

2650　自由中國/"自由中國編輯委員會"主編.——臺北："自由中國社"

　　1959：Vol. 21，No. 4

　　32 頁；26 厘米

　　HSMH（HS-N21F2-047）

　　附注：

　　　與胡適的關係:收錄胡適《杜威在中國》一文。

2651　自由中國/"自由中國編輯委員會"主編.——臺北："自由中國社"

　　1959：Vol. 21，No. 10

　　46 頁；26 厘米

　　HSMH（HS-N21F2-048）

附注：

與胡適的關係：收錄胡適《記美國醫學教育與大學教育的改造者弗勒斯納先生——Abraham Flexner（1866—1959）》一文。

其他：封面印有"刱刊十週年紀念特刊"。

2652 自由中國/"自由中國編輯委員會"主編. ——臺北："自由中國社"

1959：Vol. 21，No. 10

46 頁；26 厘米

HSMH（HS-N21F2-049）

附注：

批注圈劃：《記民五黃克強致黃膺白的一封信》一文有胡適的紅筆劃綫。

與胡適的關係：收錄胡適《記美國醫學教育與大學教育的改造者弗勒斯納先生——Abraham Flexner（1866—1959）》一文。

其他：（1）封面印有"刱刊十週年紀念特刊"。（2）3 版。

2653 自由中國/"自由中國編輯委員會"主編. ——臺北："自由中國社"

1959：Vol. 21，No. 11

32 頁；26 厘米

HSMH（HS-N21F2-050）

附注：

與胡適的關係：收錄胡適講、楊欣泉記《"容忍與自由"——"自由中國"十週年紀念會上講詞》一文。

2654 自由中國/"自由中國編輯委員會"主編. ——臺北："自由中國社"

1959：Vol. 21，No. 12

32 頁；26 厘米

HSMH（HS-N21F2-051）

附注：

批注圈劃：館藏一冊封面目錄"介紹一本值得當代青年一讀的書"有黑筆圈點。

與胡適的關係：收錄胡適《虛雲和尚年譜討論》一文。

2655 **自由中國**/"自由中國編輯委員會"主編. ——臺北:"自由中國社"

1960:Vol. 22, No. 1

44 頁;26 厘米

HSMH(HS-N21F2-052)

附注:

其他:封面印有"民國四十九年新年特刊"。

2656 **自由中國**/"自由中國編輯委員會"主編. ——臺北:"自由中國社"

1960:Vol. 22, No. 9;Vol. 23, No. 3, 4, 5

32 頁;26 厘米

HSMH(HS-N21F2-053,HS-N21F2-054,HS-N21F2-055,HS-N21F2-056)

2657 **自由中國**/"自由中國編輯委員會"編. ——臺北:"自由中國社"

1955:Vol. 1

424 頁;25 厘米

HSMH(HS-N12F3-001)

附注:

印章:鈐有"胡適的書"朱文方印。

與胡適的關係:(1)第 1 卷第 1 期收錄胡適《"自由中國"的宗旨》、《民主與極權的衝突》等文。(2)第 2 卷第 3 期收錄胡適《共產黨統治下決沒有自由——跋所謂"陳垣給胡適的一封公開信"》一文。(3)第 2 卷第 5 期收錄雷震遠《致爲自由而戰的胡適博士》一文。

其他:(1)精裝。(2)第 1、2 卷合刊。(3)多期封面均刊載"發行人 胡適"字樣。(4)"自由中國"於 1949 年創刊,館藏第 1、2 卷合刊本封面所記裝訂時間爲 1955 年。

2658 **自由中國**/"自由中國編輯委員會"編. ——臺北:"自由中國社"

1950:Vol. 2

448 頁;25 厘米

HSMH（HS-N12F3-002）

附注：

印章：鈐有"胡適的書"朱文方印。

與胡適的關係：(1)第 3 卷第 9 期收錄毛子水《史達林怎樣攫取中國的大陸國土？——介紹胡適之先生的一篇關於現代史實的著作》一文。(2)第 3 卷第 10 期收錄胡適《史達林雄圖下的中國》一文。(3)第 3 卷第 11 期收錄李三思《紐約時報論胡適及其他》一文。

其他：(1)精裝。(2)爲合訂本第 2 集，第 3 卷第 1—12 期合刊。

2659 自由中國/"自由中國編輯委員會"編. ——臺北："自由中國社"

1951：Vol. 3

434 頁；25 厘米

HSMH（HS-N12F3-003）

附注：

印章：鈐有"胡適的書"朱文方印。

與胡適的關係：第 4 卷第 11 期收錄社論《政府不可誘民入罪》一文。

其他：(1)精裝。(2)爲合訂本第 3 集，第 4 卷第 1—12 期合刊。

2660 自由中國/"自由中國編輯委員會"編. ——臺北："自由中國社"

1952：Vol. 4

404 頁；25 厘米

HSMH（HS-N12F3-004）

附注：

印章：鈐有"胡適的書"朱文方印。

與胡適的關係：(1)第 5 卷第 5 期收錄胡適《致本社的一封信》、《十年來中美關係急趨惡化的原委》等文。(2)第 5 卷第 6 期收錄陳誠《陳院長致胡適之先生函》一文。(3)第 5 卷第 10 期收錄常思談、王約翰《從胡適之陳獨秀談起》一文。(4)第 5 卷第 11 期收錄吳相湘《"苦撐待變"與反共抗俄必勝信念》一文，附刊胡適的手寫墨迹影本二則。

其他：(1)精裝。(2)爲合訂本第 4 集，第 5 卷第 1—12 期合刊。

2661 自由中國/"自由中國編輯委員會"編.——臺北:"自由中國社"

　　1952:Vol. 5

　　396 頁;25 厘米

　　HSMH(HS-N12F3-005)

　　附注:

　　　印章:鈐有"胡適的書"朱文方印。

　　　與胡適的關係:第 6 卷第 1 期社論《學人蒙難,文化遭殃》一文,提及大陸學界"控訴胡適、批評自己"的情形。

　　　其他:(1)精裝。(2)爲合訂本第 5 集,第 6 卷第 1—12 期合刊。

2662 自由中國/"自由中國編輯委員會"編.——臺北:"自由中國社"

　　1953:Vol. 6

　　408 頁;25 厘米

　　HSMH(HS-N12F3-006)

　　附注:

　　　印章:鈐有"胡適的書"朱文方印。

　　　與胡適的關係:(1)第 7 卷第 11 期收錄《給讀者的報告》一文,提及胡適返臺情形。(2)第 7 卷第 12 期收錄《本刊創刊三週年紀念並歡迎胡適之先生寫真集錦》照片 5 張,胡適《"自由中國"雜誌三週年紀念會上致詞》、《國際形勢與中國前途——四十一年十一月卅日於臺北三軍球場演講詞》等文。

　　　其他:(1)精裝。(2)爲合訂本第 6 集,第 7 卷第 1—12 期合刊。

2663 自由中國/"自由中國編輯委員會"編.——臺北:"自由中國社"

　　1953:Vol. 7

　　404 頁;25 厘米

　　HSMH(HS-N12F3-007)

　　附注:

　　　印章:鈐有"胡適的書"朱文方印。

　　　與胡適的關係:(1)第 8 卷第 1 期收錄胡適《東亞的命運》一文、子強《爲胡適之先生有關文藝的談話進一解》一文。(2)第 8 卷第 3 期收錄胡適

《三百年來世界文化的趨勢與中國應採取的方向——四十二年一月三日下午三時在新竹演講》一文。(3)第 8 卷第 8 期收錄張敬《書刊評介:胡適言論集甲編》一文。

其他:(1)精裝。(2)爲合訂本第 7 集,第 8 卷第 1—12 期合刊。

2664 自由中國/"自由中國編輯委員會"編. ——臺北:"自由中國社"

1953:Vol. 8

394 頁;25 厘米

HSMH(HS-N12F3-008)

附注:

印章:鈐有"胡適的書"朱文方印。

與胡適的關係:(1)第 9 卷第 2 期收錄張起鈞《關於"胡適與白話文"一點感想》一文。(2)第 9 卷第 3 期收錄夏道平《書刊評介:胡適言論集(乙編)》一文。

其他:(1)精裝。(2)爲合訂本第 8 集,第 9 卷第 1—12 期合刊。

2665 自由中國/"自由中國編輯委員會"編. ——臺北:"自由中國社"

1954:Vol. 9

418 頁;25 厘米

HSMH(HS-N12F3-009)

附注:

印章:鈐有"胡適的書"朱文方印。

與胡適的關係:(1)第 10 卷第 1 期收錄胡適《追念吳稚暉先生》一文。(2)第 10 卷第 4 期收錄許思澄《提議徵召胡適之先生爲中華民國副總統》、朱伴耘《響應選舉胡適之先生爲副總統》、朱啟葆《我不贊成選胡適先生爲副總統》、龍運鈞《歡迎胡適之先生返國》等文。(3)第 10 卷第 6 期收錄胡適《從"到奴役之路"説起——在"自由中國社"歡迎茶會上講詞》一文。(4)第 10 卷第 7 期收錄胡適《中國古代政治思想史的一個看法》一文、鄭崇儒《讀者投書:讀胡朱兩先生文有感》一文。(5)第 10 卷第 11 期收錄尤光先《給胡適之先生的公開信》一文。(6)第 10 卷第 12 期收錄胡適《明清名賢百家書札真迹序》一文。

其他:(1)精裝。(2)爲合訂本第 9 集,第 10 卷第 1—12 期合刊。

2666 自由中國/"自由中國編輯委員會"編.——臺北:"自由中國社"

1955:Vol. 10

404 頁;25 厘米

HSMH(HS-N12F3-010)

附注:

印章:鈐有"胡適的書"朱文方印。

其他:(1)精裝。(2)爲合訂本第 10 集,第 11 卷第 1—12 期合刊。

2667 自由中國/"自由中國編輯委員會"編.——臺北:"自由中國社"

1955:Vol. 11

408 頁;25 厘米

HSMH(HS-N12F3-011)

附注:

印章:鈐有"胡適的書"朱文方印。

夾紙:第 12 卷第 3 期有夾紙 1 張。

與胡適的關係:(1)第 12 卷第 1 期收錄胡適《介紹一本最值得讀的自傳》一文。(2)第 12 卷第 3 期收錄社論《胡適思想爲什麽遭受中共嫉忌》一文。(3)第 12 卷第 7 期收錄胡適《"寧鳴而死,不默而生":九百年前范仲淹爭自由的名言》一文。

其他:(1)精裝。(2)爲合訂本第 11 集,第 12 卷第 1—12 期合刊。

2668 自由中國/"自由中國編輯委員會"編.——臺北:"自由中國社"

1956:Vol. 12

390 頁;25 厘米

HSMH(HS-N12F3-012)

附注:

印章:鈐有"胡適的書"朱文方印。

夾紙:第 13 卷第 4 期沈秉文《胡風事件的總透視》一文有夾紙 1 張。

其他:(1)精裝。(2)爲合訂本第 12 集,第 13 卷第 1—12 期合刊。

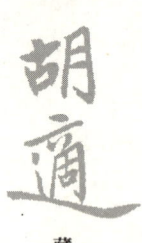

2669 自由中國/"自由中國編輯委員會"編.——臺北:"自由中國社"

1957:Vol. 13

402頁;25厘米

HSMH(HS-N12F3-013)

附注:

印章:鈐有"胡適的書"朱文方印。

與胡適的關係:(1)第14卷第8期收錄《胡適之先生的一封信》一文。(2)第14卷第9期收錄胡適《丁在君與徐霞客——"丁文江的傳記"之第九章》一文。

其他:(1)精裝。(2)爲合訂本第13集,第14卷第1—12期合刊。

2670 自由中國/"自由中國編輯委員會"編.——臺北:"自由中國社"

1957:Vol. 14

792頁;25厘米

HSMH(HS-N12F3-014)

附注:

印章:鈐有"胡適的書"朱文方印。

與胡適的關係:(1)第15卷第5期收錄胡適《丁文江留英紀實》一文。(2)第15卷第9期收錄胡適《述艾森豪總統的兩個故事給蔣總統祝壽》一文。

其他:(1)精裝。(2)爲合訂本第14集,第15卷第1—12期合刊。

2671 自由中國/"自由中國編輯委員會"編.——臺北:"自由中國社"

1957:Vol. 15

508頁;25厘米

HSMH(HS-N12F3-015)

附注:

印章:鈐有"胡適的書"朱文方印。

與胡適的關係:(1)第16卷第3期收錄余光中等九人《建議推胡適先生爲諾貝爾文學獎金候選人》一文。(2)第16卷第5期收錄李敖《從讀"胡適文存"說起》一文。

其他:(1)精裝。(2)爲合訂本第 15 集,第 16 卷第 1—12 期合刊。

2672 自由中國/"自由中國編輯委員會"編.——臺北:"自由中國社"

1958:Vol. 16

384 頁;25 厘米

HSMH(HS-N12F3-016)

附注:

印章:鈐有"胡適的書"朱文方印。

與胡適的關係:第 17 卷第 8 期收録社論《讀胡適先生在聯大的演說》一文。

其他:(1)精裝。(2)爲合訂本第 16 集,第 17 卷第 1—12 期合刊。

2673 自由中國/"自由中國編輯委員會"編.——臺北:"自由中國社"

1958:Vol. 17

396 頁;25 厘米

HSMH(HS-N12F3-017)

附注:

印章:鈐有"胡適的書"朱文方印。

夾紙:第 18 卷第 10 期有夾紙 1 張。

與胡適的關係:(1)第 18 卷第 8 期收録殷海光《請勿濫用"學術研究"之名》一文,提及新近出版的《胡適與國運》引起學界等若干人士的注意。(2)第 18 卷第 10 期收録殷海光《共黨爲什麼清算"胡適思想"?》一文。(3)第 18 卷第 11 期收録胡適演講《從爭取言論自由談到反對黨》一文。

其他:(1)精裝。(2)爲合訂本第 17 集,第 18 卷第 1—12 期合刊。

2674 自由中國/"自由中國編輯委員會"編.——臺北:"自由中國社"

1959:Vol. 18

390 頁;25 厘米

HSMH(HS-N12F3-018)

附注:

印章:鈐有"胡適的書"朱文方印。

夾紙:館藏一冊第 19 卷第 10 期有藍筆手寫夾紙 1 張。

與胡適的關係:(1)第 19 卷第 2 期收錄胡適《梁任公先生年譜長編初稿序》一文。(2)第 19 卷第 9 期收錄金承藝《讓胡適牽著鼻子走是好漢嗎?》一文。(3)第 19 卷第 10 期收錄劉家壁《討論"大膽假設、小心求證"之我見》一文。

其他:(1)精裝。(2)爲合訂本第 18 集,第 19 卷第 1—12 期合刊。

2675　自由中國/"自由中國編輯委員會"編. ——臺北:"自由中國社"

1959:Vol. 19

396 頁;25 厘米

HSMH(HS-N12F3-019)

附注:

印章:鈐有"胡適的書"朱文方印。

與胡適的關係:(1)第 20 卷第 1 期收錄胡適演講《關於言論自由和反共救國會議——四十七年十二月二十二日在臺北民主潮社講演》一文。(2)第 20 卷第 4 期收錄胡適《林肯一百五十年的生日紀念》一文。(3)第 20 卷第 6 期收錄胡適《容忍與自由》一文。(4)第 20 卷第 7 期收錄胡適《給本社編輯委員會一封信》一文、毛子水《"容忍與自由"書後》一文、殷海光《胡適論"容忍與自由"讀後》一文。(5)第 20 卷第 9 期收錄殷海光《胡適與國運》一文。

其他:(1)精裝。(2)爲合訂本第 19 集,第 20 卷第 1—12 期合刊。

2676　自由中國/"自由中國編輯委員會"編. ——臺北:"自由中國社"

1960:Vol. 20

398 頁;25 厘米

HSMH(HS-N12F3-020)

附注:

印章:鈐有"胡適的書"朱文方印。

批注圈劃:第 21 卷第 4 期《杜威在中國》一文偶有紅筆校改。

與胡適的關係:(1)第 21 卷第 1 期收錄胡適《論初唐盛唐還没有雕板書》

一文。(2) 第 21 卷第 4 期收錄胡適講演、夏道平譯《杜威在中國》一文。(3) 第 21 卷第 10 期收錄胡適《記美國醫學教育與大學教育的改造者弗勒斯納先生——Abraham Flexner(1866—1959)》一文。(4) 第 21 卷第 11 期收錄胡適講演《"容忍與自由"——"自由中國"十週年紀念會上講詞》一文。(5) 第 21 卷第 12 期收錄胡適《虛雲和尚年譜討論》一文。

其他：(1) 精裝。(2) 爲合訂本第 20 集，第 21 卷第 1—12 期合刊。

2677 **自由中國**/"自由中國編輯委員會"編. ——臺北："自由中國社"

1960：Vol. 21

396 頁；25 厘米

HSMH（HS-N12F3-021）

附注：

印章：鈐有"胡適的書"朱文方印。

與胡適的關係：第 22 卷第 6 期收錄胡適《赫爾回憶錄序》一文。

其他：(1) 精裝。(2) 爲合訂本第 21 集，第 22 卷第 1—12 期合刊。

2678 **自由中國**/"自由中國編輯委員會"編. ——臺北："自由中國社"

1960：Vol. 22

160 頁；25 厘米

HSMH（HS-N12F3-022）

附注：

印章：鈐有"胡適的書"朱文方印。

其他：(1) 精裝。(2) 爲合訂本第 22 集，第 23 卷第 1—5 期合刊。

2679 **祖國**/胡永祥主編. ——香港：祖國周刊社

1955：Vol. 10，No. 6

31 頁；26 厘米

HSMH（HS-N21F2-071）

附注：

批注圈劃：鄭學稼《中共文藝路綫下的寃魂(上)——回顧"野百合花事件"的經過及其意義》一文，有胡適的紅筆注記與劃綫，參見館藏號：HS-

US01-058-031。

2680 祖國/胡永祥主編. —— 香港：祖國周刊社
1955：Vol. 10, No. 7
31 頁；26 厘米
HSMH（HS-N21F2-072）
附注：
批注圈劃：(1)頁 4 目錄有鉛筆注記。(2)鄭學稼《中共文藝路綫下的冤魂(下)——回顧"野百合花事件"的經過及其意義》一文，有胡適的紅筆注記與劃綫，參見館藏號：HS-US01-059-001。

2681 祖國/胡永祥主編. —— 香港：祖國周刊社
1955：Vol. 11, No. 4
31 頁；26 厘米
HSMH（HS-N21F2-073）
附注：
批注圈劃：社論《所謂潘胡"反革命"事件》一文，有胡適的紅、藍筆注記與圈劃，參見館藏號：HS-US01-059-013。

2682 祖國/祖國周刊編輯委員會編輯. —— 香港：祖國周刊社
1957：Vol. 18, No. 8
31 頁；26 厘米
HSMH（HS-N21F2-074）
附注：
批注圈劃：頁 2, 3, 8—12 有胡適的紅、綠筆劃綫，參見館藏號：HS-US01-113-021。

2683 祖國/祖國周刊編輯委員會編輯. —— 香港：祖國周刊社
1957：Vol. 18, No. 9
31 頁；26 厘米
HSMH（HS-N21F2-075）

2684 祖國/祖國周刊編輯委員會編輯.——香港：祖國周刊社

1957：Vol. 19，No. 1

31 頁；26 厘米

HSMH（HS-N21F2-076）

附注：

批注圈劃：(1)封面目錄有紅筆圈點。(2)鄭學稼《從喜劇到悲劇(上)》、秦逖《剖視中共的整風運動》等文，均有胡適的紅筆注記、校改與圈劃，參見館藏號：HS-US01-113-023。

2685 祖國/祖國周刊編輯委員會編輯.——香港：祖國周刊社

1957：Vol. 19，No. 2

31 頁；26 厘米

HSMH（HS-N21F2-077）

附注：

批注圈劃：(1)封面目錄有紅筆圈點；頁 3 有紅筆劃綫。(2)龔勉仁《從餓死人事件看大陸春荒》、鄭學稼《從喜劇到悲劇(下)》等文，有胡適的紅、綠筆注記與劃綫，參見館藏號：HS-US01-114-001。

2686 祖國/祖國周刊編輯委員會編輯.——香港：祖國周刊社

1957：Vol. 19，No. 3

31 頁；26 厘米

HSMH（HS-N21F2-078）

附注：

批注圈劃：(1)封面目錄有紅筆圈點，頁 2 有紅筆劃綫。(2)社論《極權統治的週期震動》、《人心浮動、學潮澎拜》二文有胡適的紅筆劃綫及圈點，參見館藏號：HS-US01-114-002。

與胡適的關係：收錄殷海光《胡適思想與中國前途》、秦逖《"帶病延年"的民主黨派》二文，參見館藏號：HS-US01-114-002。

2687 祖國/祖國周刊編輯委員會編輯.——香港：祖國周刊社

1957：Vol. 19, No. 5

31 頁：圖；26 厘米

HSMH（HS-N21F2-079）

附注：

批注圈劃:(1)封面目錄有綠筆圈點。(2)鄭竹園《中共"鳴放"運動的總觀察》一文有胡適的綠、紅筆注記與圈劃,參見館藏號:HS-US01-114-003。

2688 祖國/祖國周刊編輯委員會編輯.——香港：祖國周刊社

1958：Vol. 22, No. 5

31 頁：圖；26 厘米

HSMH（HS-N21F2-080）

附注：

與胡適的關係:收錄燕雲飛《胡適在台點點滴滴(台北通訊)》一文,參見館藏號:HS-NK01-322-027。

2689 祖國/祖國周刊編輯委員會編輯.——香港：祖國周刊社

1958：Vol. 22, No. 7

31 頁；26 厘米

HSMH（HS-N21F2-081）

2690 祖國/祖國周刊編輯委員會編輯.——香港：祖國周刊社

1958：Vol. 22, No. 12

31 頁：圖；26 厘米

HSMH（HS-N21F2-082）

2691 祖國/祖國周刊編輯委員會編輯.——香港：祖國周刊社

1958：Vol. 24, No. 7

31 頁；26 厘米

HSMH（HS-N21F2-083）

附注：

印章:頁3鈐有"胡適的書"朱文方印。

　　與胡適的關係:收錄丁懿安《如何論事衡人？——讀"胡適與國運"後》一文。

2692　祖國/祖國周刊編輯委員會編輯.——香港:祖國周刊社

　　1961:Vol. 35, No. 8

　　23頁;26厘米

　　HSMH（HS-N21F2-084）

2693　祖國/祖國周刊編輯委員會編輯.——香港:祖國周刊社

　　1961:Vol. 35, No. 13

　　23頁;26厘米

　　HSMH（HS-N21F2-085）

2694　祖國/祖國周刊編輯委員會編輯.——香港:祖國周刊社

　　1961:Vol. 36, No. 2

　　23頁;26厘米

　　HSMH（HS-N21F2-086）

　　附注:

　　　批注圈劃:封底有鉛筆劃記。

2695　祖國/祖國周刊編輯委員會編輯.——香港:祖國周刊社

　　1961:Vol. 36, No. 4

　　23頁;摺圖;26厘米

　　HSMH（HS-N21F2-087）

　　附注:

　　　批注圈劃:封底有鉛筆劃記。

　　　其他:封面及封底各重複1頁。

2696　祖國/祖國周刊編輯委員會編輯.——香港:祖國周刊社

　　1961:Vol. 36, No. 5

　　23頁；26厘米

　　HSMH（HS-N21F2-088）

　　附注：

　　　　批注圈劃：封底有鉛、藍筆劃記。

2697 作品/編者不詳.——臺北：作品雜誌社

　　1960：Vol. 1, No. 11

　　74頁：圖；26厘米

　　HSMH（HS-N21F3-083）

　　附注：

　　　　與胡適的關係：封面書名係胡適所題簽。

　　　　其他：(1)月刊。(2)1960年11月號。

2698 作品/編者不詳.——臺北：作品雜誌社

　　1960：Vol. 1, No. 12

　　74頁：圖；26厘米

　　HSMH（HS-N21F3-084）

　　附注：

　　　　與胡適的關係：(1)封面書名係胡適所題簽。(2)收錄胡適《詹天佑年譜序》一文，原稿參見館藏號：HS-NK04-004-001。

　　　　相關記載：《詹天佑年譜序》一文爲胡適於1960年11月19日所作，亦刊載在胡頌平編著《胡適之先生年譜長編初稿》，第9冊，頁3365—3368。

　　　　其他：(1)月刊。(2)1960年12月號。

2699 作品/編者不詳.——臺北：作品雜誌社

　　1961：Vol. 2, No. 2

　　74頁：圖；26厘米

　　HSMH（HS-N21F3-085）

　　附注：

　　　　批注圈劃：館藏一冊《關于"紅樓夢"的四封信》一文有紅、綠筆校改。

　　　　與胡適的關係：(1)封面書名係胡適所題簽。(2)收錄胡適《關于"紅樓夢"的四封信》一文。可參見館藏號：HS-NK04-001-011。

其他：(1)月刊。(2)1961年2月號。

2700 作品/編者不詳. ——臺北：作品雜誌社

 1961：Vol. 2, No. 6

 74 頁：圖；26 厘米

 HSMH（HS-N21F3-086）

 附注：

  批注圈劃：館藏一冊《跋乾隆甲戌脂硯齋重評石頭記影印本》一文有胡適的紅筆校改。

  與胡適的關係：(1)封面書名係胡適所題簽。(2)收錄胡適《跋乾隆甲戌脂硯齋重評石頭記影印本》一文。

  其他：(1)館藏一冊僅存封面及胡適《跋乾隆甲戌脂硯齋重評石頭記影印本》一文。(2)月刊。(3)1961年6月號。

2701 作品/編者不詳. ——臺北：作品雜誌社

 1961：Vol. 2, No. 7

 74 頁：圖；26 厘米

 HSMH（HS-N21F3-087）

 附注：

  與胡適的關係：封面書名係胡適所題簽。

  其他：(1)月刊。(2)1961年7月號。

2702 作品/編者不詳. ——臺北：作品雜誌社

 1961：Vol. 2, No. 8

 74 頁：圖；26 厘米

 HSMH（HS-N21F3-088）

 附注：

  批注圈劃：頁11與封底有黑筆注記。

  與胡適的關係：封面書名係胡適所題簽。

  其他：(1)月刊。(2)1961年8月號。

2703 作品/編者不詳.——臺北：作品雜誌社

1961：Vol. 2, No. 11

74 頁：圖；26 厘米

HSMH（HS-N21F3-089）

附註：

與胡適的關係：封面書名係胡適所題簽。

其他：(1)月刊。(2)1961 年 11 月號。

2704 作品/編者不詳.——臺北：作品雜誌社

1961：Vol. 2, No. 12

74 頁：圖；26 厘米

HSMH（HS-N21F3-090）

附註：

與胡適的關係：封面書名係胡適所題簽。

其他：(1)月刊。(2)1961 年 12 月號。

2705 作品/編者不詳.——臺北：作品雜誌社

1962：Vol. 3, No. 1

90 頁：圖；26 厘米

HSMH（HS-N21F3-091）

附註：

印章：封面蓋有"贈閱"印戳。

與胡適的關係：封面書名係胡適所題簽。

其他：(1)月刊。(2)1962 年新年特大號。

2706 作品/編者不詳.——臺北：作品雜誌社

1962：Vol. 3, No. 2

90 頁：圖；26 厘米

HSMH（HS-N21F3-092）

附註：

印章: 封面蓋有"贈閱"印戳。
與胡適的關係: 封面書名係胡適所題簽。
其他: (1)月刊。(2)1962年2月號。

日文書刊目録

圖書目錄

一、普通圖書目錄

（一）北大圖書館館藏目錄

6019 **Almanack for 1880**：曆 明治十三年/倫敦聖教書類會社編. ——橫濱：倫敦聖教書類會社，1880

　　26 頁；22.5 厘米

　　PKUL（館藏號缺）

　　附注：

　　　　其他：本書缺封面。

6020 青い甲蟲/オースチン・フリーマン著；妹尾韶夫譯. ——東京：博文館，1939

　　3，301 頁；14.7 厘米

　　博文館文庫 No. 66

　　PKUL（館藏號缺）

6021 偉國民の奮鬪/箕作元八著. ——東京：博文館，1941

　　234 頁；14.8 厘米

　　博文館文庫 No. 68

　　PKUL（館藏號缺）

6022 一誠堂和漢籍書目第十六號/著者不詳. ——東京：一誠堂書店，1935
　　152 頁；21.2 厘米
　　PKUL（館藏號缺）

6023 佚存書目/服部宇之吉編. ——東京：出版者不詳，1933
　　2，2，102 頁；22.4 厘米
　　PKUL（館藏號缺）

6024 引照新約全書/著者不詳. ——橫濱：北英國聖書會社，1880
　　750 頁；22.2 厘米
　　PKUL（館藏號缺）
　　附注：
　　　其他：缺封面、書脊。本書有 2 冊。

6025 印度哲學研究/宇井伯壽著. ——東京：甲子社書房，1924
　　6，418 頁；22.7 厘米
　　PKUL（館藏號缺）
　　附注：
　　　夾紙：書內夾有便箋 1 張，不知何人所書。
　　　其他：裝訂散。

6026 印度に於ける禮拜像の形式研究/逸見梅榮著. ——東京：東洋文庫，1935
　　1，19，17，392，8 頁；26 厘米
　　東洋文庫論叢
　　PKUL（館藏號缺）
　　附注：
　　　題記：封套書脊有毛筆題記："《印度に於ける禮拜像の形式研究》，逸見梅榮著。"

6027 印度佛教思想史/橘惠勝著. ——東京：大同館，1919
　　4，4，584，60，2 頁；22.4 厘米

PKUL（館藏號缺）

附注：

題記：扉頁有贈書者題記："適之兄，一涵奉送。"

其他：書脊有破損。

6028 印度六派哲學/木村泰賢著.——東京：丙午出版社，1919

10，10，677，9，4 頁；22.4 厘米

PKUL（館藏號缺）

附注：

印章：題名頁鈐有"胡適藏書"朱文方印。

題記：題名頁有贈書者題記："適之兄，一涵奉送。"

其他：外封皮脫落。

6029 栄養と食品の化学/藤卷良知，有本邦太郎著.——東京：丸善株式會社，1931

409 頁；22.5 厘米

PKUL（館藏號缺）

附注：

印章：扉頁鈐有"白濤"藍文方印。

6030 英和双解熟語大字彙/Kwong Ki Chiu 編.——東京：英學新誌社，1905

520，34 頁；22.3 厘米

PKUL（館藏號缺）

附注：

印章：題名頁鈐有"胡洪騂"朱文方印。

6031 英和双解熟語大字彙/Kwong Ki Chiu 編.——東京：英學新誌社，1902

520，34 頁；22.3 厘米

PKUL（館藏號缺）

6032 以西結書/著者不詳.——橫濱：出版者不詳，1884

172 頁；18.8 厘米

PKUL（館藏號缺）

附注：

其他：封面大部分脫落。

6033 耶利米亞記/著者不詳.——出版地不詳：出版者不詳，出版年不詳

200 頁；18 厘米

PKUL（館藏號缺）

附注：

其他：本書缺封面。

6034 王道天下之研究：支那古代政治思想及制度/田崎仁義著.——京都：內外出版株式會社，1926

8，17，675，17 頁；22.5 厘米

PKUL（館藏號缺）

附注：

題記：扉頁有著者題記："胡適先生惠存，著者，大正十五年七月七日。"

6035 歐文古書即賣展出品略目/著者不詳.——出版地不詳：ロゴス書店，出版年不詳

40 頁；19 厘米

PKUL（館藏號缺）

6036 巨いなる悲劇/T・チェルナアヴィン著；本間立也譯.——東京：東亞公論社，1941

424 頁；18.2 厘米

PKUL（館藏號缺）

6037 女童の信仰/著者不詳.——出版地不詳：出版者不詳，出版年不詳

5 頁；18.2 厘米

PKUL（館藏號缺）

附注：

  其他：本書有 9 册。

6038 完全教育之要性/著者不詳. ——橫濱：倫敦聖教書類會社，1884

  23 頁；18.8 厘米

  PKUL（館藏號缺）

6039 漢譯日本口語文法教科書/松本龜次郎著. ——東京：笹川書店，1919

  7，4，11，357 頁；22.6 厘米

  PKUL（館藏號缺）

6040 漢譯日本口語文法教科書/松本龜次郎著. ——東京：笹川書店，1926

  7，4，11，357 頁；22.6 厘米

  PKUL（館藏號缺）

  附注：

    題記：扉頁有著者題記："胡適先生賜覽，著者松本龜次郎拜贈。"

6041 漢譯日本口語文典/松下大三郎著. ——東京：誠之堂書房，1907

  8，6，400 頁；22.3 厘米

  PKUL（館藏號缺）

6042 漢譯日本辭典/東亞語學研究會編. ——東京：吉川弘文館，1913

  6，31，610 頁；15.4 厘米

  PKUL（館藏號缺）

6043 舊約聖書創世紀/著者不詳. ——出版地不詳：出版者不詳，出版年不詳

  28 頁；21.5 厘米

  PKUL（館藏號缺）

  附注：

    印章：封面有原書主簽名"R. Lilley"。

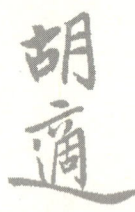

6044 舊約聖書の話/著者不詳.——神户：米國遣傳教使事務局，1878
    200 頁；18.5 厘米
    PKUL（館藏號缺）

6045 舊約聖書歷史/エス・ジ・マクラレン著.——橫濱：倫敦聖教書類會社，1884
    21.8 厘米
    PKUL（館藏號缺）
    附注：
        其他：書末缺部分内容，缺封面、封底。

6046 舊約聖書撒母耳後書/著者不詳.——橫濱：北英國聖書會社，1883
    102 頁；18.8 厘米
    PKUL（館藏號缺）

6047 近代思想十六講/中澤臨川，生田長江編.——東京：新潮社，1919
    7，522 頁；19.9 厘米
    PKUL（館藏號缺）
    附注：
        印章：扉頁鈐有"新青年編輯部"藍文長方印。

6048 近代支那の學藝/今關天彭著.——東京：民友社，1931
    4，13，594 頁；22.7 厘米
    KUL（館藏號缺）

6049 金冬心之藝術/青木正兒編.——京都：彙文堂書店，1920
    4，3，128 頁；22.1 厘米
    PKUL（館藏號缺）
    附注：
        題記：扉頁有著者題記："大正九年十月，著者敬呈。"

6050 訓點舊約聖書創世紀/著者不詳. ——橫濱：北英國聖書會社，1881

　　90 頁；21.8 厘米

　　PKUL（館藏號缺）

　　附注：

　　　其他:本書有 2 冊。

6051 訓點舊約聖書出埃及記/著者不詳. ——橫濱：北英國聖書會社，1882

　　73 頁；21.4 厘米

　　PKUL（館藏號缺）

　　附注：

　　　其他:本書有 2 冊。

6052 訓點舊約聖書民數紀略/著者不詳. ——橫濱：北英國聖書會社，1882

　　78 頁；21.4 厘米

　　PKUL（館藏號缺）

　　附注：

　　　其他:本書有 2 冊。

6053 訓點舊約聖書申命記/著者不詳. ——橫濱：北英國聖書會社，1883

　　60 頁；19 厘米

　　PKUL（館藏號缺）

　　附注：

　　　其他:本書有 2 冊。

6054 訓點舊約聖書利未記/著者不詳. ——橫濱：北英國聖書會社，1883

　　45 頁；18.8 厘米

　　PKUL（館藏號缺）

6055 経済危機と経済恢復/福田德三著. ——東京：大鐙閣，1923

　　5，392 頁；19.2 厘米

　　PKUL（館藏號缺）

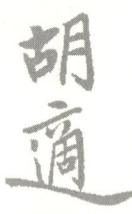

6056 経済と主とした支那時局観と対支政策/寺西秀武著. ——出版地不詳：出版者不詳, 1927

  28 頁；22 厘米

  PKUL（館藏號缺）

6057 現代日本に於ける支那學研究の實狀/中村久四郎著. ——東京：外務省文化事業部, 1928

  8, 276 頁；22.6 厘米

  PKUL（館藏號缺）

6058 現代佛教十一月特輯大正新修大藏經完成記念號/山崎精華編. ——東京：大雄閣書房, 1928

  188 頁；22.2 厘米

  PKUL（館藏號缺）

  附注：

    其他：封面脱落。

6059 言文對照漢譯日本文典/松本龜次郎著. ——東京：國文堂書局, 1926

  2, 8, 442, 7 頁；22.3 厘米

  宏文書院叢書

  PKUL（館藏號缺）

  附注：

    題記：扉頁有著者題記："胡適先生賜覽，著者松本龜次郎拜贈。"

    夾紙：書內夾有胡適學習日語筆記 7 頁。

    其他：本書爲訂正第 32 版。

6060 言文對照漢譯日本文典/松本龜次郎著. ——東京：國文堂書局, 1913

  2, 8, 12, 8, 458, 2, 3, 2 頁；22.3 厘米

  PKUL（館藏號缺）

  附注：

題記:扉頁有胡適題記:"民國四年五月一日,鄧君胥功贈,胡適之。此余所有日本書之第一部也。適。"

　　其他:缺封面、封底、書脊。

6061 孔子の思想・傳記及年譜/高田真治,諸橋轍次,山口察常著.——東京:春陽堂書店,1937

　　6,365頁;22.4厘米

　　PKUL(館藏號缺)

　　附注:

　　題記:扉頁有著者題記:"胡適之先生教正,高田真治持贈。"

6062 高祖善導大師繪傳/福原隆成編.——京都:浄宗會,1929

　　2,4,106頁;19厘米

　　PKUL(館藏號缺)

6063 攷定中原音韻/石山福治著.——東京:東洋文庫,1925

　　6,402,99頁;26.4厘米

　　東洋文庫論叢第一

　　PKUL(館藏號缺)

　　附注:

　　題記:書脊有胡適題記:"石山福治《攷定中原音韻》。"

6064 弘法大師傳/小野藤太著.——東京:森江書店,1922

　　4,205頁;21.8厘米

　　PKUL(館藏號缺)

　　附注:

　　其他:本書爲第3版。

6065 國語漢文書在庫目録/波多野重太郎編.——東京:巖松堂書店,1933

　　94頁;22.1厘米

　　巖松堂書店古典部分類目録第一輯

PKUL（館藏號缺）

附注：

　　其他：本書爲再版。

6066　國際社會の將來と新國際主義/田村德治著.——東京：有斐閣，1936

　　14，4，160，8 頁；22.8 厘米

　　PKUL（館藏號缺）

　　附注：

　　　題記：扉頁有著者題記："胡適先生惠存，田中德治敬贈。"

6067　國士の經論/箕作元八著.——東京：博文館，1941

　　282 頁；14.6 厘米

　　博文館文庫

　　PKUL（館藏號缺）

　　附注：

　　　其他：本書有 36 冊。

6068　胡適の支那哲學論/井出季和太著.——東京：大阪屋號書店，1927

　　3，10，4，287 頁；19 厘米

　　PKUL（館藏號缺）

　　附注：

　　　題記：扉頁有贈書者題記："贈呈胡適先生，内田生"；另有胡適鉛筆題記："先秦名學史。"

　　　其他：書脊開膠。

6069　胡適の支那哲學論/井出季和太著.——東京：大阪屋號書店，1927

　　3，10，4，287 頁；19 厘米

　　PKUL（館藏號缺）

　　附注：

　　　題記：扉頁有著者題記："謹呈胡先生，臺灣臺北井出季和太，一九二七，五，三〇。"

6070 古代支那思想の新研究/胡適著；楊祥蔭，内田繁隆譯.——東京：巖松堂書店，1925

  2，10，4，525 頁；22.8 厘米

  PKUL（館藏號缺）

  附注：

    題記：扉頁有譯者題記："贈呈胡適之先生，内田生。"

    與胡適的關係：胡適《中國哲學史大綱》上卷日本譯本。

6071 古代文化研究第四輯/内藤藤一郎主編.——奈良：木原文進堂，1926

  184 頁；23 厘米

  PKUL（館藏號缺）

6072 國家の明日と新政治原則：社會國家への主張/杉森孝次郎著.——東京：早稻田大學出版部，1924

  2，4，549 頁；19.3 厘米

  PKUL（館藏號缺）

  附注：

    題記：扉頁有著者題記："胡適先生，杉森孝次郎敬贈，一九三六，一，廿六。"

6073 三階教之研究/矢吹慶輝著.——東京：岩波書店，1927

  5，22，792，415，31 頁；26.8 厘米

  PKUL（館藏號缺）

  附注：

    印章：題名頁鈐有"適之"朱文橢圓印。

6074 三十年戰史第二部/シルレル著；渡邊格司譯.——東京：岩波書店，1934

  326 頁；14.7 厘米

  平裝岩波文庫 3159—3161

  PKUL（館藏號缺）

6075 山東省惠民縣農村調查報告/北京大學農學院中國農村經濟研究所編纂.——北京：新民印書館股份有限公司，1939

    2，4，72 頁；21.9 厘米

    PKUL（館藏號缺）

6076 史學地理地方誌在庫目錄/波多野重太郎編.——東京：巖松堂書店古典部，出版年不詳

    199 頁；21.9 厘米

    巖松堂書店古典部分類目錄

    PKUL（館藏號缺）

6077 史學論叢第二/末松保和編.——東京：岩波書店，1941

    208，6 頁；21.7 厘米

    PKUL（館藏號缺）

6078 史記會注考證/瀧川龜太郎著.——東京：東京文化學院東京研究所，1934

    10 冊；22.6 厘米

    PKUL（館藏號缺）

    附注：

        其他：本書 1 套 10 冊。

6079 詩經國風篇研究/松崎鶴雄著.——東京：第一出版社，1937

    2，5，346 頁；22.4 厘米

    PKUL（館藏號缺）

6080 士師記/著者不詳.——橫濱：出版者不詳，1884

    99，13 頁；19 厘米

    PKUL（館藏號缺）

    附注：

        其他：封面脫落。

6081 支那改造論/田崎仁義著. ——東京:同文館,1926

　　3,7,248 頁;19.1 厘米

　　PKUL(館藏號缺)

　　附注:

　　　題記:扉頁有著者題記:"胡先生惠存,大正十五年七月,著者。"

6082 支那學論叢:内藤博士還曆祝賀/羽田亨編纂. ——東京:弘文堂書房,1926

　　3,1022 頁;26.4 厘米

　　PKUL(館藏號缺)

6083 支那新人と黎明運動/清水安三著. ——東京:大阪屋號書店,1924

　　4,3,387 頁;19.4 厘米

　　PKUL(館藏號缺)

6084 支那禪學之變遷/胡適著;今關天彭譯. ——東京:東方學藝書院,1936

　　2,1,137 頁;22.2 厘米

　　PKUL(館藏號缺)

　　附注:

　　　其他:本書有 2 冊。

6085 支那哲學史概論/渡邊秀方著. ——東京:早稻田大學出版部,1924

　　3,30,726 頁;22.7 厘米

　　PKUL(館藏號缺)

　　附注:

　　　題記:扉頁有贈書者題記:"送給適之先生,平民周刊社謹贈。一三,一一,三〇。"

6086 支那に於ける外来民族の漢化に就いて/王桐齡著. ——出版地不詳:出版者不詳,出版年不詳

　　1277—1298 頁;22.4 厘米

史学雜誌第四十七編第十一號抽印本

PKUL（館藏號缺）

附注：

題記：封面有作者題記："（王桐齡）敬贈。"

6087 支那の家族と村落の特質／清水泰次述．——東京：文明協會，1927

6，152 頁；19.5 厘米

PKUL（館藏號缺）

附注：

題記：扉頁有著者題記："胡先生，清水泰次"；另有胡適鉛筆題記："Shinjo S. 新城新藏。"

6088 支那佛教印象記／鈴木大拙著．——東京：森江書店，1934

120 頁；19.5 厘米

PKUL（館藏號缺）

附注：

夾紙：書內夾有著者贈書籤，上印"謹呈 日本京都鈴木大拙"。

6089 支那佛教近世史の研究／水野梅曉著．——東京：支那時報社，1928

5，91 頁；22.3 厘米

支那時報叢書第一輯

PKUL（館藏號缺）

附注：

題記：一冊封面書口有贈書者題記："適之吾師哂存，學生陳彬龢寄於東京，十七年雙十節。"

其他：本書爲再版，有 2 冊。

6090 支那佛教史蹟評解一／常盤大定，關野貞著．——東京：佛教史蹟研究會，1925

4，14，54 頁；26 厘米

PKUL（館藏號缺）

附注：

  題記：扉頁有作者題記："胡適教授惠存,昭和二年五月五日,常盤大定。"

6091 支那佛教史蹟評解一/常盤大定,關野貞著.——東京：佛教史蹟研究會,1925

  5,194 頁；22.2 厘米

  PKUL（館藏號缺）

6092 支那佛教史講話上卷/境野黄洋著.——東京：共立社,1927

  9,14,668 頁；22.7 厘米

  PKUL（館藏號缺）

  附注：

  題記：扉頁有胡適題記："胡適,一九二六,三,十三。"

6093 支那佛教の現狀に就て/水野梅曉著.——東京：支那時報社,1926

  4,101 頁；22.1 厘米

  支那時報叢書第二輯

  PKUL（館藏號缺）

6094 社會學/杉森孝次郎著.——東京：早稻田大學出版部,1933

  3,4,356 頁；19.3 厘米

  PKUL（館藏號缺）

  附注：

  題記：扉頁有著者題記："胡適先生,杉森孝次郎敬贈,一九三六,一,廿六。"

  其他：本書爲第 4 版。

6095 社會倫理學概説/杉森孝次郎著.——東京：三省堂,1932

  2,4,342,54 頁；22.9 厘米

  PKUL（館藏號缺）

  附注：

题记:扉頁有著者題記:"胡適先生,杉森孝次郎敬贈,一九三六,一,廿六。"

6096 上海自然科學研究所彙報第2卷(1—10頁)別冊1 1932年上海ニ於テ流行セル"コレラ"ノ菌型ニ関スル研究/黑屋政彦,押尾乾夫著.——上海:上海自然科學研究所,1932

 9頁;26.2厘米

 PKUL(館藏號缺)

6097 上海自然科學研究所彙報第一卷第一號支那産"麵"に就て/山崎百治著.——上海:東方文化事業上海委員會上海自然科學研究所,1929

 88頁;26.1厘米

 PKUL(館藏號缺)

6098 上海自然科學研究所彙報第一卷第二號漢藥寫真集成第一輯/中尾万三,中村康一著.——上海:東方文化事業上海委員會上海自然科學研究所,1929

 103,4,3,5頁;26厘米

 PKUL(館藏號缺)

6099 上海自然科學研究所彙報第一卷第三號食療本草の考察/中尾万三著.——上海:東方文化事業上海委員會上海自然科學研究所,1930

 216,6頁;26厘米

 PKUL(館藏號缺)

6100 上海自然科學研究所彙報第一卷第四號天産ナトリウム化合物の研究其1 東部内蒙古ゲーリュサイトに就いて/岡田家武著.——上海:東方文化事業上海委員會上海自然科學研究所,1930

 148頁;26.1厘米

 PKUL(館藏號缺)

6101 上海自然科學研究所彙報第一卷第五號漢藥寫真集成第二輯/中尾万三,中

村康一著.——上海：東方文化事業上海委員會上海自然科學研究所，1930

109，1，2，2 頁；26 厘米

PKUL（館藏號缺）

6102 上海自然科學研究所彙報第一卷第六號中國北部上部古生代腕足類化石/尾崎金右衛門著.——上海：東方文化事業上海委員會上海自然科學研究所，1931

205 頁；26.1 厘米

PKUL（館藏號缺）

6103 上海に於ける太平洋会議/那須皓編.——東京：太平洋問題調查會，1932

2，3，237 頁；19 厘米

PKUL（館藏號缺）

附注：

夾紙：書內夾有"太平洋問題調查會"名片 1 張，上書"胡適先生啓存，松本康治，浦松右美太郎"。

6104 周髀算經の研究/能田忠亮著.——京都：東方文化学院京都研究所，1933

4，159，6，3 頁；25.9 厘米

東方文化学院京都研究所研究報告第三冊

PKUL（館藏號缺）

附注：

夾紙：題名頁夾有"敬贈胡適之殿"贈書條。

6105 修養論/加藤熊一郎著.——東京：東亞堂書房，1913

8，4，4，2，28，576 頁；15 厘米

PKUL（館藏號缺）

6106 主觀經濟の原理/賀川豊彥著.——東京：福永書店，1920

5，7，398 頁；22.5 厘米

PKUL（館藏號缺）

附注:

題記:扉頁有著者題記:"謹呈胡適樣玉机下,著者,一九二一年一月。"

6107 熟語集成漢和大辭典/古川喜九郎編著.——東京:駸々堂出版部,1925

4,14,98,1659,81 頁;18.8 厘米

PKUL(館藏號缺)

附注:

其他:本書爲第 31 版。

6108 昭和五年每日年鑑/大阪每日新聞社,東京日日新聞社編.——大阪:大阪每日新聞社,1929

800 頁;18.9 厘米

PKUL(館藏號缺)

6109 昭和五年佛教年鑑/土屋詮教編.——東京:佛教年鑑社,1929

12,8,690 頁;18.7 厘米

PKUL(館藏號缺)

附注:

其他:本書爲第 5 版。

6110 心意識論より見たる唯識思想史/結城令聞著.——東京:東京文化學院東京研究所,1935

3,12,722 頁;26.1 厘米

PKUL(館藏號缺)

附注:

夾紙:封内貼有"贈呈……東方文化學院東京研究所所長服部宇之吉"。

6111 新漢和大辭典/久保天隨編纂.——東京:郁文舍,1917

2,2,4,64,54,11,1674 頁;19.1 厘米

PKUL(館藏號缺)

附注:

題記:封套書脊有胡適題記:"新漢和大辭典。"
印章:題名頁鈐有"章洛聲印"朱文方印。

6112 清代學術概論/梁啓超著;橋川時雄譯.——東京:東華社,1922
4,222,22頁;18.8厘米
現代支那學術叢書第一編
PKUL（館藏號缺）
附注:
題記:題名頁有贈書者題記:"胡先生惠存。"
印章:題名頁鈐有"橋川"、"醉"朱文方印。

6113 神代史の研究/津田左右吉著.——東京:岩波書店,1924
5,3,597,7頁;22.7厘米
PKUL（館藏號缺）

6114 新聞常用漢字引/廣瀨憙六編.——東京:報知新聞社出版部,1925
95頁;13.1厘米
PKUL（館藏號缺）
附注:
其他:本書爲第3版。

6115 新約全書/著者不詳.——橫濱:北英國聖書會社,1880
757頁;19厘米
PKUL（館藏號缺）
附注:
其他:書脊脫落,裝訂散。

6116 新約全書/著者不詳.——橫濱:北英國聖書會社,1883
757頁;18.8厘米
PKUL（館藏號缺）

6117 志無也久世無志與/ネイサン・ブラウン訳.——橫濱：出版者不詳，1879

[4,1007]頁；24厘米

PKUL（館藏號缺）

附注：

其他：缺書脊。本書有2冊。

6118 真理易知/著者不詳.——橫濱：倫敦聖教書類會社，1883

24頁；18.4厘米

PKUL（館藏號缺）

6119 スウザンヘゲンス君の病中並逝去の有樣につきてウ#レー君が本國に贈られたる書/著者不詳.——出版地不詳：出版者不詳，出版年不詳

21頁；18.2厘米

PKUL（館藏號缺）

6120 静嘉堂文庫漢籍分類目錄/静嘉堂文庫編纂.——東京：静嘉堂文庫，1930

13，1251，244，7頁；25.8厘米

PKUL（館藏號缺）

6121 静嘉堂文庫圖書分類目錄/静嘉堂文庫編纂.——東京：静嘉堂文庫，1930

16，1201，227頁；25.8厘米

PKUL（館藏號缺）精裝

附注：

印章：題名頁鈐有"胡適"朱文方印。

題記：題名頁有胡適題記："諸橋轍次先生贈送的。十九，三，廿八，胡適。"

6122 西蔵佛教及び英蔵關係/水野梅曉編譯.——東京：支那時報社，1926

2，6，123頁；22.2厘米

支那時報叢書第三輯

PKUL（館藏號缺）

6123 西洋倫理學史講義/吉田静致著.——東京：冨山房，1905

　　4，8，984 頁；22.7 厘米

　　PKUL（館藏號缺）

　　附注：

　　　其他：本書爲第 1 版，裝訂散。

6124 世界黴毒史/土肥慶藏著.——東京：朝香屋書店，1921

　　4，2，8，182，30 頁；26.6 厘米

　　PKUL（館藏號缺）

6125 石佛行脚：奈良を中心として/古澤廣樹著.——奈良：藤田三思堂，1922

　　83 頁；17.5 厘米

　　PKUL（館藏號缺）

6126 禪學思想史上卷/忽滑谷快天著.——東京：玄黃社，1925

　　2 卷；22.2 厘米

　　PKUL（館藏號缺）

　　附注：

　　　題記：上卷封內有贈書者題記："適之吾師惠存，學生陳彬龢謹上。十四，十，四"；上卷扉頁有胡適題記："《續藏》(A. II. V. XIX. Vol. 5)，最澄帶回來的《曹溪大師別傳》。此書為原料之一種，不可忽略。當搜求之。最澄，《傳教大師全集》，內有《內證佛法相承血脈譜》(A. D. 819)。"

　　　批注圈劃：書內多處有胡適批注圈劃。

　　　摺頁：書內多處有摺頁。

　　　其他：裝訂散。本書爲再版。

6127 禪學辭典/神保如天，安藤文英著.——東京：無我山房，1927

　　19，16，68，13，1558 頁；19 厘米

　　PKUL（館藏號缺）

　　附注：

印章：題名頁有胡適朱筆簽名"胡適之"。

其他：封面、封底脫落，缺書脊。本書爲第4版。

6128 禪籍目錄／高田儀光編纂.——東京：駒澤大學圖書館，1928

8，909，26，12 頁；19 厘米

PKUL（館藏號缺）

附注：

題記：封面內有贈書者題記："適之吾師惠存。學生彬穌謹贈。十七，十一，一。"

6129 宋學概論／小柳司氣太著.——東京：哲學書院，1894

7，4，133 頁；22 厘米

PKUL（館藏號缺）

附注：

題記：封內有著者題記："進呈胡君，大正十年七月，著者。"

6130 增加帝室和漢圖書目錄／宮內省圖書寮編.——東京：宮內省圖書寮，1926

2，9，284，13，128 頁；25.7 厘米

PKUL（館藏號缺）

附注：

題記：封面有胡適題記："胡適，一九二七，四，三十。"

6131 增補最新日本歷史年表／森金五郎，高橋昇造著.——東京：三省堂，1936

7，14，446，107，177 頁；19.2 厘米

PKUL（館藏號缺）

附注：

題記：扉頁有胡適題記："廿六年三月，郎依山君贈。胡適。"

其他：本書爲增訂 23 版。

6132 宋末の提擧市舶西域人蒲壽庚の事蹟／桑原隲藏著.——上海：東亞攻究會，1923

13，310，23 頁；22.3 厘米

PKUL（館藏號缺）

附注：

　　題記：扉頁有著者題記："胡先生惠鑒,桑原隲蔵。"

　　內附文件：封內貼有著者致胡適書信 1 頁。

6133　創立三十週年東亞同文書院誌/東亞同文書院編.——上海：東亞同文書院，1930

3，116 頁；22.3 厘米

PKUL（館藏號缺）

附注：

　　內附文件：書內夾《東亞同文書院一覽》、《東亞同文書院略圖》、《東亞同文書院創立三十週年紀念式順序》、《創立三十週年紀念繪葉書》各一。

6134　俗語辭海/松平圓次郎，山崎弓束，堀籠美善著.——東京：集文館，1909

4，5，1132 頁；19.1 厘米

PKUL（館藏號缺）

附注：

　　印章：扉頁鈐有"白濤"藍文方印；另有"任白濤"簽名。

　　題記：扉頁有贈書者題記："適之先生惠存,白濤敬贈。"

6135　大哉神之愛/著者不詳.——出版地不詳：出版者不詳,出版年不詳

14 頁；15.8 厘米

PKUL（館藏號缺）

附注：

　　其他：本書有 2 冊。

6136　大正九年度古蹟調查報告第一冊金海貝塚發掘調查報告/著者不詳.——出版地不詳：朝鮮總督府，1923

7，59，30 頁；26.4 厘米

PKUL（館藏號缺）

附注：

题记：扉頁有著者題記："To Professor Hu Shihi, with the author's compliments, 26th, Nov., 1926。"

6137　大正新修大藏經總目錄附會員名簿/高楠順次郎編.——東京：大正一切經刊行會，1930

11，213，67 頁；19.2 厘米

PKUL（館藏號缺）

6138　大正新脩大藏經第三十卷中觀部全瑜伽部上/高楠順次郎編.——東京：大正一切經刊行會，1927

1036 頁；26.7 厘米

PKUL（館藏號缺）

6139　大正新脩大藏經第四十一卷論疏部二/高楠順次郎編.——東京：大正一切經刊行會，1927

982 頁；26.7 厘米

PKUL（館藏號缺）

6140　大正新脩大藏經第四十五卷諸宗部二/高楠順次郎編.——東京：大正一切經刊行會，1927

978 頁；26.7 厘米

PKUL（館藏號缺）

6141　大正新脩大藏經第四十六卷諸宗部三/高楠順次郎編.——東京：大正一切經刊行會，1927

1014 頁；26.7 厘米

PKUL（館藏號缺）

附注：

題記：函套有胡適題記："天台。"

夾紙：書內三處夾有紙條。

6142 大正新脩大藏經第四十七卷諸宗部四/高楠順次郎編. ——東京：大正一切經刊行會，1928

  1064頁；26.7厘米

  PKUL（館藏號缺）

  附注：

    夾紙：書内兩處夾有紙條。

6143 大正新脩大藏經第四十九卷史傳部一/高楠順次郎編. ——東京：大正一切經刊行會，1928

  1020頁；26.7厘米

  PKUL（館藏號缺）

  附注：

    夾紙：書内十四處夾有紙條。

6144 大正新脩大藏經第五十一卷史傳部三/高楠順次郎編. ——東京：大正一切經刊行會，1928

  1140頁；26.7厘米

  PKUL（館藏號缺）

  附注：

    夾紙：書内十一處夾有紙條。

6145 大正新脩大藏經第五十三卷事彙部上/高楠順次郎編. ——東京：大正一切經刊行會，1927

  1030頁；26.7厘米

  PKUL（館藏號缺）

  附注：

    夾紙：書内一處夾有紙條。

6146 大日本佛教全書目錄/佛書刊行會編纂. ——東京：大日本佛教全書發行所，1922

6, 52, 42, 61, 44 頁；22.2 厘米

大日本佛教全書

PKUL（館藏號缺）

6147 **大日本佛教全書遊方傳叢書**/佛書刊行會編纂. ——東京：大日本佛教全書發行所, 1922

4 卷；22.3 厘米

大日本佛教全書

PKUL（館藏號缺）

6148 **第八回東京市勢提要**/東京市役所編. ——東京：東京市役所, 1919

8, 361 頁；13.8 厘米

PKUL（館藏號缺）

6149 **男女共學論**/小泉郁子著. ——東京：新教育協會, 1931

135 頁；22.1 厘米

PKUL（館藏號缺）

6150 **中華五十日游記中華留學生教育小史中華教育視察紀要**/松本龜次郎著. ——東京：東亞書房, 1931

12, 9, 227, 6, 94, 4, 126 頁；19.3 厘米

PKUL（館藏號缺）

6151 **忠義水滸傳前編**/岡島冠山譯編. ——東京：共同出版株式會社, 1913

13, 4, 8, 8, 802 頁；22.4 厘米

PKUL（館藏號缺）

附注：

題記：扉頁有贈書者題記："胡適之先生狠熱心研求《水滸》的考證，他還沒見李卓吾評點百回本，我姑寄上他這譯本以做一助。正兒，十，五，四。"

其他：裝訂散，書末似有缺頁。

6152 忠義水滸傳後編/岡島冠山譯編. —— 東京：共同出版株式會社，1913

8，819 頁；22.4 厘米

PKUL（館藏號缺）

附注：

其他：裝訂散。

6153 朝鮮社會の動向——朝鮮社會研究の必要/小田內通敏著. —— 出版地不詳：出版者不詳，出版年不詳

東洋第二十九年第八號抽印本

PKUL（館藏號缺）

附注：

題記：封面有作者題記："呈胡學兄。"

6154 帝室和漢圖書目錄/宮內省圖書寮編. —— 東京：凸版印刷株式會社，1916

2，9，935，15，363 頁；25.8 厘米

PKUL（館藏號缺）

附注：

題記：扉頁有胡適題記："此冊最可寶貴。寮中僅存一二冊了，向不贈送人，這回我承鈴木先生贈一冊，感謝之至。一九二七，四，三〇。胡適。"

6155 哲學概論/桑木嚴翼著. —— 東京：早稻田大學出版部，1924

536 頁；17.2 厘米

PKUL（館藏號缺）

附注：

夾紙：書內夾有著者名片 1 張。

其他：本書爲縮刷 27 版。

6156 哲學概論/帆足理一郎著. —— 東京：洛陽堂，1921

18，428 頁；22.2 厘米

PKUL（館藏號缺）

附注：

　　内附文件：書内夾有李大釗致胡適書信 1 頁。

　　夾紙：書内夾有報紙裁成標籤 1 張。

　　其他：本書爲再版。

6157 點訓馬可講義/著者不詳. ——橫濱：倫敦聖教書類會社，1882

　　43，948 頁；22.1 厘米

　　PKUL（館藏號缺）

6158 天平藝術の研究/小川晴暘編. ——奈良：飛鳥園，1926

　　192 頁；26.7 厘米

　　平裝佛教美術第五冊

　　PKUL（館藏號缺）

6159 東亞貿易大觀/大道弘雄編. ——大阪：朝日新聞社，1935

　　384 頁；31.2 厘米

　　PKUL（館藏號缺）

　　附注：

　　　　其他：封面及前幾頁脱落。

6160 東京朝日新聞小觀/石川六郎編. ——東京：東京朝日新聞發行所，1927

　　9，322 頁；22.2 厘米

　　PKUL（館藏號缺）

6161 東京帝室博物館講演集第一冊/瀧精一，中川忠順，高橋健自講演. ——東京：帝室博物館，1925

　　2，60 頁；25.5 厘米

　　PKUL（館藏號缺）

　　附注：

　　　　其他：缺封底。

6162 動植物農學關係在庫目錄/波多野重太郎編. ——東京:巖松堂書店古典部,1934

 69 頁;22.3 厘米

 巖松堂書店古典部分類目錄第三輯

 PKUL(館藏號缺)

6163 唐中期の淨土教:特に法照禪師の研究/塚本善隆著. ——東京:東方文化學院京都研究所,1933

 2,6,348,10 頁;26 厘米

 PKUL(館藏號缺)

 附注:

  題記:封套書脊有胡適題記:"唐中期之凈土教(塚本善隆)。"

  夾紙:題名頁夾有"敬贈胡適之殿"贈書條。

6164 道德的帝國の原理/杉森孝次郎著;熊崎武良温譯. ——東京:冬夏社,1919

 2,1,2,1,248 頁;19.3 厘米

 自由・文化叢書第一篇

 PKUL(館藏號缺)

 附注:

  題記:扉頁有贈書者題記:"京津路上,太田敬送胡適先生,為初次領教的紀念。九年七月卅一日。明治大皇帝薨去之祭日。"

  夾紙:書内夾有贈書者太田外世雄名片1張。

6165 東洋思想研究第一/津田左右吉編. ——東京:岩波書店,1937

 467,3 頁;22.4 厘米

 早稻田大學東洋思想研究室年報

 PKUL(館藏號缺)

6166 東洋倫理概論/安岡正篤著. ——東京:玄黄社,1929

 2,3,303 頁;22.3 厘米

 PKUL(館藏號缺)

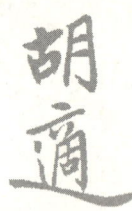

附注：

其他：本書爲再版。

6167 東洋歷史參考圖譜一（第一至第四輯）/石田幹之助，岩田大慧編.——東京：東洋歷史參考圖譜刊行會，1930

22，22，23，21，22 頁；38.8 厘米

PKUL（館藏號缺）

6168 東洋歷史參考圖譜二（第五至第八輯）/石田幹之助，岩田大慧編.——東京：東洋歷史參考圖譜刊行會，1930

22，22，22，22，22 頁；38.8 厘米

PKUL（館藏號缺）

6169 東洋歷史參考圖譜三（第九至第十二輯）/石田幹之助，岩田大慧編.——東京：東洋歷史參考圖譜刊行會，1930

22，22，22，22，23 頁；38.8 厘米

PKUL（館藏號缺）

6170 東洋歷史參考圖譜第壹輯解說/石田幹之助，岩田大慧編.——東京：東洋歷史參考圖譜刊行會，1930

3，2，50 頁；22.2 厘米

PKUL（館藏號缺）

6171 東洋歷史參考圖譜第貳輯解說/石田幹之助，岩田大慧編.——東京：東洋歷史參考圖譜刊行會，1930

6，51—106 頁；22.2 厘米

PKUL（館藏號缺）

6172 東洋歷史參考圖譜第參輯解說/石田幹之助，岩田大慧編.——東京：東洋歷史參考圖譜刊行會，1930

8，107—141 頁；22.2 厘米

PKUL（館藏號缺）

6173 東洋歷史參考圖譜第四輯解説/石田幹之助，岩田大慧編. ——東京：東洋歷史參考圖譜刊行會，1930

9，143—197 頁；22.2 厘米

PKUL（館藏號缺）

6174 東洋歷史參考圖譜第五輯解説/石田幹之助，岩田大慧編. ——東京：東洋歷史參考圖譜刊行會，1930

9，199—248 頁；22.2 厘米

PKUL（館藏號缺）

6175 東洋歷史參考圖譜第六輯解説/石田幹之助，岩田大慧編. ——東京：東洋歷史參考圖譜刊行會，1930

8，249—298 頁；22.2 厘米

PKUL（館藏號缺）

6176 東洋歷史參考圖譜第七輯解説/石田幹之助，岩田大慧編. ——東京：東洋歷史參考圖譜刊行會，1930

8，299—349 頁；22.2 厘米

PKUL（館藏號缺）

6177 東洋歷史參考圖譜第八輯解説/石田幹之助，岩田大慧編. ——東京：東洋歷史參考圖譜刊行會，1930

8，351—389 頁；22.2 厘米

PKUL（館藏號缺）

6178 東洋歷史參考圖譜第九輯解説/石田幹之助，岩田大慧編. ——東京：東洋歷史參考圖譜刊行會，1930

7，391—446 頁；22.2 厘米

PKUL（館藏號缺）

6179 東洋歷史參考圖譜第十輯解說/石田幹之助，岩田大慧編. ——東京：東洋歷史參考圖譜刊行會，1930

8，447—506 頁；22.2 厘米

PKUL（館藏號缺）

6180 東洋歷史參考圖譜第十壹輯解說/石田幹之助，岩田大慧編. ——東京：東洋歷史參考圖譜刊行會，1930

7，507—583 頁；22.2 厘米

PKUL（館藏號缺）函套 1

6181 東洋歷史參考圖譜第十貳輯解說/石田幹之助，岩田大慧編. ——東京：東洋歷史參考圖譜刊行會，1930

7，585—631 頁；22.2 厘米

PKUL（館藏號缺）

6182 唐令拾遺/仁井田陞著. ——東京：東京文化學院東京研究所，1933

3，4，4，1006 頁；26.4 厘米

PKUL（館藏號缺）

6183 南葵文庫藏書目錄/南葵文庫編纂. ——東京：南葵文庫，1908

4，181，115，60，228，377，20 頁；22.3 厘米

PKUL（館藏號缺）

6184 南葵文庫藏書目錄索引/南葵文庫編纂. ——東京：南葵文庫，1908

155 頁；22.5 厘米

PKUL（館藏號缺）

6185 日支交通の資料的考察（隋唐交通篇）/水野梅曉著. ——東京：支那時報社，1930

6，102 頁；22.1 厘米

支那時報叢書第七輯

PKUL（館藏號缺）

6186 日清役後支那外交史/失野仁一著.——京都：東方文化學院京都研究所，1937

7，709，21 頁；22.8 厘米

東方文化學院京都研究所研究報告第九冊

PKUL（館藏號缺）

6187 日本新聞發達史/小野秀雄著.——大阪：大阪每日新聞社；東京：東京日日新聞社，1922

10，8，506，14 頁；22.4 厘米

PKUL（館藏號缺）

6188 日本工業史/橫井時冬著.——東京：改造社，1929

433 頁；15.3 厘米

改造文庫第一部第 26 篇

PKUL（館藏號缺）

6189 日本國キリスト一致教會政治規則/著者不詳.——出版地不詳：出版者不詳，出版年不詳

58 頁；20 厘米

PKUL（館藏號缺）

6190 日本法制史概論第一分冊/牧野二著.——東京：弘文堂書房，1934

6，133 頁；22.4 厘米

PKUL（館藏號缺）

附注：

題記：扉頁有作者題記："胡教授，牧健二"；書末有胡適記作者地址："日本京都市相國寺東門前町 637，牧健二。"

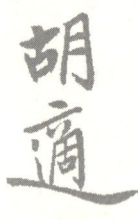

6191 日本法制史概論第三分册/牧野二著. —— 東京：弘文堂書房，1935

7，267—398 頁；22.3 厘米

PKUL（館藏號缺）

6192 日本流寓の明末諸士/今關天彭著. ——北京：今關研究室，1928

146 頁；18.5 厘米

PKUL（館藏號缺）

6193 日本六法全書/井上圓三編. —— 東京：清水書店，1916

14，6，[1567] 頁；15 厘米

PKUL（館藏號缺）

附注：

　　印章：目錄首頁鈐有"怡菴藏書"朱文方印。

　　其他：本書爲第 23 版。

6194 日語會話/著者不詳. —— 東京：東亞高等豫備學校，1927

4，64 頁；17.3 厘米

PKUL（館藏號缺）

6195 日本語讀本/著者不詳. —— 東京：東亞高等豫備學校，1926

2 卷；22.1 厘米

PKUL（館藏號缺）

6196 白雲觀志附東嶽廟志/小柳司氣太編. —— 東京：東方文化學院東京研究所，1934

2，3，388 頁；22.4 厘米

PKUL（館藏號缺）

6197 柲禁の考古學的考察/梅原末治著. —— 京都：東方文化學院京都研究所，1933

5，53，10 頁；31.4 厘米

東方文化学院京都研究所研究報告第 2 冊

PKUL（館藏號缺）

6198 輓近の支那文學/胡適著；橋川時雄譯.——東京：東華社，1923

2，222 頁；18.8 厘米

現代支那學術叢書第二編

PKUL（館藏號缺）

附注：

題記：題名頁有贈書者題記："奉贈適之先生。"

印章：題名頁鈐有"橋川"、"醉"朱文方印。

6199 光は東より/室伏高信著.——東京：批評社，1927

13，463 頁；19.2 厘米

PKUL（館藏號缺）

附注：

題記：扉頁有贈書者題記："贈呈，著者。"

6200 祕籍珍書大觀印行趣旨并書目/編者不詳.——大阪：大阪每日新聞社，出版年不詳

24 頁；19 厘米

PKUL（館藏號缺）

附注：

題記：一冊封面有某人題記："適之，此書你也許有用。"

其他：本書有 2 冊。

6201 人の零落/著者不詳.——橫濱：倫敦聖教書類會社，1884

13 頁；18.5 厘米

PKUL（館藏號缺）

6202 廟祝問答/著者不詳.——出版地不詳：出版者不詳，出版年不詳

50 頁；18.6 厘米

PKUL（館藏號缺）

附注：

其他：本書缺封面。

6203 傳教大師傳/三浦周行著.——京都：京都考古會，1927

3，7，18，346 頁；22.5 厘米

PKUL（館藏號缺）

6204 佛教大師全集別卷/天台宗宗典刊行會編纂.——滋賀縣：御遠忌事務局，1920

6，10，22，42，[199]頁；22.7 厘米

佛教大師全集

PKUL（館藏號缺）

6205 佛教大辭典/織田得能著.——東京：大倉書店，1919

12，2，1874，20，118，96 頁；26.4 厘米

PKUL（館藏號缺）

附注：

印章：題名頁鈐有"胡適藏書"朱文方印。

題記：扉頁有胡適題記："民國九年二月王文伯與高一涵替我在東京買的。胡適。"

其他：缺書脊。本書爲第 3 版。

6206 佛教年代考/小野玄妙著.——京都：出版者不詳，1926

8，319 頁；22.4 厘米

PKUL（館藏號缺）

附注：

題記：扉頁有胡適題記："胡適，在東京買的，十六，五，六。"

其他：本書爲第 2 版。

6207 佛教美術寫真目錄奈良博物館/著者不詳.——奈良：奈良博物館，1927

[9,46,38]頁;22厘米

PKUL（館藏號缺）

6208 佛典の研究/松本文三郎著.——東京：丙午出版社,1924

6,2,374頁;22.6厘米

PKUL（館藏號缺）

6209 佛道新論/高橋吾良著.——出版地不詳：出版者不詳,1880

4,75頁;19.2厘米

PKUL（館藏號缺）

附注：

其他：本書爲再版。

6210 文學革命と白話新詩/大西齋,共田浩編譯.——北京：東亞公司,1922

10,335頁;19.1厘米

支那叢書第一編

PKUL（館藏號缺）

附注：

夾紙：扉頁貼有編譯者大西齋名片，上書"胡先生,大西齋持贈"。

6211 文化史より觀たる古代の楚国/小柳司氣太著.——出版地不詳：出版者不詳,出版年不詳

196—228頁;26厘米

東方學報抽印本

PKUL（館藏號缺）

附注：

題記：封面有毛筆題記："東方學報（東京文化研究所發行）第一號抄。"

6212 文藝教育論/片上伸著.——東京：文教書院,1922

3,349頁;20厘米

PKUL（館藏號缺）

附注：
　　印章：扉頁鈐有"贈呈"朱文長方印。

6213　文藝年鑑/文藝家協會編. ——東京：新潮社，1929
　　414 頁；19.5 厘米
　　PKUL（館藏號缺）
　　附注：
　　　　其他：本書爲昭和四年（1929）版。

6214　文法適用東文教科書/小山左文二著. ——東京：三松堂書局，1906
　　2，22，280 頁；22.5 厘米
　　PKUL（館藏號缺）

6215　法家の法實證主義/田中耕太郎著. ——東京：福村書店，1947
　　4，2，148 頁；21.4 厘米
　　PKUL（館藏號缺）
　　附注：
　　　　題記：扉頁有著者題記："胡適先生惠存，田中耕太郎，一九四七，九，二七，東京。"

6216　奉天市に於ける統制団体並に商工関係組合一覧康德八年九月/奉天商工公會編. ——奉天：奉天商工公會，1941
　　10，300，20，13 頁；18.3 厘米
　　PKUL（館藏號缺）

6217　墨子/牧野藻洲講. ——東京：早稻田大學出版部，1911
　　2 冊；22.7 厘米
　　漢籍國字解全書：先哲遺著
　　PKUL（館藏號缺）

6218　墨子通論/福田千代作編著. ——上海：支那思想研究會，1925

3,65 頁;18.8 厘米

PKUL（館藏號缺）

6219 蒲寿庚の事蹟/桑原隲蔵著. ——東京：岩波書店,1935

15,228,18 頁;26.4 厘米

PKUL（館藏號缺）

6220 ボルシェヴヰズム研究/福田德三著. ——東京：改造社,1922

4,2,388,9 頁;18.9 厘米

PKUL（館藏號缺）

附注：

題記：扉頁有著者題記："北京大學胡適先生正,一九二二年十月十八日,著者。"

其他：本書爲第5版。

6221 梵漢對譯佛教辭典/荻原雲來著. ——東京：丙午出版社,1915

4,11,245,60,208,168 頁;22.1 厘米

PKUL（館藏號缺）

附注：

印章：題名頁鈐有"胡適藏書"朱文方印。

題記：《梵語索引》首頁背面有自作《字母索引》。

6222 每日年鑑附録家庭每日,1930/大阪每日新聞社,東京日日新聞社編. ——大阪：大阪每日新聞社,東京日日新聞社,1929

224 頁;19 厘米

PKUL（館藏號缺）

附注：

其他：缺封底。

6223 滿洲地方志綜合目録/植野武雄著. ——奉天：滿鉄・奉天圖書館,1939

24 頁;22.1 厘米

2095

滿洲學叢刊第二冊

PKUL（館藏號缺）

6224 滿洲地名辭典/岡野一朗著.——東京：日本外事協會，1933

2，24，293，30 頁；17.8 厘米

PKUL（館藏號缺）

6225 滿鉄講演集第三/田村羊三，島木赤彦，河東碧梧桐，高島平三郎，岡實講演.——奉天：滿鉄讀書會，1924

155 頁；22 厘米

PKUL（館藏號缺）

附注：

題記：封面有著者題記："胡適先生，田村羊三。"

6226 明日の女性教育/小泉郁子著.——東京：南光社，1933

2，3，223 頁；22.1 厘米

PKUL（館藏號缺）

6227 明治天皇御制講座第四卷/田中智學著.——東京：明治會本部，1940

122 頁；14.7 厘米

明治會叢書

PKUL（館藏號缺）

6228 譯解日語肯綮大全/松本龜次郎著.——東京：有隣書屋，1934

15，7，422 頁；22.5 厘米

PKUL（館藏號缺）

附注：

與胡適的關係：題名頁後印有胡適題詞："學得一國語言，好像開闢了一个新世界。胡適題。"

6229 楊墨哲學/高瀨武次郎著.——東京：金港堂書籍株式會社，1902

10,432,8 頁；22.2 厘米

PKUL（館藏號缺）

附注：

印章：題名頁鈐有"仲甫"朱文圓印，似爲陳獨秀舊藏。

6230 陽明學新論/高瀨武次郎著.——東京：榊原文盛堂，1906

12,4,4,424 頁；22.5 厘米

PKUL（館藏號缺）

附注：

其他：本書爲4版。

6231 四十自述/胡適著；吉川幸次郎譯.——大阪，東京：創元社，1940

7,6,2,181 頁；19.1 厘米

創元支那叢書

PKUL（館藏號缺）

附注：

題記：一册扉頁有贈書者題記："適師校長惠存,受業韓壽萱敬贈"；另一册扉頁有譯者題記："適之先生正譯,吉川幸次郎上。"

其他：本書有2册。

6232 路加傳福音書註解/著者不詳.——神户：米國遣傳教使事務局，1878

56 頁；18.1 厘米

PKUL（館藏號缺）

6233 歷史學概論/丹羽正義著.——東京：中外出版株式會社，1923

4,2,5,147,15 頁；19.4 厘米

PKUL（館藏號缺）

附注：

題記：封内有贈書者題記："此書係弟門人丹羽學士所撰,今代呈適之先生,請教正。内籐虎。"

6234 歷代服裝人形寫真帖/東京帝室博物館編. ——東京：東京帝室博物館，1926

[4，56]頁；22.1 厘米

PKUL（館藏號缺）

附注：

其他：本書爲第 8 版。

6235 老莊の思想と道教/小柳司氣太著. ——東京：關書院，1936

13，392 頁；22.5 厘米

PKUL（館藏號缺）

附注：

其他：本書爲再版。

6236 露西亞時代の大連/上田恭輔著. ——大連：大阪屋號書店，1924

2，7，79 頁；18.4 厘米

PKUL（館藏號缺）

（二）胡適紀念館館藏目錄

2707 曉 匣兩聲母の對音：大唐西域記夷語音釋稿（その二）/水谷真成撰. ——東京：東洋文庫，1911—

41—90 頁；21 厘米

HSMH（HS-N21F2-105）

附注：

題記：封面有手寫題贈："胡適先生教正 水谷真成敬贈。"

其他：爲《東洋學報》第 40 卷第 4 號昭和三十三年（1958）抽印本。

2708 慧苑音義韻攷：資料の分析/水谷真成著. ——出版地不詳：出版者不詳，1959

145—221 頁；21 厘米

HSMH（HS-N18F1-009）

附注：

題記：封面有作者的手寫題贈："胡適先生教正 水谷真成敬贈。"

其他：爲《大谷大學研究年報》第11集抽印本。

2709 慧遠研究遺文篇/木村英一編集.——東京：創文社，1960

2冊；27厘米

京都大學人文科學研究所研究報告

HSMH（HS-N05F6-054）

附注：

印章：鈐有"胡適的書"朱文方印。

夾紙：頁113處夾有信封殘片1張，上有胡適的藍筆注記："已復謝 五十、一、十三。"

其他：(1)精裝。(2)原書共2冊，館藏1冊，缺《研究篇》。

2710 京都の新國寶/京都國立博物館編.——京都：京都國立博物館，1952

26，7頁：圖；21厘米

HSMH（HS-N18F1-031）

附注：

印章：鈐有"胡適的書"朱文方印。

2711 元雜劇研究/吉川幸次郎著.——東京：岩波書店，1954

[8]，514頁：圖；22厘米

HSMH（HS-N06F5-033）

附注：

題記：扉頁有著者藍筆題贈："適之先生惠存 著者 一九五四年四月十八日 紐育。"

夾紙：有夾紙2張。

其他：(1)第2次印刷。(2)精裝。(3)附英文摘要5面。

2712 玄門"聖冑集"について-スタイン蒐集燉煌寫本第四四七八號の紹介/柳田

聖山著.——出版地不詳：出版者不詳，1958

44—57 頁；21 厘米

HSMH（HS-N07F5-050）.

附註：

題記：封面有作者托入矢義高轉呈胡適的手寫題贈字樣。

批注圈劃：(1)封面有胡適的紅筆注記："此文甚好！"(2)內文有胡適的紅、藍筆注記與校改。

其他：爲《佛教史學》第 7 卷第 3 號抽印本。

2713 **胡適自傳**/胡適著；吉川幸次郎譯.——奈良：養德社，1946

154 頁；18 厘米

養德叢書外國篇

HSMH（HS-N06F2-068）

附註：

印章：書名頁鈐有"胡適的書"朱文方印。

題記：書名頁有譯者題贈："適之先生正譯 吉川幸次郎上 一九五〇年十二月。"

夾紙：頁 54 夾有紙卡 1 張。

2714 **國寶事典**/文化財保護委員會編.——東京：便利堂，1961

495 頁：圖. 表；26 厘米

HSMH（HS-N09F6-005）

附註：

印章：鈐有"胡適的書"朱文方印。

夾紙：扉頁有夾紙 1 張，上印有"贈呈 木下彪"字樣。

相關記載：本書應係 1961 年木下彪托陳固亭轉贈胡適之書，參見館藏號：HS-NK01-233-004。

其他：精裝。

2715 **支那經濟史考證**/加藤繁著.——東京：東洋文庫，1952—1953

2 冊：圖；22 厘米

東洋文庫論叢

HSMH（HS-N18F1-035）

附注：

 印章：鈐有"胡適的書"朱文方印。

 其他：精裝。

2716 支那中國辨/木下彪著.——出版地不詳：出版者不詳，出版年不詳

 60—69 頁；26 厘米

 HSMH（HS-N17F5-022）

 附注：

  印章：鈐有"胡適的書"朱文方印。

  其他：爲《岡山大學法文學部學術紀要》第 4 號抽印本。

2717 支那佛教史研究北魏篇/塚本善隆著.——東京：弘文堂書房，1942

 [10], 654, 28 頁：圖，像；22 厘米

 HSMH（HS-N05F6-033）

 附注：

  印章：書末頁 654 鈐有"□□藏書"朱文方印；版權頁鈐有"塚本"朱文橢圓印。

  批注圈劃：目次有胡適的綠筆圈劃；內頁偶有綠、紅筆劃綫與校改。

  其他：精裝。

2718 自ら進路を決めよ/胡適著；中山和夫譯.——東京：ニユー・プラン社，1951

 [6], 76 頁：像；18 厘米

 HSMH（HS-N06F2-069）

 附注：

  其他：書名頁題名"自ら進路を決めよ：民主か極權か、自由の束縛か"。

2719 淨覺夾注"般若波羅蜜多心經"について/竺沙雅章著.——日本：出版者不詳，1958

 196—199 頁；21 厘米

HSMH（HS-N18F5-012）

附注：

其他：爲日本《佛教史學》第7卷第3號抽印本。

2720 世界人名小辞典：アジア篇/創元社辞典編集部編.——大阪：創元社，1956

126頁；21厘米

HSMH（HS-N07F6-014）

附注：

夾紙：頁43夾有創元社讀者意見調查表1張。

其他：初版。

2721 生活與會話：趣味と生活の中國語會話學習書/水世嫦，中山時子編著.——東京：書籍文物流通會，1956

［4］，144，10頁；22厘米

HSMH（HS-N18F1-033）

附注：

印章：鈐有"胡適的書"朱文方印。

其他：第1次印刷。

2722 禪學思想史/忽滑谷快天著.——東京：玄黃社，1925

2冊：圖；22厘米

HSMH（HS-N05F6-038）

附注：

印章：鈐有"胡適的書"朱文方印、"快天"朱文方印。

題記：扉頁有胡適藍筆注記："一九五三年一月在東京買得此書上冊，我很高興。可惜下冊已不易得了。胡適。"

批注圈劃：（1）扉頁有胡適的藍筆手寫英文書名注記。（2）有胡適的紅、藍、綠筆批注、圈點與劃綫。

內附文件：頁117夾有英文剪報一則。

其他：（1）再版。（2）精裝。（3）館藏上冊。

2723 禪宗史研究/宇井伯壽著.——東京：岩波書店，1942

[14]，517，[10]頁；22厘米

HSMH（HS-N05F6-039）

附註：

批注圈劃：有胡適的紅、綠筆批注、劃綫與校改。

夾紙：頁253處夾有頁253—255的中譯筆記2張。

其他：(1)第2次印刷。(2)精裝。

2724 大漢和辭典/諸橋轍次著.——東京：大修館書店，1933

1冊：圖；26厘米

HSMH（HS-N10F6-001）

附註：

印章：鈐有"胡適的書"朱文方印。

其他：(1)精裝。(2)原書不知幾冊，館藏第1卷。

2725 大漢和辭典/諸橋轍次著.——出版地不詳：出版者不詳，出版年不詳

13冊：圖；26厘米

HSMH（HS-N10F6-002）

附註：

印章：鈐有"胡適的書"朱文方印。

夾紙：卷1—4,6,9有夾紙數張。

相關記載：有1960年10月6日胡頌平致胡適函，說明此書記載胡適先生的家世有誤，參見館藏號：HS-NK05-051-019。

其他：(1)精裝。(2)一冊索引。

2726 第三禪宗史研究/宇井伯壽著.——東京：岩波書店，1943

2，510，4頁；22厘米

HSMH（HS-N05F6-041）

附註：

夾紙：夾有廣告紙3張。

其他：(1)第1次印刷。(2)精裝。

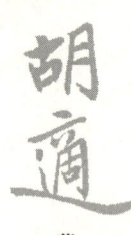

2727 第二禪宗史研究/宇井伯壽著. ——東京：岩波書店，1941

[6]，531，9 頁；22 厘米

HSMH（HS-N05F6-040）

附注：

批注圈劃：有胡適的紅、藍筆批注、劃綫與校改；版權頁有胡適的紅筆換算注記。

夾紙：偶有夾紙。

其他：(1)第 1 次印刷。(2)精裝。

2728 注音中國語中級/加賀美嘉富編著. ——東京：書籍文物流通會，1960

112 頁；18 厘米

HSMH（HS-N18F1-026）

附注：

印章：鈐有"胡適的書"朱文方印。

2729 中國菜：趣味の中國料理/著者不詳. ——東京：書籍文物流通會，1960

41 頁：圖；19 厘米

HSMH（HS-N18F1-030）

附注：

印章：鈐有"胡適的書"朱文方印。

2730 中國の社會と宗教/山崎宏編. ——東京：不昧堂，1954

[3]，452 頁：圖；22 厘米

東洋史學論集 2

HSMH（HS-N06F1-029）

附注：

印章：書名頁鈐有"胡適的書"朱文方印。

批注圈劃：《荷澤神會禪師考》一文有胡適的紅筆注記與劃綫。

其他：精裝。

2731 道教の基礎的研究/福井康順著.——東京：書籍文物流通會，1958

[10]，452，[28]頁；22厘米

HSMH（HS-N06F1-028）

附注：

印章：鈐有"胡適的書"朱文方印。

其他：(1)再版。(2)精裝。

2732 唐代の散文作品/平岡武夫等著.——京都：京都大學人文科學研究所，1960

23，887頁；26厘米

唐代研究のしおり第十

HSMH（HS-N18F1-041）

附注：

印章：鈐有"胡適的書"朱文方印。

批注圈劃：(1)英文内封面有胡適的紅筆注記。(2)多頁有胡適的紅、綠筆筆記、校改與劃綫。

夾紙：有夾紙數張，其中頁211有夾紙1張，上有胡適的綠筆注記："五十，十，五日檢至此頁211。"

2733 唐代佛教史の研究/道端良秀著.——日本京都：法藏館，1957

545頁；21厘米

文部省科學研究費總合研究報告54

HSMH（HS-N05F6-031）

附注：

其他：精裝。

2734 東方年表/藤島達朗，野上俊静編.——京都：平樂寺書店，1959

157頁：表；13厘米

HSMH（HS-N07F2-058）

附注：

題記：内封面有胡適紅筆題記："陶振譽先生贈 胡適。"

其他：精裝。

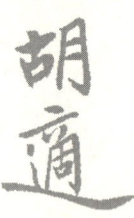

2735 東方文化學院京都研究所漢籍目錄/東方文化學院京都研究所編. ——京都：東方文化學院京都研究所，1938

9，775，9 頁；26 厘米

HSMH（HS-N07F6-001）

附注：

印章：鈐有"胡適的書"朱文方印。

批注圈劃：(1)扉頁有英文注記，應非胡適筆迹。(2)多頁有胡適的藍、紅筆劃綫、圈點與注記。

夾紙：有夾紙 2 張。

2736 東洋學説林/神田喜一郎著. ——東京：弘文堂，1948

[3]，233，[1]頁，圖版[4]頁：表；21 厘米

HSMH（HS-N18F2-009）

附注：

印章：鈐有"胡適的書"朱文方印。

題記：扉頁有胡適的黑筆注記："著者神田喜一郎贈 胡適，1953 年三月收到。"

夾紙：夾有信封殘片 3 張。

其他：精裝。

2737 東洋思想史研究/福井康順著. ——東京都：書籍文物流通會，1960

[2]，397 頁；22 厘米

HSMH（HS-N18F1-039）

附注：

印章：鈐有"胡適的書"朱文方印。

其他：精裝。

2738 東洋文庫地方志目錄：支那滿洲臺灣/東洋文庫編. ——東京：東洋文庫，1935

[8]，273，36 頁；27 厘米

HSMH（HS-N12F1-008）

附注：

　　印章：鈐有"胡適的書"朱文方印。

　　批注圈劃：頁 28、61、106，索引頁 3、32 有胡適的紅、藍筆注記、校改與圈劃。

　　其他：精裝。

2739 敦煌文獻研究論文目錄/敦煌文獻研究聯絡委員會編.——出版地不詳：出版者不詳，1959

　　［6］，82 頁：表；24 厘米

　　東洋文庫

　　HSMH（HS-N18F1-034）

　　附注：

　　　題記：封面有岩井大慧的手寫題贈："敬贈胡適 岩井。"

　　　夾紙：夾有岩井大慧的名片與東洋文庫贈書卡片各一張，兩張均有岩井大慧的手寫題贈字樣。

2740 敦煌本シナ佛教々團制規：特に"行像"の祭典について/塚本善隆著.——出版地不詳：出版者不詳，出版年不詳

　　301—324 頁：圖；26 厘米

　　HSMH（HS-N18F5-014）

　　附注：

　　　題記：封面有作者的手寫題贈："胡適之先生 塚本善隆敬贈。"

　　　其他：抽印本。

2741 南海に關する支那史料/石田幹之助著.——東京都：生活社，1945

　　［11］，327，2 頁；21 厘米

　　HSMH（HS-N18F2-010）

　　附注：

　　　印章：鈐有"胡適的書"朱文方印。

　　　題記：扉頁有石田幹之助的手寫題贈："胡適之先生大政 著者。"

2742 南都佛教/橋本凝胤著；國史研究會編輯. ——東京：岩波書店，1934

67 頁：圖；23 厘米

岩波講座日本歷史第五回配本一

HSMH（HS-N06F1-025）

附注：

題記：書名頁有石璋如手寫注記："適之先生惠閱 璋如寄贈於京都 一九六一，一，十四。"

2743 日支佛教史論攷/岩井大慧著. ——東京：東洋文庫，1957

［9］，544，［65］頁：圖；22 厘米

東洋文庫論叢 39

HSMH（HS-N05F6-037）

附注：

印章：鈐有"胡適的書"朱文方印。

題記：書名頁有胡適的藍筆注記："民國四十七年四月七夜 岩井大慧先生贈 胡適。"

夾紙：(1)有郵件吊牌 1 枚，上寫有"張伯謹代寄"等字樣。(2)有東洋文庫書卡 1 張，手寫"胡適惠存"、"岩井大慧"字樣。(3) Charles B. Fahs 名片 1 張。(4)信封殘片 1 張。

其他：精裝。

2744 日本禪宗史/林岱雲著. ——東京：大東出版社發行，1938

［12］，680，28 頁：像；23 厘米

HSMH（HS-N05F6-042）

附注：

印章：扉頁有胡適藍筆簽名"胡適 一九六一，一月"。

批注圈劃：有胡適的紅筆圈點、劃綫與注記；部分內文及《年表》上有淺紅色劃綫，疑非胡適筆迹。

夾紙：有夾紙數張。

內附文件：書末粘貼蘇峰生《"日本禪宗史"に就て》一文，1938 年 5 月 17 日載自《東日新聞》，參見館藏號：HS-NK05-310-001。

其他:精裝。

2745 日本禪宗史の研究/鷲尾順敬著.——日本京都:教典出版株式會社,1945

1冊:圖;22厘米

藍山全集第一卷

HSMH(HS-N05F6-030)

附注:

印章:扉頁鈐有"藍山會同人編輯"朱文方印;版權頁鈐有"鷲尾"朱文方印。

批注圈劃:(1)扉頁有二手書店的鉛筆注記。(2)有胡適的紅、綠筆注記與劃綫;頁234《五山十刹の起原沿革》有胡適的紅筆注記與校改。

夾紙:偶有夾紙。

相關記載:有1960年12月19日胡適《南宋以後的五山十刹與日本的五山十刹》一文提及此書,原稿參見館藏編號:HS-MS01-023-003,或《胡適手稿》第8集,卷2,頁247—260。

其他:精裝。

2746 日本に遺存する原本"貞元新定釋教目録"/塚本善隆著.——東京都:平凡社,1957

423—435頁:圖;21厘米

HSMH(HS-N18F5-013)

附注:

題記:封面有作者的手寫題贈:"胡適之先生 塚本善隆敬贈。"

其他:爲《神田博士還曆記念書誌學論集》抽印本。

2747 年表世界史事典/下中邦彦編.——東京:平凡社,1959

[4],442頁;22厘米

HSMH(HS-N12F1-006)

附注:

印章:鈐有"胡適的書"朱文方印。

其他:精裝。

2748 Brāhmī 文字転写"羅什訳金剛経"の漢字音/水谷真成著. ——名古屋：名古屋大學，1959

 749—774 頁：表；26 厘米

 名古屋大學文學部十周年紀念論集

 HSMH（HS-N17F5-020）

 附註：

  題記：封面有作者的手寫題贈："胡適先生教正 水谷真成敬贈。"

  其他：抽印本。

2749 佛教史論/松本文三郎著. ——京都：弘文堂書房，1929

 [4]，518 頁：圖版；23 厘米

 HSMH（HS-N05F6-036）

 附註：

  印章：鈐有"胡適的書"朱文方印、"松本"朱文圓印。

  其他：精裝。

2750 補註學庸章句/簡野道明補註. ——東京：明治書院，1951

 [2]，108 頁；18 厘米

 HSMH（HS-N07F3-005）

 附註：

  印章：鈐有"胡適的書"朱文方印、"文□□□圖書"朱文方印。

  其他：55 版。

2751 補註孟子集註/簡野道明補註. ——東京：明治書院，1951

 [12]，332 頁；18 厘米

 HSMH（HS-N07F3-004）

 附註：

  印章：鈐有"胡適的書"朱文方印、"文□□□圖書"朱文方印。

  其他：修正 46 版。

2752 補註論語集註/簡野道明補註. ——東京：明治書院,1953

[12],244頁；18厘米

HSMH（HS-N07F3-003）

附注：

印章：鈐有"胡適的書"朱文方印、"文□安室圖書"朱文方印。

批注圈劃：有胡適的紅、綠筆圈點與校改。

夾紙：有夾紙1張。

其他：52版。

2753 和漢書の印刷とその歴史/長澤規矩也著. ——東京都：吉川弘文館,1952

14,192,圖版[44]頁；22厘米

HSMH（HS-N18F1-040）

附注：

印章：鈐有"胡適的書"朱文方印。

題記：扉頁有作者的毛筆題贈："胡適之先生教正　長澤規矩也敬贈。"

其他：精裝。

2754 王國維と頤和園詞(上)/木下彪著. ——出版地不詳：出版者不詳,1958

51頁；22厘米

HSMH（HS-N18F1-006）

附注：

印章：鈐有"胡適的書"朱文方印。

其他：為文學論集抽印本。

2755 王國維と頤和園詞(中)/木下彪著. ——出版地不詳：出版者不詳,1960

39頁；22厘米

HSMH（HS-N18F1-007）

附注：

印章：鈐有"胡適的書"朱文方印。

其他：為文學論集抽印本。

二、綫裝圖書目録

（一）北大圖書館館藏目録

6237　安息日の話
　　　5 頁；15.7 厘米
　　　PKUL（館藏號缺）

6238　耶蘇教の入信心得
　　　6 頁；16 厘米
　　　PKUL（館藏號缺）
　　　附注：
　　　　　其他：本書有 3 套。

6239　圍碁虎の卷（日）關源吉著 1916 年東京大倉書店印本
　　　122 頁；22.1 厘米
　　　PKUL（館藏號缺）

6240　漁夫の語
　　　8 頁；16 厘米
　　　PKUL（館藏號缺）

6241 京華新誌第三號 1879 年京華社印本
　　9 頁;18.1 厘米
　　PKUL（館藏號缺）

6242 三要文
　　3 頁;17.6 厘米
　　PKUL（館藏號缺）

6243 十字架のものがたり
　　11 頁;16 厘米
　　PKUL（館藏號缺）
　　附注：
　　　　其他:本書有 3 套。

6244 脩心論
　　7 頁;17.9 厘米
　　PKUL（館藏號缺）

6245 真教の緒
　　11 頁;16 厘米
　　PKUL（館藏號缺）

6246 水雲館雜誌外集三
　　13 頁;18.5 厘米
　　PKUL（館藏號缺）

6247 駿河と臨濟禪（日）今関天彭著 1934 年静岡谷島屋書店印本
　　53 頁;18.7 厘米
　　PKUL（館藏號缺）

6248 蘇生之實事

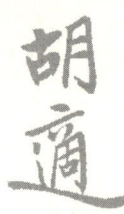

4 頁;19.5 厘米

PKUL（館藏號缺）

附注：

其他：本書有 2 套。

6249 本朝画家人名辭書（日）狩野壽信編纂 1906 年東京大倉書店印本

上、下 2 冊(10,18,8,265 頁);23 厘米

PKUL（館藏號缺）

6250 真神

2 頁;19.5 厘米

附注：

其他：本書有 3 套。

PKUL（館藏號缺）

6251 真神世の罪人を憐憫譬話

4 頁;17.6 厘米

PKUL（館藏號缺）

附注：

其他：本書有 3 套。

6252 真の生命,一名聖教講義紀聞（日）坂本安吉輯録 1879 年印本

17 頁;18.8 厘米

PKUL（館藏號缺）

附注：

其他：本書有 9 套。

6253 真の道を知る近道 米国遣傳教使事務局 1879 年印本

6 頁;17.2 厘米

PKUL（館藏號缺）

6254 真の道を知る近路

    11 頁;15.5 厘米

    PKUL（館藏號缺）

6255 メゾヂスト教会問答

    37 頁;15.2 厘米

    PKUL（館藏號缺）

6256 約瑟譚

    6 頁;17.6 厘米

    PKUL（館藏號缺）

    附注：

        其他：本書有 2 套。

6257 路得傳第十五章ノ中俗譯註解一名真神世の罪人を隣憫譬話 1880 年印本

    6 頁;17.9 厘米

    PKUL（館藏號缺）

    附注：

        其他：本書有 4 冊。

6258 をしへのよみほん第二タムソン 1878 年十字屋印本

    9 頁;18.8 厘米

    PKUL（館藏號缺）

    附注：

        印章：封面鈐有"十字屋藏版印"朱文方印。

6259 をしへのよみほん第一タムソン 1878 年十字屋印本

    7 頁;18.7 厘米

    PKUL（館藏號缺）

    附注：

        印章：封面鈐有"十字屋藏版印"朱文方印。

（二）胡適紀念館館藏目錄

2756 寶林傳の研究（日）常盤大定著 1934 年東京東方文化學院東京研究所排印本
1 函 1 冊
HSMH（HS-N05F5-008）

附注：

印章：鈐有"適之"白文方印。

題記：函套內有毛筆注記："昭和二十五載十月八日 東京大學印度哲□科教授結城令聞文學博士□ 小石川大東文化研究所研究室ニテ參見ノ節拜授 东都户山アパ-ト十八号□四一五室居人 愚菴義明 識人。"

批注圈劃：版權頁有胡適藍筆年份注記。

期刊目錄

一、普通期刊目錄

（一）北大圖書館館藏目錄

6260 醫事及雜誌索引/林四郎主編. ——東京：醫事及雜誌索引社
1930：Vol. 8
470 頁；25.7 厘米
PKUL（館藏號缺）

6261 醫事及雜誌索引/林四郎主編. ——東京：醫事及雜誌索引社
1934：Vol. 11, No. 11, 12
8, 28 頁；25.7 厘米
PKUL（館藏號缺）

6262 醫事及雜誌索引/林四郎主編. ——東京：醫事及雜誌索引社
1934：Vol. 12, No. 1
8, 28 頁；25.7 厘米
PKUL（館藏號缺）

6263 醫事及雜誌索引/林四郎主編. ——東京：醫事及雜誌索引社
1934：Vol. 12, No. 2
8, 26 頁；25.7 厘米

PKUL（館藏號缺）

6264 醫事及雜誌索引/林四郎主編.——東京：醫事及雜誌索引社
　　 1934：Vol. 12，No. 3，4
　　 8，24 頁；25.7 厘米
　　 PKUL（館藏號缺）

6265 醫事及雜誌索引/林四郎主編.——東京：醫事及雜誌索引社
　　 1934：Vol. 12，No. 5
　　 8，20 頁；25.7 厘米
　　 PKUL（館藏號缺）

6266 醫事及雜誌索引/林四郎主編.——東京：醫事及雜誌索引社
　　 1934：Vol. 12，No. 6，7
　　 8，23 頁；25.7 厘米
　　 PKUL（館藏號缺）

6267 醫事及雜誌索引/林四郎主編.——東京：醫事及雜誌索引社
　　 1934：Vol. 12，No. 8
　　 8，25 頁；25.7 厘米
　　 PKUL（館藏號缺）

6268 醫事及雜誌索引/林四郎主編.——東京：醫事及雜誌索引社
　　 1935：Vol. 12，No. 11
　　 8，22 頁；25.7 厘米
　　 PKUL（館藏號缺）

6269 醫事及雜誌索引/林四郎主編.——東京：醫事及雜誌索引社
　　 1935：Vol. 13，No. 1
　　 8，26 頁；25.7 厘米
　　 PKUL（館藏號缺）

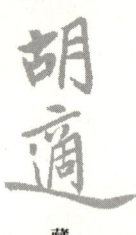

6270 醫事及雜誌索引/林四郎主編. ——東京：醫事及雜誌索引社
1935：Vol. 13, No. 2
8, 28 頁；25.7 厘米
PKUL（館藏號缺）

6271 醫事及雜誌索引/林四郎主編. ——東京：醫事及雜誌索引社
1935：Vol. 13, No. 3
8, 25 頁；25.7 厘米
PKUL（館藏號缺）

6272 醫事及雜誌索引/林四郎主編. ——東京：醫事及雜誌索引社
1935：Vol. 13, No. 4
8, 23 頁；25.7 厘米
PKUL（館藏號缺）
附注：
　　其他：本期有 2 冊。

6273 醫事及雜誌索引/林四郎主編. ——東京：醫事及雜誌索引社
1935：Vol. 13, No. 5
8, 28 頁；25.7 厘米
PKUL（館藏號缺）
附注：
　　其他：本期有 2 冊。

6274 醫事及雜誌索引/林四郎主編. ——東京：醫事及雜誌索引社
1935：Vol. 13, No. 6
8, 23 頁；25.7 厘米
PKUL（館藏號缺）
附注：
　　其他：本期有 2 冊。

6275 醫事及雜誌索引/林四郎主編.——東京:醫事及雜誌索引社

1935:Vol. 13, No. 7

8, 33 頁;25.7 厘米

PKUL(館藏號缺)

6276 醫事及雜誌索引/林四郎主編.——東京:醫事及雜誌索引社

1935:Vol. 13, No. 8, 9

8, 27 頁;25.7 厘米

PKUL(館藏號缺)

6277 醫事及雜誌索引/林四郎主編.——東京:醫事及雜誌索引社

1935:Vol. 13, No. 10

8, 23 頁;25.7 厘米

PKUL(館藏號缺)

6278 醫事及雜誌索引/林四郎主編.——東京:醫事及雜誌索引社

1937:Vol. 14, No. 12

9, 30 頁;25.7 厘米

PKUL(館藏號缺)

6279 東方學報/東方文化研究所編.——京都:內外出版印刷株式會社出版部

昭和十八年(1943)九月:京都第十三冊第四分

2, 169 頁;25.8 厘米

PKUL(館藏號缺)

6280 佛教研究/佛教研究會編.——京都:佛教研究會

1922:Vol. 3, No. 1

146 頁;22.2 厘米

PKUL(館藏號缺)

（二）胡適紀念館館藏目録

2757 冊府/大島五郎編.——京都：彙文堂書莊

    1959：No. 10

    48 頁；21 厘米

    HSMH（HS-N21F1-025）

    附注：

        印章：頁1鈐有"胡適的書"朱文方印。

        批注圈劃：多處有胡適的紅筆圈點。

        夾紙：書末有彙文堂意見卡1張，信封殘片1張。

        相關記載：有1960年5月5日大島五郎致胡適函，說明《冊府》第10、11號二冊已寄出，參見館藏號：HS-NK05-003-005。

2758 冊府/大島五郎編.——京都：彙文堂書莊

    1959：No. 11

    44 頁；21 厘米

    HSMH（HS-N21F1-026）

    附注：

        印章：頁1鈐有"胡適的書"朱文方印。

        批注圈劃：多處有胡適的紅筆圈點及黑筆注記。

        夾紙：書末有彙文堂廣告紙2張、夾紙1張。

        相關記載：有1960年5月5日大島五郎致胡適函，說明《冊府》第10、11號二冊已寄出，參見館藏號：HS-NK05-003-005。

2759 冊府/大島五郎編.——京都：彙文堂書莊

    1961：No. 15

    40 頁；21 厘米

    HSMH（HS-N21F1-027）

    附注：

批注圈劃:多處有胡適的紅、綠、黑筆圈點與劃綫。

2760 其中堂發賣書目/編者不詳.——京都:栗津製版印刷所

1961:No. 80

[148]頁;19 厘米

HSMH(HS-N21F1-041)

附注:

批注圈劃:頁 24、64、67、73 有胡適的紅筆圈點。

夾紙:頁 1 夾信封殘片 1 張。

2761 中國文學報/吉川幸次郎等編集.——京都:京都大學文學部中國語學中國文學研究室

1960:Vol. 12

1 冊;21 厘米

HSMH(HS-N18F2-008)

附注:

印章:鈐有"胡適的書"朱文方印。

其他:(1)半年刊。(2)館藏第 12 冊。

2762 東方學/東方學會編——東京:東方學會

1959:Vol. 19

[1],157,37 頁:圖,表;21 厘米

HSMH(HS-N18F1-036)

附注:

印章:鈐有"胡適的書"朱文方印。

2763 東方學/東方學會編——東京:東方學會

1960:Vol. 20

[1],136,9 頁:圖,表;21 厘米

HSMH(HS-N18F1-037)

附注:

印章:鈐有"胡適的書"朱文方印。

2764 東方學/東方學會編.──東京:東方學會

1961:Vol. 21

[1],140,11 頁:圖,表;21 厘米

HSMH(HS-N18F1-038)

附注:

印章:鈐有"胡適的書"朱文方印。

2765 日華佛教研究會年報/塚本善隆編輯.──京都:法藏館

1937:No. 2

1 冊:圖;23 厘米

HSMH(HS-N05F6-032)

附注:

印章:書名頁鈐有"期□□"朱文橢圓印。

批注圈劃:(1)封面有藍筆手寫注記:"歸田";內文偶有藍、黑筆劃記。

(2)書末《全唐詩佛教關係撰述目錄》藍筆注記非胡適筆迹。

相關記載:此書係嚴耕望(歸田)所寄贈,參見館藏編號:HS-NK01-168-007。

二、綫裝期刊目録

北大圖書館館藏目録

6281 東京新報/編者不詳. ——東京：十字社

　　1876：第二號，第三號

　　5頁；18厘米

　　PKUL（館藏號缺）

　　附注：

　　　　印章：封面鈐有"十字舍印"朱文方印。

6282 東京新報/編者不詳. ——東京：十字社

　　1877：第四至十三號

　　6頁；18厘米

　　PKUL（館藏號缺）

　　附注：

　　　　印章：封面鈐有"十字舍印"朱文方印。

西文書刊目錄

圖書目録

（一）北大圖書館館藏目錄

6283 The 19th Century: A Review of Progress/by A. G. Sedgwick, J. G. Bourinot, et al. —London, New York: G. P. Putnam's Sons, 1901

    IX, 494p. ; 22.2cm

    PKUL（館藏號缺）

    附注：

        印章：扉頁有胡適毛筆簽名"Hu Shih"。

6284 25 Jahre Telefunken/von Telefunken – Gesellschaft. —Berlin: Telefunken – Gesellschaft für drahtlose Telegraphie, 1928

    328p. ; 30cm

    PKUL（館藏號缺）

    附注：

        其他：扉頁後頁貼有贈書卡，印有"Dieses Exemplar Widmen Wir, Telefunken, Gesellschaft für Drahtlose Telegraphie M. B. H"，上書"Hezzn Dr. Hu Shih"。

6285 1825–1925: A Century of Stupendous Progress/by Joseph McCabe. —New York, London: G. P. Putnam's Sons; London: Watts & Co., 1926

    XXI, 194p. ; 18.4cm

    PKUL（館藏號缺）

    附注：

        批注圈劃：書內 4 頁有胡適鉛筆批注圈劃。

6286 Abraham Lincoln: His Speeches and Writings/by Roy P. Basler. —Cleveland and New York: The World Publishing Company, 1946

    XXX, 843p. ; 23.4cm

    PKUL（館藏號缺）

附注：

夾紙：封面扉頁間夾有白紙1張，上有湯用彤題字："適之先生存。湯用彤贈。三十九年五月十日，柏克萊。"

6287 Abraham Lincoln：The War Years/by Carl Sandburg. —New York：Harcourt, Brace and Company，1939

4 Vols. ；23.5cm

PKUL（館藏號缺）

附注：

題記：第1冊扉頁有錢端升題記："適之好傳記，今逢適之四九生日，謹以《林肯傳》相贈。錢端升，二八，三，一七。"

其他：第1冊版權頁後夾有楓葉書籤一。

6288 An Account of the Structure of Chinese Characters under 300 Primary Forms/by John Chalmers. —London：Trübner & Co.，1882

X，199p. ；23.8cm

PKUL（館藏號缺）

6289 Acculturation/by Ralph Linton. —［s.l.］：［s.n.］，［n.d.］

463-520p. ；22.3cm

Reprinted from *Acculturation in Seven American Indian Tribes*，Chapters 8-10

PKUL（館藏號缺）

附注：

題記：題名頁有作者題記："To Dr. Hu Shih, in sincere appreciation of his studies in this field. Ralph Linton。"

6290 The Acharnians and Two Other Plays of Aristophanes/by Aristophanes；translated by J. Hookham Frere. —London：J. M. Dent & Sons Ltd.；New York：E. P. Dutton & Co.，［n.d.］

XIII，221p. ；17.3cm

Everyman's Library：Classical

PKUL（館藏號缺）

附註：

題記：扉頁有胡適毛筆題記："Hu Suh, Peking, Oct. 10, year 6。"

夾紙：書內夾有明信片1張。

6291 The Acquisitive Society/by R. H. Tawney. —London：G. Bell and Sons Ltd., 1921

242p.；18.8cm

PKUL（館藏號缺）

附註：

題記：封套有胡適題記："Chang Hung-Mien 章洪楣。"

6292 Across America and Asia, Notes of a Five Years' Journey around the World, and of Residence in Arizona, Japan and China/by Raphael Pumpelly. —New York：Leypoldt & Holt, 1869

XVI, 454p.；22.7cm

PKUL（館藏號缺）

附註：

印章：題名頁鈐有"Mercantile Library, New York"藍文橢圓印；另鈐有"Sold by the Mercantile Library, New York"藍文印。

6293 Actions Speak/by Edwin Diller Starbuck & Staff. —New York：World Book Company, 1936

X, 340p.；20.3cm

Living Through Biography

PKUL（館藏號缺）

附註：

印章：扉頁有胡適鋼筆簽名"Hu Shih"。

6294 Acts de la Conférence/by Michel Potulicki. —Paris：Librarie du Recueil Sirey, 1929

184p. ;25.3cm

PKUL（館藏號缺）

6295 Additional Official Documents Bearing upon the European War.—New York：American Association for International Conciliation，1914

59p. ;19.6cm

PKUL（館藏號缺）

附注：

題記：封面有胡適鋼筆簽名"Suh Hu, Nov. 1914"。

6296 Address at the Grave of Luther Burbank/by Ben B. Lindsey.—Girard：Haldeman-Julius Company,［n. d.］

64p. ;12.6cm

Little Blue Book

PKUL（館藏號缺）

6297 An Address by Dr. Hu Shih/by Hu Shih.—San Francisco：The Grabhorn Press，1942

18p. ;33.1cm

PKUL（館藏號缺）

附注：

其他：本書有9冊。

6298 Addresses & Papers Dedication Ceremonies and Medical Conference, Peking Union Medical College, September 15-22, 1921.—Peking：［s. n.］,1922

XIV, 416p. ;28.6cm

PKUL（館藏號缺）

6299 Addresses and Statements by the Honorable Cordell Hull/by Cordell Hull.—Washington：United States Government Printing Office,［n. d.］

2 Vols. ;24.4cm

PKUL（館藏號缺）

附注：

其他：兩冊的演講時間分別爲 1936—1937 年，1938—1939 年。

6300 Addresses by Sao-Ke Alfred Sze, Chinese Minister to the United States/by Sao-Ke Alfred Sze. —Baltimore：The Johns Hopkins Press, 1926

IX, 131p. ; 19.4cm

PKUL（館藏號缺）

6301 The Admission of Vermont into the Union/by Leon W. Dean. —[s. l.]：Vermont Historical Society, 1941

62p. ; 23.2cm

PKUL（館藏號缺）

附注：

印章：題名頁前頁有作者簽名"Leon W. Dean"。

6302 Advancing Science：Being Personal Reminiscences of the British Association in the Nineteenth Century/by Oliver Lodge. —London：Ernest Benn Limited, 1931

191p. ; 18.3cm

PKUL（館藏號缺）

附注：

題記：扉頁有胡適鉛筆簽名"Hu Shih, June 24, 1932"。

6303 The Adventure of Tom Sawyer/by Samuel L. Clemens. —Washington：National Home Library Foundation, 1932

253p. ; 16.7cm

PKUL（館藏號缺）

附注：

印章：扉頁有胡適鋼筆簽名"Hu Shih"。

其他：封内貼有 Carnegie Endowment for International Peace 贈書卡 1 張。

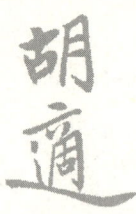

6304 An Adventure in World Order/by Philip Curtis Nash. —Boston：The Beacon Press，1944

X，139p. ；19.7cm

PKUL（館藏號缺）

附註：

題記：扉頁有作者題記："To Dr. Hu Shih, with cordial best wishes from Philip C. Nash, May 15 1945。"

6305 Adventure of Robinson Crusoe/by Daniel Defoe．—London：Macmillan and Co.，Limited，1908

64p. ；18.2cm

Macmillan's Supplementary Readers：Senior

PKUL（館藏號缺）

附註：

印章：扉頁有鉛筆簽名"Chiang C. H."（似爲江澤涵）。

批注圈劃：頁3有鉛筆注釋，非胡適所作。

6306 Aes Triplex and Other Essays/by Robert Louis Stevenson. —Portland Maine：Thomas B. Mosher，1903

78p. ；14.1cm

PKUL（館藏號缺）

附註：

印章：書末有胡適鉛筆簽名"Suh Hu"。

題記：扉頁有贈書者題記："To Suh Hu, the happy memory of his □ and his □□, from his friend □ Williams, June 21st, 1916。"

6307 Africa—Its Place in Modern History/by W. E. Burghardt du Bois. —Girard：Haldeman-Julius Company，［n.d.］

63p. ；12.7cm

Little Blue Book

PKUL（館藏號缺）

6308 After Seven Years/by Raymond Moley. —New York, London：Harper & Brothers Publishers, 1939

　　Ⅻ, 446p. ; 22.1cm

　　PKUL（館藏號缺）

6309 After Two Thousand Years：A Dialogue between Plato and a Modern Young Man/by G. Lowes Dickinson. —London：George Allen & Unwin Ltd. , 1930

　　213p. ; 19.3cm

　　PKUL（館藏號缺）

6310 Aftermath：A Supplement to the Golden Bough/by James George Frazer. —New York：The Macmillan Company, 1937

　　ⅩⅩ, 494p. ; 21.6cm

　　PKUL（館藏號缺）

　　附注：

　　　題記：扉頁有胡適鋼筆簽名"Hu Shih, Oct. 17, 1944"；題名頁前頁有胡適簽寫日期"Oct. 17, 1944"；另有多人中英文簽名。

　　　批注圈劃：書内個别頁有胡適圈劃。

6311 The Age of Jackson/by Arthur M. Schlesinger, Jr. . —Boston：Little, Brown and Company, 1945

　　ⅩⅣ, 577p. ; 21.9cm

　　PKUL（館藏號缺）

　　附注：

　　　印章：扉頁鈐有"胡適之印"朱文方印。

　　　題記：扉頁有胡適題記："思杜送給我的。一九四五，十二，十七。"

　　　夾紙：頁16、17間有1946年1月9日 *New York Herald Tribune* 剪報1張；書中頁208、209間有胡思杜給胡適的賀卡1張，上書"To father, for our birthday. S. T."。

2135

6312　Agenda for a Postwar World/by J. B. Condliffe. —New York：W. W. Norton & Company Inc. ，1942

　　232p. ；20.8cm

　　PKUL（館藏號缺）

　　附注：

　　　夾紙：書内夾有請作書評卡 1 張。

6313　Akiba：Scholar, Saint and Martyr/by Louis Finkelstein. —New York：Covici Friede Publishers，1936

　　XXIV, 363p. ；21.6cm

　　PKUL（館藏號缺）

　　附注：

　　　題記：扉頁有作者題記："To Ambassador Hu，with good respect，Louis Finkelstein。"

6314　Alexis de Tocqueville：A Biography Essay in Political Science/by J. P. Mayer. —New York：The Viking Press，1940

　　XVII, 233p. ；21.8cm

　　PKUL（館藏號缺）

　　附注：

　　　其他：書内夾鉛筆 1 支。

6315　The Algebra of Logic/by Louis Couturat. —Chicago and London：The Open Court Publishing Company，1911

　　XIV, 98p. ；21.4cm

　　PKUL（館藏號缺）

　　附注：

　　　題記：扉頁有趙元任簽名"Yuen R. Chao. Feb. 21，1916"。

6316　All in a Life-Time/by Henry Morgenthau. —New York：Doubleday, Page &

Company, 1922

454p. ; 23.8cm

PKUL（館藏號缺）

附注：

題記：扉頁有作者題記："To my friend Mr. Hu Shih, with best regards of Henry Morgenthau, April, 26/26。"

6317 All in the Name of God/by Everett R. Clinchy. —New York：The John Day Company, 1934

194p. ; 19.2cm

PKUL（館藏號缺）

6318 Almayer's Folly：A Story of an Eastern River/by Joseph Conrad. —Leipzig：Bernhard Tauchnitz, 1914

278p. ; 16.3cm

Collection of British Authors, Tauchnitz Edition

PKUL（館藏號缺）

6319 Alton Locke：Tailor and Poet/by Charles Kingsley. —London：J. M. Dent & Sons Ltd. ; New York：E. P. Dutton & Co. , [n. d.]

XII, 370p. ; 17.3cm

Everyman's Library：Fiction

PKUL（館藏號缺）

附注：

印章：扉頁後頁鈐有"適盦藏書"朱文圓印。

題記：扉頁有胡適簽名"Suh Hu, April, 1914"。

6320 America Gropes for Peace/by Harold B. Hinton. —Richmond, Atlanta, Dallas, New York, Chicago：Johnson Publishing Company, 1937

VII, 214p. ; 20.8cm

PKUL（館藏號缺）

6321 The American as He Is/by Nicholas Murray Butler. —New York：Charles Scribner's Sons, 1936

Ⅹ, 104p. ；19.3cm

PKUL（館藏號缺）

6322 The American College and Its Rulers/by J. E. Kirkpatrick. —New York：New Republic, Inc. , 1926

Ⅷ, 309p. ；18.7cm

PKUL（館藏號缺）

6323 The American Commonwealth/by James Bryce. —London：The Macmillan Company, 1906

ⅩⅢ, 555p. ；19.8cm

PKUL（館藏號缺）

附注：

　　印章：書名頁鈐有"適盦藏書"朱文圓印。

　　題記：扉頁有胡適題記："《美國政治概論》，即今某社所譯之《平民政治》，胡適。"

　　批注圈劃：書內82頁有胡適批注圈劃。

　　夾紙：頁462、463間夾有Cornell University Library索書單1張。

6324 The American Commonwealth/by James Bryce. —New York：The Macmillan Company, 1910

2 Vols. ；20.1cm

PKUL（館藏號缺）

附注：

　　題記：扉頁鈐有"HU SHIH"藍文印；另有胡適鉛筆注明日期"July, 1940"。

　　其他：兩卷封內均貼有"胡適的書"藏書票。

6325　American Council Institute of Pacific Relations，1930－1931.—［s. l.］：［s. n.］，［n. d.］

　　90p. ；28.6cm

　　PKUL（館藏號缺）

6326　American Diplomacy in the Far East.—New York：［s. n.］，1939

　　78p. ；23.8cm

　　PKUL（館藏號缺）

　　附註：

　　　　印章：封面有胡適簽名"Hu Shih"。

　　　　批注圈劃：書内 11 頁有胡適批注圈劃。

　　　　內附文件：頁 42、43 間夾有"Remark made by Mr. Hornbeck at a dinner..."油印件 4 頁；首頁鈐有"CONFIDENTIAL"印章。

　　　　夾紙：另有紙片 1 張。

6327　American Diplomacy in the Far East：1939 No. 2/by K. C. Li.—New York City：［s. n.］，1940

　　106p. ；23.7cm

　　PKUL（館藏號缺）

　　附註：

　　　　夾紙：書內夾有贈書卡片 1 張："With the Compliments of K. C. Li。"

6328　American Diplomacy in the Far East：1941/by K. C. Li.—New York：［s. n.］，1942

　　503p. ；23.4cm

　　PKUL（館藏號缺）

6329　American Diplomacy in the Far East：1942-1943 Vol. V/by K. C. Li.—New York：Woolworth Building，1946

　　LIX，912p. ；23.6cm

　　PKUL（館藏號缺）

6330 American Diplomacy in the Orient/by John W. Foster. ——Boston and New York：Houghton，Mifflin and Company，1903

　　XIV，498p.；22cm

　　PKUL（館藏號缺）

　　附注：

　　　題記：扉頁有簽名"Howard E. Morton，1903"。

6331 American Fertilizer Practices/by H. R. Smalley，Robert H. Engle，Herbert Willett. ——Washington：The National Fertilizer Association，1940

　　128，12p.；26.8cm

　　PKUL（館藏號缺）

　　附注：

　　　其他：扉頁貼有贈書卡1張。

6332 American Foundations：A Study of Their Role in the Child Welfare Movement/by Harold Coe Coffman. ——New York：The General Board of The Young Men's Christian Association，1936

　　213p.；21.6cm

　　PKUL（館藏號缺）

　　附注：

　　　夾紙：書內夾有英文信封1個："Josian May，Jr. Foundation 致胡適。"

6333 The American Government/by Frederic J. Haskin. ——New York and London：Harper & Brothers Publishers，［n. d.］

　　XV，566p.；21.7cm

　　PKUL（館藏號缺）

　　附注：

　　　題記：扉頁有胡適題記："Hu Shih，New York City，March 28，1942. 作者在 Washington Evening Star 及他報專載一'欄'，名為'Haskin's Answers to Questions'，其人為日報'雜俎'作者，故此書多採瑣屑有趣味的材料，而往

往不注意大沿革，大潮流。但此書各篇多可讀，可補充太乾燥無味的教科書的缺陷。胡適。"

  批注圈劃：頁507—512有多處圈劃；頁511批注："錯簡。"

6334 American Historical Documents，1000-1904/by Charles W. Eliot.—New York：P. F. Collier & Son，1910

  491p.；19.5cm

  The Harvard Classics

  PKUL（館藏號缺）

6335 The American Language：An Inquiry into the Development of English in the United States/by H. L. Mencken.—New York：Alfred A. Knope，1936

  XI，769，XXIXp.；23.9cm

  PKUL（館藏號缺）

  附注：

    題記：一冊扉頁有胡適題記："張泰浩、張泰真兩女士送給我的。一九四二年新年。適之"；另一冊扉頁有胡適鋼筆簽名"Hu Shih, Jan. 1937"。

    其他：本書有2冊。

6336 American Literature/by Alphonso G. Newcomer.—Chicago：Scott, Foresman and Company，1904

  364p.；18.7cm

  PKUL（館藏號缺）

  附注：

    印章：扉頁有胡適鋼筆簽名"Suh Hu"。

    批注圈劃：書内12頁有胡適批注圈劃。

6337 American Neutrality and International Police/by Philip C. Jessup.—Boston：World Peace Foundation，1928

  170p.；19.9cm

  PKUL（館藏號缺）

6338 The American Philosophical Society Held at Philadelphia for Promoting Useful Knowledge, Year Book 1938/by The American Philosophical Society. — Philadelphia: The American Philosophical Society, 1939

 407p. ; 23.3cm

 PKUL（館藏號缺）

6339 The American Philosophical Society Held at Philadelphia for Promoting Useful Knowledge, Year Book 1939/by The American Philosophical Society. — Philadelphia: The American Philosophy Society, 1940

 494p. ; 23.3cm

 PKUL（館藏號缺）

6340 The American Philosophical Society Held at Philadelphia for Promoting Useful Knowledge, Year Book 1940/by The American Philosophical Society. — Philadelphia: The American Philosophy Society, 1941

 466p. ; 23.3cm

 PKUL（館藏號缺）

6341 The American Philosophical Society Held at Philadelphia for Promoting Useful Knowledge, Year Book 1941/by The American Philosophical Society. — Philadelphia: The American Philosophy Society, 1942

 423p. ; 23.3cm

 PKUL（館藏號缺）

6342 American Policy in the Far East, 1931–1940/by T. A. Bisson. —New York: International Secretariat Institute of Pacific Relations, 1940

 XII, 162p. ; 23.4cm

 PKUL（館藏號缺）

6343 The American Political Scene/by A. N. Holcombe, Edward B. Logan, J. T.

Salter, Harold R. Bruce, James K. Pollock, Harwood L. Childs. —New York, London: Harper & Brothers Publishers, 1936

 VIII, 264p. ; 20.1cm

 PKUL（館藏號缺）

 附注：

  題記:扉頁有作者題記:"To Hu Shih, from Arthur N. Holcombe, Sept. 15, 1936。"

6344 American University Club of China, Lectures 1921-22/by George E. Sokolsky. —Shanghai: Commercial Press, Limited, 1923

 IV, 103, 90p. ; 19.4cm

 PKUL（館藏號缺）

 附注：

  題記:扉頁有原書主簽名題記:"Personal Copy, George E. Sokolsky。"

  其他:封內貼有作者 George E. Sokolsky 藏書票。

6345 American University Men In China/by The American University Club Shanghai. —Shanghai: The Comacrib Press, 1936

 XII, 233p. ; 21cm

 PKUL（館藏號缺）

 附注：

  夾紙:書内夾有請柬 1 張。

6346 The American Way: A Study of Human Relations among Protestants, Catholics and Jews/by Newton Diehl Baker, Carlton J. H. Hayes, Roger Williams Straus. —Chicago, New York: Willett, Clark & Company, 1936

 IX, 165p. ; 19.3cm

 PKUL（館藏號缺）

6347 The American Whitaker Almanac and Encyclopedia for 1915/by C. W. Whitaker. —New York, Garden City, Chicago: Doubleday, Page & Co.,

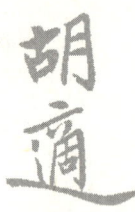

[n. d.]

XLVIII, 648p. ; 18.8cm

PKUL（館藏號缺）

附注：

題記：扉頁有胡適鋼筆簽名"Suh Hu, march, 1915"。

6348 The Americans/by Hugo Münsterberg; translated by Edwin B. Holt. —New York：McClure, Philips & Co., 1904

XI, 619p. ; 23cm

PKUL（館藏號缺）

附注：

題記：扉頁有胡適題記："Suh Hu, Jan 20, 1914. 吾以原價五分之一得此書於舊書肆，適之。"

6349 Amiel's Journal：The Journal Intimé of Hernri-Frédéric Amiel/by Humphrey Ward. —[s. l.]：A. L. Burt Company, Publishers, [n. d.]

LIV, 397p. ; 18.5cm

PKUL（館藏號缺）

附注：

批注圈劃：書内 125 頁有批注圈劃，不確定是否爲胡適所做。

摺頁：頁 126、191、239 有摺頁。

6350 Anales de la Facultad de Ciencias Jurídicas y Sociales de la Universidad de la Plata Tom XI/par Enrique V. Galli. —[s. l.]：La Plata, 1940

988p. ; 26.8cm

PKUL（館藏號缺）

6351 The Analogy of Religion Natural & Revealed/by Bishop Butler. —London：J. M. Dent & Sons Ltd. ; New York：E. P, Dutton & Co., 1906

XXXII, 273p. ; 17.3cm

Everyman's Library：Philosophy

PKUL（館藏號缺）

附注：

    印章：叢書頁鈐有"適盦藏書"朱文圓印。

    題記：扉頁有胡適鋼筆簽名"Suh Hu, April, 1914"。

    批注圈劃：書内10頁有胡適鉛筆批注圈劃。

6352 Analytic Dictionary of Chinese and Sino-Japanese/by Bernhard Karlgren. —Paris：Librairie Orientaliste Paul Geuthner, 1923

    436p. ; 27.1cm

    PKUL（館藏號缺）

    附注：

        其他：書名頁前有2頁脱落，裝訂破損。

6353 Analytic Geometry of Space/by Virgil Snyder, C. H. Sisam. —New York：Henry Holt and Company, 1914

    XI, 280p. ; 19.7cm

    PKUL（館藏號缺）

    附注：

        題記：扉頁有原書主簽名"Y. K. Loong, U. of Chicago, Jan. 5, 1925"。

        批注圈劃：書内多處有鉛筆批注圈劃，非胡適親筆。

6354 Anatomy and the Problem of Behaviour/by G. E. Coghill. —Cambridge：The Cambridge University Press, 1929

    XII, 113p. ; 21.5cm

    PKUL（館藏號缺）

6355 The Anatomy of Peace/by Emery Reves. —New York, London：Harper & Brothers Publishers, 1946

    293p. ; 19.6cm

    PKUL（館藏號缺）

6356 Ancient Chinese -ung, -uk, -uong, -uok, etc. in Archaic Chinese/by Li Fang-kuei. —Peiping:[s. n.], 1933

375-414p. ; 26.2cm

Reprinted from *Bulletin* Vol III, Pt. III, Academia Siniaca, The National Reserch Institute of History and Philology

PKUL（館藏號缺）

附注：

題記：封面有作者題記："適之先生指正，方桂。"

6357 Ancient Law: Its Connection with the Early History of Society and Its Relation to Modern Ideas/by Henry Summer Maine. —London: George Routledge & Sons, Limited, [n. d.]

VI, 344p. ; 15.3cm

The New Universal Library

PKUL（館藏號缺）

附注：

印章：題名頁鈐有"適盦藏書"朱文圓印。

題記：扉頁有胡適鋼筆題記："Suh Hu, Jan. 1914。《古律》。"

6358 Ancient Times: A History of the Early World/by James Henry Breasted. —Boston, New York: Ginn and Company, 1916

XX, 742p. ; 18.7cm

PKUL（館藏號缺）

附注：

印章：扉頁有原書主簽名"S. H. C., Peking"。

6359 And This Is Boston! /by Eleanor Early. —Boston and New York: Houghton Mifflin Company, 1938

XXIV, 256p. ; 17.1cm

PKUL（館藏號缺）

6360 Androcles and the Lion; Pygmalion/by Bernard Shaw. —Leipzig: Bernhard Tauchnitz, 1921

　　275p. ; 16.8cm

　　Collection of British Authors, Tauchnitz Edition

　　PKUL（館藏號缺）

6361 Anfangsgründe der Chinesischen Grammatik Mit Übungsstücken/von George von der Gabelentz. —Leipzig: T. O. Weigel, 1883

　　VIII, 150p. ; 23.3cm

　　PKUL（館藏號缺）

6362 Angel Pavement/by J. B. Priestley. —New York: The Press of The Readers Club, 1942

　　V, 409p. ; 21.9cm

　　PKUL（館藏號缺）

6363 The Anglo-Japanese Alliance/by Chung-Fu Chang. —Baltimore: The Johns Hopkins Press; London: Oxford University Press, 1931

　　IX, 315p. ; 21.7cm

　　PKUL（館藏號缺）

6364 Anglo-Saxony and Its Tradition/by George Catlin. —New York: The Macmillan Company, 1939

　　IX, 344p. ; 20.4cm

　　PKUL（館藏號缺）

　　附注：

　　　印章：扉頁鈐有"Hu Shih"藍文長印。

　　　題記：扉頁有胡適題記："著者贈送給我的。廿八年八月"；題贈頁印有"To Hu Shih, who perhaps alone among my friends can read this book with detachment"，其後有作者題記："and personally presented to the most honoured of his friends, by Geg. C., 3. xii, 39。"

6365 Anna Karenina/by Leo Tolstoy; translated by Constance Garnett. —New York: Random House, 1939

 2 Vols.（XXV, 969p.）; 21.9cm

 PKUL（館藏號缺）

6366 Anne of Geierstein/by Walter Scott. —London: J. M. Dent & Sons Ltd. ; New York: E. P. Dutton & Co., Inc., 1906

 X, 473p. ; 17.4cm

 Everyman's Library: Fiction

 PKUL（館藏號缺）

6367 Annual Dinner Commemorating the Fiftieth Anniversary of the Linen Trade Association, 1891-1941/by Linen Trade Association. —[s. l.]: The Waldorf-Astoria, 1941

 62p. ; 23.4cm

 PKUL（館藏號缺）

6368 Answering Questions on Manchuria, 1936/by South Manchuria Railway Company. —[s. l.]: South Manchuria Railway Company, 1936

 IX, 84p. ; 22.2cm

 PKUL（館藏號缺）

 附注：

  其他:本書有2冊。

6369 Answers on and Reasons of the Manchurian/by King-Chau Mui. —[s. l.]: [s. n.], [n. d.]

 14p. ; 18.8cm

 PKUL（館藏號缺）

6370 An Anthology of Haiku, Ancient and Modern/by Asatarō Miyamori. —Toyo:

Maruzen Company Ltd., 1932

XXIX, III, 841, IVp. ; 22.1cm

PKUL（館藏號缺）

附注：

題記:扉頁有胡適題記:"俳句選。"

6371 Anthology of Magazine Verse for 1917, and Yearbook of American Poetry/by William Stanley Braithwaite. —Boston: Small, Maynard & Company Publishers, 1917

XXVII, 412p. ; 21cm

PKUL（館藏號缺）

6372 An Anthology of Modern Verse/by A. Methuen. —London: Methuen & Co., Ltd., 1928

XLV, 254p. ; 17.3cm

PKUL（館藏號缺）

附注：

批注圈劃:書內數頁有胡適鋼筆圈劃。

6373 Anthony Adverse/by Hervey Allen. —New York: Farrar and Rinehart, Inc., 1933

1224p. ; 21.4cm

PKUL（館藏號缺）

附注：

夾紙:書內夾有《獨立評論》三周紀念優待券1張。

其他:封內貼有贈書者Mrs. Grozier名片,上書"Happy New Year!"

6374 Anthony Comstock: Rundsman of the Lord/by Heywood Broun, Margaret Leech. —New York: Albert & Charles Boni, 1927

285p. ; 22.2cm

PKUL（館藏號缺）

6375 Anthropology and Modern Life/by Franz Boas. —New York: W. W. Norton & Company, Inc., 1928

 VII, 246p. ; 21.2cm

 PKUL（館藏號缺）

附注：

 題記：扉頁有贈書者題記："To Dr. Su Hu (Hu Shih), in memory of Anthropology at Columbia University, 21 years ago—□ Golden Gate, 1936。"

6376 Antic Hay/by Aldous Huxley. —New York: The Modern Library, [n. d.]

 350p. ; 18.3cm

 PKUL（館藏號缺）

6377 Anticipations of the Reaction of Mechanical and Scientific Progress upon Human Life and Thought/by H. G. Wells. —Leipzig: Bernhard Tauchnitz, 1902

 286p. ; 16.4cm

 Collection of British Authors, Tauchnitz Edition

 PKUL（館藏號缺）

6378 AP, the Story of News/by Oliver Gramling. —New York, Toronto: Farrar & Rinehart, Inc., 1940

 X, 506p. ; 23.4cm

 PKUL（館藏號缺）

6379 Apes and Men/by Harold Peake, Herbert John Fleure. —Oxford: The Clarendon Press, 1927

 VI, 138p. ; 20.5cm

 The Corridors of Time

 PKUL（館藏號缺）

6380 The Apocrypha: Or Non-Canonical Books of the Bible/by Manuel Komroff. —New York: Tudor Publishing Company, 1936

　　350p. ; 23.6cm

　　PKUL（館藏號缺）

　　附注：

　　　　題記：封內有胡適題記："a dime to a dollar。"

　　　　其他：封內貼有"胡適的書"藏書票。

6381 The Apology, Phaedo and Crito of Plato, the Golden Sayings of Epictetus, the Meditations of Marcus Aurelius/by Plato, Epictetus, Marcus Aurelius. —New York: P. F. Collier & Sons, 1909

　　306p. ; 19.4cm

　　The Harvard Classics

　　PKUL（館藏號缺）

　　附注：

　　　　印章：書名頁鈐有"適盦藏書"朱文圓印。

　　　　題記：扉頁有胡適簽名"Suh Hu"。

　　　　批注圈劃：書內112頁有胡適批注圈劃。

6382 The Apostle/by Sholem Asch; translated by Maurice Samuel. —New York: G. P. Putnam's Sons, 1943

　　754p. ; 22.1cm

　　PKUL（館藏號缺）

6383 The Apple Cart: A Political Extravaganza/by Bernard Shaw. —London: Constable and Company, 1930

　　XXIX, 78p. ; 18cm

　　PKUL（館藏號缺）

6384 Apricot Cheeks and Almond Eyes/by Genevieve Wimsatt. —New York:

　　　　Columbia University Press, 1939

　　　　XVIII, 123p. ; 19.4cm

　　　　PKUL（館藏號缺）

6385 The Arabian Nights' Entertainments: Or the Thousand and One Nights/by Edward William Lane. —New York: Tudor Publishing Co., 1939

　　　　XIV, 1260p. ; 22.9cm

　　　　PKUL（館藏號缺）

　　　　附注:

　　　　　題記:扉頁有胡適題記:"1941 年六月廿日買得 Lane 的'天方夜談'譯本。胡適。"

　　　　　批注圈劃:目錄有胡適藍筆標注的故事編號。

6386 The Arabian Prophet: A Life of Mohammed from Chinese and Arabic Sources/by Liu Chai-Lien. —Shanghai: The Commercial Press, Limited, 1921

　　　　XVII, 313p. ; 19.2cm

　　　　PKUL（館藏號缺）

　　　　附注:

　　　　　題記:扉頁有贈書者題記:"Dr. Hu Shih, with kind regards, from Isacc Mason, Shanghai, 25/10/28。"

6387 Archimedes: Or the Future of Physics/by L. L. Whyte. —London: Kegan Paul, Trench, Trubner & Co., Ltd.; New York: E. P. Dutton & Co., [n.d.]

　　　　96p. ; 15.9cm

　　　　PKUL（館藏號缺）

　　　　附注:

　　　　　題記:扉頁有贈書者題記:"To my friend Hu Shih, with friendly wish □, A. J. Whyte □。"

6388 Are We Machines? Is Life Mechanical or Is It "Something Else"? /by Clarence Darrow, Will Durant. —Girard: Haldeman-Julius Company, [n.d.]

61p. ; 12.6cm

Little Blue Book

PKUL（館藏號缺）

6389 The Armed Forces of the Pacific：A Comparison of the Military and Naval Power of the United States and Japan/by W. D. Puleston. —New Haven：Yale University Press, 1941

XIV, 273p. ; 23.6cm

PKUL（館藏號缺）

附注：

其他：封內貼有"胡適的書"藏書票。

6390 Aristotle/by A. E. Taylor. —London：T. C. & E. C. Jack, [n. d.]

91p. ; 16.1cm

PKUL（館藏號缺）

附注：

題記：封面有胡適題記："阿里士多德"；扉頁有胡適題記："Suh Hu, Oct. 1915. New York. 泰牢,《阿里士多德》。"

批注圈劃：全書 30 餘頁有胡適墨筆圈劃,多處有胡適批注。

夾紙：頁 22、23 間夾有胡適記有論名等內容的紙片 3 張,爲"國際聯盟同志會"便箋裁成。

其他：封內貼有 1 分民國郵票。

6391 Arsi and Yen-Ch'I, Tokhri and Yüeh-Shih/by Wang Ching-ju. —[s. l.]：[s. n.], [n. d.]

81-91p. ; 26.4cm

Reprinted from *Journal of Oriental Studies of the Catholic University of Peking*, Vol. IX

PKUL（館藏號缺）

附注：

題記：封面有作者題記："適之先生大教。"

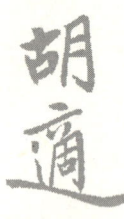

6392 Art as Experience/by John Dewey. —New York：Minton, Balch & Company, 1934

  VIII, 355p. ; 24.1cm

  PKUL（館藏號缺）

6393 The Artist and Psycho-Analysis/by Roger Fry. —London：Leonard and Virginia Woolf, 1924

  20p. ; 21.5cm

  PKUL（館藏號缺）

  附註：

   印章：題名頁鈐有"佛西藏書"朱文方印。

6394 Artist in Iowa：A Life of Grant Wood/by Darrell Garwood. —New York：W. W. Norton & Company, Inc. , 1944

  259p. ; 21.6cm

  PKUL（館藏號缺）

  附註：

   題記：扉頁有孟治等題記："獻給適之先生作他生日那天代表我們慶賀的小品。孟治、郭煥綬仝拜。卅三年，十二，十七。"

6395 As I Knew Them：Memoirs of James E. Watson/by James E. Watson. —Indiannapolis, New York：The Bobbs-Merrill Company, 1936

  330p. ; 22.9cm

  PKUL（館藏號缺）

  附註：

   題記：扉頁有胡適題記："Hu Shih, August 1942. A biased book with interesting parts. HS。"

6396 As I Remember Him：The Biography of R. S. /by Hans Zinsser. —Boston：Little, Brown and Company, 1940

IX, 443p. ; 21.7cm

PKUL（館藏號缺）

附注：

印章：扉頁鈐有"HU SHIH"藍文印。

6397 Asiatic Asia/by S. K. Datta. —London：Faber & Faber Limited, 1932

194p. ; 20cm

PKUL（館藏號缺）

附注：

題記：扉頁有贈書者題記："Dr. Hu–Shih, from Charles R. Crow, New York, September, 24th 1936。"

6398 Asprey's Atlas of the World：A Series of 145 Coloured Paltes, with a Geographical and Statistical Summary/by The London Geographical Institute. —[s. l.]：Asprey & Co., Ltd., [n. d.]

XXXI, 145p. ; 12.6cm

Reference Library

PKUL（館藏號缺）

6399 Asprey's Gazetteer of the World. —[s. l.]：Asprey & Co., Ltd., [n. d.]

XIV, 726p. ; 12.5cm

Reference Library

PKUL（館藏號缺）

6400 Assigned to Adventure/by Irene Kuhn. —New York：Grosset & Dunlap, 1938

432p. ; 21.2cm

PKUL（館藏號缺）

附注：

題記：扉頁有作者題記："For His Excellency–Dr. Hu Shih– with the best wishes of the author who cherishes her memories of her life in China, Sincerely Irene Kuhnm, New York, N. Y., 2/2 1940。"

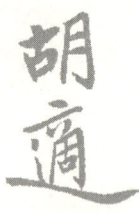

6401 At Sunwich Port/by W. W. Jacobs. —New York: Charles, [n.d.]

　　Ⅷ, 351p. ; 19.6cm

　　PKUL（館藏號缺）

6402 At the Paris Peace Conference/by James T. Shotwell. —New York: The Macmillan Company, 1937

　　Ⅹ, 444p. ; 24cm

　　PKUL（館藏號缺）

　附注：

　　其他：書末貼有剪報1頁，並有胡適標注："Washington Star, Sept. 18, 1941。"

6403 Atheism in Russia/by Joseph McCabe, E. Haldeman‐Julius. —Girard: Haldeman‐Julius Company, [n.d.]

　　32p. ; 12.6cm

　　Little Blue Book

　　PKUL（館藏號缺）

6404 Auld Lang Syne Second Series: My Indian Friends/by F. Max Müller. —New York: Charles Scribner's Sons, 1809

　　ⅩⅡ, 303p. ; 20.7cm

　　PKUL（館藏號缺）

　附注：

　　題記：扉頁有胡適題記："Suh Hu, July. 1914. 價二十五分,適之。"

6405 The Authentic Literature of Israel/by Elizabeth Czarnomska. —New York: The Macmillan Company, 1924

　　2 Vols. ; 23.5cm

　　PKUL（館藏號缺）

　附注：

其他：兩卷封內均貼有"胡適的書"藏書票。

6406 The Authenticity of Ancient Chinese Texts/by B. Karlgren. —Stockholm：[s. n.]，1929

165-183p. ；26.5cm

Reprinted from *The Bulletin of the Museum of Far Eastern Antiquities*，No. 1

PKUL（館藏號缺）

附注：

題記：封面有作者題記："Professor Hu Shih, with kind regards from the author."

6407 Authority and the Individual/by Presidents and Fellows of Harvard College. —Cambridge：Harvard University Press，1937

X，371p. ；21.3cm

Harvard Tercentenary Publications

PKUL（館藏號缺）

6408 An Autobiography/by Herbert Spencer. —New York：D. Appleton and Company，1904

2 Vols. ；20.6cm

PKUL（館藏號缺）

附注：

題記：第1卷扉頁有胡適題記："斯賓塞自傳，適之。"

內附文件：第1卷頁40、41間夾有藍色 Chinese American Publishing Company 發票1張，末端有鋼筆書寫"We have ordered the balance of books from America"。

其他：第2卷缺題名頁至VI頁。

6409 Autobiography/by John Stuart Mill. —New York：Henry Holt and Company，1879

VI，313p. ；20.3cm

PKUL（館藏號缺）

附注：

題記：書名頁前頁有胡適題記："Hu Shih. This 1879 Edition was probably the first American Edtion of the 1873 English Edtion. May, 1940。"

6410 The Autobiography of a Chinese Historian/by Arthur W. Hummel. —Leyden：Late E. J. Brill Ltd., 1931

XLII, 199p. ; 24.7cm

PKUL（館藏號缺）

附注：

題記：扉頁有胡適題記："頡剛贈我的。廿一，九，廿六，胡適。"

6411 Autobiography of a Chinese Woman/by Buwei Yang Chao. —New York：The John Day Company, 1947

XVI, 327p. ; 20.2cm

PKUL（館藏號缺）

附注：

題記：扉頁有作者題記："適之、冬秀指正，步偉、元任寄贈。劍橋，三六，五，一五。"

6412 Autobiography of Andrew Dickson White/by Andrew Dickson White. —New York：The Century Co., 1906

2 Vols. ; 24.6cm

PKUL（館藏號缺）

附注：

題記：第1卷扉頁有胡適題記："民國卅一年九月，將去華府，容揆先生來話別，贈我此書。胡適敬記。"

內附文件：第1卷封底貼有英文書信1頁。

6413 The Autobiography of Benjamin Franklin, the Journal of John Woolman, Fruits of Solitude William Penn/by Charles W. Eliot. —New York：P. F.

Collier & Son, 1909

416p. ; 19.5cm

The Harvard Classics No. 1

PKUL（館藏號缺）

附注：

印章：扉頁有胡適簽名"Suh Hu"。

夾紙：書內夾有胡適讀書卡片1張。

6414 The Autobiography of Lincoln Steffens/by Lincoln Steffens. —New York：Harcourt, Brace and Company, 1931

2 Vols.（XII, VIII, 884p.）; 21.7cm

PKUL（館藏號缺）

附注：

題記：兩卷封內均有贈書者題記："To Dr. Hu Shih, from A. T. Heuckendorff。"

其他：本書爲兩卷本，兩卷封內均貼有"A. T. Heuckendorff"藏書票。

6415 The Autobiography of Lincoln Steffens/by Lincoln Steffens. —New York：Harcourt, Brace and Company, 1931

XI, 884p. ; 21.7cm

PKUL（館藏號缺）

附注：

題記：扉頁有贈書者題記："It giving me peculiar pleasure to be privileged to place this book in the hands of my new friend, Dr. Hu Shih, for, in addition to its very human story, it can stand always a message to China, whose darkest hours can be no more discouraging than any loyal American citizen would ever allow this realistic document to be in a land where Right Must Triumph. Helen J. Davis, 235 E. 22 St. 106, Manhattan。"

其他：本書版本同上一條目兩卷本，但裝訂爲單卷本。

6416 Autobiography with Letters/by William Lyon Phelps. —New York, London,

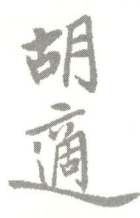

Toronto: Oxford University Press, 1939

XXIII, 982p. ; 21.5cm

PKUL（館藏號缺）

附注：

印章：扉頁鈐有"HU SHIH"藍文印。

6417 The Background of English Literature and Other Collected Essays & Addresses/by H. J. C. Grierson. —New York: Henry Holt and Company, 1926

VII, 290p. ; 18.5cm

PKUL（館藏號缺）

附注：

其他：封內貼有"Edith Clifford Williams, her Book"藏書票，上書"To Hu Shih, Oct. 1933"。

6418 Background of the Manchurian Situation/by Shuhsi Hsü. —Peiping：[s. n.], 1932

43p. ; 22.4cm

PKUL（館藏號缺）

6419 Bahā'U'llāh and the New Era/by J. E. Esslemont. —New York: Brentano's Publishers, [n. d.]

236p. ; 18.9cm

PKUL（館藏號缺）

6420 The Balkan Conferences and the Balkan Entente: 1930–1935/by Robert Joseph Kerner, Harry Nicholas Howard. —Berkeley: University of California Press, [n. d.]

X, 271p. ; 23.5cm

PKUL（館藏號缺）

6421 Balkan Journal: An Unofficial Observer in Greece/by Laird Archer. —New

York: W. W. Norton & Company Inc., 1944

254p. ; 22cm

PKUL（館藏號缺）

6422 Banking and Currency: Hearings before the Committee on Banking and Currency United States, Sixty-Third Congress Vol. I. —Washington: Government Printing Office, 1913

VI, 966p. ; 23.1cm

PKUL（館藏號缺）

附注：

印章:封面鈐有"王文柏"朱文印。

6423 The Bankruptcy of Religion/by Joseph McCabe. —London: Watts & Co., 1917

XII, 308p. ; 19.1cm

PKUL（館藏號缺）

6424 The Bar of Other Days/by Joseph S. Auerbach. —New York and London: Harper & Brothers Publishers, 1940

VIII, 364p. ; 22.4cm

PKUL（館藏號缺）

附注：

題記:扉頁有胡適鋼筆簽名"Hu Shih, January 1944"。

6425 The Barbary Coast: An Informal History of the San Francisco Underworld/by Herbert Asbury. —New York: Garden City Publishing Company, Inc., 1933

319, XIp. ; 21cm

PKUL（館藏號缺）

6426 Barber: First of the Moguls/by Fernand Grenard. —New York: Robert M. MC Bride & Company, 1930

IX, 253p. ; 21.7cm

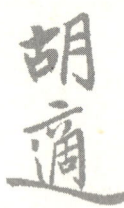

PKUL（館藏號缺）

附注：

 題記：扉頁後頁有胡適題記："這是已故 Admiral Huse 的藏書。今天我去見他的夫人辭行，他送我這本書留作紀念。Huse 夫人雖老了，還能背誦 Browning 的長詩和古英文的長詩，使我驚嘆。胡適。卅一，九，二。"

 其他：扉頁後頁貼有"Harry P. Huse"藏書票。

6427 Barnum/by M. R. Werner. —New York：Harcourt, Brace and Company, 1923

 VIII, 381p. ; 22.1cm

PKUL（館藏號缺）

附注：

 題記：扉頁有胡適題記："Hu Shih, Shanghai, March, 1928.《巴南小傳》，適之。"

 夾紙：書末貼有 Elephant Jumbo 的海報（此大象是巴南展覽的）；封底內貼有 Chinese American Publishing Company 登記單 1 張。

6428 Basic English Grammar：For Chinese Students/by Chung Tso-You. —Shanghai：Chung-Hwa Book Co., Ltd., [n.d.]

 V, II, 517p. ; 19.5cm

PKUL（館藏號缺）

附注：

 印章：扉頁鈐有"鍾作猷印"朱文方印。

 題記：扉頁有作者題記："適之吾師誨正，受業作猷謹贈，廿三，六，十二，離平日。"

6429 Basic Rules of Reason/by I. A. Richards. —London：Kegan Paul, Trench Trubner & Co., Ltd., 1933

 138p. ; 15.7cm

PKUL（館藏號缺）

6430 The Basic Traveller, and Other Examples of Basic English/by L. W.

Lockhart. —London: Kegan Paul, Trench, Trubner & Co. , Ltd. , 1931

119p. ; 15.6cm

PKUL（館藏號缺）

6431 Basis for Peace in the Far East/by Nathaniel Peffer. —New York and London:
Harper & Brothers, [n. d.]

277p. ; 20.5cm

PKUL（館藏號缺）

附注：

題記：扉頁內頁有作者題記："To Hu Shih, affectionately and with respect, Nat Peffer。"

6432 The Basis of Durable Peace/by Cosmos. —New York: Charles Scribner's Sons, 1917

IX, 144p. ; 19.5cm

PKUL（館藏號缺）

6433 Bastard Death: The Autography of An Idea/by Michael Fraenkel. —Pairs, New York: Carrefour, [n. d.]

169p. ; 22.4cm

PKUL（館藏號缺）

附注：

題記：扉頁有作者題記："To Dr. Hu Shih, 'With the body tracing the bastard way, the animal past always closes'. Michael Fraenkel, Bruges, □, 1936。"

6434 The Battle for Asia/by Edgar Snow. —New York: Random House, 1941

XII, 431p. ; 23.8cm

PKUL（館藏號缺）

6435 Bealby: A Holiday/by H. G. Wells. —Leipzig: Bernhard Tauchnitz, 1925

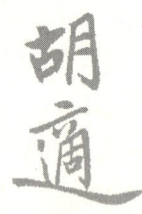

278p. ；16.5cm

Collection of British Authors, Tauchnitz Edition

PKUL（館藏號缺）

6436 A Beautiful Life：Memoir of Mrs. Eliza Nelson Fryer, 1847–1910/by Eliza Nelson Fryer. ——Berkeley：[s. n.]，1912

107p. ；24.1cm

PKUL（館藏號缺）

6437 Before America Decides：Foresight in Foreign Affairs/by Frank P. Davidson, George S. Viereck, Jr. . ——Cambridge：Harvard University Press，1938

XIV, 318p. ；20.6cm

PKUL（館藏號缺）

附注：

印章：扉頁鈐有"HU SHIH"藍文印。

批注圈劃：書內數頁有胡適朱筆圈劃。

夾紙：書內夾有胡適鉛筆便箋1張。

6438 Before the Bombardment/by Osbert Sitwell. ——London：Duckworth，1926

320p. ；18.4cm

PKUL（館藏號缺）

附注：

題記：扉頁有作者題記："For dear Dr. Hu Shih, with admiration from Osber Sitwell, April, 1934。"

6439 A Beginner's History of Philosophy Vol. II /by Herbert Ernest Cushman. ——Boston, New York, Chicago：Houghton Mifflin Company，1919

XIX, 407p. ；18.3cm

PKUL（館藏號缺）

附注：

題記：扉頁有胡適鋼筆簽名"Hu Suh, Feb. 1921"。

批注圈劃：書內23頁有胡適批注圈劃。

6440 Beginners' Dictionary of Chinese-Japanese Characters, with Common Abbreviations, Variants and Numerous Compounds/by Arthur Rose-Innes. —Cambridge：Harvard University Press，1944

507，25p. ；17.9cm

PKUL（館藏號缺）

6441 Beginning Married Life Right/by Clarice Cunningham. —Girard：Haldeman-Julius Company，[n. d.]

64p. ；12.6cm

Little Blue Book

PKUL（館藏號缺）

6442 The Beginnings of Journalism in China/by H. J. Timperley. —[s. l.]：[s. n.]，[n. d.]

16p. ；22.8cm

PKUL（館藏號缺）

附注：

題記：封面有作者題記："To Dr. Hu Shih, with the compliments and best wishes of the author, H. J. Timperley, March, 1932。"

內附文件：書內夾有作者致胡適英文書信1頁。

6443 The Beginnings of To-Morrow/by Herbert Adolphus Miller. —New York：Frederick A. Stokes Company，1933

XIII，310p. ；21.6cm

PKUL（館藏號缺）

附注：

題記：扉頁有作者題記："With kindest regard, Sept □, Herbert A. Miller。"

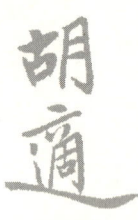

6444 Ein Beitrag zur Microscopischen Anatomie der Giftdruese des Scorpions/von E. H. Tang. —Peking：[s. n.]，1919

21p. ；22.1cm

PKUL（館藏號缺）

附注：

題記：封面有作者題記："適之先生，爾和舊作。"

6445 Beiträge zur Wirtschaftsgeschichte der T'ang-Zeit（618-906）/von Stefan Balázs. —[s. l.]：[s. n.]，1932

92p. ；24cm

PKUL（館藏號缺）

附注：

題記：封面有作者題記："胡適之先生是正！白樂日，柏林，一九三四，二月。"

6446 The Beliefs of Scientists/by Joseph McCabe. —Girard：Haldeman-Julius Company，1927

64p. ；12.7cm

Little Blue Book

PKUL（館藏號缺）

6447 Belgium in Bondage/by Jan-Albert Goris. —New York：L. B. Fischer，1943

XVII, 259p. ；20.1cm

PKUL（館藏號缺）

附注：

夾紙：書內夾有作者贈書條1張。

6448 Benjamin Franklin/by Carl Van Doren. —New York：The Viking Press，1938

XII, 496p. ；15.3cm

PKUL（館藏號缺）

附注：

印章:封面鈐有"With the compliments of U. S. Information Service, Peiping. 美國新聞處贈閱,北平南池子大蘇州胡同1"。

題記:扉頁有原書主簽名"D. C. Chow, Nov. 11. 1948"。

6449 Benjamin Franklin/by Carl Van Doren. —New York: Overseas Editions, Inc., 1938

XII, 496p.;16cm

PKUL(館藏號缺)

6450 Benjamin Franklin; His Life/by D. H. Montgomery. —Boston, New York, Chicago: Ginn and Company, 1906

XVII, 311p.;17.2cm

PKUL(館藏號缺)

6451 The Best American Short Stories, 1945/by Martha Foley. —Boston: Houghton Mifflin Company, 1945

XIII, 397p.;17.2cm

PKUL(館藏號缺)

附注:

題記:扉頁有胡適題記:"Hu Shih, June 1946. Gift of 朱壽恒。"

批注圈劃:十八篇小説後有胡適評語"good, moving, very good"等;一篇篇首有胡適評語。目録有胡適鉛筆圈劃。

6452 The Best Jokes about Lovers/by Clarice Cunningham. —Girard: Haldeman-Julius Company

64p.;12.6cm

Little Blue Book

PKUL(館藏號缺)

6453 Better Government Personnel: Report of the Commission of Inquiry on Public Service Personnel. —New York, London: McGraw-Hill Book Company,

Inc., 1935

X, 182p. ; 22.7cm

PKUL（館藏號缺）

附注：

題記：扉頁有贈書者題記："For Dr. Hu Shih, from his friend William Crozier with the hope that the Independent Critic may find something in the book which will be useful in connection with the new civic service of the Chinese Republic. Peiping, June 5, 1935."

6454 Between Two Worlds: Interpretations of the Age in Which We Live, Essays and Addresses/by Nicholas Murray Butler. —New York, London: Charles Scribner's Sons, 1934

XV, 450p. ; 19.2cm

PKUL（館藏號缺）

6455 Beyond/by C. A. Dawson Scott. —London: G. J. Glaisher, [n.d.]

31p. ; 19.9cm

PKUL（館藏號缺）

附注：

題記：扉頁有作者題贈："To Dr. Hu: These transition verses in memory of a pleasant talk. Aug. 15, 1926. C. A. Scott."

內附文件：封內與扉頁間夾有英文書信1封，作者簽名不可辨識，日期爲1926年8月17日，大意爲轉去作者贈書。

6456 The Bible and Criticism/by W. H. Bennett, Walter F. Adeney. —London: T. C. & E. C. Jack, [n.d.]

VIII, 94p. ; 16.3cm

PKUL（館藏號缺）

附注：

題記：扉頁有胡適題記："Birthday present to myself. Suh Hu. Dec. 17, 1913.《新舊約評》"；封底內有鉛筆書"吳照軒，江西"。

批注圈劃：書內 25 頁有胡適批注圈劃。

6457 Bible History/by William I. Newton, Ellamay Horan. —New York, Chicago：W. H. Sadlier, Inc., 1940

  VIII, 373p. ；19.5cm

  The Kingdom of God Series

  PKUL（館藏號缺）

6458 The Bible of the World/by Robert O. Ballou. —New York：The Viking Press, 1939

  XXI, 1415p. ；23.5cm

  PKUL（館藏號缺）

  附注：

   題記：扉頁有胡適題記："Gift of the publisher, Mr. Huebsch, November, 1939, Hu Shih。"

6459 Bibliographical and Administrative Problems Arising from the Incorporation of Chinese Books in American Libraries/by Chih-Ber Kwei. —Peiping：The Leader Press, 1931

  IX, 138p. ；23cm

  PKUL（館藏號缺）

  附注：

   題記：題名頁有作者題記："To Dr. Hu Shih, with compliments of the author。"

6460 The Big Four：The Story of Huntington, Stanford, Hopkins, and Crocker, and of the Building of the Central Pacific/by Oscar Lewis. —New York, London：Alfred A. Knopf, 1938

  XII, 418, VIp. ；23.6cm

  PKUL（館藏號缺）

  附注：

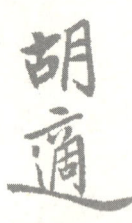

题记：扉頁有贈書者題記："適之大使，執正敬贈，卅一，八，廿六。"

6461 Das Bild des Erziehers im Zögling/von Gjuen Liu. —Langensalza：Hermann Beyer & Söhne, 1931

86p. ；21.1cm

PKUL（館藏號缺）

附注：

题记：封面有作者題記："適之吾師指正，劉鈞謹贈，六月二日。"

6462 Billy Budd, Benito Cereno and the Enchanted Isles/by Herman Melville. —New York：The Press of Readers Club, 1942

IX, 245p. ；21.8cm

PKUL（館藏號缺）

附注：

內附文件：書內夾有 News for the Members of the Readers Club 1 份。

6463 Biography of Ezra Cornell, Founder of the Cornell University. —New York：A. S. Barnes & Company, 1884

XVI, 322p. ；20.8cm

PKUL（館藏號缺）

附注：

题记：扉頁有原贈書者題記："Mr. Gardiner G. Hubbard, with kind regards of A. B. Cornell, New York, Jan. 11, 1888"；另有胡適題記："Mrs. Charles J. Bell, a daughter of Mr. Hubbard and owner of Twin Oaks, gave me this volume as a souvenir of my four years' residence at Twin Oaks, Hu Shih, Sept. 10, 1942。"

批注圈劃：書內 1 頁有胡適批注。

6464 Biography of the Gods/by A. Eustace Haydon. —New York：The Macmillan Company, 1941

XIII, 352p. ；20.2cm

PKUL（館藏號缺）

附注：

題記：扉頁有作者題記："To Dr. Hu Shih, with deep esteem and ever-renewed admiration, A. Eustace Haydon。"

其他：封內貼有"胡適的書"藏書票。

6465 The Bird of Hopei Province/by Tsen-Hwang Shaw. ——Peiping：Fan Memorial Institute of Biology, 1936

2 Vols.（XXXIII, 974p.）；29.2cm

PKUL（館藏號缺）

附注：

題記：兩卷封面均有贈書者題記："適之吾兄惠存，弟胡先驌敬贈。"

其他：本書鈐有"國立北京大學藏書"章，似爲胡適轉贈北京大學圖書館。

6466 The Birth of China：A Study of the Formative Period of Chinese Civilization/by Herrlee Glessner Creel. ——New York：Reynal & Hitchcock, 1937

402p.；20.6cm

PKUL（館藏號缺）

6467 The Bishop Murder Case/by S. S. Van Dine. ——London, Toronto, Melbourne and Sydney：Cassell and Company, Ltd., 1929

VIII, 352p.；18.5cm

PKUL（館藏號缺）

附注：

題記：書名頁下有胡適注明作者原名"Williams Huntington Wright"。

其他：封內貼有作者像剪報。

6468 Bismarck：The Story of a Fighter/by Emil Ludwig；translated by Eden and Cedar Paul. ——Boston：Little, Brown, and Company, 1928

XV, 661p.；24.1cm

PKUL（館藏號缺）

附註:

題記:扉頁有胡適毛筆簽名"Hu Shih, Jan. 1929"。

6469 Bitter Herbs/by C. A. Dawson-Scott. —London: William Heinemann, Ltd., 1923

59p. ; 19.5cm

PKUL(館藏號缺)

附註:

題記:扉頁有作者題記:"Dec. 7. 26. To the Founder of the P. E. N in the East, the first attempt of ballads in free verse, Daw Scott",此後有胡適題記:"Founder of the P. E. N. Club in England。"

6470 Blessed are the Meek: A Novel about St. Francis of Assisi/by Zofia Kossak; translated by Rulka Langer. —New York: Roy Publishers, 1944

375p. ; 20.9cm

PKUL(館藏號缺)

附註:

內附文件:書內夾有本書書評1份。

6471 Blood, Sweat, and Tears/by Winston S. Churchill. —New York: G. P. Putnamn's Sons, 1941

VII, 462p. ; 22.2cm

PKUL(館藏號缺)

6472 Blue Book of the Inauguration of the Commonwealth of the Philippines. —Manila: [s. n.], 1935

XV, 239p. ; 28cm

PKUL(館藏號缺)

附註:

題記:題名頁有贈書者題記:"Aug. 1936, To Dr. Hu Shih, with compliments of □ Philippines, Yosemite Valley。"

6473 Boccaccio-Lover and Chronicler of Love/by William J. Fielding. —Girard: Haldeman-Julius Company, [n. d.]

 32p. ; 12.7cm

 Little Blue Book

 PKUL（館藏號缺）

6474 Bohemia in the Eighteenth Century/by Robert Joseph Kerner. —New York: The Macmillan Company, 1932

 XII, 412p. ; 24cm

 PKUL（館藏號缺）

 附注：

  題記：扉頁有作者題記："To Professor Hu Shih, with friendly regards from Robert J. Kerner。"

6475 The Book of a Thousand Tongues: Being Some Account of the Translation and Publication of All or Part of the Holy Scripture into More than a Thousand Languages and Dialects, with over 1100 Examples from the Text/by Eric M. North. —New York and London: Harper & Brothers, Publishers, 1938

 386p. ; 27cm

 PKUL（館藏號缺）

 附注：

  題記：扉頁有胡適鋼筆簽名"Hu Shih, 胡適, April 3, 1946"。

6476 The Book of Chinese Poetry: Being the Collection of Ballads, Sagas, Hymns, and Other Pieces Known as the Shih King, or Classic of Poetry/by Clement Francis Romilly Allen. —London: Kegan Paul, Trench, Trübner & Co., Ltd., 1891

 XXVIII, 528p. ; 22.3cm

 PKUL（館藏號缺）

 附注：

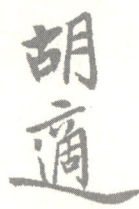

其他：封內貼有 David Belasco 藏書票。

6477 A Book of English Essays, 1600-1900/by Stanley V. Makower, Basil H. Blackwell. —London：Oxford University Press, 1912

　　XII, 440p. ；15.5cm

　　The World's Classics

　　PKUL（館藏號缺）

　　附注：

　　　　印章：題名頁前頁鈐有"適盦藏書"朱文圓印。

　　　　題記：扉頁有胡適題記："Suh Hu, July, 1915. 以五分錢得此於舊書肆，適之。"

　　　　批注圈劃：目錄頁有胡適圈劃。

6478 The Book of History, the World's Greatest War Volume XVIII/by Holland Thompson. —New York：The Grolier Society；London：The Educational Book Co., 1921

　　877-1382p. ；24.1cm

　　PKUL（館藏號缺）

　　附注：

　　　　印章：扉頁鈐有"HU SHIH"藍文印。

6479 A Book of Humorous Anecdotes. —Girard：Haldeman-Julius Company, [n.d.]

　　64p. ；13cm

　　Little Blue Book

　　PKUL（館藏號缺）

6480 The Book of Mencius/by Lionel Giles. —London：John Murray, 1942

　　128p. ；17.2cm

　　The Wisdom of the East Series

　　PKUL（館藏號缺）

6481 A Book of Short Stories/by Maxim Gorki. —New York：Henry Holt and Company，1939

　　X，403p. ；21.5cm

　　PKUL（館藏號缺）

　　附注：

　　　　印章：扉頁、題名頁鈐有"HU SHIH"藍文印。

6482 A Book of Short Stories：A Collection for Use in High Schools，Compiled and Edited，with Introduction and Notes，and Biographies of the Authors/by Blanche Colton Williams. —New York，London：D. Appleton and Company，1918

　　XIII，291p. ；18.1cm

　　PKUL（館藏號缺）

6483 The Book of Songs/by Arthur Waley. —London：George Allen & Unwin Ltd. ，1937

　　355p. ；21.7cm

　　PKUL（館藏號缺）

　　附注：

　　　　印章：扉頁鈐有"HU SHIH"藍文印。

　　　　批注圈劃：頁354有胡適鉛筆批注。

6484 The Book of Tea：A Japanese Harmony of Art Culture & the Simple Life/by Okakura - Kakuzo. —Edinbourgh & London：T. N. Foulis，[n.d.]

　　140p. ；20.5cm

　　PKUL（館藏號缺）

　　附注：

　　　　題記：扉頁有胡適題記："Hu Shih, Oct. 1926, London. 日本人的信禪，大似北歐民族的信基督教；禪其名而日本其實。他們的喝茶，也是如此。禪宗記載上常有'為新到設茶'之語，但其禮必不如此之繁而板。若如此喝茶，此與古人之一飯酒而賓主百拜何異？禪宗大師何至如此之拙？此又

是禪其名而日本其實也";書名頁有胡適題記:"剛倉覺三。"

批注圈劃:書內19頁有胡適批注圈劃。

6485 A Book of the Lawyers Quadrangle at the University of Michigan/by W. C. Moffatt. —Ann Arbor:[s. n.],1931

 42p. ; 22.3cm

 PKUL(館藏號缺)

6486 The Book of the Short Story/by Alexander Jessup, Henry Seidel Canby. —New York, London: D. Appleton and Company, 1903

 VIII, 507p. ; 19.1cm

 PKUL(館藏號缺)

 附注:

  批注圈劃:書內6頁有胡適朱筆圈劃。

6487 The Book of the Stars/by Louis Sutherland. —New York: Bernard Ackerman, 1944

 230p. ; 23.2cm

 PKUL(館藏號缺)

6488 Books on East Asiatic Music in the Library of Congress(Printed before 1800)/by K. T. Wu. —[s. l.]:[s. n.],[n. d.]

 121–133p. ; 22.7cm

 Reprinted from *Supplement to the Catalog of Early Books on Music*

 PKUL(館藏號缺)

 附注:

  題記:封面有作者題記:"適之先生教正,光清敬呈。"

6489 The Books of Songs, Supplement/by Arthur Waley. —London: George Allen & Unwin Ltd. ; Boston: The Houghton Mifflin Company, 1937

 31p. ; 22.2cm

PKUL（館藏號缺）

6490 Boy Scouts of America: The Official Handbook for Boys. —New York: The Boy Scouts of America, [n. d.]

  XIV, 404p. ; 18.3cm

  PKUL（館藏號缺）

6491 Bret Harte: Argonaut and Exile/by George R. Stewart. —Boston and New York: Houghton Mifflin Company, 1931

  385p. ; 23.1cm

  PKUL（館藏號缺）

6492 A Brief Account of the Early Development of Sinology/by A. H. Rowbotham. —Peking: Peking Express Press, 1923

  26p. ; 21.5cm

  PKUL（館藏號缺）

  附註：

    題記：扉頁有作者題記："compliments of the author。"

6493 The Brass Check: A Study of American Journalism/by Upton Sinclair. —Pasadena: by the Author, [n. d.]

  445p. ; 17.6cm

  PKUL（館藏號缺）

6494 Brief Candles/by Aldous Huxley. —London: Chatto and Windus, [n. d.]

  324p. ; 17.2cm

  The Phoenix Library

  PKUL（館藏號缺）

  附註：

    題記：扉頁有胡適題記："Gift from Mr. Joseph Hers, June 1932. Hu Shih。"

    批注圈劃：書末有胡適鉛筆注明閱讀日期："June 11, 1932. Hu Shih。"

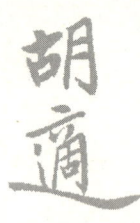

6495 Britain and the Dictators：A Survey of Post-War British Policy/by R. W. Seton-Watson. —Cambridge：Cambridge University Press，1938

  XVIII，460p.；22.2cm

  PKUL（館藏號缺）

6496 A Brief History of Ancient，Mediaeval and Modern Peoples/by Joel Dorman Steele，Esther Baker Steele. —New York，Cincinnati，Chicago：American Book Company，1899

  VI，604，XLp.；19cm

  Barnes General History

  PKUL（館藏號缺）

6497 A Brief History of Early Chinese Philosophy/by Daisetz Teitaro Suzuki. —London：Probsthin & Co.，1914

  7，188p.；18.7cm

  PKUL（館藏號缺）

  附注：

   印章：書名頁鈐有"適盦藏書"朱文圓印。

   題記：扉頁有胡適簽名"Suh Hu, August, 1914"；書名頁有胡適題記："鈴木大拙。"

   批注圈劃：書內74頁有胡適批注圈劃。

   夾紙：頁130、131間夾有胡適鉛筆雜記紙1頁。

6498 Britain's Political Future：A Plea for Liberty and Leadership/by Lord Allen of Hurtwood. —London，New York，Toronto：Longmans，Green and Co.，1934

  XIV，192p.；22.6cm

  PKUL（館藏號缺）

6499 The British Empire：Its Structure, Its Unity, Its Strength/by Stephen Leacock. —New York：Dodd，Mead & Company，1940

263p. ;19.3cm

PKUL（館藏號缺）

6500 British Labor Conditions and Legislation during the War/by M. B. Hammond. —New York：Oxford University Press，1919

IX，335p. ;24.6cm

PKUL（館藏號缺）

6501 British Orientalists/by A. J. Arberry. —London：William Collins Sons and Co.，Ltd.，1943

47p. ;22.6cm

PKUL（館藏號缺）

附注：

題記:題名頁前頁有胡適簽名"Hu Shih, July, 1945"。

6502 British Policy in Palestine/by Paul L. Hanna. —Washington：American Council on Public Affairs，1942

XIII，214p. ;23cm

PKUL（館藏號缺）

附注：

內附文件:書內夾有英文書信1頁。

6503 Brown America：The Story of a New Race/by Edwin R. Embree. —New York：The Viking Press，1940

311p. ;20.6cm

PKUL（館藏號缺）

附注：

題記:封內有贈書者題記:"To Dr. Hu Shih, in souvenir of a very pleasant day, Henry W. Toll, 5-22-41。"

6504 Buddha：His Life, His Doctrine, His Order/by Hermann Oldenberg；translated by William Hoey. —London: Williams and Norgate, 1882

VIII, 454p. ; 22.6cm

PKUL（館藏號缺）

6505 Buddhism in China/by S. Beal. —London: Society for Promoting Christian Knowledge, 1884

VIII, 263p. ; 17.4cm

Non-Christian Religious Systems

PKUL（館藏號缺）

6506 Buddhism: A Study of the Buddhist Norm/by Rhys Davids. —London: Williams and Norgate, [n.d.]

255p. ; 16.8cm

Home University Library of Modern Knowledge

PKUL（館藏號缺）

附注：

題記：扉頁有胡適毛筆簽名"Hu Suh, Sept. 1918"。

6507 Buddhism: Being a Sketch of the Life and Teachings of Gautama, the Buddha/by T. W. Rhys Davids. —London: Society for Promoting Christian Knowledge, 1887

252p. ; 17.3cm

Non-Christian Religious Systems

PKUL（館藏號缺）

6508 Buddhism: Primitive and Present in Magadha and in Ceylon/by Reginald Stephen Copleston. —London: Longmans, Green and Co., 1892

XV, 501p. ; 23cm

PKUL（館藏號缺）

6509 Buddhist Philosophy: In India and Ceylon/by A. Berriedale Keith. —Oxford:

The Clarendon Press, 1923

339p. ; 19cm

PKUL（館藏號缺）

附注：

印章：扉頁有胡適毛筆簽名"Hu Shih"。

夾紙：書內夾有胡適名片 1 張。

6510 Buddhist Psychology: An Inquiry into the Analysis and Theory of Mind in Pali Literature/by C. A. F. Rhys Davids. —London: G. Bell and Sons Ltd., 1914

XI, 212p. ; 18.4cm

The Quest Series

PKUL（館藏號缺）

附注：

題記：扉頁有胡適毛筆簽名"Hu Suh, September 1918"。

6511 Buddhist Records of the Western World Vol. I /by Samuel Beal. —London: Kegan Paul, Trench, Trübner & Co., Ltd., [n.d.]

CVIII, 369p. ; 20.9cm

Trübner's Oriental Series

PKUL（館藏號缺）

6512 The Buddhist Tripitaka as It Is Known in China and Japan/by Samuel Beal. —Devonport: Clarke & Son, 1876

117p. ; 33.5cm

PKUL（館藏號缺）

附注：

批注圈劃：書內多處有鉛筆批注圈劃。

夾紙：書內夾有讀書便箋 1 張。

6513 Buddhistic Influence on Chinese Religious Life/by Shih Hu. —Peking: Peking

Express Press, [n. d.]

9p. ; 21.9cm

Reprinted from *The Chinese Social and Political Science Review*, Vol. IX, No. 1, January 1925

PKUL（館藏號缺）

附注：

　　其他：本抽印本有 30 冊。

6514　Building the American Nation: An Essay of Interpretation/by Nicholas Murray Butler. —New York: Charles Scribner's Sons, 1923

XVIII, 375p. ; 19cm

PKUL（館藏號缺）

附注：

　　印章：扉頁鈐有"HU SHIH"藍文印。

6515　Bulfinch's Mythology: The Age of Fable, the Age of Chivalry, Legends of Charlemagne/by Thomas Bulfinch. —New York: The Modern Library, [n. d.]

XI, 778p. ; 20.3cm

PKUL（館藏號缺）

附注：

　　批注圈劃：其中一冊書名頁有胡適朱筆標記頁碼"P.299, P.597"。

　　其他：本書有 2 冊。

6516　Burma Surgeon/by Gordon S. Seagrave. —New York: W. W. Norton & Company Inc., 1943

250p. ; 22.2cm

PKUL（館藏號缺）

6517　Burma Surgeon Returns/by Gordon S. Seagrave. —New York: W. W. Norton & Company Inc., 1946

268p. ; 22.2cm

PKUL（館藏號缺）

6518 Burrow's Handy Guide to Europe: For All English-Speaking Tourists. —London: J. Burrow & Co., Ltd., [n.d.]

  VIII, 442p. ; 16.7cm

  PKUL（館藏號缺）

6519 Bushido: The Soul of Japan/by Inazo Nitobé. —New York and London: G. P. Putnam's Sons, 1905

  XXV, 203p. ; 18.8cm

  PKUL（館藏號缺）

  附注：

    題記：扉頁有胡適鋼筆簽名"Hu Shih, Tokyo, April 1927"。

6520 The Business Encyclopedia/by Henry Marshall. —New York: Doubleday, Doran & Company, Inc., 1937

  XIX, 514p. ; 19.7cm

  PKUL（館藏號缺）

  附注：

    印章：扉頁及題名頁鈐有"HU SHIH"藍文印。

6521 Business Statistics/by Melvin T. Copeland. —Cambridge: Harvard University Press, 1917

  XII, 696p. ; 23.1cm

  Harvard Business Studies

  PKUL（館藏號缺）

  附注：

    印章：題名頁鈐有"Cheng Wang, Columbia University"藍文印。

6522 Business the Civilizer/by Earnest Elmo Calkins. —Boston: Little, Brown and Company, 1928

VIII, 309p. ; 22cm

PKUL（館藏號缺）

附注：

　　題記：扉頁有胡適毛筆簽名"胡適，十七，八，廿一"。

6523　But, Gentlemen, Who Shall Oversee the Overseers? /by William G. Roelker. —［s.l.］:［s.n.］,［n.d.］

15p. ; 25cm

Reprinted from *Harvard Alumni Bulletin*, Vol. 42, May 24, 1940

PKUL（館藏號缺）

附注：

　　題記：扉頁有作者題記："For Dr. Hu Shih, with my compliments, William Greene Roelker, November 25, 1940。"

6524　By Life and by Death/by E. Schuyler English. —Grand Rapids：Zondervan Publishing House, 1938

XII, 62p. ; 19.1cm

PKUL（館藏號缺）

附注：

　　題記：扉頁有贈書者題記："April 15–1942, To His Excellency Dr. Hu Shih, with every good wish, John C. Stam。"

6525　Caesar and Christ：A History of Roman Civilization and of Christianity from Their Beginnings to A.D. 325/by Will Durant. —New York：Simon and Schuster, 1944

XVI, 751p. ; 24.2cm

The Story of Civilization

PKUL（館藏號缺）

附注：

　　題記：扉頁有胡適題記："今日買這本書給我自己作新年的紀念。作者是我的同學，他的努力使我慚愧。適之。一九四四，十二，廿五。"

6526 The Cambridge Ancient History/by J. B. Bury, S. A. Cook, F. E. Adcock. —Cambridge：The Cambridge University Press，1924

 2 Vols. ；24.1cm

 PKUL（館藏號缺）

6527 The Cambridge Medieval History/by H. M. Gwatkin, J. P. Whitney. —New York：The Macmillan Company，1911

 2 Vols. ；24cm

 PKUL（館藏號缺）

6528 The Cambridge Shorter History of India/by J. Allan, T. Wolseley Haig, H. H. Dodwell. —Cambridge：The Cambridge University Press，1934

 XIX，970p. ；19cm

 PKUL（館藏號缺）

 附註：

  題記：扉頁有胡適鋼筆簽名"Hu Shih，胡適，July 1945，New York City"。

  批注圈劃：書內個別處有胡適圈劃。

6529 Can China Survive？/by Hallett Abend, Anthony J. Billingham. —New York：Ives Washburn, Inc. ，1936

 IX，317p. ；22.6cm

 PKUL（館藏號缺）

 附註：

  內附文件：書內夾有Mary Mackay致胡適英文書信1頁。

6530 Can Europe Keep the Peace？/by Frank H. Simonds. —New York：Harper & Brothers，1932

 XI，376p. ；21.8cm

 PKUL（館藏號缺）

 附註：

題記：扉頁後頁有贈書者題記："with best wishes from A. T. Hunkendolf, Shanghai, 20/2/33。"

6531 Candle in the Dark：A Postscript to Despair/by Irwin Edman. —New York：The Viking Press, 1939

 88p. ；19.3cm

 PKUL（館藏號缺）

6532 The Canon of Reason and Virtue：Being Lao-tze's Tao The King, Chinese and English/by Paul Carus. —Chicago, London：The Open Court Publishing Co., 1927

 209p. ；15.2cm

 PKUL（館藏號缺）

 附注：

  題記：一冊扉頁有胡適題記："二十五年前，我常用這譯本，認爲這是當時最好的本子。前天從舊金山買到這一本，想用來同 Waley 的譯本對照著看一遍。適之，卅二，四，一"；另一冊扉頁有贈書者題記："As a reminder of the old days at Cornell 1913. Corda Fratier □ A.C.C., Gustav Carus。"

  其他：本書有 2 冊。

6533 Captains All/by W. W. Jacobs. —London：Hodder and Stoughton Limited, 1905

 269p. ；19cm

 PKUL（館藏號缺）

 附注：

  題記：扉頁有胡適鋼筆簽名"Hu Shih, March, 1942"。

  批注圈劃：目錄頁有鉛筆圈劃。

6534 Carl and Anna/by Leonard Frank；translated by L. W. Lockhart. —London：Kegan Paul, Trench, Trubner & Co., Ltd., 1930

 144p. ；15.6cm

 PKUL（館藏號缺）

6535 Carlyle Sartor Resartus/by Archibald MacMechan. —Boston, New York, Chicago, London: Ginn & Company, 1896

 LXXI, 432p. ; 18.8cm

 Atbenaeum Press Series

 PKUL（館藏號缺）

 附注：

  題記：扉頁有胡適題記："Suh Hu, July 1914，價一角。"

6536 Carnegie Endowment for International Peace Year Book for 1913–1914. —Washington: Press of Byron S. Adams, 1914

 XVIII, 196p. ; 25.4cm

 PKUL（館藏號缺）

6537 Casanova and the Women He Loved/by Clement Wood. —Girard: Haldeman-Julius Company, [n. d.]

 64p. ; 12.6cm

 Little Blue Book

 PKUL（館藏號缺）

6538 The Case Against Japan: A Concise Survey of the Historical Antecedents of the Present Far Eastern Imbroglio/by Charles R. Shepherd. —New York: Daniel Ryerson, Inc., 1938

 VIII, 242p. ; 23.3cm

 PKUL（館藏號缺）

6539 The Case for Federal Union/by W. B. Curry. —Harmondsworth: Penguin Books Limited, 1939

 XV, 213p. ; 18.1cm

 PKUL（館藏號缺）

 附注：

題記：扉頁有胡適題記："鯁生送我的。一九四十年感謝節（十一月廿一）適之。"

6540 The Case of the Counterfeit Eye/by Erle Stanley Gardner. ——New York：Pocket Books Inc.，1942

241p. ；16cm

PKUL（館藏號缺）

附注：

印章：扉頁鈐有"HU SHIH"藍文印。

6541 Cashel Byron's Profession, Also the Admirable Bashville and An Essay on Modern Prizefighting/by Bernard Shaw. ——Leipzig：Bernhard Tauchnitz, 1914

382p. ；16.3cm

Collection of British Authors, Tauchnitz Edition

PKUL（館藏號缺）

6542 Catalogue of the Books in the Library of the Shanghai Club to 16th May, 1924, Authors and Titles. ——Shanghai：Oriental Press，［n.d.］

199, 201, 506p. ；22.9cm

PKUL（館藏號缺）

6543 Catalogue of the Books in the Library of the Shanghai Club to 31st March, 1914：History-Travel. ——Shanghai：Methodist Publishing House, 1914

469p. ；23.1cm

PKUL（館藏號缺）

6544 Catalogue of the Books in the Library of the Shanghai Club to 31st March, 1914：Fiction. ——Shanghai：Methodist Publishing House, 1914

201, 202p. ；23.1cm

PKUL（館藏號缺）

6545 Catalogue of the Science Society of China Library. —Shanghai: The Science Society of China Library, [n.d.]

 XVI, 496p. ; 21.7cm

 PKUL（館藏號缺）

 附注：

  印章：扉頁鈐有"中國科學社圖書館"朱文方印（後有"敬贈"二字）。

6546 Catalogue of the Twentieth Anniversary Exhibition of the Cleveland Museum of Art the Official Art Exhibit of the Great Lakes Exposition. —Cleveland: The Artcraft Printing Company, 1936

 149, LXXXp. ; 23.4cm

 PKUL（館藏號缺）

6547 A Catalogue of the Wade Collection of Chinese and Manchu Books in the Library of the University of Cambridge/by Herbert A. Giles. —Cambridge: Cambridge University Press, 1898

 VIII, 169p. ; 28.5cm

 PKUL（館藏號缺）

6548 A Catena of Buddhist Scriptures from the Chinese/by Samuel Beal. —London: Trübner & Co., 1871

 XII, 436p. ; 22.9cm

 PKUL（館藏號缺）

6549 A Certain Blind Man/by Robert E. Fitch. —New York: Charles Scribner's Sons, 1944

 XI, 181p. ; 18.8cm

 PKUL（館藏號缺）

 附注：

  題記：扉頁有作者題記："To Dr. Hu Shih, with the sincere regards of the author, Robert E. Fitch, February 18th, 1944。"

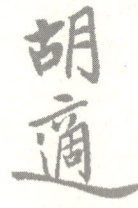

6550 Cézanne/by Tristan-L. Klingsor. —Paris: F. Rieder & Cie, Éditeurs, 1924

57, 40p. ; 20.1cm

PKUL（館藏號缺）

6551 Champlain: The Life of Fortitude/by Morris Bishop. —New York: Alfred A. Knopf, 1948

364, VII p. ; 21.3cm

PKUL（館藏號缺）

附注：

題記：扉頁後頁有胡適題記："作者是我的老同學，他寄贈此書。胡適，卅七，十二，十一。"

6552 Chance: A Tale in Two Parts/by Joseph Conrad. —Leipzig: Bernhard Tauchnitz, 1914

2 Vols. ; 16.5cm

Collection of British Authors, Tauchnitz Edition

PKUL（館藏號缺）

6553 Chang Hsi and the Treaty of Nanking, 1842/by Ssǔ-yü Têng. —Chicago: University of Chicago Press, 1944

XI, 191p. ; 22.8cm

PKUL（館藏號缺）

附注：

題記：扉頁有作者題記："適之先生教正，鄧嗣禹敬贈，一九四五年聖誕節。"

6554 The Ch'angan of T'ang Dynasty and the Civilization of the Western Regions by Hsiang Ta/by Chu Shih-Chia. —[s.l.]: [s.n.], [n.d.]

66-70p. ; 25.4cm

Reprinted from The Far Eastern Quarterly Vol. VII, November 1947, No. 1

PKUL（館藏號缺）

附注：

題記：封面有作者題記："適之先生教正，後學朱士嘉謹贈，二，九，一九四八。"

6555 Changes of the Strand Lines of the Daikha Nor and Their Climatic Indications/by Yin-T'ang Chang. —[s. l.]：[s. n.]，[n. d.]

59-69p. ; 25.6cm

Reprinted from *The Science Reports Series C.* Vol. 1, No. 2 of the National University of Tsing Hua

PKUL（館藏號缺）

附注：

題記：封面有作者題記："敬請胡校長適之先生教正，張印堂謹贈，卅七，三，十五。"

6556 The Changing Pattern of International Economic Affairs/by Herbert Feis. —New York, London：Harper & Brothers Publishers, 1940

X, 132p. ; 20.2cm

PKUL（館藏號缺）

附注：

其他：封內貼有"胡適的書"藏書票。

6557 Chapters from Modern Psychology/by James Rowland Angell. —New York：Longmans, Green, and Co., 1912

VII, 308p. ; 21.2cm

PKUL（館藏號缺）

6558 Characters and Events：Popular Essays in Social and Political Philosophy/by John Dewey. —New York：Henry Holt and Company, 1929

2 Vols. (861p.) ; 20.4cm

PKUL（館藏號缺）

附注：

　　印章：兩卷扉頁均鈐有"HU SHIH"藍文印。

　　題記：第 2 卷書末有胡適題記："'Reconstruction in Philosophy'的第一章即是如此説。此講在 Nov. 1918, Dewey 不久即渡海到日本，講'Reconstruction'。以文字論，此講有甚精彩處。我想來若譯完'改造'，定譯此文為附錄。適, Oct. 17, 1939。"

　　批注圈劃：第 2 卷書内 54 頁有胡適圈劃。

　　内附文件：第 2 卷書内夾有剪報 1 張。

6559　Charles Darwin's Diary of the Voyage of H. M. S. "Beagle"/by Nora Barlow. —Cambridge：Cambridge University Press, 1933

　　　XXX, 451p. ；23.7cm

　　　PKUL（館藏號缺）

6560　Charles Dickens, the Last of the Great Men/by G. K. Chesterton. —New York：The Press of The Readers Club, 1942

　　　XVIII, 236p. ；21.9cm

　　　PKUL（館藏號缺）

6561　Charles W. Eliot：President of Harvard University, 1869–1909/by Henry James. —Boston, New York：Houghton Mifflin Company, 1930

　　　2 Vols. ；22.5cm

　　　PKUL（館藏號缺）

6562　Chiang Kai-shek：Marshal of China/by Sven Hedin；translated by Bernard Norbelie. —New York：The John Day Company, 1940

　　　XIV, 290p. ；22cm

　　　PKUL（館藏號缺）

6563　Chiang Kai-Shek：Soldier and Statesman/by Hollington K. Tong. —Shanghai：The China Publishing Company, 1937

2 Vols. (682p.); 23.6cm

PKUL（館藏號缺）

6564 The Chief Elizabethan Dramatists: Excluding Shakespeare Selected Plays/ by William Allan Neilson. —Boston and New York: Houghton Mifflin Company, [n. d.]

VI, 878p. ; 20.4cm

PKUL（館藏號缺）

附註：

印章：扉頁有胡適毛筆簽名"Suh Hu"。

題記：書名頁前頁有胡適題記："民國二年三月，伊里沙白朝名劇選刊，適之。"

批注圈劃：書內 196 頁有胡適批注圈劃。

夾紙：頁 392、393 間夾有讀書卡 3 張；頁 422、423 間夾有讀書卡 1 張。

6565 The Chief European Dramatists: Twenty－One Plays from the Drama of Greece, Rome, Spain, France, Italy, Germany, Denmark, and Norway, from 500 B. C. to 1879 A. D. /by Brander Matthews. —Boston, New York, Chicago: Houghton Mifflin Company, [n. d.]

XI, 786p. ; 21cm

PKUL（館藏號缺）

附註：

題記：扉頁有任鴻雋題記："十二月十七日是適之的生日，我們送他這本書，做個紀念。鴻雋、衡哲，九，十二，十七。"

6566 Childhood Boyhood and Youth/by Leo Tolstoy. —London: J. M. Dent & Sons Ltd. ; New York: E. P, Dutton & Co. , 1912

XIII, 314p. ; 17.2cm

Everyman's Library: Fiction

PKUL（館藏號缺）

6567 China/by Harley Farnsworth MacNair. —Berkeley and Los Angeles: University of California Press, 1946

XXVII, 573p. ; 21.5cm

PKUL（館藏號缺）

附注：

題記：扉頁有贈書者題記："To my good friend Hu Shih, scholar, philosopher, statesman, with sincere personal greetings. Robert J. Kerner, November 14, 1946。"

夾紙：XI 頁貼有作者簽名。

6568 China/by A. G. Wenley, John A. Pope. —City of Washington: The Smithsonian Institute, 1944

V, 85p. ; 23.2cm

PKUL（館藏號缺）

附注：

題記：封面有作者題記："To Dr. Hu Shih, with the compliments of A. G. Wenley, John A. Pope。"

6569 China and Some Phases of International Law/by L. Tung. —London, New York: Oxford University Press, 1940

XIV, 210p. ; 23.3cm

PKUL（館藏號缺）

6570 China and the West: A Sketch of Their Intercourse/by W. E. Soothill. —London: Oxford University Press, 1925

VIII, 216p. ; 22.5cm

PKUL（館藏號缺）

附注：

題記：扉頁有作者題記："Dr. Hu Shih, with the author's compliments, March 1926。"

批注圈劃：第 4 頁有胡適批注："胡説八道。"

6571　China and the World War/by W. Reginald Wheeler. —New York：The Macmillan Company，1919

　　　Ⅸ，263p. ；19.4cm

　　　PKUL（館藏號缺）

　　　附注：

　　　　　印章：扉頁鈐有"王徵"印章。

6572　China Enters the Machine Age：A Study of Labor in Chinese War Industry/by Kuo - Heng Shih；translated by Hsiao - Tung Fei, Francis L. K. Hsu. —Cambridge：Harvard University Press，1944

　　　ⅩⅩⅣ，206p. ；20.7cm

　　　PKUL（館藏號缺）

6573　China Faces Japan/by Arthur A. Young. —New York：Chinese Students' Christian Association in North America，1937

　　　80p. ；22.8cm

　　　PKUL（館藏號缺）

6574　China Facts and Fancies/by T'ang Leang - Li. —Shanghai：China United Press，1936

　　　Ⅹ，296p. ；24.8cm

　　　PKUL（館藏號缺）

　　　附注：

　　　　　夾紙：書內夾有贈書說明1張。

6575　China Fights for the World/by J. Gunnar Andersson. —London：Kegan Paul, Trench, Trubner & Co., Ltd.，1939

　　　272p. ；22.4cm

　　　PKUL（館藏號缺）

6576　The China Foundation for the Promotion of Education and Culture. ——[s. l.]：[s. n.]，[n. d.]

　　8p. ；34.5cm

　　PKUL（館藏號缺）

6577　China in the Sun/by Randall Gould. ——New York：Doubleday & Company, Inc., 1946

　　XI, 403p. ；21.3cm

　　PKUL（館藏號缺）

6578　China North and South/by D. Mennie. ——Shanghai：A. S. Watson & Co., [n. d.]

　　29p. ；28.8cm

　　PKUL（館藏號缺）

6579　The China of Chiang K'ai-Shek：A Political Study/by Paul M. A. Linebarger. ——Boston：World Peace Foundation, 1941

　　XI, 449p. ；20.4cm

　　PKUL（館藏號缺）

　　附注：

　　　題記：扉頁有作者題記："For Dr. Hu Shih, with the renewed thanks and the cordial best wishes of the author, Paul M. A. Linebarger, Durham N. C., July 1941。"

6580　China Present and Past：Foreign Intercourse Progress and Resources, the Missionary Question etc./by R. S. Gundry. ——London：Chapman and Hall, Ltd., 1895

　　XXXI, 414p. ；22.8cm

　　PKUL（館藏號缺）

　　附注：

　　　印章：扉頁有"R. Lilley"簽名。

6581 China Quest/by Elizabeth Foreman Lewis. —Toronto, Philadelphia, Chicago: The John C. Winston Company, 1937

　　IX, 301p. ; 22cm

　　PKUL（館藏號缺）

　　附注：

　　　題記:扉頁後頁有作者題記:"To Doctor Hu Shih, the author humbly offers this book, which, like her others, was 'written in the hope' that the youth of America and Europe might learn to appreciate most fully those qualities of spirit that make the Chinese people great. Elizabeth Foreman Lewis。"

6582 China Takes Her Place/by Carl Crow. —New York, London: Harper & Brothers Publishers, 1944

　　XXI, 282p. ; 21.1cm

　　PKUL（館藏號缺）

6583 China Through Catholic Eyes/by Thomas F. Ryan. —Hong Kong: Catholic Truth Society of Hong Kong, 1941

　　79p. ; 18.6cm

　　PKUL（館藏號缺）

　　附注：

　　　題記:扉頁有贈書者題記:"To Dr. Hu Shih, the Ambassador of the Republic of China to the United States of America, Charles L. Meeus, Nov 18. 1941";另有中文題記:"巍峨偉大兮中國之魂,四齡華童梅雨絲拜啓。"

6584 China To-day: Economic/by J. B. Condliffe. —Boston, Massachusetts: World Peace Foundation, 1932

　　214p. ; 19.7cm

　　PKUL（館藏號缺）

　　附注：

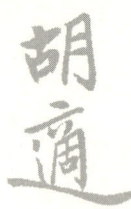

題記:扉頁有贈書者題記:"To Dr. Hu Shih, with the compliments and high regard of Maurice □,Bauff, August 15th, 1933。"

6585 China To-day: Through Chinese Eyes/by T. T. Lew, Y. Y. Tsu, Hu Shih, Cheng Ching Yi. —London: Student Christian Movement, 1922

144p. ; 18.5cm

PKUL(館藏號缺)

附注:

批注圈劃:書內2頁有胡適批注圈劃。

6586 China To-day: Through Chinese Eyes, Second Series/by T. C. Chao, T. T. Lew, P. C. Hsu, M. T. Tchou, T. Z. Koo, F. C. M. Wei, D. Z. T. Yui. —London: Student Christian Movement, 1926

VIII, 151p. ; 18.4cm

PKUL(館藏號缺)

附注:

印章:扉頁有胡適鋼筆簽名"Hu Shih"。

6587 The China Year Book 1933/by H. G. W. Woodhead. —Shanghai: The North-China Daily News & Herald, Ltd., [n.d.]

XVI, 787p. ; 21.4cm

PKUL(館藏號缺)

6588 China, Captive or Free? /by Gilbert Reid. —New York: Dodd, Mead and Company, 1921

VII, 332p. ; 20.3cm

PKUL(館藏號缺)

附注:

題記:封內有贈書者題記:"To Dr. Hu Shih, with the compliments of Gilbert Reid's son. Shanghai, November' 27。"

6589 China, India and the War Part I/by Tan Yun-Shan. —Calctta: Chinar Press Limited, [n. d.]

　　73p. ; 17.8cm

　　PKUL（館藏號缺）

　　附注：

　　　　題記：扉頁有作者題記："適翁先生指教，譚雲山敬贈，卅五，六，廿九，印國大中院。"

6590 China: A Nation in Evolution/by Paul Monroe. —New York: The Macmillan Company, 1927

　　XV, 447p. ; 21cm

　　PKUL（館藏號缺）

6591 China: A Short Cultural History/by C. P. Fitzgerald. —New York, London: D. Appleton-Century Company, Incorporated, 1938

　　XVIII, 615p. ; 24.7cm

　　PKUL（館藏號缺）

　　附注：

　　　　其他：封內貼有"胡適的書"藏書票。

6592 China: After Seven Years of War/by Hawthorne Cheng, Samuel M. Chao, et al. —New York: The Macmillan Company, 1945

　　246p. ; 20.8cm

　　PKUL（館藏號缺）

　　附注：

　　　　題記：扉頁有作者題記："適之先生指正。"

　　　　夾紙：書內夾有贈書卡1張。

6593 China: Country of Contrasts/by Mary A. Nourse, Delia Goetz. —New York: Harcourt, Brace and Company, 1944

　　X, 229p. ; 21.3cm

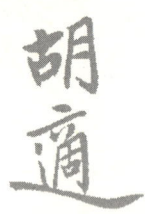

PKUL（館藏號缺）

附注：

　　題記：扉頁有胡適題記："To Yaton, H. S. June 30, 1945。"

6594　China: Its State and Prospects/by W. H. Medhurst. —[s. l.]: [s. n.], [n. d.]

　　XV, 590p. ; 21.8cm

　　PKUL（館藏號缺）

　　附注：

　　　　其他：缺封面及前言之前部分，無書脊，裝訂半散。

6595　China: The Collapse of a Civilization/by Nathaniel Peffer. —New York: The John Day Company, 1930

　　VIII, 306p. ; 24cm

　　PKUL（館藏號缺）

6596　Chinaman's Chance: An Autobiography/by No-Yong Park. —Boston: Meador Publishing Company, 1940

　　182p. ; 20.5cm

　　PKUL（館藏號缺）

　　附注：

　　　　內附文件：書內夾有本書作者介紹，以及另外兩本書介紹。

6597　China's Debt to Buddhist India/by Liang Chi Chao. —New York: The Maha Bodhi Society of America, [n. d.]

　　15p. ; 17.7cm

　　PKUL（館藏號缺）

　　附注：

　　　　題記：題名頁有編者題記："Edited by Basanta Koomar Roy。"

6598　China's Economic Stabilization and Reconstruction/by D. K. Lieu. —New

Brunswick: Rutgers University Press, 1948

 X, 189p. ; 23.3cm

 PKUL（館藏號缺）

6599 China's Food Problem/by C. C. Chang. —Shanghai: China Institute of Pacific Relations, [n. d.]

 29p. ; 21.8cm

 PKUL（館藏號缺）

 附注：

  印章：扉頁有胡適鉛筆簽名"Hu Shih"。

6600 China's Industries and Finance/by D. K. Lieu. —Peking: The Chinese Government Bureau of Economic Information, [n. d.]

 XIV, 238p. ; 21.1cm

 PKUL（館藏號缺）

 附注：

  題記：扉頁有作者題記："適之吾兄指正，弟大鈞敬贈，十七，一，廿四日，上海。"

6601 China's Millions/by Anna Louise Strong. —New York: Coward-McCann, Inc., 1928

 2 Vols. ; 21.7cm

 PKUL（館藏號缺）

6602 China's National Income, 1931-1936: An Exploratory Study/by Ta-Chung Liu. —Washington: The Brookings Institution, 1946

 XII, 91p. ; 20.4cm

 PKUL（館藏號缺）

 附注：

  題記：封面有作者題記："適之校長指正，後學劉大中敬贈。"

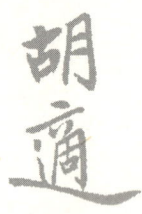

6603 China's New Currency System/by T'ang Leang-Li. ——Shanghai: China United Press, 1936

　　138p. ; 24.6cm

　　PKUL（館藏號缺）

6604 China's Place in Philology: An Attempt to Show That the Languages of Europe and Asia Have a Common Origin/by Joseph Edkins. ——London: Trübner & Co., 1871

　　XXIII, 403p. ; 18.5cm

　　PKUL（館藏號缺）

6605 China's Problems and Their Solution/by Wang Ching-Wei. ——Shanghai: China United Press, 1934

　　XXII, 199p. ; 25.2cm

　　PKUL（館藏號缺）

6606 China's Relations with the League of Nations, 1919-1936/by Lau-King Quan. ——Hong Kong: The Asiatic Litho Printing Press, 1939

　　XIII, 414p. ; 21.7cm

　　PKUL（館藏號缺）

　　附注：

　　　題記：扉頁有作者題記："To His Excellency, Dr. Hu Shih, with best wishes, L. King Quan, New York City, Nov. 8, 1939。"

6607 China's Revolution from the Inside/by R. Y. Lo. ——New York, Cincinnati, Chicago: The Abingdon Press, 1930

　　307p. ; 19.2cm

　　PKUL（館藏號缺）

6608 China's Struggle for Railroad Development/by Chang Kia-Ngau. ——New York: The John Day Company, 1943

VII, 340p. ; 24.1cm

PKUL（館藏號缺）

附注：

題記：扉頁有作者題記："適之老兄正之, 張嘉璈, 民國三十二年國慶日時同客紐約。"

6609 China's Wartime Politics, 1937–1944/by Lawrence K. Rosinger. —Princeton：Princeton University Press, 1944

VIII, 133p. ; 22.1cm

PKUL（館藏號缺）

6610 La Chine en Face des Puissances/par André Duboscq. —Paris：Librairie Delagrave, 1926

125p. ; 18.8cm

PKUL（館藏號缺）

6611 A Chinese Appeal to Christendom, Concerning Christian Missions/by Lin Shao-Yang. —London：Watts & Co., 1911

VI, 319p. ; 21.1cm

PKUL（館藏號缺）

附注：

題記：扉頁有作者題記："To Dr. Hu Suh, from a fellow Heathen, R. F. Johnston (Lin Shao-Yang), Peking, March 20, 1921。"

6612 Chinese Buddhism：A Volume of Sketches, Historical, Descriptive, and Critical/by Joseph Edkins. —London：Trübner & Co., 1880

XXIII, 453p. ; 21.1cm

PKUL（館藏號缺）

附注：

印章：扉頁有原書主簽名"R. Lilley"。

6613 The Chinese Classics: With an Translation, Critical and Exegetical Notes, Prolegomena, and Copious Indexes Volume V/by James Legge. —London: Henry Frowde, [n. d.]

 2 Vols. (X, 933p.) 410p. ; 26cm

 PKUL（館藏號缺）

6614 Chinese Destinies: Sketches of Present-Day China/by Agnes Smedley. —New York: The Vanguard Press, 1933

 VIII, 315p. ; 20.8cm

 PKUL（館藏號缺）

 附註：

  題記:封内有贈書者題記:"for Dr. Hu □□□□。"

6615 Chinese Expansion to the Northeast: Methods and Mechanisms/by Tung Chi Lin. —[s. l.]: [s. n.], [n. d.]

 XIV, 283p. ; 27.6cm

 PKUL（館藏號缺）

 附註：

  其他:此爲打印複印件。

6616 Chinese Family and Society/by Olga Lang. —New Haven: Yale University Press, 1946

 XV, 395p. ; 23.5cm

 PKUL（館藏號缺）

 附註：

  内附文件:書内夾有贈書卡片 1 張:"With the Compliments of the Secretary General, Institute of Pacific Relations。"

6617 Chinese Folk-Lore/by J. Macgowan. —Shanghai: North-China Daily News & Herald Ltd., 1910

 240p. ; 21.7cm

PKUL（館藏號缺）

附註：

　　印章：扉頁有"Hu Shih Tze"簽名；題名頁有"S. J. Hu"簽名。

　　其他：書內夾有乾葉 2 枚。

6618　The Chinese National Revolution：Essays and Documents/by Wang Ching-Wei. —Peiping：China United Press，[n. d.]

　　XI, 188p. ; 21.8cm

　　PKUL（館藏號缺）

附註：

　　題記：扉頁有編者題記："To Dr. Hu Shih, with the editor's compliments, Tang Leang-Li, Peiping, July 12 1931。"

6619　The Chinese on the Art of Painting/by Osvald Sirén. —Peiping：Henri Vetch, 1936

　　261p. ; 23.2cm

　　PKUL（館藏號缺）

6620　The Chinese Orange Mystery/by Ellery Queen. —New York：Pocket Books Inc., 1939

　　249p. ; 16.1cm

　　PKUL（館藏號缺）

6621　Chinese Philosophy in Classical Times/by E. R. Hughes. —London：J. M. Dent & Sons Ltd. ; New York：E. P, Dutton & Co., 1942

　　XLIII, 336p. ; 17.4cm

　　Everyman's Library：Philosophy

　　PKUL（館藏號缺）

6622　Chinese Political Thought：A Study Based upon the Theories of the Principal Thinkers of the Chou Period/by Elbert Duncan Thomas. —New

York：Prentice-Hall, Inc., 1927

XVI, 317p. ；22.9cm

PKUL（館藏號缺）

附注：

印章：扉頁鈐有"HU SHIH"藍文印；另有作者簽名"Elbert D. Thomas, Dec 3/4—Washington D. C."。

6623 The Chinese Renaissance/by Hu Shih. —Chicago：The University of Chicago Press, 1934

XI, 110p. ；22.5cm

PKUL（館藏號缺）

6624 The Chinese Renaissance/by Hu Shih（Suh Hu）. —Peking：Chinese National Association for the Advancement of Education, 1923

36p. ；22.8cm

Reprinted from *Bulletin* 6, Volume II, 1923

PKUL（館藏號缺）

附注：

其他：本書有3冊。

6625 A Chinese Testament：The Autobiography of Tan Shih-Hua, as Told to S. Tretiakov/by Tan Shih-Hua. —New York：Simon and Schuster, 1936

IX, 316p. ；24.2cm

PKUL（館藏號缺）

6626 The Chinese Woman and Four Other Essays/by Sophia H. Chen. —[s. l.]：[s. n.], 1934

II, 100p. ；17.9cm

PKUL（館藏號缺）

附注：

題記：題名頁有作者題記："送給適之，衡哲，廿三，三，十四。"

其他：本書爲綫裝。

6627　The Chinese Year Book：1936-37/by Chao-Ying Shih, Chi-Hsien Chang. —Shanghai：The Chinese Year Book Publishing Company, 1936

　　XII, 1596p. ; 18.8cm

　　PKUL（館藏號缺）

6628　The Chinese：A General Description of China and Its Inhabitants/by John Francis Davis. —S London：Co., Cox, 1851

　　2 Vols. ; 15.5cm

　　PKUL（館藏號缺）

　　附注：

　　　印章：兩卷扉頁均有"R. Lilley"簽名。

　　　其他：本書全本卷數不詳，胡適藏書存第1、3卷。

6629　The Chinese：Their Education, Philosophy, and Letters/by W. A. P. Martin. —S London：Trübner & Company, [n.d.]

　　319p. ; 20.3cm

　　PKUL（館藏號缺）

6630　A Chinese-English Dictionary/by Herbert A. Giles. —London：Bernard Quaritch ; Shanghai, Hong Kong, Yokohama, Singapore：Kelly & Walsh Limited, 1892

　　2 vols. (XLVI, 1415p.) ; 31.8cm

　　PKUL（館藏號缺）

6631　Chinesische Frauengestalten/von Shou-Lin Cheng. —Leipzig：Verlag der Asia Major, 1926

　　133p. ; 22.7cm

　　PKUL（館藏號缺）

　　附注：

　　印章:題名頁有著者藍筆簽名"S. L. Cheng"。

　　題記:題名頁有作者題記:"謹贈適之先生,著者鄭壽麟。"

6632 Chinesische Lebensweisheit/von Richard Wilhelm. —Darmstadt: Otto Reichl Verlag, 1922

　　107p. ; 19.3cm

　　PKUL（館藏號缺）

　　附注:

　　題記:扉頁有作者1922年德文贈書題記,不能辨識。

6633 Chinesische Literatur/von Eduard Erkes. —Breslau: Ferdinand Hirt, 1922

　　104p. ; 18.5cm

　　PKUL（館藏號缺）

　　附注:

　　題記:扉頁有贈書者題記:"送給適之,趙元任,柏林,一九二四,八,二二。"

6634 The Ch'ing Dynasty Criticism of Sung Politico-Philosophy/by Mansfield Freeman. —[s.l.]: [s.n.], [n.d.]

　　78–110p. ; 24.2cm

　　Reprinted from *The Journal of the North China Branch of the Royal Asiatic Society*, Volume LIX. –1928

　　PKUL（館藏號缺）

　　附注:

　　印章:封面有胡適簽名"Hu Shih"。

　　批注圈劃:書內5頁有胡適批注圈劃。

6635 Chiushingura, or the Loyal League, a Japanese Romance/by Frederick V. Dickins. —Yokohama: Jaan Gazette, 1875

　　IV, 160, 56p. ; 22.6cm

　　PKUL（館藏號缺）

6636 Choix de Nouvelles de Chen Tsong-Wen/par Tchang Tien-Ya. —Pekin：La Politique de Pékin，1932

 40p. ；26.2cm

 PKUL（館藏號缺）

 附注：

  其他:本書爲綫裝。

6637 Choix de Nouvelles de Lou Shun/ traduites par Tchang Tien-Ya. —Pekin：La Politique de Pékin，1932

 75p. ；26.1cm

 Colletion de la "Politique de Pekin"

 PKUL（館藏號缺）

 附注：

  題記:一册封面有作者題記:"魯迅短篇小説,選自《呐喊》及《彷徨》,適之先生指教,生奠亞,一九三二,七月。"

  其他:本書爲綫裝,有2册。

6638 The Chorus Girl and Other Stories/by Anton Tchehov；translated by Constance Garnett. —London：Chatto & Windus，1920

 312p. ；15.8cm

 The Tales of Tchehov

 PKUL（館藏號缺）

 附注：

  題記:扉頁有胡適鋼筆簽名"Hu Shih，November 1924"。

  批注圈劃:目録頁有胡適圈劃;書末有胡適批注:"寫的好。"

6639 Christ in Concrete/by Pietro Di Donato. —Indianapolis，New York：The Bobbs-Merrill Company，1939

 311p. ；20.9cm

 PKUL（館藏號缺）

6640　The Christ of the English Road/by Two Wayfarers. —London：Hodder and Stoughton, Limited, 1929

　　　126p. ；18.3cm

　　　PKUL（館藏號缺）

6641　The Christ of the Indian Road/by E. Stanley Jones. —London：Hodder and Stoughton Ltd. , 1925

　　　254p. ；19.1cm

　　　PKUL（館藏號缺）

6642　The Christian Crusade for a Warless World/by Sidney L. Gulick. —New York：The Macmillan Company, 1922

　　　XIV, 197p. ；17.1cm

　　　PKUL（館藏號缺）

6643　A Christian's Appreciation of Other Faiths/by Gilbert Reid. —Chicago, London：The Open Court Publishing Co. , 1921

　　　305p. ；19.3cm

　　　PKUL（館藏號缺）

　　　附注：

　　　　題記：封內有贈書者題記："To Dr. Hu Shih, with the compliment of Gilbert Reid's son, Shanghai, November, 1927。"

　　　　內附文件：書末夾有"Dr. Gilbert Succumbs after Long Illness"剪報 2 張；封內、扉頁間夾有商務印書館編審部 1936 年 3 月 27 日致胡適函 3 封。

6644　Christianity and Buddhism：A Comparison and a Contrast/by T. Sterling Berry. —London：Society for Promoting Christian Knowledge, [n.d.]

　　　256p. ；17.3cm

　　　Non-Christian Religious Systems

　　　PKUL（館藏號缺）

6645 Christina Alberta's Father/by H. G. Wells. —Leipzig: Bernhard Tauchnitz, 1926

 384p. ; 16.3cm

 Collection of British Authors, Tauchnitz Edition

 PKUL（館藏號缺）

 附註：

  題記：扉頁有胡適鉛筆簽名"Hu Shih, Frankfort a. m. October, 1926"。

  批注圈劃：書內數頁有胡適鉛筆圈劃；書末有胡適鉛筆注明閱讀日期"Nov. 14, 1926 London"。

6646 Chronicle and Romance: Froissart, Malory, Holinshed/by Charles W. Eliot. —New York: P. F. Collier & Son, 1910

 442p. ; 19.5cm

 The Harvard Classics No. 35

 PKUL（館藏號缺）

 附註：

  印章：扉頁有胡適簽名"Suh Hu"。

6647 Chronologische Uebersicht über die Geschichte der Hunnen in der Spaeteren Han-Zeit (25 N. Chr.-220 N. Chr.)/von W. Eberhard. —[s. l.]: [s. n.], [n. d.]

 387–441p. ; 23.4cm

 Reprinted from *Bulletin* No. 16

 PKUL（館藏號缺）

 附註：

  題記：封面有贈書者題記："His Excellence Prof. Hǔ Shih, China Embassy。"

6648 Chu Hsi and His Masters: An Introduction to Chu Hsi and the Sung School of Chinese Philosophy/by J. Percy Bruce. —London: Probsthain & Co., 1923

XVI, 336p. ; 19.1cm

PKUL（館藏號缺）

附注：

批注圈劃：書內 14 頁有胡適鋼筆批注圈劃。

摺頁：頁 74、76 有摺頁。

6649 Chu Hsi's Theory of Knowledge/by William Ernest Hocking. —[s. l.]：[s. n.], [n. d.]

109-127p. ; 25.6cm

抽印本

PKUL（館藏號缺）

6650 Chuang Tzǔ：Mystic, Moralist, and Social Reformer/by Herbert A. Giles. — London：Bernard Quaritch, 1889

XXVIII, 467p. ; 24.2cm

PKUL（館藏號缺）

附注：

題記：題名頁有 James Legge（理雅各）簽名。

6651 The Chung-Yung or the Centre, the Common/by Leonard A. Lyall; King Kien-Kün. —New York, Toronto, Calcutta, Bombay and Madras：Longmans, Green and Co., Ltd, 1927

XXVII, 24p. ; 22.6cm

PKUL（館藏號缺）

附注：

題記：封面有作者題記："Dr. Hu Shih, from King Kien-Kün, 5.9.27。"

6652 City Manager Government in the United States：A Review after Twenty-Five Years/by Harold A. Stone, Don K. Price, Kathryn H. Stone. —Chicago：Pulic Administration Service, 1940

XIV, 279p. ; 22.8cm

PKUL（館藏號缺）

附注：

題記：封內有贈書者題記："To His Excellency Dr. Hu Shih with the hope that this volume will enlarge his interest in the City Manager plan of government in the U. S. A. L. P. Cookingham, City Manager, Kansas City, Mo. 1942。"

内附文件：頁92、93間夾有L. P. Cookingham給胡適的書信，以及駐美使館秘書代回的信函。

6653 The City of Man: A Declaration on World Democracy. —New York: The Viking Press, 1940

113p. ; 20.3cm

PKUL（館藏號缺）

6654 The Civilian Conservation Corps, the National Youth Administration, and the Public Schools. —Washington: Educational Policies Commission, 1941

79p. ; 22.9cm

PKUL（館藏號缺）

6655 Civitas Dei/by Lionel Curtis. —London: Macmillan and Co., Limited, 1934

XXIII, 297p. ; 21.8cm

PKUL（館藏號缺）

附注：

題記：扉頁有胡適題記："Hu Shih, 作者贈的。一九三四，五月。"

6656 Clarence Darrow for the Defense/by Irving Stone. —New York: Doubleday, Doran & Company, Inc., 1941

XI, 570p. ; 21.9cm

PKUL（館藏號缺）

附注：

題記：扉頁有贈書者題記："適之先生讀玩，晚治於三十年十二月十七。"

6657 Clashing Tides of Colour/by Lothrop Stoddard. —New York, London: Charles Scribner's Sons, 1935

　　414p. ; 20.4cm

　　PKUL（館藏號缺）

　　附注：

　　　題記：扉頁後頁有作者題記："Inscribed to: His Exellency Doctor Hu Shih in term of deep admiration and sincere regards. Lothrop Stoddard, 1 November, 1938"；另有胡適鉛筆題記："A very shallow book largely based on hearsays. H. S.。"

6658 The Classical Heritage of the Middle Ages/by Henry Osborn Taylor. —New York: The Macmillan Company, 1911

　　XV, 402p. ; 18cm

　　PKUL（館藏號缺）

6659 The Classical Investigation Conducted by the Advisory Committee of the American Classical League Part One: General Report. —Princeton: Princeton University Press, 1924

　　305p. ; 20.4cm

　　PKUL（館藏號缺）

6660 The Classical Poetry of the Japanese/by Basil Hall Chamberlain. —London: Trübner & Co., 1880

　　XII, 227p. ; 21.7cm

　　Trübner's Oriental Series

　　PKUL（館藏號缺）

6661 Classified Catalog of the Tsing Hua College Library/by Tsing Hua College Library. —Peking: Tsing Hua College, 1927

　　XIII, 1472p. ; 22.8cm

PKUL（館藏號缺）

附注：

  印章:題名頁鈐有"敬呈指正,清華學校圖書館贈"藍文印。

  其他:封面脱落,缺封底。

6662 A Classified List of Reference Books in the Reading Rooms of the National Library of Peiping/by The National Library of Peiping. —Peiping：The National Library of Peiping, 1932

  353, 74p. ; 21.5cm

  PKUL（館藏號缺）

6663 Climate and Man in China/by Chi-Yun Chang. —[s.l.]：[s.n.], [n.d.]

  44-73p. ; 26.4cm

  Reprinted from *Annals of the Association of American Geographers*, Vol. XXXVI, No. 1

  PKUL（館藏號缺）

附注：

  題記:封面有作者題記:"適之先生賜存,著者敬贈。"

6664 Clinching the Victory/by Eldon Griffin. —Seattle：Wilberlilla Publishers, 1943

  365p. ; 17.7cm

  PKUL（館藏號缺）

6665 Cluny Brown/by Margery Sharp. —Boston：Little, Brown and Company, 1944

  270p. ; 19.6cm

  PKUL（館藏號缺）

6666 Cobwebs and Cosmos/by Paul Eldridge. —New York：Horace Liveright, 1930

  X, 160p. ; 20.8cm

  PKUL（館藏號缺）

附注：

題記：扉頁有贈書者題記："To Mr. Hu Shih, My cordially, Paul Eldridge, May 17, 1931。"

內附文件：書末貼有作者致胡適書信1頁。

其他：封內貼有作者簽名的圖書宣傳單。

6667 The Cold Journey/by Grace Zaring Stone. —New York：The Press of the Readers Club，[n. d.]

　　X, 336p. ; 21.1cm

　　PKUL（館藏號缺）

附注：

　　夾紙：書末夾有 News for the Members of the Readers Club 一份。

　　內附文件：頁184、185間夾有 The Readers Club 請讀者回信的空白函1個。

6668 The Collected Poems of Sara Teasdale/by Sara Teasdale. —New York：The Macmillan Company, 1937

　　XVI, 311p. ; 21.4cm

　　PKUL（館藏號缺）

附注：

　　題記：扉頁胡適題記："今天在舊書店買得這一本 Sara Teasdale 詩集，是一本軟皮精裝本，價僅兩元。我從前翻譯的'關不住了'一首，在88頁。一九四二，三，四，胡適，在紐約。"

6669 Collected Scientific Papers/by Shoo-Tze Leo. —Peking：The Press of The National University of Peking , 1936

　　XII, 168p. ; 26.9cm

　　PKUL（館藏號缺）

6670 The Collected Wartime Messages of Generalissimo Chang Kai-Shek, 1937-1945/ by Chinese Ministry of Information. —New York：The John Day Company, 1946

2 Vols. (XXX, 888p.) ; 21.3cm

PKUL（館藏號缺）

附注：

其他：第1卷扉頁貼有贈書卡："行政院新聞局董顯光敬贈。With the compliments of Hollington K. Tong, Government Information Office。"

6671 The Collected Works of Henrik Ibsen/by Henrik Ibsen. —London：William Heinemann, 1919

7 Vols. ; 19.4cm

PKUL（館藏號缺）

附注：

夾紙：第8卷書內夾有 China Bookseller, Ltd. 收據1張。

其他：本書全本卷數不詳，胡適藏書存第2至第8卷，主要內容：Volume II, The Vikings at Helgeland, The Pretenders; Volume III, Brand; Volume IV, Peer Gynt; Volume V, Emperor and Galilean; Voluem VI, The League of Youth, Pillars of Society; Volume VII, A Doll's House, Ghosts; Volume VIII, Enemy of the People, The Wild Duck。

6672 A Collection of Short-Stories/by L. A. Pittenger. —New York：The Macmillan Company, 1916

XXI, 268p. ; 14cm

PKUL（館藏號缺）

附注：

印章：扉頁有胡適藍筆簽名"Suh Hu"。

6673 Colloquial Japanese, or Conversational Sentences and Dialogues in English and Japanese, Together with an English-Japanese Index to Serve as a Vocabulary and an Introduction on the Grammatical Structure of the Language/by S. R. Brown. —Shanghai：Presbyterian Mission Press, 1863

LXII, 243p. ; 22cm

PKUL（館藏號缺）

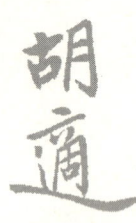

附注:

    其他:本書缺書脊。

6674 Colonel Effingham's Raid/by Berry Fleming. —New York: Duell, Sloan and Pearce, 1943

    279p. ; 20.9cm

    PKUL（館藏號缺）

6675 The Columbia, America's Great Highway through the Casade Mountains to the Sea/by Samuel Christopher Lancaster. —Portland: [s. n.], 1916

    142p. ; 26.2cm

    PKUL（館藏號缺）

6676 Columbia University Honorary Degrees Awarded in the Years 1902-1932/by Nicholas Murray Butler. —Morningside Heights: Columbia University Press, 1933

    V, 194p. ; 21.3cm

    PKUL（館藏號缺）

    附注:

        內附文件:書内夾有贈書通知1張。

6677 Combined Operations: The Official Story of the Commandos. —New York: The Macmillan Company, 1943

    XIII, 155p. ; 20.9cm

    PKUL（館藏號缺）

6678 The Comedy of Much Ado about Nothing/by Ebenezer Charlton. —Boston, New York, Chicago et al: Ginn and Company, 1914

    LXI, 139p. ; 17cm

    The New Hudson Shakespeare

    PKUL（館藏號缺）

6679 The Coming Battle of Germany/by William B. Ziff. —New York: Duell, Sloan and Pearce, 1942

 XXIII, 276p. ; 20.8cm

 PKUL（館藏號缺）

 附註：

  題記：扉頁有作者題記："To Dr. Hu Shih, from William B. Ziff。"

6680 The Coming Struggle for Power/by John Strachey. —New York: Covici Friede Publishers, 1933

 VIII, 399p. ; 23.6cm

 PKUL（館藏號缺）

 附註：

  題記：扉頁有贈書者題記："To Mr. L. T. Chen, with warmest regards, P. C. Chang, Honolulu, October, 1933。"

6681 Les Comités et les Clubs des Patriotes Bleges et Liégeois (1791-An III)/par Orient Lee. —Paris: Jouve & Cie, Éditeurs, 1931

 248p. ; 24.9cm

 PKUL（館藏號缺）

 附註：

  題記：扉頁有作者題記："適之先生教正，黎東方手獻，二十一，七，十五。"

6682 A Commentary to the Kāçyapaparivarta/by A. von Staël-Holstein. —Peking: The National Library of Peking, The National Tsinghua University, 1933

 XXIII, 340p. ; 26.2cm

 PKUL（館藏號缺）

6683 Commerce and War/by Alvin Saunders Johnson. —New York: American Association for International Conciliation, 1914

 14p. ; 19.7cm

 PKUL（館藏號缺）

附注：

印章：封面有胡適鋼筆簽名"Suh Hu。"

6684 Commission to Study the Organization of Peace Preliminary Report and Monographs. —New York：Carnegie Endowment for International Peace, Division of Intercourse and Education, 1926

193-531p. ; 19.8cm

PKUL（館藏號缺）

6685 A Common Faith/by John Dewey. —New Haven：Yale University Press；London：Oxford University Press, 1934.

87p. ; 20.4cm

PKUL（館藏號缺）

附注：

題記：扉頁有胡適簽名："Hu Shih, December 22, 1937"。

批注圈劃：書內41頁有胡適批注圈劃。

6686 The Common Reader/by Virginia Woolf. —London：The Hogarth Press, 1929

305p. ; 18.2cm

PKUL（館藏號缺）

6687 Common Sense and Its Cultivation/by Hanbury Hankin. —London：Kegan Paul, Trench, Trubner & Co., Ltd., 1926

VIII, 289p. ; 18.9cm

PKUL（館藏號缺）

6688 Common-Sense in Law/by Paul Vinogradoff. —London：Williams and Norgate, New York：Henry Holt and Company, [n.d.]

256p. ; 17cm

Home University Library of Modern Knowledge

PKUL（館藏號缺）

6689 A Community Center: What It Is and How to Organize It/by Henry E. Jackson. —New York: The Macmillan Company, 1918

 159p. ; 18.9cm

 PKUL（館藏號缺）

 附註：

  題記：扉頁有胡適朱筆題記："From the Author。"

6690 The Complete Bible: An American Translation/by J. M. Powis Smith, Edgar J. Goodspeed. —Chicago: The University of Chicago Press, 1939

 XVI, 883, IV, 202, IV, 247p. ; 19.9cm

 PKUL（館藏號缺）

6691 Complete French Grammar/by W. H. Fraser, J. Squair. —Boston, New York, Chicago: D. C. Heath & Co., Publishers, 1921

 VI, 564p. ; 18.8cm

 PKUL（館藏號缺）

6692 The Complete Plays of Gilbert and Sullivan/by Gilbert Sullivan. —New York: Garden City Publishing Co., Inc., [n. d.]

 711p. ; 22.9cm

 PKUL（館藏號缺）

 附註：

  印章：題名頁前頁鈐有"HU SHIH"藍文印。

6693 The Complete Poems of John Milton Written in English/by Charles W. Eliot. —New York: P. F. Collier & Son, 1909

 463p. ; 19.5cm

 The Harvard Classics No. 4

 PKUL（館藏號缺）

 附註：

印章：扉頁有胡適簽名"Suh Hu"；題名頁鈐有"適盦藏書"朱文圓印。

6694 The Complete Poetical Works of Robert Burns/by Robert Burns. —New York：Thomas Y. Crowell Company, 1900

  XXXVIII, 442p. ; 18cm

  PKUL（館藏號缺）

6695 A Compilation of the Messages and Papers of the Presidents Volume XX. —New York：Bureau of National Literature, Inc. , 1917

  [413, Ⅳ] ; 24.2cm

  PKUL（館藏號缺）

6696 Composition and Rhetoric/by William M. Tanner. —Boston, New York, Chicago, et al：Ginn and Company, 1922

  XIII, 500, XXXIXp. ; 19.3cm

  PKUL（館藏號缺）

  附注：

    印章：扉頁鈐有"□惟德印"朱文方印。

6697 The Concept of Immortality in Chinese Thought/by Hu Shih. —[s. l.]：[s. n.], 1945

  23-42p. ; 21.1cm

  Reprinted from *The Ingersoll Lecture on the Immortality of Man for the Academic Year 1944-1945*

  PKUL（館藏號缺）

  附注：

    其他：本抽印本有5冊。

6698 Concerning Man's Origin：Being the Presidential Address Given at the Meeting of the British Association Held in Leeds on August 31, 1927, and Recent Essays on Darwinian Subjects/by Arthur Keith. —London：Watts &

Co., 1927

IX, 54p. ; 18.4cm

The Forum Series

PKUL（館藏號缺）

6699 Concerning Parents: A Symposium on Present Day Parenthood. —New York: New Republic, Inc., 1926

X, 284p. ; 18.6cm

PKUL（館藏號缺）

6700 Concerning the Sino-Japanese Question. —[s. l.]: [s. n.], [n. d.]

130p. ; 15.1cm

PKUL（館藏號缺）

6701 Conciliation with the Colonies: The Speech by Edmund Burke/by Robert Andersen. —Boston: Houghton, Mifflin and Company, 1896

XXXII, 79, XVII, 223, 110, 108, XI, 110, 112, 104, 361p. ; 19.2cm

PKUL（館藏號缺）

附注：

題記：扉頁有胡適題記："Suh Hu, Cosmopolitan Club, Ithaca, N. Y.。"

批注圈劃：書内54頁有胡適批注圈劃。

6702 Concise Biographical Dictionary/by Harriet Lloyd Fitzhugh, Percy K. Ftizhugh. —New York: Grosset & Dunlap, 1935

777p. ; 21.1cm

PKUL（館藏號缺）

附注：

印章：題名頁鈐有"HU SHIH"藍文印。

6703 The Concise Oxford Dictionary of Current English/by H. W. Fowler, F. G. Fowler. —[s. l.]: [s. n.], 1934

XIII, 1507p. ; 18.9cm

PKUL（館藏號缺）

6704 Concise Pocket Encyclopaedia. —London：Asprey & Co., Ltd., [n.d.]

718p. ; 12.5cm

Reference Library

PKUL（館藏號缺）

6705 The Conduct of Life/by Ku Hung Ming. —New York：E. P. Dutton and Company, 1912

60p. ; 16.4cm

PKUL（館藏號缺）

附注：

題記：扉頁有胡適簽名"Suh Hu, October, 1914"。

批注圈劃：書內22頁有胡適批注圈劃。

6706 Conference on the Limitation of Armament. —Washington：Government Printing Office, 1912

1757p. ; 23.5cm

PKUL（館藏號缺）

6707 The Confessions of St. Augustine, the Limitation of Christ/by Charles W. Eliot. —New York：P. F. Collier & Son, 1909

379p. ; 19.5cm

The Harvard Classics No. 7

PKUL（館藏號缺）

附注：

印章：扉頁有胡適簽名"Suh Hu"；題名頁鈐有"適盦藏書"朱文圓印。

6708 Confucianism and Taouism/by Robert K. Douglas. —London：Society for Promoting Christian Knowledge, 1879

287p. ;17.3cm

Non-Christian Religious Systems

PKUL（館藏號缺）

附注：

 其他：書脊脱落。

6709 Confucius and Tagore/by Sampson C. Shen. —［s.l.］：［s.n.］,［n.d.］

 409p. ;33.4cm

 PKUL（館藏號缺）

 附注：

  題記：書名頁前頁有胡適題記："Received, Jan 29, 1947。"

  其他：此爲打印、油印本。書内夾有袁同禮致胡適書信之信封1個。

6710 Confucius：Teacher and Reformer of China/by Kung-Chuan Hsiao. —Chunking：Chinese-American Institute of Cultural Relations,［n.d.］

 IV, 31p. ;18.6cm

 PKUL（館藏號缺）

 附注：

  題記：封面有贈書者題記："胡大使惠存,陳炳京敬贈。"

6711 Coningsby/by Benjamin Disraeli. —London：J. M. Dent & Sons Ltd. ; New York：E. P, Dutton & Co. ,［n.d.］

 XXVIII, 406p. ;17.3cm

 Everyman's Library：Fiction

 PKUL（館藏號缺）

 附注：

  題記：扉頁有胡適鋼筆簽名"Suh Hu, April, 1914"。

6712 Les Conséquences du Développement Économique du Japon pour L'Empire FranÉais/par Le Groupe d'Études du Pacifique. —Paris：Centre d'Études de Politique Étrangère, 1936

175p. ；21.1cm

PKUL（館藏號缺）

附注：

　　其他：本書有2冊。

6713　Constitution and By-Laws of the Cornell Cosmopolitan Club.—Ithaca：[s.n.]，1913

　　21p.；14.3cm

　　PKUL（館藏號缺）

6714　Constitution Jefferson's Manual and Rules of the House of Representatives of the United States Seventy-Sixth Congress/by Lewis Deschler.—Washington：United States Government Printing Office，1939

　　XIII，719p.；20.4cm

　　PKUL（館藏號缺）

　　附注：

　　　　印章：封面、題名頁鈐有"HU SHIH"藍文印。

6715　The Constitution of the Republic of China/translated by Charles C. H. Wan.—Nanking：The Chinese Ministry of Information，1947

　　20p.；21.7cm

　　PKUL（館藏號缺）

　　附注：

　　　　題記：封面有贈書者題記："To Dr. Hu Shih, H. P. Peng。"

6716　The Constitutional Documents of the Puritan Revolution，1625-1660/by Samuel Rawson Gardiner.—Oxford：The Clarendon Press，1899

　　LXVIII，476p.；19.1cm

　　PKUL（館藏號缺）

　　附注：

　　　　印章：書名頁鈐有"適盦藏書"朱文圓印。

題記:扉頁有胡適題記:"Suh Hu, August 1915.《英國大革命時代之文牘彙刊》。四年八月以賤值得之,適之。"

6717 Constitutional Government in the United States/by Woodrow Wilson. —New York: Columbia University Press, 1908

 VII, 236p. ; 19.1cm

 PKUL(館藏號缺)

 附注:

 簽名:扉頁有簽名"王徵"。

6718 Constitutionalism: Ancient and Modern/by Charles Howard McIlwain. —Ithaca: Cornell University Press, 1940

 IX, 162p. ; 22.9cm

 PKUL(館藏號缺)

 附注:

 題記:扉頁有胡適鋼筆簽名"Hu Shih, Oct. 20, 1940"。

 其他:封內貼有"胡適的書"藏書票;書內夾有書籤1枚。

6719 Contemporaries of Marco Polo/by Manuel Komroff. —New York: Liveright Publishing Corp., 1928

 XXIII, 358p. ; 22.2cm

 PKUL(館藏號缺)

 附注:

 其他:本書有2冊。

6720 Contemporary British Philosophy: Personal Statements/by J. H. Muirhead. —London: George Allen & Unwin Ltd.; New York: The Macmillan Company, 1924

 432p. ; 22cm

 Library of Philosophy

 PKUL(館藏號缺)

附注：

批注圈劃：目錄頁有胡適鉛筆標注。

6721　Contemporary French Politics/by Raymond Leslie Buell. —New York，London：D. Appleton and Company，1920

XXVIII，524p. ；20.7cm

PKUL（館藏號缺）

6722　Contemporary Science/by Benjamin Harrow. —New York：Boni & Liveright，Inc.，1921

253p. ；16.5cm

PKUL（館藏號缺）

附注：

印章：書名頁鈐有"胡適之印"朱文方印。

6723　Continental Drama：Calderon，Corneille，Racine，Molière，Lessing，Schiller/by Charles W. Eliot. —New York：P. F. Collier & Son，1910

474p. ；19.5cm

The Harvard Classics No. 26

PKUL（館藏號缺）

附注：

印章：扉頁有胡適簽名"Suh Hu"。

6724　Du Contrat Social：Ou Principes du Droit Politique/par J. Rousseau. —Paris：Librairie de la Bibliothè-que Nationale，1912

190p. ；12.8cm

PKUL（館藏號缺）

附注：

題記：扉頁有胡適題記："盧梭《民約論》，適之。"

6725　The Control of Germany and Japan/by Harold G. Moulton，Louis Marlio. —

[s.l.]: The Brookings Institution, [n.d.]

XI, 116p. ; 23cm

PKUL（館藏號缺）

6726 Conversations of Goethe with Eckermann/by Johann Wolfgang von Goethe. —London: J. M. Dent & Sons Ltd. ; New York: E. P, Dutton & Co. , 1930

XXX, 448p. ; 17.2cm

Everyman's Library: Essays and Belles Letters

PKUL（館藏號缺）

6727 The Cook's Wedding and Other Stories/by Anton Tchehov; translated by Constance Garnett. —London: Chatto & Windus, 1922

310p. ; 15.7cm

The Tales of Tchehov

PKUL（館藏號缺）

附注：

題記：扉頁有胡適鋼筆簽名"Hu Shih, December, 1924"。

6728 Co-operation between Libraries in China/by W. Y. Yen. —[s.l.]: [s.n.], [n.d.]

73-89p. ; 25.5cm

PKUL（館藏號缺）

附注：

題記：封面有作者題記："Dr. Hu Shih, with compliments of the author, Feb. 8, 1936。"

6729 Coordinate Geometry/by J. H. Grace, F. Rosenberg. —London: University Tutorial Press Ltd. , 1921

VI, 345p. ; 17.8cm

PKUL（館藏號缺）

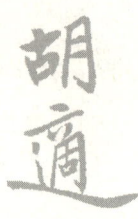

6730 A Coquette Versus a Wife/by Honoré de Balzac. —Girard：Haldeman-Julius Company,［n. d.］

　　32p. ；12.4cm

　　Little Blue Book

　　PKUL（館藏號缺）

6731 Cordell Hull：A Biography/by Harold B. Hinton. —New York：Doubleday, Doran & Company, Inc., 1942

　　XI, 377p. ；20.9cm

　　PKUL（館藏號缺）

　　附註：

　　　題記：扉頁有胡適簽名"Hu Shih"。

　　　批註圈劃：書內48頁有胡適批註圈劃。

　　　其他：封內貼有"胡適的書"藏書票。

6732 Corea, the Hermit Nation/by William Elliot Griffis. —New York：Charles Scribner's Sons, 1889

　　XXIX, 474p. ；22.2cm

　　PKUL（館藏號缺）

　　附註：

　　　其他：裝訂有破損。

6733 The Cornell 1914 Class Book. —Ithaca：The Cornell Annuals in corporated, 1914

　　480p. ；27.9cm

　　PKUL（館藏號缺）

　　附註：

　　　印章：題名頁有胡適中英文簽名"Suh Hu, 胡適"。

　　　與胡適的關係：頁155有胡適照片和簡介。

6734 Cornell University：Founders and the Founding/by Carl L. Becker. —Ithaca：Cornell University Press, 1943

VIII, 240p. ; 22.8cm

PKUL（館藏號缺）

附注：

題記：扉頁有作者題記："Very sincerely yours, Carl Becker, Ithaca, N. Y., July 8/44。"

6735 Correspondence between Thomas Jefferson and Pierre Samuel du Pont de Nemours, 1798–1817/edited by Dumas Malone; translated by Linwood Lehman. —Boston and New York: Houghton Mifflin Company, 1930

XXV, 210p. ; 21.6cm

PKUL（館藏號缺）

附注：

印章：扉頁鈐有"HU SHIH"藍文印。

其他：封內貼有"胡適的書"藏書票；前言幾頁脫落。

6736 Count Robert of Paris/by Walter Scott. —London: J. M. Dent & Sons Ltd.; New York: E. P. Dutton & Co., Inc., 1906

X, 402p. ; 17.4cm

Everyman's Library: Fiction

PKUL（館藏號缺）

6737 Country Life in South China: The Sociology of Familism Volume I/by Daniel Harrison Kulp. —New York: Bureau of Publications, Teachers' College, Columbia University, 1925

XXX, 367p. ; 21.2cm

PKUL（館藏號缺）

6738 Country Squire in the White House/by John T. Flynn. —New York: Doubleday, Doran and Company, Inc., 1940

VI, 122p. ; 19.7cm

PKUL（館藏號缺）

附注：

　　題記：扉頁有胡適題記："鯁生送我的。適之。廿九，九，四。"

6739　Crazy Weather/by Charles L. McNichols. —New York：The Macmillan Company，1944

　　195p. ；20.3cm

　　PKUL（館藏號缺）

6740　The Creative East/by J. W. T. Mason. —London：John Murray，1928

　　144p. ；17cm

　　The Wisdom of the East Series

　　PKUL（館藏號缺）

　　附注：

　　題記：扉頁有作者題記："To Dr. Hu Shih, with cordial regards and many thanks for his kindness. J. W. T. Mason, Shanghai, Oct. 6/32。"

6741　Creative Evolution/by Henri Bergson；translated by Arthur Mitchell. —London：Macmillan and Co.，Limited，1911

　　XV，425p. ；21.9cm

　　PKUL（館藏號缺）

　　附注：

　　題記：扉頁有胡適毛筆簽名"Suh Hu，1919"。

6742　Creative Intelligence：Essays in the Pragmatic Attitude/by John Dewey，Addison W. Moore，et al. —New York：Henry Holt and Company，1917

　　IV，467p. ；19cm

　　PKUL（館藏號缺）

　　附注：

　　印章：書名頁鈐有"胡適藏書"朱文方印。

　　題記：扉頁有胡適題記四處："1. Suh Hu, New York City, Feb. 1917。2. 實驗的態度,適。3. 吾譯此書名,思之月餘不能滿意。昨夜牀上得此譯法,恐亦不能佳耳。六年六月三十日,太平洋舟中。'建設的聰明'4.'創造的思想'。八年三月重用這個直譯法。"

批注圈劃:書中有胡適批注圈劃幾十處。

夾紙:頁450、451間夾有印刷紙片1張。

6743 Creative Unity/by Rabindranath Tagore. —New York: The Macmillan Company, 1922

VI, 195p. ; 18.6cm

PKUL（館藏號缺）

附注:

題記:封底封套上有某人題寫詩一首（筆迹不能確定是胡適的）:"我攀著花枝微嘆:這幾日的狂塵已灑遍了一層層的花瓣,我且封一兩枝花,寄予江南人看,好叫他更殷勤賞玩,江南的豔陽天,芳草岸。"

夾紙:書內夾有胡適手寫名片1張。

6744 Crime and Detection/by E. M. Wrong. —Humphrey: Oxford University Press, [n.d.]

XXX, 394p. ; 15.3cm

The World Classics

PKUL（館藏號缺）

附注:

印章:題名頁鈐有"胡適之印"朱文方印。

夾紙:書內一處夾有空白紙條。

6745 Crime and Punishment/by Fyodor Dostoevsky; translated by Constance Garnett. —New York: The Heritage Reprints, 1938

484p. ; 21.9cm

PKUL（館藏號缺）

6746 Crimes of the Borgias/by Alexandre Dumas; edited by H. M. Tichenor. —Girard: Haldeman-Julius Company, [n.d.]

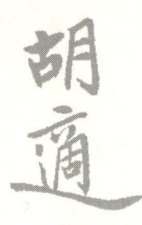

62p. ；12.7cm

Little Blue Book

PKUL（館藏號缺）

6747 The Crisis/by Winston Churchill. —London：Macmillan and Co., Limited, 1912

X, 522p. ；18.8cm

Macmillan's Colonial Library

PKUL（館藏號缺）

附注：

印章：題名頁鈐有"Dey Bros. New Market Calcutta, Book Sellers"藍文橢圓印。

夾紙：書內夾有辜鴻銘"The Peace of Cathay"1頁。

6748 Critical and Miscellaneous Essays/by Thomas Carlyle. —New York：D. Appleton and Company, 1874

568p. ；23.4cm

PKUL（館藏號缺）

附注：

其他：封面脫落。

6749 Critical and Miscellaneous Essays, Poems /by Thomas B. Macaulay. —New York：The Kelmscott Society Publishers,［n. d.］

3 Vols. ；20.6cm

The Complete Works of Thomas B. Macaulay

PKUL（館藏號缺）

附注：

批注圈劃：第2卷書內個別頁有胡適批注圈劃。

內附文件：第2卷書內夾有英文書信1頁。

夾紙：第2卷書內夾有胡適讀書卡2張。

其他：第2卷書內夾有合影1張。

6750 A Criticism of Some Recent Methods Used in Dating Lao Tzǔ/by Hu Shih. —[s. l.]：[s. n.]，[n. d.]

373–397p. ; 25.4cm

Reprinted from *Harvard Journal of Asiatic Studies* Vol. 2, No. 3 & 4

PKUL（館藏號缺）

附注：

其他：本抽印本有14冊。

6751 Criticism of Dickens's David Copperfield/by Lewis Chase. —Peking：Pekin Educational Supply Co., Ltd., [n. d.]

X, 68p. ; 19cm

PKUL（館藏號缺）

附注：

題記：扉頁有作者題記："Greetings to Hu Shih, from Lewis Chase。"

6752 Cross Creek/by Majorie Kinnan Rawlings. —New York：Charles Scribner's Sons, 1942

368p. ; 21.6cm

PKUL（館藏號缺）

6753 Cross Winds of Empire/by Woodbern E. Remington. —New York：The John Day Company, 1941

279p. ; 22.4cm

PKUL（館藏號缺）

6754 Crowds：A Moving–Picture of Democracy/by Gerald Stanley Lee. —New York：Doubleday, Page & Company, 1913

X, 561p. ; 18.8cm

PKUL（館藏號缺）

附注：

印章：扉頁鈐有"適之"朱文方印。

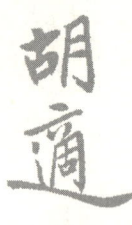

題記：扉頁有胡適題記："Suh Hu, July 1914. 價二角五分。"

6755 Crowds：A Moving-Picture of Democracy/by Gerald Stanley Lee. —New York：Doubleday, Page & Company, 1914

X, 602p. ；18.6cm

PKUL（館藏號缺）

附注：

印章：書名頁有"藏暉室主人"朱文方印。

題記：扉頁有胡適題記："Suh Hu, Feb. 1915. Gift from N. B. S.。"

6756 The Crusade of Richard Lion-Heart/by Ambrois. —New York：Columbian University Press, 1941

478p. ；22.8cm

PKUL（館藏號缺）

附注：

題記：扉頁有譯者題記："To my old and dear friend Hu Shih, with greetings & good wishes. Merton Jerome Hubert. 25 April 1944。"

6757 Crux Ansata：The Roman Catholic Church, Yesterday-Today/by H. G. Wells. —New York：Agora Publishing Co., 1944

113p. ；21.2cm

PKUL（館藏號缺）

6758 The Cull Chinese Bronzes/by W. Perceval Yetts. —London：University of London, 1939

X, 197, XXXVp. ；31.2cm

PKUL（館藏號缺）

6759 Currier & Ives：Printmakers to the American People/by Harry T. Peters. —New York：Doubleday, Doran & Co., Inc., 1942

XVI, 41, 192p. ；31cm

PKUL（館藏號缺）

6760　Cyclopedia of American Government/by Andrew C. McLaughlin, Albert Bushnell Hart. —New York, London：D. Appleton and Company, 1914

　　　3 Vols. ; 25.7cm

　　　PKUL（館藏號缺）

6761　A Cyclopedia of Education/by Paul Monroe. —New York：The Macmillan Company, 1912

　　　5 Vols. ; 26.7cm

　　　PKUL（館藏號缺）

　　　附註：

　　　　　題記：各冊扉頁均有贈書者題記："適之老友，瑞，十八，廿四。"

6762　Daily Strength for Daily Needs/by Mary W. Tileston. —Boston：Little, Brown, and Company, 1912

　　　378p. ; 15.1cm

　　　PKUL（館藏號缺）

　　　附註：

　　　　　印章：扉頁有胡適簽名"胡適"。

　　　　　題記：扉頁有贈書者題記："Mr. Suh Hu, Christmas 1912. C. A. P.。"

　　　　　批注圈劃：書內四處有胡適批注。

6763　La Dame aux Camélias/par Alexandre Dumas fils. —Paris：Nelson；Paris：Calmann-Lévy, [n. d.]

　　　284p. ; 16.1cm

　　　PKUL（館藏號缺）

6764　The Damon Runyon Omnibus/by Damon Runyon. —New York：Blue Ribbon Books, 1940

　　　321p. ; 18.7cm

PKUL（館藏號缺）

附注：

題記：扉頁有胡適題記："《俞寧小説集三種合編》，共小説三十九種。適之，卅一，十，廿四。"

批注圈劃：目録有圈劃多處；書末有胡適標注閲讀日期："讀完俞寧的小説集。適之，卅一，十，廿四。"

其他：本書爲初版。封内貼有"胡適的書"藏書票。

6765 The Damon Runyon Omnibus/by Damon Runyon. —Garden City, New York：The Sun Dial Press, 1943

321p. ；19.9cm

PKUL（館藏號缺）

附注：

印章：扉頁鈐有"HU SHIH"藍文印。

題記：扉頁有胡適題記："《俞寧短篇小説全集》，胡適，一九四三，九，一七。"

其他：本書爲第4版。

6766 The Dangers of Half-Preparedness：A Plea for a Declaration of American Policy/by Norman Angell. —New York, London：G. P. Putnam's Sons, 1916

129p. ；16.9cm

PKUL（館藏號缺）

附注：

題記：扉頁有胡適鉛筆題記："Suh Hu, Cleveland, O. June, 1916。"

6767 Dangerous Ages/by Rose Macaulay. —London：Penguin Books, 1937

256p. ；18.1cm

PKUL（館藏號缺）

6768 Daniel Defoe, China's Severe Critic/by Ch'en Shou-Yi. —[s.l.]：[s.n.]，[n.d.]

511—550p. ; 25.5cm

Reprinted from *Nankai Social and Economic Quarterly* Vol. VIII, No. 3

PKUL（館藏號缺）

附註：

題記：封面有作者題記："適之先生教正,受頤敬呈。"

6769 Dante/by Edmund G. Gardner. —London：[s. n.], 1905

VI, 166p. ; 15.1cm

PKUL（館藏號缺）

附註：

題記：扉頁有原書主題贈："Mrs. Symnott, from Martin, 28 XII 1909"；另有胡適題記："此係亡友 Professor Martin Sampson 的遺書。今年七月,我在他的夫人 Julia Sampson 家中作客,他送我這本書作一個紀念。胡適, August 1942。"

6770 Darkness at Noon/by Arthur Koestler; translated by Daphne Hardy. —New York：The Macmillan Company, 1941

267p. ; 20.3cm

PKUL（館藏號缺）

附註：

批注圈劃：書内 15 頁有胡適朱筆圈劃；書末有胡適朱筆注明閱讀日期 "August 1, 1941. Hu Shih"。

其他：封内貼有"胡適的書"藏書票。

6771 Darwiniana/by Thomas H. Huxley. —New York：D. Appleton and Company, 1896

X, 475p. ; 18.8cm

Essays by Thomas H. Huxley Vol. II

PKUL（館藏號缺）

附註：

印章：一冊題名頁鈐有"適盦藏書"朱文圓印；目錄頁鈐有"叔璠"朱文方

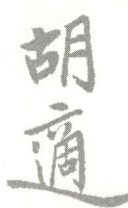

印。另一冊扉頁有原書主簽名"Benjamin Thaw Jr."。

題記：一冊扉頁有胡適題記："赫胥黎論文，適之"；另一冊扉頁有胡適題記："Vol. II。"

其他：本書有 2 冊，另一冊印刷年代爲 1897。

6772 The Date of Certain Egyptian Stratified Eye-Beads of Glass/by Tsoming N. Shiah. —[s. l.]：[s. n.]，[n. d.]

269–273p. ；28.1cm

Reprinted from *The American Journal of Archaeology* Vol. XLVIII, No. 3

PKUL（館藏號缺）

附注：

題記：封面有作者題記："With author's compliments。"

6773 David Harum：A Story of American Life/by Edward Noyes Westcott. —New York：D. Appleton and Company, 1899

VIII, 392p. ；18.8cm

PKUL（館藏號缺）

附注：

題記：扉頁有某人題記："From Muzzy, 1899"；題名頁前頁有贈書者題記："To my dear friend, Dr. Hu Shih, from a friend of China, Arthur Straus Phelps"；書末有贈書者題記："Finished（aloud to each other）Mon, Oct. 23, 1899,— A. S. P. & B. S. P.。"

其他：封內貼有 David Harum 照片；扉頁貼有贈書者藏書票。

6774 The Dawn of History/by J. L. Myres. —London：Williams and Norgate, 1911

256p. ；16.6cm

Home University Library of Modern Knowledge

PKUL（館藏號缺）

附注：

印章：扉頁鈐有"北京緞庫後胡同八號，胡適之"藍文長方印。

6775 Days of My Life/by Flo V. Menninger. —New York：Richard R. Smith, 1939

X, 310p. ; 21.9cm

PKUL（館藏號缺）

附註：

題記：目錄後頁有贈書者題記："Mrs. L. F. Menninger to ambassador Hu Shih, Apr. 26, 1942. 'Oakwood' Lapeka-Kans。"

6776 The Days of Ofelia/by Gertrude Diamant. —Cambridge：The Riverside Press；Boston：Houghton Mifflin Company, 1942

226p. ; 21cm

PKUL（館藏號缺）

6777 The Days of the King/by Bruno Frank. —New York：The Press of The Readers Club, 1942

XIX, 236p. ; 21.8cm

PKUL（館藏號缺）

6778 De Profundis and the Ballad of Reading Goals/by Oscar Wilde. —Leipzig：Bernhard Tauchnitz, 1908

196p. ; 16.7cm

Collection of British Authors, Tauchnitz Edition

PKUL（館藏號缺）

附註：

摺頁：頁185有摺頁。

其他：封面脫落，裝訂散。

6779 Death Comes for the Archbishop/by Willa Cather. —New York：The Modern Library, 1927

303p. ; 17cm

The Modern Library of the World's Best Books

PKUL（館藏號缺）

附注：

　　题记：题名页前页有赠书者题记："For Dr. Hu Shih, from David Magee, San Francisco, Nov. 11th 1936"；扉页有胡适题记："David Magee, Book Seller, 470 Post St. San Francisco"；书末有胡适题记："Nov. 15, 1936. On board the 'Empire of Japan'. A very good book. The Characterization of Father Joseph is particularly good. Hu Shih。"

　　夹纸：书内夹有纸条1张。

6780　Debabelization, with a Survey of Contemporary Opinion on the Problem of a Universal Language/by C. K. Ogden. —London：Kegan Paul, Trench, Trubner & Co., Ltd., 1931

　　171p. ; 15.6cm

　　PKUL（馆藏号缺）

6781　Debate On Prohibition/by Clarence Darrow, John Haynes Holmes. —Girard：Haldeman-Julius Company, [n. d.]

　　64p. ; 12.4cm

　　Little Blue Book

　　PKUL（馆藏号缺）

　　附注：

　　　　其他：本书缺封面。

6782　The Decameron/by Giovanni Boccaccio. —[s. l.]：[s. n.], [n. d.]

　　448p. ; 18.2cm

　　PKUL（馆藏号缺）

　　附注：

　　　　其他：本书缺封面。

6783　The Decameron of Giovanni Boccaccio/translated by Richard Aldington. —New York：Garden City Publishing Company, Inc., 1930

　　XIX, 576p. ; 24cm

PKUL（館藏號缺）

附注：

題記：扉頁有胡適題記："鮑介喬的《十日百談》全本，此書向無全譯本，其第三日第十故事總是用意大利文，或用拉丁文，或用法文，而不用英文。此是全譯本。適之，廿八，十一，二。"

6784 The Decameron of Giovanni Boccaccio/by Giovanni Boccaccio. —New York：Blue Ribbon Books，1931

528p. ；20cm

PKUL（館藏號缺）

附注：

題記：扉頁後頁有胡適題記："鮑介喬的《十日百談》，適之。"

6785 Decision of Character/by John Foster. —New York：Student Volunteer Movement，[n. d.]

60p. ；19.9cm

PKUL（館藏號缺）

附注：

印章：扉頁有胡適鋼筆簽名"S. Hu，胡適"。

6786 Decreasing Sheepskins by Chemical Treatment/by Shoo-Tze Leo, Tsing-Nang Shen. —[s. l.]：[s. n.]，[n. d.]

13-17p. ；23.4cm

Reprinted from *The Journal of Chinese Chemical Society*, Vol. II, No. 1

PKUL（館藏號缺）

附注：

題記：封面有作者題記："適之先生教正，沈青囊上，一九三六年九月於紐約城。"

6787 Deep Waters/by W. W. Jacobs. —London：Hodder and Stoughton Limited，[n. d.]

　　　　VIII, 305p. ; 18.3cm

　　　　PKUL（館藏號缺）

　　　　附注：

　　　　　題記：扉頁有胡適簽名"Hu Shih, August 28, 1928"。

6788　Delusion and Dream/by Sigmund Freud. —New York: New Republic, Inc., 1927

　　　　256p. ; 18.4cm

　　　　PKUL（館藏號缺）

6789　Democracy and Education: An Introduction to the Philosophy of Education/by John Dewey. —New York: The Macmillan Company, 1916

　　　　XII, 434p. ; 20cm

　　　　PKUL（館藏號缺）

　　　　附注：

　　　　　題記：扉頁有胡適鋼筆簽名"Suh Hu, June 1916"。

　　　　　夾紙：書內頁138、139間夾有胡適鉛筆字條1張。

6790　Democracy and Education: An Introduction to the Philosophy of Education/by John Dewey. —New York: The Macmillan Company, 1916

　　　　XII, 434p. ; 20cm

　　　　PKUL（館藏號缺）

6791　Democratic Ideals and Reality: A Study in the Politics of Reconstruction/by Halford J. Mackinder. —New York: Henry Holt and Company, 1942

　　　　XXVI, 219p. ; 18.7cm

　　　　PKUL（館藏號缺）

　　　　附注：

　　　　　夾紙：書內夾有"William de Krafft"簽名卡1張。

6792　Demographic Studies of Selected Areas of Rapid Growth/by Milbank

Memorial Fund. —New York: Milbank Memorial Fund, 1944

158p. ; 22.8cm

PKUL（館藏號缺）

6793 Denmark 1931. —Copenhagen: Royal Danish Ministry for Foreign Affairs and the Danish Statistical Department, 1931

351p. ; 18.5cm

PKUL（館藏號缺）

6794 A Derelict Area: A Study of the South-West Durham Coalfield/by Thomas Sharp. —London: Leonard and Virginia Woolf, 1935

49p. ; 18.4cm

PKUL（館藏號缺）

6795 The Descent of Man and Selection in Relation to Sex/by Charles Darwin. — New York: P. F. Collier and Son, 1900

705p. ; 19.8cm

A Library of Universal Literature

PKUL（館藏號缺）

附注：

題記：扉頁有胡適鋼筆簽名"Suh Hu, Oct., 1915, New York"。

6796 A Description of the Burmese Empire, Compiled Chiefly from Native Documents/by Rev. Father Sangermano; translated by William Tandy. —Rome: Joseph Salviucci and Son, 1833

VI, 224p. ; 30.6cm

PKUL（館藏號缺）

6797 The Design Argument Reconsidered/by C. J. Shebbeare, Joseph McCabe. —London: Watts & Co. , [n.d.]

147p. ; 18.5cm

PKUL（館藏號缺）

6798 The Development, Significance and Some Limitations of Hegel's Ethical Teaching/by W. S. Chang. —Shanghai：The Commercial Press, 1926

X, 137p. ; 22.2cm

PKUL（館藏號缺）

附注：

題記：一冊扉頁有贈書者題記："適之學兄先生正。丹崖張頤未定稿。"

內附文件：書內夾有作者致胡適中文書信1頁。

其他：本書有2冊。

6799 The Development of Harvard University：Since the Inauguration of President Eliot, 1869–1929/by Samuel Eliot Morison. —Cambridge：Harvard University Press, 1930

XC, 660p. ; 24.5cm

PKUL（館藏號缺）

6800 The Development of Japan/by Kenneth Scott Latourette. —New York：The Macmillan Company, 1911

XIII, 258p. ; 20.3cm

PKUL（館藏號缺）

6801 The Development of Political Ideas/by F. J. C. Hearnshaw. —London：Ernest Benn, Limited, 1927

80p. ; 16.6cm

Benn's Sixpenny Library

PKUL（館藏號缺）

6802 The Development of the Civil Service, Lectures Delivered before the Society of Civil Servants, 1920–21. —London：P. S. King & Son, Ltd., 1922

XII, 244p. ; 19cm

PKUL（館藏號缺）

6803 The Development of the Labour Movement and Labour Legislation in China/by Jefferson D. H. Lamb. —[s. l.]：[s. n.]，[n. d.]

Ⅵ，231p. ；28cm

PKUL（館藏號缺）

附注：

題記：封内有作者題記："To Dr. Hu Shih, with the compliments of the author。"

6804 The Development of the Logical Method in Ancient China/by Hu Shih. —Shanghai：The Oriental Book Company，1928

2，187p. ；22.5cm

PKUL（館藏號缺）

附注：

其他：本書有10冊，中文題名"先秦名學史"。

6805 Development of Zen Buddhism in China/by Hu Shih. —[s. l.]：[s. n.]，[n. d.]

475-505p. ；23.6cm

Reprinted from *The Chinese Social and Political Science Review*, Vol. XV, No. 4

PKUL（館藏號缺）

附注：

其他：本抽印本有6冊。

6806 Dickinson College：The History of One Hundred and Fifty Years，1783-1933/by James Henry Morgan. —Carlisle：Dickinson College，1933

XIV，460p. ；23.3cm

PKUL（館藏號缺）

附注：

夾紙：書內夾有便箋1張。

6807 Dictionaire Coréen-Français/par Les Missionaires de Corée. —Yokohama：C. Lévy, Imprimeur-Libraire, 1880

  VIII, 615, 21p. ; 27.2cm

  PKUL（館藏號缺）

 附注：

  其他：缺封面、書脊。

6808 Dictionary for the Pocket French and English, English and French/by John Bellows. —London：Longmans Green & Co., Ltd., 1931

  VIII, 605p. ; 12.6cm

  Reference Library

  PKUL（館藏號缺）

6809 A Dictionary of Modern English Usage/by H. W. Fowler. —Oxford：The Clarendon Press, 1926

  VIII, 742p. ; 18.9cm

  PKUL（館藏號缺）

 附注：

  其他：封內貼有Roger Sherman Greene贈書卡1張，上書"To Dr. Hu Shih, with premature but never-the less sincere good wishes for the holiday season which is approaching, from Roger Greene"。

6810 A Dictionary of the Chinese Language/by R. Morrison. —Shanghai：London Mission Press；London：Trübner & Co., 1865

  2 Vols. ; 22.3cm

  PKUL（館藏號缺）

 附注：

  印章：兩卷扉頁均鈐有"講書堂韋先生"朱文方印。

  批注圈劃：兩卷書內多處有批注圈劃，非胡適所作。

夾紙:第 1 卷書內夾有"李篤堂"名片 1 張;第 2 卷書內夾有"陳介錫"名片 1 張。

6811 Dictionnaire Bibliographique des Ouvrages Relaties a L'Empire Chinois Tom Premier/par Henri Cordier. —Paris:Ernest Leroux, Éditeur, 1881

XIV, 873p. ; 26.8cm

PKUL(館藏號缺)

附註:

其他:封內貼有 Yale College Library 藏書票。裝訂脫落。

6812 Die Räuber Vom Liang Schan Moor/von Franz Kubn. —Leipzig:Insel Verlag,[n.d.]

839p. ; 19.5cm

PKUL(館藏號缺)

附註:

印章:扉頁有胡適鋼筆簽名"Hu Shih"。

內附文件:書內夾有德文宣傳頁 2 份。

6813 Digest of International Law/by Green Haywood Hackworth. —Washington:United States Government Printing Office, 1942

3 Vols. ; 24.2cm

PKUL(館藏號缺)

附註:

題記:第 3 卷扉頁有贈書者題記:"To Ambassador Hu Shih, From Tsui Tsuh □ Ling, Washington D. C., Aug. 27, 1942。"

6814 Les Dimanches d'un Bourgeois de Paris/par Guy de Maupassant. —Paris:Ernest Flammarion, Éditeur,[n.d.]

211p. ; 18.7cm

PKUL(館藏號缺)

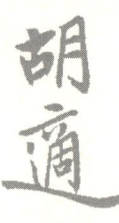

6815 Dinner at Belmont/by Alfred Leland Crabb. —Indianapolis, New York: The Bobbs-Merrill Company, 1942

　　385p. ; 20.9cm

　　PKUL（館藏號缺）

　　附注：

　　　題記：扉頁有胡適題記："Gift from President Garrison and Professor Crabb of the Peabody College for Teachers, Hu Shih, Sept. 1942。"

6816 Diplomacy/by Harold Nicolson. —New York: Harcourt, Brace and Company, 1939

　　264p. ; 19.2cm

　　PKUL（館藏號缺）

6817 Disabled Soldiers and Sailors Pensions and Training/by Edward T. Devine. —New York: Oxford University Press, 1919

　　Ⅶ, 471p. ; 24.2cm

　　PKUL（館藏號缺）

6818 Disarm！/by The Baroness Bertha Von Suttner. —London, New York, Toronto: Hodder and Stoughton, ［n. d.］

　　Ⅺ, 308p. ; 17.7cm

　　PKUL（館藏號缺）

　　附注：

　　　題記：扉頁有胡適題記："Gift from 吳弱男女士。May, 1918。"

6819 Disarmament and the League of Nations/by Robert Cecil. —［s. l.］:［s. n.］, ［n. d.］

　　19p. ; 23.1cm

　　PKUL（館藏號缺）

6820 Discourses Biological and Geological/by Thomas H. Huxley. —New York: D.

Appleton and Company, 1897

XV, 388p. ; 18.8cm

Essays by Thomas H. Huxley Vol. VIII

PKUL（館藏號缺）

附註：

印章：扉頁有原書主簽名"Benjamin Thaw Jr. 1908"。

題記：扉頁有胡適題記："Vol. VIII。"

6821 Discovering Ourselves: A View of the Human Mind and How It Works/by Edward A. Strecker, Kenneth E. Appel, John W. Appel. —New York: The Macmillan Company, 1944

XIX, 434p. ; 19.3cm

PKUL（館藏號缺）

6822 Disposal of Buddhist Dead in China/by W. Perceval Yetts. —[s. l.]: [s. n.], [n. d.]

699–725p. ; 22cm

Reprinted from *The Journal of the Royal Asiatic Society*, July, 1911

PKUL（館藏號缺）

附註：

題記：封面有作者題記："To Professor Hu with kind regards from W. Perceval Yetts。"

6823 A Dissertation on the Nature and Character of the Chinese System of Writing, in a Letter to John Vaughan/by Peter S. Du Ponceau —Philadelphia: M'Carty and Davis, 1838

XXXII, 375p. ; 23.4cm

PKUL（館藏號缺）

附註：

內附文件：書內夾有 John Story Jenks 1940 年 9 月 24 日致胡適英文書信 1 頁。

6824 The Divine Comedy/by Dante Alighieri. —New York：P. F. Collier & Son，1909

　　429p. ；19.5cm

　　The Harvard Classics No. 20

　　PKUL（館藏號缺）

　　附注：

　　　　其他：本書缺扉頁至題名頁部分。

6825 The Divine Comedy of Dante Alighieri Vol. II/by Dante Alighieri；translated by Melville B. Anderson. —London：Oxford University Press，1929

　　367，16p. ；15cm

　　The World's Classics

　　PKUL（館藏號缺）

　　附注：

　　　　印章：題名頁前頁鈐有"胡適之印章"朱文方印。

6826 The Divine Comedy of Dante Alighieri/by William Blake. —New York：The Heritage Press，1944

　　XXII，492p. ；25.6cm

　　PKUL（館藏號缺）

6827 Do We Live Forever? A Reply to Clarence True Wilson/by Joseph McCabe. —Girard：Haldeman-Julius Company，[n. d.]

　　32p. ；12.5cm

　　Little Blue Book

　　PKUL（館藏號缺）

6828 Do We Need Religion/by Joseph McCabe. —Girard：Haldeman-Julius Company，[n. d.]

　　64p. ；12.7cm

Little Blue Book

PKUL（館藏號缺）

附注：

    其他：缺封面、封底。

6829 The Doctor's Dilemma, Getting Married, and the Shewing-up of Blanco Posnet/by Bernard Shaw. —New York：Brentano's, 1911

    XCII, 443p. ；19cm

    PKUL（館藏號缺）

    附注：

        印章：書名頁鈐"適盦藏書"朱文圓印；扉頁有原書主簽名"G. W. Heizer"。

        題記：扉頁有胡適題記："Gift of Mr. Heizer to Suh Hu。"

        批注圈劃：頁150有胡適批注："'人盡願為夫子妾'此亦一種心理，Shaw所言亦未必無理"；書內15頁有胡適鉛筆圈劃。

6830 Documents Concerning the Origin and Purpose of the Indian Statutory Commission. —Worcester：Carnegie Endowment for International Peace, Division of Intercourse and Education, 1930

    69p. ；19.6cm

    PKUL（館藏號缺）

6831 Documents of American History/by Henry Steele Commager. —New York：F. S. Crofts & Co. , 1944

    XXII, 648p. ；22.4cm

    Crofts American History Series

    PKUL（館藏號缺）

    附注：

        其他：封內貼有"胡適的書"藏書票。

6832 Documents on American Foreign Relations/by S. Shepard Jones, Denys P.

Myers. —Boston：World Peace Foundation, 1940–1941

2Vols. ；23.6cm

PKUL（館藏號缺）

附注：

題記：第2卷扉頁有贈書者題記："敬贈適之兄，鯉生，二九，十二，十七，於華府之雙橡園"；第3卷扉頁有贈書者題記："恭祝適之兄五十榮慶，並祝中美國交與中國國際地位與年俱進。鯉生，民國三十年十二月十七日，於美國華府之雙橡園。"

其他：本書卷冊數不詳，胡適藏書存第2、3卷。第2卷出版于1940年，包括文件時間段爲July 1939–June 1940；第3卷出版于1941年，包括文件時間段爲July 1940–June 1941。第2卷封內貼有"胡適的書"藏書票。

6833 La Doctrine Pédagogique de John Dewey/par Ou Tsuin-Chen. —Paris：Les Presses Modernes, 1931

280p. ；25cm

PKUL（館藏號缺）

附注：

題記：扉頁有作者題記："適之先生正謬，後學吳俊升敬贈。"

6834 Does Life Spell Accident or Design? /by Arthur Wakefield Slaten. —Girard：Haldeman-Julius Company, [n.d.]

64p. ；12.6cm

Little Blue Book

PKUL（館藏號缺）

6835 Dogs as Guides for the Blind/by Dorothy Harrison Eustis. —[s.l.]：[s.n.], [n.d.]

23p. ；21.1cm

PKUL（館藏號缺）

6836 A Dominie Dismissed/by A. S. Neil. —London：Herbert Jenkins Limited,

1917

 234p. ；18.6cm

 PKUL（館藏號缺）

 附注：

  印章：書名頁前頁有簽名,不能辨識。

6837 Double Ten: Captain O'Banion's Story of the Chinese Revolution/by Carl Glick. —London, New York: McGraw-Hill Book Company, Inc., 1945

 281p. ；20.8cm

 PKUL（館藏號缺）

6838 The Dragon Beards versus the Blueprints/by Hsiao Ch'ien. —London: The Pilot Press, 1944

 VIII, 35p. ；21cm

 PKUL（館藏號缺）

 附注：

  題記：扉頁蕭乾題字："適之先生教正。蕭乾敬贈。一九四五年四月於舊金山新世界會議。"

6839 Dragon Seed/by Pearl S. Buck. —New York: The John Day Company, 1942

 378p. ；21.3cm

 PKUL（館藏號缺）

6840 Dramatic Works/by R. B. Sheridan. —London & New York, Toronto & Melbourne: Cassell and Company, Ltd., [n.d.]

 427p. ；18.1cm

 The People's Library

 PKUL（館藏號缺）

 附注：

  題記：扉頁有胡適題記："吳弱男女士贈,適。"

  其他：封內貼有藍色"Maruzen Co., Ltd., Book Department, Tokyo"標籤。

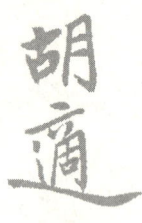

6841 Dream Cities: Notes of an Autumn Tour in Italy and Dalmatia/by Douglas Goldring. —London: T. Fisher Unwin Ltd., 1913

352p. ; 22.6cm

PKUL（館藏號缺）

6842 The Dream We Lost: Soviet Russia Then and Now/by Freda Utley. —New York: The John Day Company, 1940

IX, 371p. ; 21.4cm

PKUL（館藏號缺）

附注：

題記：扉頁有作者題記："To Dr. Hu-Shih, whom I admire not only as a great savant of China, but as a great philosopher and humanitarian of the world. Freda Utley。"

6843 Dreamthorp: A Book of Essays Written in the Country/by Alexander Smith. —London, Edinburgh, Glasgow, New York, Toronto, Melbourne, Bombay: Oxford University Press, 1914

XXVII, 316p. ; 15.4cm

PKUL（館藏號缺）

附注：

印章：題名頁有"N. S. Gu"鋼筆簽名。

6844 A Drill-Book in Algebra: Exercises for Class Drill and Review/by Marshall Livingston Perrin. —Philadelphia: J. B. Lippincott Company, 1911

188p. ; 19.3cm

PKUL（館藏號缺）

附注：

印章：題名頁及書末有原書主簽名"Chaovan Hu"。

題記：扉頁有原書主題記："August 31th, 1922, buy in Shanghai, Commercial Press, Ltd., Chao-Van Hu。"

6845 The Dual Mandate in British Tropical Africa/by F. D. Lugard. —Edinbourgh & London：William Blackwood & Sons Ltd. , 1926

XXIII, 643p. ；21.4cm

PKUL（館藏號缺）

附注：

題記:扉頁有贈書者題記:"Hu Shih, with gratitude for his lecturing tour in England and with very best wishes from Percy A. Rody, 17 December, 1926。"

6846 The Ductus Arteriosus in the Human Fetus and Newborn Infant/by Gustav Joseph Noback, Irving Rehman. —［s. l.］:［s. n.］,［n. d.］

505-522p. ；25.4cm

Reprinted from *The Anatomical Record*, Vol. 81, No. 4 and Suppl. ,December, 1941

PKUL（館藏號缺）

附注：

題記:封面有作者題記:"Dr. Hu Shih, with affectionate regard and respect, G. J. Noback。"

6847 Dust and Paradise：Quatrains of Emancipation/by Mehdi Nakosteen. —［s. l.］:［s. n.］, 1936

32p. ；22.2cm

PKUL（館藏號缺）

附注：

題記:題名頁有作者題記:"To Dr. Hu Shih, with hope of further acquire □ Mehdi Nakosteen, Aug. 10, 1936. University & Denver,Colorado…"

6848 Dusty Answers/by Alan Valentine. —New York：The Printing House of Leo Hart, 1941

163p. ；22.9cm

PKUL（館藏號缺）

附注：

　　題記：扉頁有作者題記："To Dr. Hu Shih, the admiring appreciation, Allan Valentine。"

6849　The Duties of Man and Other Essays/by Joseph Mazzini. ―London：J. M. Dent & Sons Ltd. ; New York：E. P, Dutton & Co. ，1907

　　XXXVII，327p. ；17.1cm

　　Everyman's Library：Essays

　　PKUL（館藏號缺）

　　附注：

　　　　批注圈劃：書内多處有鉛筆批注圈劃，非胡適所作。

6850　Dynamic Psychology/by Robert Sessions Woodworth. ―New York：Columbia University Press，1918

　　210p. ；19.7cm

　　PKUL（館藏號缺）

　　附注：

　　　　題記：扉頁有胡適鋼筆簽名"Hu Shih, Feb. , 1924"。

　　　　夾紙：書内夾有無字卡片1張。

6851　Early Greek Philosophy/by John Burnet. ―London：A. & C. Black, Ltd. , 1908

　　VIII，375p. ；22cm

　　PKUL（館藏號缺）

　　附注：

　　　　題記：扉頁有胡適鋼筆簽名"Hu Shih, Feb. 1924"。

6852　The Early History of India：From 600 B. C. to the Muhanmmadan Conquest，Including the Invasion of Alexander the Great/by Vincent A. Smith. ―Oxford：The Clarendon Press，1914

X, 512p. ; 22.3cm

PKUL（館藏號缺）

附注：

　　題記：扉頁有胡適鋼筆簽名"Hu Shih, Jan., 1923"。

6853 The Early History of the Chou Li and Tso Chuan Texts/by Bernhard Karlgren. —Stockholm：[s. n.], 1931

59p. ; 26.5cm

Reprinted from *The Bulletin of the Museum of Far Eastern Antiquities*, No. 3

PKUL（館藏號缺）

6854 Early Man：As Depicted by Leading Authorities at the International Symposium the Academy of Natural Sciences Philadelphia, March 1937/by George Grant MacCurdy. —Philadelphia, New York, London：J. B. Lippincott Company, 1937

362p. ; 23.4cm

PKUL（館藏號缺）

6855 Early Quaker Education in Pennsylvania/by Thomas Woody. —New York：Teacher's College, Columbia University, 1920

287p. ; 24.1cm

PKUL（館藏號缺）

附注：

　　其他：裝訂破損。

6856 Eastern Monachism：An Account of the Origin, Laws, Discipline, Sacred Writings, Mysterious Rites, Religious Ceremonies, and Present Circumstances of the Order of Mendicants Founded by Gótama Budha/by R. Spence Hardy. —London：Williams and Norgate, 1860

XI, 443p. ; 22.8cm

PKUL（館藏號缺）

6857 Easy French Plays/by Charles W. Benton. —Chicago: Scott, Foresman and Company, 1900

 236p. ; 16.8cm

 PKUL（館藏號缺）

 附註：

  題記：扉頁有胡適題記："法文短劇三齣，適，三年六月。"

  批注圈劃：書內42頁有胡適批注圈劃；第一齣戲劇末有胡適注明的閱讀日期"June 28, 1914. Suh Hu"。

  其他：頁163貼有美國1分郵票1枚。

6858 The Economic Development and Prospects of Inner Mongolia (Chahar, Suiyuan, and Ningsia)/by Chang Yin-T'ang. —Shanghai: The Commercial Press, Limited, 1933

 XIV, 243p. ; 22.8cm

 PKUL（館藏號缺）

 附註：

  題記：扉頁有作者題記："敬請適之先生指正，張印堂謹贈，廿六年六月十日。"

6859 The Economic History of Ancient India/by Santosh Kumar Das. —Caltutta: Mitra Press, 1925

 XV, 311p. ; 21.8cm

 PKUL（館藏號缺）

 附註：

  題記：扉頁有作者題記："Presented to Dr. Hu Shih PhD. of Peking National University, with the author's best compliments for favour of review。"

6860 Les Écrivains Contemorains Chinois/par Li Tchang-Chain. —Pekin: La Politique de Pékin, 1933

 113p. ; 28.3cm

 Colletion de la "Politique de Pekin"

PKUL（館藏號缺）

附注：

　　題記：題名頁前頁有作者題記："適之先生指正，弟子李長山呈贈，二十四年七月二十八日。"

　　其他：本書爲綫裝。

6861 The Editions of the Ssǔ-Shih-Êrh-Chang-Ching/by T'ang Yung-T'ung. —[s.l.]：[s.n.]，[n.d.]

　　147-155p.；25.2cm

　　Reprinted from *Harvard Journal of Asiatic Studies* Vol. 1 No. 1

　　PKUL（館藏號缺）

附注：

　　題記：封面有作者題記："呈政。"

6862 The Editor's Introduction；Reader's Guide；Index to the First Lines of Poems Songs & Choruses, Hymns & Psalms；General Index；Chronological Index/by Charles W. Eliot. —New York：P. F. Collier & Son，1910

　　470p.；19.5cm

　　The Harvard Classics No. 50

　　PKUL（館藏號缺）

附注：

　　印章：扉頁有胡適簽名"Suh Hu"。

6863 Education and Economic Well-Being in American Democracy/by National Education Association of the United States. —Washington：Educational Policies Commission，1940

　　227p.；23.3cm

　　PKUL（館藏號缺）

6864 Education between Two Worlds/by Alexander Meiklejohn. —New York，

London: Harper & Brothers Publishers, 1942

X, 303p. ; 22cm

PKUL（館藏號缺）

6865 Education for All American Youth. —Washington: National Education Association of the United States, 1944

IX, 421p. ; 22.8cm

PKUL（館藏號缺）

附注：

題記：題名頁有贈書者題記："To Dr. Hu Shih, from James B. Conant, with all good wishes. March 6, 1945。"

6866 Education for Responsibility: The Dalton Laboratory Plan in a Secondary School/by Members of the Faculty of the South Philadelphia High School for Girls. —New York: The Macmillan Company, 1926

XVII, 310p. ; 19.1cm

PKUL（館藏號缺）

6867 The Education of an American/by Mark Sullivan. —New York: Doubeday, Doran & Co., Inc., 1938

320p. ; 22.8cm

PKUL（館藏號缺）

附注：

印章：扉頁有胡適題記："今天星期日，不意看見一家我常去的舊書店開著門，走進去逛了一會，買了這一本書。適之，卅，五，十一。"

批注圈劃：頁309 有胡適批注："此即我的不朽論。"

其他：封內貼有"胡適的書"藏書票。

6868 The Education of Free Men: An American Democracy/by National Education Association of the United States. —Washington: Educational Policies Commission, 1941

115p. ;23.3cm

PKUL（館藏號缺）

6869 Education on the Dalton Plan/by Helen Park. —New York：E. P. Dutton & Company, 1922

XVIII, 278p. ;19.1cm

PKUL（館藏號缺）

附注：

其他：扉頁貼有贈書者 Mrs. W. Murray Crane 名片 1 張，上書"Dalton, Mass"。

6870 Education Today/by John Dewey. —New York：G. P. Putnam's Sons, 1940

XIX, 373p. ;22.7cm

PKUL（館藏號缺）

6871 Educational Psychology：Briefer Course/by Edward L. Thorndike. —New York：Teachers College, Columbia University, 1914

XII, 442p. ;20.2cm

PKUL（館藏號缺）

附注：

題記：扉頁有胡適鉛筆簽名"Suh Hu, March 1919"。

夾紙：書內夾有紙條 1 張。

6872 Educators Beyond Their Depth, the Inside Story of the Floating University, Tts Disruption and Its Possibilities/by Sydney Greenbie. —New York：[s. n.], 1929

85p. ;18.8cm

PKUL（館藏號缺）

6873 Effective Business Letters：Their Requirements and Preparation, with Specific Directions for the Various Types of Letters Commonly Used in

Business/by Edward Hall Gardner. —New York: The Ronald Press Company, 1916

VIII, 420p. ; 17.7cm

PKUL（館藏號缺）

附注：

印章：扉頁有兩個簽名"Hu Shih Chih, Hu Shie Tze",不像胡適本人簽名。

批注圈劃：書內數頁有批注圈劃,不能確定爲胡適本人的。

6874 Effects of the War on Money, Credit and Banking in France and the United States/by B. M. Anderson, Jr. . —New York: Oxford University Press, 1919

VII, 227p. ; 24.8cm

PKUL（館藏號缺）

6875 Eight or Nine Wise Words about Letter-Writing/by Lewis Carroll. —Oxford: Emberlin and Son, 1890

39p. ; 13.3cm

PKUL（館藏號缺）

附注：

其他：書末印有"民國二十又四年一月毛子水囑工影印這書壹百部于北平"。本書有7冊。

6876 Eighteen Dramatic Dialogues/by Timothy H. Ling. —Shanghai: The Commercial Press, Limited, 1925

II, 129p. ; 19cm

PKUL（館藏號缺）

附注：

批注圈劃：書內有鉛筆批注圈劃,非胡適所作。

6877 The Eighth Year of the Permanent Court of International Justice/by Manley O. Hudson. —Worcester: Carnegie Endowment for International Peace, Division of Intercourse and Education, 1926

43p. ；19.7cm

PKUL（館藏號缺）

6878 Electrolytic Deposition of Platinum on Copper/by Shoo-Tze Leo, Tsing-Nang Shen. —［s. l.］：［s. n.］，［n. d.］

13p. ；25.9cm

Reprinted from *The Science Quarterly* Vol. III, No. 1

PKUL（館藏號缺）

附注：

題記：封面有作者題記："適之先生指正，沈青囊上，一九三六年九月於紐約城。"

6879 Electrolytic Productions of Tungsten Metal from a Fused Phosphate Bath/by Shoo-Tze Leo, Tsing-Nang Shen. —New York：［s. n.］，［n. d.］

461-469p. ；22.9cm

Reprinted from *The Transactions of the Electrochemical Society* Vol. LXVI, 1934

PKUL（館藏號缺）

附注：

題記：封面有作者題記："適之先生教正，沈青囊上，一九三六年九月於紐約城。"

6880 Elementary Principles of Economics：Together with a Short Sketch of Economic History/by Richard T. Ely, George Ray Wicker. —Shanghai：The Macmillan Company, 1930

XIII, 534p. ；18.8cm

PKUL（館藏號缺）

附注：

批注圈劃：書內169頁有胡適批注圈劃。

夾紙：頁280、281間夾有紙片一；頁420、421間夾有紙片一，上有胡適鉛筆記錄。

6881 An Elementary Treatise on Theoretical Mechanics/by J. H. Jeans. —[s. l.]：[s.n.]，[n.d.]

　　18.4cm

　　PKUL（館藏號缺）

　　附註：

　　　其他：本書書末缺損，頁數不詳。

6882 Elements of a National Mineral Policy/by C. K. Leith. —New York：[s.n.]，1933

　　VI, 162p. ; 22.2cm

　　PKUL（館藏號缺）

　　附註：

　　　夾紙：書內夾有贈書卡1張。

6883 The Elements of Ethics/by J. H. Muirhead. —London：John Murray, 1901

　　XV, 263p. ; 18cm

　　PKUL（館藏號缺）

　　附註：

　　　題記：扉頁有胡適題記："Gift from 吳弱男女士, May 16, 1918。"

6884 Elements of Metaphysics/by A. E. Taylor. —London：Methuen & Co., Ltd., 1912

　　XVI, 419p. ; 22cm

　　PKUL（館藏號缺）

　　附註：

　　　題記：扉頁有胡適簽名"Suh Hu. March, 1915"。

　　　批注圈劃：書內27頁有胡適批注圈劃。

　　　內附文件：頁60、61間夾有圖書廣告2頁。

　　　夾紙：頁190、191間夾有白紙1張；頁400、401間夾有"梅廷獻"名片1張，兩面有胡適鉛筆字跡。

6885 Elements of Phonetics: English, French & German/by Walter Rippmann. —London: J. M. Dent & Sons, Ltd. , 1914

X, 148p. ; 16.9cm

PKUL（館藏號缺）

6886 The Elements of Railway Economics/by W. M. Acworth. —Oxford: The Clarendon Press, 1923

159p. ; 18.8cm

PKUL（館藏號缺）

附注：

題記:扉頁有贈書者題記: "To my friend & colleague Dr. Hu Shih, with best regards of Chiu Zhun Wang, London, Oct. 18, 1926。"

6887 Elihu Root/by Philip C. Jessup. —New York: Dodd, Mead & Company, 1938

2 Vols. ; 24.1cm

PKUL（館藏號缺）

6888 Elizabethan Drama, Volume I, Marlowe, Shakespeare/by Charles W. Eliot. —New York: P. F. Collier & Son, 1910

442p. ; 19.5cm

The Harvard Classics No. 46

PKUL（館藏號缺）

附注：

印章:扉頁有胡適簽名"Suh Hu"。

6889 Elizabethan Drama, Volume II, Dekker, Jonson, Beaumont and Fletcher, Webster, Massinger/by Charles W. Eliot. —New York: P. F. Collier & Son, 1910

445-899p. ; 19.5cm

The Harvard Classics No. 47

PKUL（館藏號缺）

附注：

印章：扉頁有胡適簽名"Suh Hu"。

6890 Ellas Boundinot: Cherokee and His America/by Ralph Henry Gabriel. —Norman: University of Oklahoma Press, 1941

XV, 190p. ; 22.9cm

PKUL（館藏號缺）

附注：

題記：扉頁有贈書者題記："To Dr. Hu Shih, on the occasion of his visit to the University of Oklohoma, with the cordial good wishes of □□ Norman, May 8, 1941。"

內附文件：書內夾有書評2頁。

6891 Elsie and the Child: A Tale of Riceyman Steps and Other Stories/by Arnold Bennett. —Leipzig: Bernhard Tauchnitz, 1924

310p. ; 16.5cm

Colletcion of British Authors, Tauchinitz Editon

PKUL（館藏號缺）

附注：

印章：扉頁有他人簽名"X. Y."。

6892 The Embargo Resolutions and Neutrality/by Joseph P. Chamberlain. —Worcester: Carnegie Endowment for International Peace, Division of Intercourse and Education, 1929

342p. ; 19.5cm

PKUL（館藏號缺）

6893 Embezzled Heaven/by Franz Werfel; translated by Moray Firth. —New York: The Viking Press, 1940

427p. ; 20.9cm

PKUL（館藏號缺）

6894 Émigrés in the Wilderness/by T. Wood Clarke. —New York: The Macmillan Company, 1941

  XVI, 247p. ; 23.6cm

  PKUL（館藏號缺）

 附註：

  題記:扉頁有贈書者題記:"To Dr. Hu Shih, Christmas Greetings and Best Wishes for the New Year. May you and your people soon be at Yorktown and on the way to recovery, so that you may again apply your progressive idea to the whole of your great nation. A. C. Wallace, November, Twenty-Fifth, Nineteen Hundred Fourty One。"

6895 Émile ou de l'Éducation/par J.-J. Rousseau. —Paris: Garnier Frères, Libraires-Éditeurs, [n. d.]

  VIII, 638p. ; 18.4cm

  PKUL（館藏號缺）

6896 Eminent Chinese of the Ch'ing Period (1644-1912) Vol. 2/by Arthur W. Hummel. —Washington: United States Government Printing Office, 1944

  605-1103p. ; 27.2cm

  PKUL（館藏號缺）

 附註：

  題記:扉頁有胡適題記:"《三百年名人傳記》第二冊(P-Z),胡適。"

6897 The Emperor Ch'ien-Lung and the Larger Śūramgamasūtra/by A. von Staël-Holstein. —[s. l.]: [s. n.], [n. d.]

  136-146, 10p. ; 25.6cm

  PKUL（館藏號缺）

 附註：

  題記:封面有作者題記:"To Dr. Hu Shih, with Kind regards from A. Staël-Holstein。"

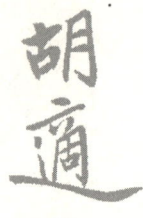

6898 Empire/by Louis Fischer. —New York: Duell, Sloan and Pearce, 1943

  108p. ; 18.7cm

  PKUL（館藏號缺）

6899 Enclaves of Economic Rent: Being a Compendium of the Legal Documents Involved Together with a Historical Description/by Charles White Huntington. —Harvard: Fiske Warren, 1923

  IX, 227p. ; 21.4cm

  PKUL（館藏號缺）

6900 The Encyclopaedia Britannica: A Dictionary of Arts, Sciences, literature and General Information/by Chisholm, Hugh. —New York: The Encyclopaedia Britannica Company, 1910

  29 Vols. ; 21cm

  PKUL（館藏號缺）

  附注：

  其他：本書爲第 11 版。

6901 Encyclopaedia of Religion and Ethics/by James Hatings. —Edinburgh: T. & T. Clark; New York: Charles Scribner's Sons, 1908

  12 Vols. ; 27.7cm

  PKUL（館藏號缺）

6902 Encyclopaedia of the Social Sciences/by Edwin R. A. Seligman, Alvin Johnson. —New York: The Macmillan Company, 1930

  15 Vols. ; 27.7cm

  PKUL（館藏號缺）

6903 The End Is Not Yet: China at War/by Herrymon Maurer. —New York: Robert M. McBride & Company, 1941

321p. ; 24.3cm

PKUL（館藏號缺）

附注：

內附文件:書內夾有 Allen Churchill 致胡適英文書信1頁。

6904 The End of Exterritoriality in China/by Thomas F. Millard. —Shanghai: The A. B. C. Press, 1931

275p. ; 20.5cm

PKUL（館藏號缺）

6905 The End of Fear/by Denis Saurat. —London: Faber and Faber, [n. d.]

85p. ; 22cm

PKUL（館藏號缺）

附注：

題記:扉頁有贈書者題記:"For Hu Shih—in—I hope—the beginning of a collaboration □□ de D. Saurat。"

6906 The End of Mr. Garment/by Vincent Starrett. —Garden City, New York: The Crime Club, Inc., 1932

304p. ; 19cm

PKUL（館藏號缺）

附注：

題記:扉頁有作者題記:"To Dr. Hu Shih, with the homage of the author—Vincent Starrett, Peking, 8 January, 1937. 'Reading detective stories is the recreation of noble minds'(Philip Guedalla)。"

6907 Ends and Means: An Inquiry into the Nature of Ideals and into the Methods Employed for Their Realization/by Aldous Huxley. —New York, London: Harper & Brothers Publishers, 1937

V, 386p. ; 22cm

PKUL（館藏號缺）

附注：

其他：内夾楓葉3枚。

6908 An English and Japanese Dictionary, Explanatory, Pronouncing, and Etymological, Containing All English Words in Present Use, with an Appendix/by M. Shibata, T. Koyas. —Yokohama：Ni-Shu-Sha Printing Office, [n. d.]

1544p. ;24.4cm

PKUL（館藏號缺）

附注：

印章：題名頁鈐有"開成學校圖書消印之證"朱文長方印；另有一朱文方印模糊不可辨識。

其他：本書缺封面、書脊、封底。

6909 English Bank Book-Keeping：With an Introduction on the Theory and Practice of Accouts/by H. T. Easton. —London：Effingham Wilson, 1910

VII, 199p. ;22.1cm

PKUL（館藏號缺）

6910 An English-Blackfoot Vocabulary/by C. C. Uhlenbeck, R. H. Van Gulik. —Amsterdam：Uitgave Van de Koninklijke Akademie, 1930

261p. ;25.9cm

PKUL（館藏號缺）

附注：

題記：扉頁有作者題記："To Prof. Hu Shih, with the author's compliment。"

6911 English Essays：From Sir Philip Sidney to Macaulay/by Charles W. Eliot. —New York：P. F. Collier & Son, 1910

421p. ;19.5cm

The Harvard Classics No. 27

PKUL（館藏號缺）

附注：

　　印章：扉頁有胡適簽名"Suh Hu"。

6912　English Grammar Practice/by C. P. Mason. —London：George Bell and Sons，1907

　　68p. ；18.2cm

　　PKUL（館藏號缺）

6913　English Ideas on Education and Chinese Culture/by Lancelot Forster. —Shanghai：The Commercial Press，1936

　　173p. ；19.5cm

　　PKUL（館藏號缺）

　　附注：

　　　　題記：封面有題記："請胡適之博士作序用。"

　　　　批注圈劃：書內多處有胡適圈劃。

6914　The English Language/by Logan Pearsall Smith. —New York：Henry Holt and Company；London：Williams and Norgate，1912

　　256p. ；17cm

　　Home University Library of Modern Knowledge

　　PKUL（館藏號缺）

　　附注：

　　　　題記：題名頁有胡適鋼筆簽名"Suh Hu, June 1917"。

　　　　批注圈劃：書內 24 頁有胡適批注圈劃。

6915　The English Novel in Transition，1885-1940/by William C. Frierson. —Norman：University of Oklahoma Press，1942

　　XVI, 333p. ；22.3cm

　　PKUL（館藏號缺）

　　附注：

夾紙：書內夾有出版社贈書卡1張。

6916 English Poems：Selected and Edited，with Illustrative and Explanatory Notes and Bibliographies/by Walter C. Bronson. —Chicago：The University of Chicago Press，1908

XIII，538p. ；19.7cm

PKUL（館藏號缺）

附注：

題記：封面有胡適題記："自復辟至十八世紀之末英詩粹，適之"；扉頁有胡適題記："自復辟至十八世紀之末英詩粹，胡適"；封內有胡適繪時間表三欄，並有題記："Un poème jamais ne valut un dîner. — de Berchoux"；題名頁前頁有胡適題記："To steal a hint was never known. But what he write was all his own. — Swift"；封底內及前頁有胡適鉛筆題記。

批注圈劃：書中有胡適批注圈劃315頁；頁511有胡適簽名"S. Hu"。

內附文件：頁314、315間夾有讀書卡片1張，有胡適英文筆記："In all departments of human learning, with the exception of math, he was a master…"

夾紙：頁472、473夾有空白讀書卡片2張。

其他：裝訂破損，511—518頁被撕下。

6917 English Poetry，1170-1892/by John Matthews Manly. —Boston，New York，Chicago，London，Atlanta，Dallas，Columbus，San Francisco：Ginn and Company，1916

XXVIII，580p. ；21.8cm

PKUL（館藏號缺）

6918 English Poetry /by Charles W. Eliot. —New York：P. F. Collier & Son，1910

3 Vols.（1580p）；19.5cm

The Harvard Classics No. 40-42

PKUL（館藏號缺）

附注：

印章：三卷扉頁均有胡適簽名"Suh Hu"。

批注圈劃:第3卷書內57頁有胡適批注圈劃。

夾紙:第3卷頁1482、1483間夾有紙條1張。

其他:各卷內容:Volume I, From Chaucer to Gray; Volume II, From Collins to Fitzgerald; Volume III, From Tennyson to Whitman。

6919 English Reading Made Easy, by Means of a System of Marks Applied to the Ordinary Spelling/by W. A. Craigie. —Oxford: The Clarendon Press, 1924

[Ⅲ,147]p. ; 18.2cm

PKUL(館藏號缺)

6920 English Teaching Efficiency in China/by Elam Jonathan Anderson. —Shanghai: The Commercial Press, Limited, 1925

XVIII, 180p. ; 22.2cm

PKUL(館藏號缺)

附注:

題記:封面有作者題記:"To my friend Hu Shih, Elam J. Anderson。"

6921 English-Japanese Conversation Dictionary/by Arthur Rose-Innes. —Tokyo: The Sanshusha Printing Office, [n.d.]

289p. ; 12.1cm

PKUL(館藏號缺)

6922 The Englishman in the Alps/by Arnold Lunn. —London: Oxford University Press, 1913

XX, 294p. ; 17.2cm

PKUL(館藏號缺)

6923 Epic and Saga, Beowulf, the Song of Roland, the Description of Dá Derga's Hostel, the Story of the Volsungs, and Niblungs/by Charles W. Eliot. —New York: P. F. Collier & Son, 1910

464p. ; 19.5cm

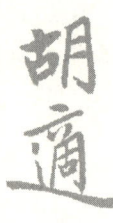

The Harvard Classics

PKUL（館藏號缺）

附注：

印章:扉頁有胡適鋼筆簽名"Suh Hu"。

6924 Epoch-Making Papers in United States History/by Marshall Stewart Brown. —New York：The Macmillan Company；London：Macmillan & Co., Ltd., 1903

XXIII, 213p. ；14.4cm

Macmillan's Pocket American and English Classics

PKUL（館藏號缺）

6925 Erewhon or Over the Range/by Samuel Butler. —London：Penguin Books, 1935

256p. ；18.1cm

PKUL（館藏號缺）

6926 Ernest Renan/by J. M. Robertson. —London：Watts & Co., 1924

120p. ；18.5cm

Life Stories of Famous Men

PKUL（館藏號缺）

附注：

印章:封面有胡適鋼筆簽名"Hu Shih"。

6927 Esperanto for Beginners/by D. O. S. Lowell. —Girard：Haldeman-Julius Company, [n.d.]

64p. ；12.5cm

Little Blue Book

PKUL（館藏號缺）

6928 Essai Historique sur la Poésie Chinoise/par Tsen Tsonming. —Lyon：Imprimerie Jean Deprelle, 1922

156p. ;25cm

PKUL（館藏號缺）

附注：

題記：封面有作者題記："適之先生正之,曾仲鳴贈,十一月廿七日。"

6929 Essais sur la Conception Matérialiste de L'Histoire/par Antonio Labriola. —Paris：Marcel Giard,1928

IV,373p. ;18.9cm

PKUL（館藏號缺）

6930 Essay Lessons in Chinese：Or Progressive Exercises to Facilitate the Study of that Language, Especially Adapted to the Canton Dialect/by J. Wells Williams. —Macao：Office of the Chinese Repository,1842

IX,287p. ;22.3cm

PKUL（館藏號缺）

附注：

其他：裝訂破損。

6931 An Essay on Nature/by Frederick J. E. Woodbridge. —New York：Columbia University Press,1940

X,351p. ;21.9cm

PKUL（館藏號缺）

附注：

夾紙：書內夾有贈書條1張,郵寄地址標籤1個。

6932 Essays/by Ralph Waldo Emerson. —Washington：National Home Library Foundation,1932

172p. ;16.6cm

PKUL（館藏號缺）

6933 Essays and English Traits/by R. W. Emerson. —New York：P. F. Collier &

Son, 1909

493p. ; 19.5cm

The Harvard Classics No. 5

PKUL（館藏號缺）

附注：

 印章：扉頁有胡適簽名"Suh Hu"；題名頁鈐有"適盦藏書"朱文圓印。

 批注圈劃：書内10餘頁有胡適批注圈劃。

6934 Essays Dedicated to Mr. Justice Cardozo. —[s.l.]：Columbia Law Review, Harvard Law Review, Yale Law Journal, 1939

353-489p. ; 26cm

PKUL（館藏號缺）

6935 Essays English and American/by Charles W. Eliot. —New York：P. F. Collier & Son, 1910

485p. ; 19.5cm

The Harvard Classics

PKUL（館藏號缺）

附注：

 印章：扉頁有胡適鋼筆簽名"Suh Hu"。

 批注圈劃：書内2頁有胡適批注。

6936 Essays Historical and Literary Vol. I/by John Fiske. —New York：The Macmillan Company, 1902

422p. ; 21.9cm

PKUL（館藏號缺）

附注：

 印章：扉頁鈐有"HU SHIH"藍文印。

 其他：書脊及題名頁前部分脱落。

6937 Essays in Biography/by John Maynard Keynes. —Toronto：The Macmillan

Company of Canada Limited, 1933

X, 318p. ; 19.5cm

PKUL（館藏號缺）

附注：

題記：扉頁有胡適題記："Hu Shih, Toronto, Ont., September 4, 1933. at the liberal Summer Conference, Port Hope, Ont. 。"

6938 Essays in Experimental Logic/by John Dewey. —Chicago：The University of Chicago Press, 1916

VII, 444p. ; 19.4cm

PKUL（館藏號缺）

附注：

題記：扉頁有胡適題記："Suh Hu, New York, July, 1916. 杜威著《實驗的名學》。"

批注圈劃：書内多處有胡適批注圈劃。

夾紙：書内夾有名片1張。

其他：扉頁及後頁脱落。

6939 Essays in Honor of John Dewey. —New York：Henry Holt and Company, 1929

XI, 425p. ; 24.1cm

PKUL（館藏號缺）

附注：

題記：封面有贈書者題記："To Dr. Hu Shih, with professional and personal regards, □ July 25, 1933。"

6940 Essays in Philosophy/by Thomas Vernor Smith, William Kelley Wright. —Chicago, London：The Open Court Publishing Co., 1929

XVI, 337p. ; 21.6cm

PKUL（館藏號缺）

附注：

題記：扉頁有編者題記：" Dr. Hu Shih, with professional and personal

regards, T. V. Smith, July 25, 1933。"

6941 Essays in Political Science, in Honor of Westel Woodbury Willoughby/by John Mabry Mathews, James Hart. —Baltimore: The Johns Hopkins Press, 1937

VIII, 364p. ; 21.1cm

PKUL（館藏號缺）

附注：

題記：扉頁有贈書者題記："To His Excellency, Dr. Hu Shih, with the cordial and high esteem of W. W. Willoughby, Feb. 28-1939。"

6942 Essays in Popular Science/by Julian Huxley. —London: Penguin Books Limited, 1937

256p. ; 18.1cm

Pelican Books

PKUL（館藏號缺）

6943 Essays in Radical Empiricism/by William James. —London, Bombay, Calcutta: Longmans, Green, and Co., 1912

XIII, 283p. ; 21.7cm

PKUL（館藏號缺）

附注：

題記：扉頁有贈書者題記："適之兄惠存，弟盧錫榮贈。"

其他：書内夾有照片1張。

6944 Essays in Zen Buddhism/by Daisetz Teitaro Suzuki. —London: Luzac and Company, 1933

XII, 326p. ; 21.8cm

PKUL（館藏號缺）

附注：

題記：扉頁有贈書者題記："To Dr. Hu Shih, with compliment of Yoko Nomura, Yokohama. 13/11/33. 謹呈胡適先生，橫濱，野村洋三。"

批注圈劃:書內 58 頁有胡適鉛筆批注圈劃。

6945 Essays in Zen Buddhism/by Daisetz Teitaro Suzuki. —London:Luzac and Company, 1927

  VII, 423p. ; 21.6cm

  PKUL（館藏號缺）

6946 The Essays of Elia/by Charles Lamb. —London:J. M. Dent & Sons Ltd. ; New York:E. P. Dutton & Co. , 1906

  XIX, 327p. ; 17.2cm

  Everyman's Library:Essays

  PKUL（館藏號缺）

  附註:

   題記:扉頁有胡適題記:"《蘭嫵雜文》,適之。"

   批注圈劃:書內 104 頁有胡適批注圈劃。

6947 The Essence of the Koran, Book of Mohanmedanism/by Theodore M. R. von Keler. —Girard:Haldeman-Julius Company, [n. d.]

  60p. ; 12.6cm

  Little Blue Book

  PKUL（館藏號缺）

6948 The Essentials of Logic:Being Ten Lectures on Judgment and Inference/by Bernard Bosanquet. —London:Macmillan and Co. , Limited, 1917

  X, 167p. ; 19.5cm

  PKUL（館藏號缺）

6949 Essentials of Spelling/by Henry Carr Pearson, Henry Suzzallo. —New York, Cincinnati, et al:American Book Company, 1919

  XII, 84p. ; 19cm

  PKUL（館藏號缺）

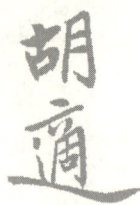

6950 The Establishment of Confucianism as a State Religion during the Han Dynasty/by Hu Shih. —[s.l.]：[s.n.]，[n.d.]

20-41p.；24cm

Reprinted from *The Journal of the North China Branch of the Royal Asiatic Society*，Volume LX. -1929

PKUL（館藏號缺）

附注：

題記：扉頁有胡適題記："To Mr. Lionel Curtis, with the compliments of Hu Shih。"

內附文件：書內夾有書信1頁，論文打印複寫件1份。

6951 The Ethical and Political Works of Motse/by Yi-Pao Mei. —London：Arthur Probsthain，1929

IX，275p.；19.2cm

Probsthain's Oriental Series

PKUL（館藏號缺）

6952 The Ethical Basis of Political Authority/by Westel W. Willoughby. —New York：The Macmillan Company，1930

VIII，460p.；21.5cm

PKUL（館藏號缺）

附注：

題記：扉頁有作者題記："To His Excellency, Dr. Hu Shih, with the high esteem of the author. W. W. Willoughby。"

6953 Ethical Movement Explained/by Lord Snell. —London：The Ethical Union，1935

15p.；18.5cm

PKUL（館藏號缺）

附注：

題記:封頁有作者題記:"To Dr. Hu Shih, with Lord Snell's compliments, 13 Aug. 1936。"

6954 Ethical Objectivity through Science/by Hoarace S. Fries. —[s.l.]:[s.n.], [n.d.]

553-565p. ;24.8cm

Reprinted from *The Philosophical Review*, November, 1943

PKUL（館藏號缺）

附注:

題記:封面有作者題記:"and the Season's greeting to Dr. Hu Shih, from Horace S. Fries。"

6955 The Ethical Philosophy of Sidgwick: Nine Essays, Critical and Expository/by F. H. Hayward. —London: Swan Sonnenschein & Co., Ltd., 1901

XXIV, 275p. ;18.3cm

PKUL（館藏號缺）

附注:

印章:扉頁有原書主簽名"J. N. Ward"。

6956 Ethics/by John Dewey, James H. Tufts. —New York: Henry Holt and Company, 1908

XIII, 618p. ;19.7cm

PKUL（館藏號缺）

附注:

印章:書名頁鈐有"適盦藏書"朱文圓印。

題記:扉頁有胡適簽名"Suh Hu, 1914"。

批注圈劃:書內221頁有胡適批注圈劃。

內附文件:頁550、551間夾有剪報條"Example of Majority Rule"。頁556、557間夾有剪報條"To Renew Prohibition Fight"。

摺頁:頁214、237摺頁。

6957 Ethics：An Historical Introduction/by Stephen Ward. —London：Oxford University Press，1924

    96p. ；18.8cm

    PKUL（館藏號缺）

6958 The Ethics of Confucius：The Sayings of the Master and His Disciples upon the Conduct of "The Superior Man"/by Miles Menander Dawson. —New York，London：G. P. Putnam's Sons，1915

    XXI，323p. ；19.9cm

    PKUL（館藏號缺）

    附注：

      題記：扉頁有作者題記："With the author's compliments, Miles M. Dawson。"

      批注圈劃：書內65頁有胡適批注圈劃。

6959 The Ethics of Opium/by Ellen N. La Motte. —New York，London：The Century Co.，1924

    205p. ；19.1cm

    PKUL（館藏號缺）

    附注：

      夾紙：書內夾有作者贈書卡1張。

6960 The Ethics of Socrates/by Miles Menander Dawson. —New York，London：G. P. Putnam's Sons，1924

    XXI，361p. ；20.9cm

    PKUL（館藏號缺）

    附注：

      題記：扉頁有作者題記："Mr. Suh Hu, with compliments, Miles M. Dawson。"

6961 Étude Expérimentale sur les Tons du Chinois/par Fu Liu. —Paris：Société d'

Édition "Les Belles Lettres"；Pékin：Presses de L'Université Nationale de Pékin，1925

　　Ⅷ，121p.；25.4cm

　　PKUL（館藏號缺）

　　附注：

　　　　題記：題名頁前頁有作者題記："呈適之兄，復，一九二六。"

6962 Étude sur le Songe du Pavillon Rouge/par Lee Chen Tong. —Paris：Librairie L. Rodstein，1934

　　146p.；24.6cm

　　PKUL（館藏號缺）

　　附注：

　　　　印章：題名頁有鉛筆書作者名字"李振東"。

　　　　題記：題名頁後頁有作者題記："適之教授示教，學生李振東敬贈，六月廿三日，一九三四，巴黎。"

6963 Études sur la Logique de Descartes/par Lin K'i Kai. —[s. l.]：[s. n.]，1929

　　364p.；23.7cm

　　PKUL（館藏號缺）

　　附注：

　　　　夾紙：書内夾有印製紙條1張："先夫逝世三周年謹將法文遺著付梓以資紀念。凌陳婉芳，民國二十五年十月。"

　　　　其他：本書爲綫裝。

6964 Europe in the Spring/by Clare Boothe. —New York：Alfred A. Knopf，1940

　　Ⅺ，324p.；19.7cm

　　PKUL（館藏號缺）

　　附注：

　　　　印章：扉頁鈐有"HU SHIH"藍文印。

6965 Europe: A New Picture/by Joanna Scott. —London, New York, Melbourne: Rider & Company, 1944

160p. ; 22.9cm

PKUL（館藏號缺）

附注：

題記：扉頁有作者題記："To Dr. Hu Shih, with the author's compliments on good Friday, 1945。"

內附文件：書內夾有作者致胡適書信1頁。

6966 European Science/by H. Stafford Hatfield. —Cambridge: The Basic English Publishing Company, 1939

XIII, 152p. ; 18.8cm

PKUL（館藏號缺）

6967 European Theories of the Drama/by Barrett H. Clark. —New York, London: D. Appleton and Company, 1929

503p. ; 21.2cm

PKUL（館藏號缺）

6968 The Evander Childs Anthology of Student Verse. —[s.l.]: [s.n.], [n.d.]

55p. ; 22.8cm

PKUL（館藏號缺）

附注：

題記：扉頁有贈書者題記："For Professor Hu Shih, with very good wish, from Nellie B. Sergent, Jauary 22, 1927。"

6969 The Eve of the Performance: Studies in the Religious Life and Thought of the English People in the Period Preceding the Rejection of the Roman Jurisdiction by Henry VIII/by Cardinal Gasquet. —London: G. Bell and Sons, Ltd., 1923

VII, 406p. ; 19.6cm

PKUL（館藏號缺）

6970 Evelyn Innes/by George Moore. —New York, London：D. Appleton and Company, 1898

  435p. ; 18.6cm

  PKUL（館藏號缺）

6971 An Evening with Mr. Teste/by Paul Valéry. —Paris：Ronald Davis, 1925

  52p. ; 19.4cm

  PKUL（館藏號缺）

  附注：

    題記：扉頁有作者贈他人題記："To Mr. Liang Tsong Taï, Paul Valéry。"

6972 Everyday Classics：Fourth Reader/by Franklin T. Baker, Ashley H. Thorndike. —New York：The Macmillan Company, 1917

  352p. ; 18.2cm

  PKUL（館藏號缺）

  附注：

    題記：扉頁有原書主簽名"Sept. 17, 1943, K. Y. Hu, Tien Tsin"。

6973 Everyday Classics：Fourth Reader/by Franklin T. Baker, Ashley H. Thorndike. —New York：The Macmillan Company, 1917

  366p. ; 18.7cm

  PKUL（館藏號缺）

6974 Everyday Classics：Sixth Reader/by Franklin T. Baker, Ashley H. Thorndike. —New York：The Macmillan Company, 1917

  416p. ; 18.6cm

  PKUL（館藏號缺）

  附注：

    題記：書末有鉛筆題記："忠臣烈婦仝千古,月色溪聲共一樓。"

批注圈劃：目錄頁有朱筆圈劃。

6975 Evolution and Ethics and Other Essays/by Thomas H. Huxley. —New York：D. Appleton and Company，1896

XIII，334p. ；18.8cm

Essays by Thomas H. Huxley Vol. IX

PKUL（館藏號缺）

附注：

題記：扉頁有胡適題記："Vol. VII。"

6976 Évolution de la Prose Artistique Chinoise/by Georges Margouliès. —München：Encyclopädie-Verlag，1929

IX，334p. ；23.4cm

PKUL（館藏號缺）

附注：

題記：扉頁有作者題記："前年在巴黎我所著的書現在已經出版了。敬送你一本並求指教。送給，胡適先生，馬古烈，十九，五，十七。"

6977 L'Evolution du Problème diplomatique du Pacifique au début du Vingtième siècle，1900 à 1921/par Cheng Chun-hao. —Paris：Librairie L. Rodstein，1933

306p. ；25.1cm

PKUL（館藏號缺）

附注：

題記：扉頁有作者題記："適之先生正非，陳鍾浩幼惕敬贈，二三，七，上海。"

6978 Evolution Made Plain/by John Mason. —Girard：Haldeman-Julius Company，[n. d.]

55p. ；12.6cm

Little Blue Book

PKUL（館藏號缺）

6979 The Evolution of the Idea of God: An Inquiry into the Origins fo Religion/by Grant Allen. —London: Watts & Co. , 1923

  157p. ; 21.6cm

  PKUL（館藏號缺）

6980 The Evolution of Educational Theory/by John Adams. —London: Macmillan and Co. , Limited, 1912

  410p. ; 22cm

  The Schools of Philosophy

  PKUL（館藏號缺）

6981 The Evolution of Knowledge/by George Shann. —New York: Longmans, Green and Co. , 1922

  VI, 100p. ; 18.8cm

  PKUL（館藏號缺）

  附注：

   題記：扉頁有胡適毛筆簽名"Hu Shih, Jan. 1924. Tien Tsin"。

   夾紙：書內夾有胡適名片1張。

6982 The Evolution of Living Organisms/by Edwin S. Goodrich. —London: T. C. & E. C. Jack, [n.d.]

  108p. ; 16.1cm

  The People's Books

  PKUL（館藏號缺）

  附注：

   題記：扉頁有胡適鋼筆簽名"Suh Hu, Jan. 1914"。

   夾紙：頁62、63間夾有中華民國國歌油印件1頁；另夾有名單1張。

6983 Exercises in Logic and Scientific Method/by A. Wolf. —London: George Allen & Unwin Ltd. , 1926

124p. ;18.4cm

PKUL（館藏號缺）

6984 Exhibition of Photographic Art by Courtesy of Dr. Arthur de Carvalho. —[s. l.]：[s. n.]，1932

[Ⅳ,39]p. ;26.8cm

PKUL（館藏號缺）

附注：

題記：扉頁有胡適題記："送給孟真，適之。"

與胡適的關係：書內有胡適中英文題詞。

6985 Exit Laughing/by Irvin S. Cobb. —Garden City：Garden City Publishing Co.，Inc.，1942

572p. ;22cm

PKUL（館藏號缺）

附注：

內附文件：書末貼有關于作者的剪報4份。

6986 Experience and Education/by John Dewey. —New York：The Macmillan Company，1938

XII, 116p. ;18.9cm

PKUL（館藏號缺）

6987 Experience and Nature/by John Dewey. —Chicago, London：Open Court Publishing Company，1925

XI, 443p. ;22.8cm

PKUL（館藏號缺）

附注：

題記：一冊扉頁有毛筆胡適題記："杜威先生送我的。適。十四,四,二"；另一冊扉頁有胡適題記："Hu Shih, March, 1926. 杜威先生的《經驗與自然》。胡適。"

批注圈劃：另一册書内 60 頁有胡適批注圈劃。

其他：本書有 2 册。

6988 Experience and Substance: An Essay in Metaphysics/by DeWitt H. Parker. —Ann Arbor: The University of Michigan Press, 1941

X, 371p. ; 23.8cm

PKUL（館藏號缺）

附注：

題記：扉頁有著者題記："To his excellency Dr. Hu Shih, with the high regards of the writer。"

6989 Experiment in Autobiography: Discoveries and Conclusions of a Very Ordinary Brain Since 1866/by H. G. Wells. —New York: The Macmillan Company, 1934

XI, 718p. ; 24cm

PKUL（館藏號缺）

附注：

題記：扉頁有贈書者題記："適之先生，深盼你趕快把你更有價值、更有意思的自述寫出來給世界的人念。孟治，紐約，廿三年十一月十日。"

夾紙：書内夾有"A. W. Grabau（葛瑞圃）"名片 1 張，上書"Returned to Dr. Hu Shih, with sincere thanks, A. W. Grabau"。

6990 Experimental Psychology: A Manual of Laboratory Practice Volume I/by Edward Bradford Titchener. —New York: The Macmillan Company, 1901

XVIII, 214p. ; 21.1cm

PKUL（館藏號缺）

附注：

印章：扉頁有趙元任簽名"Y. R. Chao"。

6991 An Experimental Study of Eye-Movement in the Silent Reading of Chinese/by Fung Chiai Wang. —Chicago: [s. n.], 1934

V, 33p. ; 24.1cm

PKUL（館藏號缺）

附注：

题記：封面有作者题記："胡適之先生，王鳳喈贈，民廿三，四月。"

6992 The Export of Japanese Capital to China/by Zenichi Itani. —Tokyo：The Japan Council of the Institute of Pacific Relations, 1931

36p. ; 22.1cm

PKUL（館藏號缺）

6993 F. D. R.：His Personal Letters, Early Years/by Elliott Roosevelt. —New York：Duell, Sloan & Pearce, 1947

XVI, 543p. ; 21.1cm

PKUL（館藏號缺）

附注：

题記：扉頁有贈書者题記："寄贈適之先生，晚治，十一月廿一於紐約，西歷一九四七。"

6994 The Fables of Aesop/by Willis L. Parker. —New York：Illustrated Editions Company, Inc., 1931

222p. ; 20.9cm

PKUL（館藏號缺）

6995 Facing Life Fearlessly：The Pessimistic Versus the Optimistic View of Life/by Clarence Darrow. —Girard：Haldeman-Julius Company, [n. d.]

64p. ; 12.6cm

Little Blue Book

PKUL（館藏號缺）

6996 Factors Determining Human Behavior/by The President and Fellows of Harvard College. —Cambridge：Harvard University Press, 1937

VII, 168p. ; 22.1cm

Harvard Tercentenary Publications

PKUL（館藏號缺）

6997 Failure of a Mission, Berlin 1937–1939/by Nevile Henderson. —New York: G. P. Putnam's Sons, 1940

XI, 334p. ; 22.2cm

PKUL（館藏號缺）

6998 Fair Stood the Wind for France/by H. E. Bates. —Boston: Little, Brown and Company, 1944

270p. ; 19.7cm

PKUL（館藏號缺）

6999 Familiar English Quotations, a Dictionary of English Proverbs. —London: Longmans Green & Co., Ltd., [n.d.]

III, 120, II, 127p. ; 12.6cm

Reference Library

PKUL（館藏號缺）

7000 Familiar French Quotations and Proverbs, Familiar Latin Quotations and Proverbs. —London: Longmans Green & Co., Ltd., [n.d.]

III, 116, III, 120p. ; 12.6cm

Reference Library

PKUL（館藏號缺）

7001 Familiar Quotations: Acollections of Passages, Phrases, and Proverbs Traced to Their Sources in Ancient and Modern Literature/by John Bartlett. —New York: Garden City Publishing Co., Inc., 1944

XXII, 1578p. ; 21.8cm

PKUL（館藏號缺）

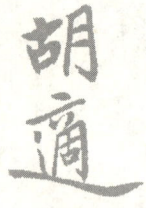

7002 The Family of Nations: Its Need and Its Problems/by Nicholas Murray Butler. —New York: Charles Scribner's Sons; London: Charles Scribner's Sons Ltd., 1939

340p. ; 19.4cm

PKUL（館藏號缺）

7003 The Far-Away Bride/by Stella Benson. —New York: The Press of the Readers Club, 1941

XV, 354p. ; 21.1cm

PKUL（館藏號缺）

7004 The Far Eastern Crisis: Recollections and Observations/by Henry L. Stimson. —New York, London: Harper & Brothers Publishers, 1936

XII, 293p. ; 23.8cm

PKUL（館藏號缺）

附注：

其他：本書有2冊，一冊封內貼有"胡適的書"藏書票。

7005 Far Eastern Culture and Society. —Princeton: Princeton University, 1946

35p. ; 21.5cm

Princeton University Bicentennial Conferences

PKUL（館藏號缺）

7006 Far Eastern Front/by Edgar Snow. —New York: Harrison Smith & Robert Haas, 1933

XV, 336p. ; 22.1cm

PKUL（館藏號缺）

7007 Farewell to America/by Henry W. Nevinson. —New York: B. W. Huebsch, Inc., 1922

13p. ；17.8cm

PKUL（館藏號缺）

附注：

 題記：扉頁有胡適題記："Gift from N. B. S."；另封套上有胡適鉛筆書"白樺"二字。

7008 Farmers of Forty Centuries：Or Permanent Agriculture in China, Korea and Japan/by F. H. King. —Madison, Wis.：Mrs. F. H. King, 1911

 IX, 441p. ；19.1cm

PKUL（館藏號缺）

附注：

 題記：扉頁有胡適題記："Hu Shih, October, 1939. 二十年曾看過這部書，今年有人來兜售，我就買了來。胡適。"

7009 Fathers and Sons/by Ivan Turgenev. —New York：The Press of the Readers Club, 1943

 X, 234p. ；21.9cm

PKUL（館藏號缺）

附注：

 夾紙：書内夾有 The Readers Club 調查卡、圖書介紹、News 等。

7010 Faust/by Johann Wolfgang von Goethe; translated by Bayard Taylor. —New York：The Modern Library, 1930

 XX, 258p. ；16.9cm

PKUL（館藏號缺）

附注：

 題記：扉頁有贈書者題記："To Dr. Hu Shih, in acknowledgement of his great German sympathies and in way of encouragement for further progress. Arthur Oster, Vancouver (B. C.) Ar Yokohama, 14-28 November 1936。"

7011 The Favorite Works of Mark Twain/by Mark Twain. —New York：Garden City

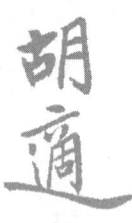

Publishing Co., Inc., 1939

XXIV, 1171p. ; 21.9cm

PKUL（館藏號缺）

附注：

題記：封面有贈書者題記："To his Excellency—my friend—Dr. Hu Shih。"

7012 Federal Regulatory Action and Control/by Frederick F. Blachly, Miriam E. Oatman. —Washington：The Brookings Institution, ［n. d.］

XVIII, 356p. ; 22.9cm

PKUL（館藏號缺）

附注：

題記：扉頁有作者題記："with compliments of the authors, Frederick F. Blachly, Miriam E. Oatman。"

7013 The Federal Service：A Study of the System of Personal Administration of the United States Government/by Lewis Mayers. —New York, London：D. Appleton and Company, 1922

XVI, 607p. ; 22.4cm

PKUL（館藏號缺）

7014 The Federalist or the New Constitution/by Alexander Hamilton, James Madison & John Jay. —London：J. M. Dent & Sons Ltd.；New York：E. P. Dutton & Co., Inc., ［n.d.］

XX, 456p. ; 17.5cm

Everyman's Library：Essays and Belles Letters

PKUL（館藏號缺）

附注：

批注圈劃：書內數頁有胡適圈劃。

7015 The Federalist：A Commentary on the Constitution of the United States/by Alexander Hamilton, James Madison, John Jay. —New York：Tudor Publishing

Co., 1942

 427, 210p. ; 22.9cm

 PKUL（館藏號缺）

 附注：

  印章：扉頁鈐有"廷芳長壽"、"劉吳卓生"朱文方印。

  題記：扉頁有劉廷芳題記："適之吾兄五十一壽慶，廷芳、卓生敬賀。抗戰第六個冬天，紐約。"

7016 Fenn's Chinese-English Pocket-Dictionary. —Cambridge：Harvard University Press, 1944

 XXXVII, 694p. ; 15.4cm

 PKUL（館藏號缺）

 附注：

  印章：扉頁有胡適鋼筆簽名"胡適"。

7017 Fifth Report on Progress in Manchuria, to 1936/by The South Manchuria Railway Company. —Dairen：The South Manchuria Railway Company, 1936

 VII, 253p. ; 28.8cm

 PKUL（館藏號缺）

7018 The Fifth Seal/by Mark Aldanov; translated by Nicholas Wreden. —New York：Charles Scribner's Sons, 1943

 482p. ; 19.6cm

 PKUL（館藏號缺）

 附注：

  印章：扉頁鈐有"HU SHIH"藍文印。

7019 Fifty Famous Stories Retold/by James Baldwin. —Shanghai：Commercial Press, Limited, 1921

 172p. ; 18.3cm

 PKUL（館藏號缺）

附注：

題記：扉頁有胡適題記："Gift from Aohsui Chen。"

7020 Fifty Shang Inscriptions/by Roswell S. Britton. —Princeton：Princeton University，1940

77p. ；20.9cm

PKUL（館藏號缺）

7021 Fifty Years of Accountancy/by Robert H. Montgomery. —［s.l.］：The Ronald Press Company，1939

XI，679p. ；23.1cm

PKUL（館藏號缺）

附注：

題記：扉頁有作者題記："To His Excellency Dr. Hu Shih, with warmest regards. R. H. Montgomery. June 9/41"；下有胡適鉛筆補記："Born Sept. 21，1872。"

7022 The Final Acts of the First and Second Hague Peace Conferences, Together with the Draft Convention on a Judical Arbitration Court/by Carnegie Endowment for International Peace，Division of International Law. —Washington：Carnegie Endowment for International Peace，1915

IV，40p. ；24.6cm

Carnegie Endowment for International Peace，Division of International Law，Pamphlet Series No. 10

PKUL（館藏號缺）

附注：

印章：封面有胡適鋼筆簽名"Suh Hu"。

7023 The Final Choice：America between Europe and Asia/by Stephen & Joan Raushenbush. —New York：The John Day Company，1937

XI，331p. ；20.4cm

PKUL（館藏號缺）

附注：

印章:扉頁有胡適簽名"Hu Shih";題名頁鈐有"HU SHIH"藍文印。

7024 The Final Settlement of the Reparations Problems Growing out of the World War. —Worcester: Carnegie Endowment for International Peace, Division of Intercourse and Education, 1926

205p. ; 19.7cm

PKUL（館藏號缺）

7025 The Financial History of Great Britain, 1914–1918/by Frank L. McVey. —New York: Oxford University Press, 1918

IV, 101p. ; 24.7cm

PKUL（館藏號缺）

7026 Finding God/by A. Herbert Gray. —London: Student Christian Movement Press, 1932

153p. ; 18.2cm

PKUL（館藏號缺）

7027 Finland Reveals Her Secret Documents on Soviet Policy, March 1940–June 1941. —New York: Wilfred Funk, Inc. , 1941

XIII,109p. ; 23.3cm

PKUL（館藏號缺）

7028 A First Book of English for Chinese Learners/by I. A. Richards. —[s. l.]: The Orthological Institute of China, 1938

426p. ; 20.7cm

PKUL（館藏號缺）

7029 Fire – Flower Tablets: Poems Translated from the Chinese/by Florence

Ayscough. —Boston and New York: Houghton Miflin Company, 1921

XCV, 227p. ; 20.2cm

PKUL（館藏號缺）

附注：

題記：扉頁有胡適題記："From Mrs. Florence Ayscough, 20 Gordon Road, Shanghai。"

7030 The Fireside Book of Dog Stories/by Jack Goodman. —New York: Simon and Schuster, 1943

XVI, 591p. ; 22.1cm

PKUL（館藏號缺）

7031 First Act in China: The Story of the Sian Mutiny/by James M. Bertram. —New York: The Viking Press, 1938

XVIII, 284p. ; 21.9cm

PKUL（館藏號缺）

7032 First Footsteps in East Africa/by Richard F. Burton. —London: J. M. Dent & Sons Ltd. ; New York: E. P. Dutton & Co. , [n.d.]

XX, 363p. ; 17.4cm

PKUL（館藏號缺）

附注：

題記：扉頁有胡適題記："東非探險記"；書名頁前頁有胡適題記："英人褒敦著《東非遊記》,適。"

批注圈劃：書內120頁有胡適批注圈劃。

7033 The First Part of Henry the Fourth/by Frederic W. Moorman. —Boston: D. C. Heath & Co. , 1910

XXXVII, 178p. ; 16.5cm

PKUL（館藏號缺）

附注：

印章：扉頁有胡適簽名"S. Hu"。

批注圈劃：書內 120 頁有胡適批注圈劃。

夾紙：頁 108、109 間夾有寫有胡適筆迹的紙片 1 張。

7034 The First Part of the Delightful History of the Most Ingenious Knight Don Quixiote of the Mancha/by Miguel de Cervantes. —New York：P. F. Collier & Son，1909

545p. ；19.5cm

The Harvard Classics No. 14

PKUL（館藏號缺）

附注：

印章：扉頁有胡適簽名"Suh Hu"；題名頁鈐有"適盦藏書"朱文圓印。

7035 The First Six Chapters of the Principles of Political Economy and Taxation/by David Ricardo. —New York：The Macmillan Company，1909

XII，118p. ；17.6cm

Economic Classics

PKUL（館藏號缺）

附注：

題記：扉頁鈐有"適盦藏書"朱文圓印；扉頁有胡適鋼筆簽名"Suh Hu, August 1915"。

7036 The First Ten Years of the League of Nations/by Arthur Sweetser. —Worcester：Carnegie Endowment for International Peace, Division of Intercourse and Education，1930

60p. ；19.7cm

PKUL（館藏號缺）

7037 Five Dialogues of Plato Bearing on Poetic Inspiration/by Plato. —London：J. M. Dent & Sons Ltd. ；New York：E. P. Dutton & Co. ，1910

XXI，277p. ；17cm

Everyman's Library: Classical

PKUL（館藏號缺）

附注：

題記：扉頁有胡適簽名"Suh Hu, Nov. 1915, New York（14）"。

批注圈劃：書中有胡適朱筆、藍筆批注圈劃數十處；書末記"吾嘗謂此篇與 Symposium 相伯仲而難爲尹邢。昨張仲述告我以此在柏氏文中爲第一，今夜重讀之果然。四年十一月廿三夜，適"。

7038 Five Plays/by Lord Dunsany. —New York: Mitchell Kennerley, 1914

XII, 116p. ; 19.1cm

The Modern Drama Series

PKUL（館藏號缺）

附注：

印章：扉頁鈐有"柯樂文章"朱文方印。

題記：扉頁有胡適鉛筆題記："Gift to Suh Hu, June 1917"；頁 99 有胡適鉛筆題記："此頗似 Strindberg's 'The Strongs'。然殊無大可取之處"；書末有胡適鉛筆題記："S. H. June 16, 1917"；另扉頁有原書主簽名"Muton Jerome Hubert, May 1916"。

其他：本書裝訂已散。

7039 The Five Thousand Dictionary: A Pocket Dictionary and Index to the Character Cards of the College of Chinese Studies/by Courtenay H. Fenn. —Peiping: Truth Hall Press, 1936

578, 50p. ; 18cm

PKUL（館藏號缺）

7040 Fo, the Third Messenger of God. —London: Englishman Office, 1878

CCLXXXVII, 333p. ; 20.3cm

PKUL（館藏號缺）

附注：

批注圈劃：書内有鉛筆批注圈劃，非胡適所作。

其他：本書缺封面、書脊，封底脱落。

7041 Folk-Lore and Fable: Aesop, Grimm, Anderson/by Charles W. Eliot. —New York: P. F. Collier & Son, 1909

 383p. ; 19.5cm

 The Harvard Classics No. 17

 PKUL（館藏號缺）

 附注：

  印章：扉頁有胡適簽名"Suh Hu"；題名頁鈐有"適盦藏書"朱文圓印。

7042 Food Facts: Practical Information on the Science of Eating/by Arthur T. Bawden. —Shanghai: The Shanghai Times, [n. d.]

 255p. ; 22.4cm

 PKUL（館藏號缺）

7043 For What Do We Fight? /by Norman Angell. —New York, London: Harper & Brothers Publishers, 1939

 327p. ; 21.1cm

 PKUL（館藏號缺）

7044 For Whom the Bell Tolls/by Ernest Hemingway. —New York: Charles Scribner's Sons, 1940

 471p. ; 21.6cm

 PKUL（館藏號缺）

7045 For Your Freedom and Ours: Polish Progressive Spirit through the Centuries/by Manfred Kridl, Wladyslaw Malinowski, Józef WittlinJózef. —New York: Frederick Ungar Publishing Company, 1943

 359p. ; 22.9cm

 PKUL（館藏號缺）

 附注：

印章:扉頁鈐有贈書者朱文方印"With the compliments of the Editor of 'Poland Fights'"。

7046 A Forbidden Land: Voyages to the Corea/by Ernest Oppert. —London: Sampson Low, Marston, Searle, and Rivington, 1880

XIX, 334p. ; 21.7cm

PKUL（館藏號缺）

附注:

印章:扉頁有原書主簽名"R. Lilley"。

7047 Force or Reason/by Hans Kohn. —Cambridge: Harvard University Press, 1937

167p. ; 19cm

PKUL（館藏號缺）

附注:

題記:扉頁有作者題記:"Dr. Hu Shih, in admiration and sympathy for his work for humanity. Hans Kohn, Northampton, Mass., December 12, 1937。"

7048 The Forebrain of the Opossum, Didelphis Virginiana/by Loo, Yü Tao. —Philadelphia: The Wistar Institute Press, [n. d.]

148p. ; 26.7cm

Reprinted from *The Journal of Comparative Neurology* Vol. 52, No. 1

PKUL（館藏號缺）

附注:

題記:封面有作者題記:"適之先生指正,著者敬贈。"

7049 Foreign Devils in the Flowery Kingdom/by Carl Crow. —New York and London: Harper & Brothers Publishers, 1940

XI, 340p. ; 22cm

PKUL（館藏號缺）

7050 Foreign Loans to China/by Kao Ping-shu. —New York: Sino-International Economic Research Center, 1946

 62p. ; 22.7cm

 Sino-International Economic Pamphlets

 PKUL（館藏號缺）

 附注：

  題記：封面有作者題記："適之先生賜正，後學高平叔敬奉，一九四六，三，五，紐約。"

7051 The Forest Giant/by Adrien Le Corbeau. —London: Johnathan Cape, 1935

 159p. ; 19.3cm

 PKUL（館藏號缺）

 附注：

  內附文件：扉頁貼有贈書者名片 1 張，上書"Cordially yours, Cathe Mowinckel, with best wishes, hoping to see you on our next visit to New York in end of year"；另封底內貼有贈書者地址"From Mrs. Cathe Mowinckel, Hill Top Road, Charlottesvilles, Va."。

7052 Forever China/by Robert Payne. —New York: Dodd, Mead and Company, 1945

 573p. ; 20.9cm

 PKUL（館藏號缺）

7053 Forget Your Age! /by Peter J. Steincrohn. —Garden City: Doubleday, Doran and Company, Inc., 1945

 XII, 238p. ; 19.8cm

 PKUL（館藏號缺）

7054 Fortieth Anniversary Papers of the National University of Peking Volume I. —Kunming: The Press of the National University of Peking, 1939

 274p. ; 26cm

 PKUL（館藏號缺）

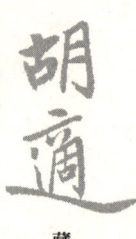

7055 The Fortunes of Richard Mahony/by Henry Handel Richardson. —New York: The Press of the Readers Club, 1941

VII, 948p. ; 21.9cm

PKUL（館藏號缺）

附注：

其他：書內夾有乾花1枚。

7056 Forward or Backward in China？/by Hu Shih. —[s. l.]：[s. n.]，[n. d.]

34p. ; 22.8cm

A Stenographic Report of the 96th New York Lunchenon Discussion

PKUL（館藏號缺）

附注：

其他：本書有10冊。

7057 The Foundations and Philosophical Implications of Wave Mechanics/by Seyuan Shu. —[s. l.]：The National Research Council of Canada, 1947

96-117p. ; 25.4cm

Reprinted from *Canadian Journal of Research*, March, 1947

PKUL（館藏號缺）

附注：

印章：封面鈐有"許思園"朱文橢圓印。

題記：封面有作者題記："適之先生惠存，著者敬贈。"

7058 The Foundations of Latin/by Charles E. Bennett. —Boston and Chicago：Allyn and Bacon, 1903

XII, 229p. ; 18.4cm

PKUL（館藏號缺）

附注：

題記：扉頁有胡適題記："S. Hu, July 1911. Ithaca, N. Y. 邊立著《拉丁文法》，適之。"

7059 The Foundations of Modern China/by T'ang Leang-Li. —London: Noel Douglas, 1928

    X, 290p. ; 21.8cm

    PKUL（館藏號缺）

7060 Founding of the American Public School System: A History of Education in the United States Volume I/by Paul Monroe. —New York: The Macmillan Company, 1940

    XIV, 520p. ; 22cm

    PKUL（館藏號缺）

7061 Fountainheads of Freedom: The Growth of the Democratic Idea/by Irwin Edman, Herbert W. Schneider. —New York: Reynal & Hitchcock, 1941

    XII, 576p. ; 23.5cm

    PKUL（館藏號缺）

    附註：

        批注圈劃：書內1頁有胡適批注。

7062 The Four Gospels: A Study of Origins/by Burnett Hillman Streeter. —London: Macmillan and Co., Limited, 1924

    XIV, 622p. ; 21.7cm

    PKUL（館藏號缺）

    附註：

        題記：扉頁有原書主簽名"Roots"；另題名頁有原書主簽名"L. H. Roots, May, 1926, Hankow"。

        其他：封內貼有原書主名片，上書"To Dr. Hu Shih, with sincere regard from L. H. Roots, Feb. 28, 1928"。

7063 Four Hundred Million Customers: The Experiences—Some Happy, Some Sad of an American in China, and What They Taught Him/by Carl Crow. —

New York and London: Harper & Brothers Publishers, 1937

 317p. ; 21.8cm

 PKUL（館藏號缺）

 附注：

  印章：題名頁前頁有作者簽名"Carl Crow"。

7064 A Fragment on Government/by Jeremy Bentham. —Oxford: The Clarendon Press, 1891

 XII, 241p. ; 22cm

 PKUL（館藏號缺）

 附注：

  題記：扉頁有贈書者題記："適之惠存，弟盧錫榮贈。"

7065 The Framework of an Ordered Society/by Arthur Salter. —Cambridge: Cambridge University Press, 1933

 57p. ; 19cm

 PKUL（館藏號缺）

 附注：

  題記：扉頁有胡適鉛筆簽名"Hu Shih, December 1933"。

7066 En France/par C. Fontaine. —Boston, New York, Chicago: D. C. Heath & Co., 1915

 221p. ; 18.5cm

 PKUL（館藏號缺）

 附注：

  題記：扉頁有贈書者題記："Monsieur Hu Shih, de son ami, Soong Tsung fong。"

7067 France under the Republic: The Development of Modern France (1870–1939)/by D. W. Brogan. —New York, London: Harper & Brothers Publishers, [n. d.]

X, 744p. ; 24.4cm

PKUL（館藏號缺）

附注：

內附文件：書末貼有歷任法國總理名單2頁。

其他：書內夾有乾花1枚；封內貼有"胡適的書"藏書票。

7068 Franciscan Rise and Fall/by Patrick Cowley. —London：J. M. Dent & Sons Ltd. , 1933

XI, 212p. ; 18.9cm

PKUL（館藏號缺）

7069 Frederic Harrison：Thoughts and Memories/by Austin Harrison. —London：William Heinemann Ltd. , 1926

VII, 221p. ; 22.5cm

PKUL（館藏號缺）

7070 Free China's New Deal/by Hubert Freyn. —New York：The Macmillan Company, 1943

XVIII, 277p. ; 21.8cm

PKUL（館藏號缺）

附注：

夾紙：書內夾有作者贈書卡1張。

7071 Freedom of the Mind in History/by Henry Osborn Taylor. —London：Macmillan and Co. , Limited, 1924

XII, 297p. ; 18.7cm

PKUL（館藏號缺）

附注：

題記：扉頁有作者題記："Dr. Hu Shih, from his friend Henry Osborn Taylor. July, 20/27."

7072 Freedom, Its Meaning/by Ruth Nanda Anshen. —New York：Harcourt, Brace and Company, 1940

XII, 686p. ; 22.1cm

PKUL（館藏號缺）

附注：

批注圈劃：書內 8 頁有胡適批注圈劃。

7073 The Freedom to Be Free/by James Marshall. —New York：The John Day Company, 1943

277p. ; 20.3cm

PKUL（館藏號缺）

附注：

題記：扉頁有作者題記："To my friend Hu Shih with best wishes, James Marshall, New York City, Jan. 14, 1946。"

7074 French and English Philosophers：Descartes, Rousseau, Voltaire, Hobbes, with Introductions, Notes and Illustrations. —New York：P. F. Collier & Son, 1910

434p. ; 19.5cm

The Harvard Classics

PKUL（館藏號缺）

附注：

印章：扉頁有胡適簽名"Suh Hu"。

批注圈劃：書內 77 頁有胡適批注圈劃。

夾紙：頁 414、415 間夾有寫有鉛筆字紙片 1 張。

7075 French Classics for English Readers：Molière Vol. 1/by Curtis Hidden Page. —New York, London：G. P. Putnam's Sons, 1908

LII, 387p. ; 22cm

PKUL（館藏號缺）

附注：

题记:扉頁有胡適題記:"May, 1915. Suh Hu. 民國四年五月杪以兩金得此書。原書蓋五金云。法國文豪穆烈爾集,適之。"

夾紙:頁232、233間夾有無字紙條2張。

7076 French for the Traveller/by J. S. Keyworth. —London: George G. Harrap & Company Ltd. ; New York: Brentano's; Syndney: The Australasian Publishing Company Ltd. , [n. d.]

 67p. ; 16cm

 Bilingual Series

 PKUL(館藏號缺)

7077 French Grammar Simplified. —London: Hugo's Language Institute, [n. d.]

 124p. ; 17.4cm

 PKUL(館藏號缺)

7078 The French Revolution: A History/by Thomas Carlyle. —London: J. M. Dent & Sons Ltd. ; New York: E. P, Dutton & Co. , 1906

 2 Vols.(XXIII, 351, 399p.); 17.3cm

 Everyman's Library: History

 PKUL(館藏號缺)

 附注:

  印章:兩卷叢書頁均鈐有"適盦藏書"朱文圓印。

7079 French Self Taught/by Gaylord Du Bois. —Girard: Haldeman-Julius Company, [n. d.]

 64p. ; 12.6cm

 Little Blue Book

 PKUL(館藏號缺)

7080 The French Yellow Book/translated and prepared for the Parliament by the British Government. —New York: American Association for International

Conciliation, 1915

94p. ; 19.4cm

International Conciliation, Documents Regarding the European War Series

PKUL（館藏號缺）

附注：

印章：扉頁有胡適鋼筆簽名"Suh Hu"。

7081 The Freudian Wish and Its Place in Ethics/by Edwin B. Holt. —New York：Henry Holt and Company, 1915

VII, 212p. ; 18.8cm

PKUL（館藏號缺）

附注：

題記：扉頁有胡適簽名"Hu Shih, Peking, April 22, 1924"。

7082 From Chaos to Control/by Norman Angell. —London：George Allen & Unwin Ltd., 1933

214p. ; 19.2cm

Halley Stewart Lecture, 1932

PKUL（館藏號缺）

附注：

題記：扉頁有胡適鋼筆簽名"Hu Shih, 胡適, Dec. 1933"。

7083 From Many Lands/by Louis Adamic. —New York and London：Harper & Brothers Publishers, 1940

VI, 350p. ; 24.4cm

PKUL（館藏號缺）

附注：

題記：扉頁有作者題記："To His Excellency, the Chinese ambassador to the United States, Dr. Hu Shih, this book – a gift from Mr. L. B. Fink of Minneapolis, Respectfully & with best wishes to him and China, Louis Adamic, 1940."

内附文件:扉頁後頁貼有 L. B. Fink 致胡適書信 1 頁。

7084 Fu-So Mimi Bukuro: A Budget of Japanese Notes/by C. Pfoundes. —Yokohama: Japan Mail Office, 1875

　　184p. ; 19.2cm

　　PKUL（館藏號缺）

　　附注:

　　　　夾紙:書內夾有剪報 1 份。

　　　　其他:本書裝訂破損。

7085 Fuddlehead by Fuddlehead: An Autobiography/by William Cameron Forbes. —Peiping: [s.n.], 1935

　　3, 48p. ; 23.5cm

　　PKUL（館藏號缺）

　　附注:

　　　　印章:封面鈐有"福伯司章"朱文方印。

　　　　題記:扉頁有作者題記:"Dr. Hu Shih, with the compliment of Fuddlehead. Oct. 1st, 1936。"

　　　　批注圈劃:書末有胡適批注:"此是 Cameron Forbes 的自傳,在上海印的。Nov. 15, 1936。"

7086 Der Fuehrer: Hitler's Rise to Power/by Konrad Heiden. —Boston: Houghton Mifflin Company, 1944

　　VIII, 788p. ; 20.6cm

　　PKUL（館藏號缺）

7087 The Fundamental Concepts of Public Law/by Westel W. Willoughby. —New York: The Macmillan Company, 1924

　　XVII, 499p. ; 21.4cm

　　PKUL（館藏號缺）

　　附注:

題記:扉頁有作者題記:"To His Excellency, Dr. Hu Shih, with the high esteem of the author. W. W. Willoughby。"

7088 Fundamental Thoughts in Economics/by Gustav Casse. —London: T. Fisher Unwin Ltd., 1925

159p. ;19.2cm

PKUL(館藏號缺)

7089 The Future of Government in the United States: Essays in Honor of Charles E. Merriam/by Leonard D. White. —Chicago: The University of Chicago Press, 1942

IX, 274p. ;23cm

PKUL(館藏號缺)

附注:

題記:扉頁有胡適鋼筆簽名"Hu Shih, July 29, 1942"。

7090 G. B. S.: A Full Length Portrait/by Hesketh Pearson. —New York and London: Harper & Brothers Publishers,[n.d.]

XI, 390p. ;21.8cm

PKUL(館藏號缺)

附注:

題記:扉頁有贈書者題記:"給適之先生的書架子填一個空。治,三十一年,十二月十七。"

7091 The Galilean: The Permanent Element in Religion/by Nathaniel Micklem. —London: James Clarke & Co., Ltd., 1921

157p. ;18.6cm

PKUL(館藏號缺)

附注:

題記:扉頁有胡適題記:"From the Silcock family, Christmas, 1926。"

7092 The Gâtakamâlâ or Garland of Birth-Stories/by Ârya Sûra; translated by J. S. Speyer. —London: Henry Frowde, 1895

XXIX, 350p. ; 22.2cm

Sacred Books of the Buddhists, Vol. I

PKUL（館藏號缺）

附注：

題記：扉頁有胡適簽名"Hu Shih, October, 1926, London"。

批注圈劃：書內個別處有鉛筆圈劃。

7093 The Gates of Aulis/by Gladys Schmitt. —New York: The Dial Press, 1942

652p. ; 20.3cm

PKUL（館藏號缺）

附注：

題記：扉頁有鉛筆題記，多數不能辨識。

批注圈劃：書內多處有鉛筆圈劃。

7094 The Gathering Storm/by Winston S. Churchill. —Boston: Houghton Mifflin Company, 1948

XVI, 784p. ; 21.8cm

PKUL（館藏號缺）

附注：

題記：扉頁有贈書者題記："適之先生存覽，生羅常培，三十七年日本投降三周年紀念日。"

7095 Gems of Chinese Literature/by Herbert A. Giles. —London: Bernard Quaritch; Shanghai: Kelly & Walsh, 1884

XV, 254p. ; 19.9cm

PKUL（館藏號缺）

附注：

其他：封面裝訂已散。

7096 The Genealogical Patronymic Linkage System of the Tibeto－Burman Speaking Tribes/by Lo Ch'ang-P'ei. —[s.l.]：[s.n.]，[n.d.]
 349-363p. ; 25.6cm
 Reprinted from *Harvard Journal of Asiatic Studies* Vol. 8, No. 3 & 4
 PKUL（館藏號缺）

7097 General History for Colleges and High Schools/by Philip Van Ness Myers. —Boston, New York, Chicago, London：Ginn & Company, 1906
 XV, 779p. ; 19.8cm
 PKUL（館藏號缺）
 附注：
  題記：扉頁有原書主張慰慈題記："慰慈藏書。"
  夾紙：內夾某人致張慰慈信封一，背面有英文筆記。

7098 General Information for Internal Students/by University of London. —London：The University of London Press, Ltd., 1926
 IV, 66p. ; 21.6cm
 PKUL（館藏號缺）
 附注：
  印章：封面有胡適鋼筆簽名"胡適,北平米糧庫四號"。

7099 General Science Made Easy/by Louis T. Masson. —New York：Garden City Publishing Co., Inc., 1942
 418p. ; 21.6cm
 Science Self-Taught
 PKUL（館藏號缺）

7100 Generalissimo Chiang Speaks, a Collection of His Addresses and Messages on the War of Resistance/by Chiang Kai-Shek. —[s.l.]：[s.n.], [n.d.]
 III, 219p. ; 16.9cm
 PKUL（館藏號缺）

7101 Geological Reports of Dr. V. K. Ting/by V. K. Ting. —Nanking: The National Geological Survey of China, 1947

    XXIV, 742p. ; 26.3cm

    PKUL（館藏號缺）

7102 Geology of To-Day: A Popular Introduction in Simple Language/by J. W. Gregory. —London: Seeley, Service & Co., Limited, 1919

    328p. ; 20.1cm

    PKUL（館藏號缺）

7103 George Herbert Mead: Philosopher of the Social Individual/by Grace Chin Lee. —New York: King's Crown Press, 1945

    100p. ; 22.9cm

    PKUL（館藏號缺）

    附注：

        題記：封内有胡適題記："Chin Lee, 1604 Broadway (Cor. Of 49th St.), New York。"

    內附文件：扉頁貼有贈書者陳宗琨致胡適函1頁，有作者題記。

7104 George Peabody, Esq./by Philip Whitwell Wilson. —［s. l.］：［s. n.］, 1926

    94p. ; 22.1cm

    PKUL（館藏號缺）

7105 George Washington Carver: An American Biography/by Rackham Holt. —New York: Overseas Editons, Inc., 1943

    312p. ; 16.6cm

    PKUL（館藏號缺）

7106 German Conversation-Grammar: A Practical Method of Learning the German Language/by Emil Otto, revised by Franz Lange. —Heidelberg: Julius Groos,

1901

    VIII, 425p. ; 19.6cm

    PKUL（館藏號缺）

附注：

    題記：題名頁有胡適鋼筆簽名"Suh Hu, 1910"。

7107 The German: His Psychology and Culture, an Inquiry into Folk Character/by Richard Müller-Freienfels. —Los Angeles: The New Sympsion Press, 1936

    XV, 243p. ; 23.5cm

    PKUL（館藏號缺）

附注：

    題記：書名頁有胡適題記："作者從前是 Prussian Academy 的秘書。適之"；書名頁前頁有譯者題記："To His Excellency Dr. Hu Shih in great admiration. Rolf Hoffmann。"

7108 German Lesson Grammar: A German Grammar in Progressive Lessons/by Edward S. Joynes. —Boston, New York, Chicago: D. C. Heath & Co., Publishers, 1907

    VII, 397p. ; 18.5cm

Heath's Modern Language Series

    PKUL（館藏號缺）

7109 German Philosophy and Politics/by John Dewey. —New York: G. P. Putnam's Sons, 1942

    149p. ; 20.3cm

    PKUL（館藏號缺）

附注：

    題記：扉頁有周鯁生題記："送給適之兄，即以祝壽，鯁生，一九四三年十二月十七日於紐約。"

7110 German Philosophy and Politics/by John Dewey. —New York: Henry Holt and

Company, 1915

134p. ; 18.8cm

PKUL（館藏號缺）

附注：

題記：扉頁有胡適鉛筆簽名"Suh Hu, March 1919"。

批注圈劃：書內 15 頁有胡適圈劃。

7111 Germany Must Perish/by Theodore N. Kaufman. —Newark：Argyle Press, 1941

104p. ; 19cm

PKUL（館藏號缺）

7112 Germany Puts the Clock Back/by Edgar Ansel Mowrer. —Harmondsworth：Penguin Books Limited, 1933

284p. ; 18cm

PKUL（館藏號缺）

7113 Getting Married and the Shewing-up of Blanco Posnet/by Bernard Shaw. —Leipzig：Bernhard Tauchnitz, 1914

350p. ; 16.4cm

Collection of British Authors, Tauchnitz Edition

PKUL（館藏號缺）

7114 Giant Killer/by Elmer Davis. —New York：The Press of the Readers Club, 1943

IX, 357p. ; 21.7cm

PKUL（館藏號缺）

7115 The Girl with the Golden Eyes/by Honoré Balzac; translated by Ernest Dowson. —New York：Illustrated Editions Company, Inc., 1931

154p. ; 20.3cm

PKUL（館藏號缺）

7116 Gitanjali (Song Offerings) and Fruit-Gathering/by Rabindranath Tagore. —Leipzig: Bernhard Tauchnitz, 1922

    252p. ; 16.4cm

    Collection of British Authors, Tauchnitz Edition

    PKUL（館藏號缺）

    附注：

        印章：扉頁有胡適鋼筆簽名"Hu Shih"。

        其他：本書封面脱落。

7117 Glimpse of the Soviet Republic/by Scott Nearing. —New York: Social Science Publishers, [n.d.]

    25p. ; 18.2cm

    PKUL（館藏號缺）

    附注：

        印章：題名頁有胡思杜鋼筆簽名。

7118 Glimpse of Unfamiliar Japan/by Lafcadio Hearn. —Leipzig: Bernhard Tauchnitz, 1907

    319p. ; 16.4cm

    Collection of British Authors, Tauchnitz Edition

    PKUL（館藏號缺）

7119 God's Angry Man/by Leonard Ehrlich. —New York: The Press of the Readers Club, 1941

    XV, 363p. ; 21.8cm

    PKUL（館藏號缺）

7120 The Gods and Other Lectures/by Robert G. Ingersoll. —New York: Willey Book Company, 1938

    165, 398, X, 525, 143-166p. ; 19.7cm

PKUL（館藏號缺）

附注：

　　印章：扉頁鈐有"HU SHIH"藍文印。

　　題記：扉頁有胡適題記："廿九年三月十一日買的這本書。胡適。"

　　內附文件：書末貼有"Ranking America's Orators"剪報。

7121　Goethe's Conception of the World/by Rudolf Steiner. —London：Anthroposophical Publishing Company；New York：Anthroposophic Press, 1928

　　XVI, 193p. ；19.5cm

　　PKUL（館藏號缺）

7122　Goethe's Poems/by Charles Harris. —Boston：D. C. Heath & Co., Publishers, 1911

　　XVII, 281p. ；18.3cm

　　PKUL（館藏號缺）

　　附注：

　　　　印章：題名頁鈐有"適盦藏書"朱文圓印。

7123　The Golden Bough：A Study in Magic and Religion/by James George Frazer. —New York：The Macmillan Company, 1925

　　XIV, 752p. ；22.3cm

　　PKUL（館藏號缺）

　　附注：

　　　　題記：扉頁有胡適鋼筆簽名"Hu Shih, Shanghai, April 23, 1926"。

7124　The Golden Bough：A Study in Magic and Religion/by James George Frazer. —New York：The Macmillan Company, 1930

　　XIV, 752p. ；21.7cm

　　PKUL（館藏號缺）

　　附注：

　　　　題記：扉頁有胡適鋼筆簽名"Hu Shih, Jan. 21, 1938"。

其他：封內貼有"胡適的書"藏書票；書前後都貼有關於本書作者的剪報，書末剪報旁有胡適藍筆說明。

7125 The Golden Year of Fan Cheng-ta/by Gerald Bullett, Tsui Chi. —Cambridge：Cambridge University Press, 1946

44p. ; 19.2cm

PKUL（館藏號缺）

附注：

題記：扉頁有作者題記："適之先生賜存，生崔驥謹贈，卅六年除夕。"

7126 Goldsmith's the Deserted Village and Other Poems/by Robert N. Whiteford. —New York：The Macmillan Company, 1905

XXXVIII, 390p. ; 13.9cm

PKUL（館藏號缺）

附注：

印章：扉頁有"Y. T. Chang"簽名。

題記：書內有多處題記，似不是胡適本人的。

夾紙：書內頁 146、147 間夾有"此處常相思"紙條 1 張。

7127 Golf：Being a Short Treatise for the Use of Young People Who Aspire to Proficiency in the Royal and Ancient Game/by T. Henry Cotton. —[s. l.]：Eyre & Spottiswoode Ltd., 1936

148p. ; 18.3cm

PKUL（館藏號缺）

附注：

其他：封內貼有贈書者"Mr. C. C. Wang"名片 1 張，上書"Merry Xmas, 1938"。

7128 Goliath：The March of Fascism/by G. A. Borgese. —New York：The Viking Press, 1937

483p. ; 22cm

PKUL（館藏號缺）

7129 The Good Earth/by Pearl S. Buck. —New York：The John Day Company，1931

375p. ；20.5cm

PKUL（館藏號缺）

附注：

題記：扉頁有胡適題記："Hu Shih, From Walter Dillingham, Honolulu, H. I.。"

批注圈劃：書內23頁有胡適批注圈劃；書末有胡適標注閱讀日期："H. S. , July 3, 1933. S. S. Express of Japan。"

7130 The Good Earth/by Pearl S. Buck. —New York：Pocket Books Inc. ，［n. d.］

348p. ；16.5cm

PKUL（館藏號缺）

附注：

印章：題名頁前頁鈐有"HU SHIH"藍文印。

7131 The Good Neighbor Murder/by Eleanor Pierson. —Howell, Soskin Publishers，1941

208p. ；19.5cm

PKUL（館藏號缺）

附注：

題記：書末有胡適鉛筆題記："August 25, 1941, read at one stretch. H. S. 。"

7132 Good Intentions/by Ogden Nash. —Boston：Little, Brown and Company，1942

XIV，180p. ；21cm

PKUL（館藏號缺）

附注：

夾紙：書內夾有"Edward R. Stettinius, junior"名片1張。

7133 The Goodspeed Parallel New Testament/by Edgar J. Goodspeed. ——Chicago, Illinois：The University of Chicago Press，[n. d.]

　　Ⅷ, 600p. ; 19.4cm

　　PKUL（館藏號缺）

　　附注：

　　　　題記：扉頁有贈書者題記："For one of the world's good gentlemen, Dr. Hu-Shih, from □□□□□ Chicago, April 5, 1944。"

7134 The Gospel of Chung Shan/by Paul Myron Anthony Linebarger. ——Paris：Comité Général Exécutif du Kuomintang en Europe，1932

　　263p. ; 18.1cm

　　PKUL（館藏號缺）

　　附注：

　　　　題記：扉頁有作者題記："Cordially inscribed to Dr. Hu Shih, whose philosophic and poetic genius incite the admiration of the intelligentsia of many nations, and whose calm progressive leadership is one of the hugest hopes of the masses. The Author, Wash. D. C, Sept. XXVII, 1933。"

7135 The Gothic and Anglo-Saxon Gospels in Parallel Columns with the Version of Wycliffe and Tyndale/by Joseph Bosworth. ——London：Reeves & Turner, 1888

　　XXXVI, 584p. ; 22.7cm

　　PKUL（館藏號缺）

　　附注：

　　　　夾紙：書内夾有紙條1張,有鉛筆記録。

7136 Government in Republican China/by Paul Myron Anthony Linebarger. ——New York and London：McGraw-Hill Book Company，1938

　　XV, 203p. ; 22.8cm

　　PKUL（館藏號缺）

　　附注：

　　　　題記：扉頁有作者題記："For His Excellency Dr. Hu-Shih, with the

admiring respects of the author. Paul Linebarger, Washington D. C. November, 1938。"

7137 Governments of Continental Europe/by James T. Shotwell. —New York：The Macmillan Company, 1940

XXIX, 1092p. ; 24cm

PKUL（館藏號缺）

附註：

題記：題名頁前頁有編者題記："To Dr. Hu Shih, with high regard, James T. Shotwell。"

7138 The Governments of Europe/by Frederic Austin Ogg. —New York：The Macmillan Company, 1913

XIV, 668p. ; 21.8cm

PKUL（館藏號缺）

附註：

印章：書名頁鈐有"適盦藏書"朱文圓印。

題記：扉頁有胡適題記："歐洲各國政治考。"

批注圈劃：書內135頁有胡適批注圈劃。

7139 Grammar by Practice：An Aid to Thinking and Writing/by Mary Wilkins Hoyt, Florence Stevens Hoyt. —New York, Chicago, Boston, Atlanta, San Francisco：Charles Scribner's Sons, 1923

XII, 226p. ; 18.4cm

PKUL（館藏號缺）

7140 A Grammar of the Japanese Written Language/by W. G. Aston. —London：Trübner & Co. ; Yokohama：Lane, Crawford & Co. , 1877

XII, 212, LXX, VIIIp. ; 24.5cm

PKUL（館藏號缺）

7141　The Great Analysis：A Plea for a Rational World-Order/by William Archer. —New York：Charles Scribner's Sons, 1912

　　　VIII, 126p. ; 19cm

　　　PKUL（館藏號缺）

　　　附注：

　　　　題記：扉頁有胡適題記："Suh Hu, Feb. 1915. 'What men…really require to learn is to think planetarily.'…p. 59。"

　　　　夾紙：書末夾有 United Cigar Stores Company 贈貨券1張。

7142　The Great Astronomers/by Henry Smith Williams. —New York：Newton Publishing Co., 1930

　　　XIX, 618p. ; 23.8cm

　　　PKUL（館藏號缺）

　　　附注：

　　　　題記：扉頁有胡適題記："在舊金山舊書店裡買了一本，送給一個青年朋友了，我又去買這一本送給自己。適之，一九三六，十一，十二。將離去美國的時候。"

　　　　夾紙：頁2、3間夾有編者的便箋，打印有"With the Editor's Compliments"。

7143　The Great Awakening：A Business Man's Gospel/by John David Godkin. —Philadelphia：Dorrance and Company, 1926

　　　195p. ; 18.8cm

　　　PKUL（館藏號缺）

　　　附注：

　　　　題記：扉頁有作者題記："To Dr. Hu Shih, Peking, with hearty appreciation of his goodness and greatness, Stanley Newton(John David Godkin) Sault Ste. Marie, Michigan, U.S.A., July, 1927。"

7144　Great Detective Stories of the World/by Joseph Lewis French. —[s. l.]：Dial Press, Incorporated, 1929

　　　396p. ; 19.3cm

PKUL（館藏號缺）

7145 The Great Illusion: A Study of the Relation of Military Power to National Advantage/by Norman Angell. —New York, London: G. P. Putnam's Sons, 1913

XXII, 416p. ; 18.7cm

PKUL（館藏號缺）

附註：

題記：扉頁有胡適題記："Suh Hu, December 1916. Gift of the American Association for International Conciliation。"

7146 The Great K. & A. Train-Robbery/by Paul Leicester Ford. —New York: Dodd Mead and Company, 1897

VIII, 200p. ; 15.7cm

PKUL（館藏號缺）

附註：

題記：扉頁有贈書者鋼筆題記，非贈給胡適。

7147 Great Short Biographies of the World: A Collection of Short Biographies, Literary Portraits, and Memoirs Chosen from the Literatures of the Ancient and Modern World/by Barrett H. Clark. —New York: Tudor Publishing Company, 1937

XIII, 1407p. ; 23.5cm

PKUL（館藏號缺）

附註：

印章：扉頁和書名頁前頁鈐有"HU SHIH"藍文印。

題記：扉頁有胡適題記："《短篇傳記》四十八篇，價一元八角九分。"

7148 The Great Tradition/by Edwin Greenlaw, James Holly Hanford. —Chicago, New York: Scott, Foresman and Company, 1919

XXII, 679p. ; 23.1cm

PKUL（館藏號缺）

附注：

題記：扉頁有贈書者題記："送給適之先生，平民周刊社贈，一三，二，二九。"

7149 The Great Tradition: A Book of Selections from English and American Prose and Poetry, Illustrating the National Ideals of Freedom, Faith, and Conduct/by Edwin Greenlaw, James Holly Hanford. —Chicago, New York: Scott, Foresman and Company, 1919

XXII, 679p. ; 22.5cm

PKUL（館藏號缺）

7150 The Greatest Project of All Time: A Federation of the Nations That will Insure a Lasting Peace between Them, Constitution of the World State/by John B. Corliss, Jr. . —[s.l.]: [s.n.], [n.d.]

17p. ; 28.4cm

PKUL（館藏號缺）

附注：

夾紙：書內夾有作者地址1張，Alfred Kohlberg 的"Statement to Appropriations Committee"1份。

其他：本書爲油印本。

7151 Greek Bilingualism and Some Parallel Cases/by Peter Vlasto. —Athens: Hestia Press, 1933

86p. ; 18.9cm

PKUL（館藏號缺）

7152 Greek under the Romans/by George Finlay. —London: J. M. Dent & Sons Ltd. ; New York: E. P, Dutton & Co., 1907

VIII, 469p. ; 17cm

Everyman's Library: History

PKUL（館藏號缺）

7153 The Green Hat/by Michael Arlen. —New York: Grosset & Dunlop Publishers, 1924

    303p. ; 19.2cm

    PKUL（館藏號缺）

7154 Greenwich Village in the Jazz Era/by Clement Wood. —Girard: Haldeman-Julius Company, [n.d.]

    63p. ; 12.3cm

    Little Blue Book

    PKUL（館藏號缺）

7155 Guadalcanal Diary/by Richard Tregaskis. —New York: Random House, 1943

    263p. ; 20.9cm

    PKUL（館藏號缺）

7156 The Guermantes Way/by Marcel Proust; translated by C. K. Scott Moncrieff. —London: Chatto and Windus, 1925

    2 Vols. (428, 395p.) ; 17.5cm

    The Phoenix Library

    PKUL（館藏號缺）

7157 A Guide to Antiquities of the Stone Age: In the Department of British and Mediaeval Antiquities/by British Museum. —London: British Museum, 1926

    XIV, 204p. ; 21.7cm

    PKUL（館藏號缺）

    附註：

        印章：扉頁有胡適毛筆簽名"Hu Shih"。

7158 A Guide to Letter Writing/by Li Ung Bing. —Shanghai: Commercial Press,

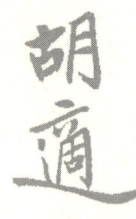

Limited,1919

147p. ;19cm

PKUL（館藏號缺）

7159 A Guide to the Babylonian Assyrian Antiquities/by British Museum. —London：Harrison and Sons,Ltd.,1908

XIV,275p. ;21.2cm

PKUL（館藏號缺）

7160 A Guide to the Egyptian Collections in the British Museum/by British Museum. —London：Harrison and Sons,Ltd.,1909

XIV,325p. ;21.6cm

PKUL（館藏號缺）

附注：

題記：一冊扉頁貼有"China National University Library, Reference Book"單，上有鋼筆書文字"此書係校長胡適先生寄存本館以備同學參考用的"。

其他：本書有2冊。

7161 A Guide to the Louvre/by Louis Hourticq. —[s.l.]：Libarairie Hachette,1930

247p. ;16.5cm

PKUL（館藏號缺）

附注：

印章：題名頁有胡適鋼筆簽名"Hu Shih"。

7162 A Guide to the Study of Medieval History/by Louis John Paetow. —New York：F.S.Crofts & Co.,1931

XVII,643p. ;22.8cm

PKUL（館藏號缺）

7163 Gunga Din, and Other Poems/by Rudyard Kipling. —Girard：Haldeman-

Julius Company,[n.d.]

 64p. ;12.6cm

Little Blue Book

PKUL（館藏號缺）

7164 Guy Mannering/by Walter Scott. —London：J. M. Dent & Sons Ltd. ；New York：E. P. Dutton & Co. , Inc. ,1906

 XII,431p. ;17.1cm

Everyman's Library：Fiction

PKUL（館藏號缺）

附註：

 題記：扉頁有胡適鋼筆簽名"Hu Shih, December, 1944"。

7165 H. M. Pulham, Esquire/by John P. Marquand. —Boston：Little, Brown and Company,1941

 IX,432p. ;21.1cm

PKUL（館藏號缺）

附註：

 夾紙：一冊書內夾有出版社卡片1張。

 其他：本書有2冊。

7166 Handbook for the Sixth Conference of the Institute of Pacific Relations. —[s.l.]：[s.n.],[n.d.]

 V,63p. ;22.8cm

PKUL（館藏號缺）

附註：

 印章：封面有胡適簽名"Hu Shih"。

 批注圈劃：書內13頁有胡適批注圈劃。

 內附文件：頁30、31間夾有"Agenda For Round Tables on China(1936)"文件2頁；頁34、35間夾有Constance Warren、Everett R. Clinchy等人英文書信4封,信封1個；書內另夾有胡適手書便箋1張,Mrs. William Fogg

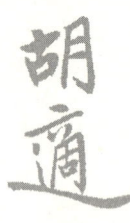

　　　Osgood 寫有留言的名片 1 張。

7167 The Hague Convention（Ⅱ）of 1907 Respecting the Limitation of the Employment of Force for the Recover of Contract Debts/by Carnegie Endowment for International Peace, Division of International Law. —Washington：Carnegie Endowment for International Peace, 1915

　　Ⅳ, 7p. ; 24.8cm

　　Carnegie Endowment for International Peace, Division of International Law, Pamphlet Series No. 11

　　PKUL（館藏號缺）

　　附注：

　　　印章:封面有胡適鋼筆簽名"Suh Hu"。

7168 The Hague Convention（Ⅲ）of 1907 Relative to the Opening of Hostilities/by Carnegie Endowment for International Peace, Division of International Law. —Washington：Carnegie Endowment for International Peace, 1915

　　Ⅳ, 4p. ; 24.7cm

　　Carnegie Endowment for International Peace, Division of International Law, Pamphlet Series No. 12

　　PKUL（館藏號缺）

　　附注：

　　　印章:封面有胡適鋼筆簽名"Suh Hu"。

7169 The Hague Convention（Ⅴ）of 1907 Respecting the Rights and Duties of Neutral Powers and Persons in Case of War on Land/by Carnegie Endowment for International Peace, Division of International Law. —Washington：Carnegie Endowment for International Peace, 1915

　　Ⅳ, 8p. ; 24.8cm

　　Carnegie Endowment for International Peace, Division of International Law, Pamphlet Series No. 13

　　PKUL（館藏號缺）

附注:

  印章:封面有胡適鋼筆簽名"Suh Hu"。

7170 The Hague Convention (Ⅵ) of 1907 Relating to the Status of Enemy Merchant Ships at the Outbreak of Hostilities/by Carnegie Endowment for International Peace, Division of International Law. —Washington: Carnegie Endowment for International Peace, 1915

  Ⅳ, 5p. ; 24.8cm

  Carnegie Endowment for International Peace, Division of International Law, Pamphlet Series No. 14

  PKUL(館藏號缺)

  附注:

    印章:封面有胡適鋼筆簽名"Suh Hu"。

7171 The Hague Convention (Ⅶ) of 1907 Relating to the Conversion of Merchant Ships into War-Ships/by Carnegie Endowment for International Peace, Division of International Law. —Washington: Carnegie Endowment for International Peace, 1915

  Ⅳ, 5p. ; 24.7cm

  Carnegie Endowment for International Peace, Division of International Law, Pamphlet Series No. 15

  PKUL(館藏號缺)

  附注:

    印章:封面有胡適鋼筆簽名"Suh Hu"。

7172 The Hague Convention (Ⅷ) of 1907 Relative to the Laying of Automatic Submarine Contact Mines/by Carnegie Endowment for International Peace, Division of International Law. —Washington: Carnegie Endowment for International Peace, 1915

  Ⅳ, 6p. ; 24.7cm

  Carnegie Endowment for International Peace, Division of International Law,

Pamphlet Series No. 16

PKUL（館藏號缺）

附注：

　　印章：封面有胡適鋼筆簽名"Suh Hu"。

7173 The Hague Convention (IX) of 1907 Concerning Bombardment by Naval Forces in Time of War/by Carnegie Endowment for International Peace, Division of International Law. —Washington: Carnegie Endowment for International Peace, 1915

Ⅳ, 6p. ; 24.8cm

Carnegie Endowment for International Peace, Division of International Law, Pamphlet Series No. 17

PKUL（館藏號缺）

附注：

　　印章：封面有胡適鋼筆簽名"Suh Hu"。

7174 The Hague Convention (XI) of 1907 Relative to Certain Restrictions with Regard to the Exercises of the Right of Capture in Naval War/by Carnegie Endowment for International Peace, Division of International Law. —Washington: Carnegie Endowment for International Peace, 1915

Ⅳ, 6p. ; 24.7cm

Carnegie Endowment for International Peace, Division of International Law, Pamphlet Series No. 18

PKUL（館藏號缺）

附注：

　　印章：封面有胡適鋼筆簽名"Suh Hu"。

7175 The Hague Convention (XII) of 1907 Relative to the Creation of an International Prize Court/by Carnegie Endowment for International Peace, Division of International Law. —Washington: Carnegie Endowment for International Peace, 1915

Ⅳ, 21p. ; 24.8cm

Carnegie Endowment for International Peace, Division of International Law, Pamphlet Series No. 19

PKUL（館藏號缺）

附注：

　　印章:封面有胡適鋼筆簽名"Suh Hu"。

7176　The Hague Convention (ⅩⅢ) of 1907 Concerning the Rights and Duties of Neutral Powers in Naval War/by Carnegie Endowment for International Peace, Division of International Law. —Washington: Carnegie Endowment for International Peace, 1915

Ⅳ, 48p. ; 24.8cm

Carnegie Endowment for International Peace, Division of International Law, Pamphlet Series No. 20

PKUL（館藏號缺）

附注：

　　印章:封面有胡適鋼筆簽名"Suh Hu"。

7177　The Hague Conventions of 1899 (Ⅰ) and 1907 (Ⅰ) for the Pacific Settlement of International Disputes/by Carnegie Endowment for International Peace, Division of International Law. —Washington: Carnegie Endowment for International Peace, 1915

Ⅳ, 48p. ; 24.8cm

Carnegie Endowment for International Peace, Division of International Law, Pamphlet Series No. 4

PKUL（館藏號缺）

附注：

　　印章:封面有胡適鋼筆簽名"Suh Hu"。

　　夾紙:內夾 Carnegie Endowment for International Peace 贈書卡 1 張。

7178　The Hague Declaration (Ⅳ, 2) of 1899 Concerning Asphyxiating Gases/by

Carnegie Endowment for International Peace, Division of International Law. —Washington: Carnegie Endowment for International Peace, 1915

　　IV, 2p. ; 24.7cm

　　Carnegie Endowment for International Peace, Division of International Law, Pamphlet Series No. 8

　　PKUL（館藏號缺）

　　附注：

　　　　印章：封面有胡適鋼筆簽名"Suh Hu"。

7179　The Hague Declaration (IV, 3) of 1899 Concerning Expanding Bullets/by Carnegie Endowment for International Peace, Division of International Law. —Washington: Carnegie Endowment for International Peace, 1915

　　IV, 2p. ; 24.6cm

　　Carnegie Endowment for International Peace, Division of International Law, Pamphlet Series No. 9

　　PKUL（館藏號缺）

　　附注：

　　　　印章：封面有胡適鋼筆簽名"Suh Hu"。

7180　The Hague Declarations of 1899 (IV, 1) and 1907 (XIV) Prohibiting the Discharge of Projectiles and Explosive from Balloons/by Carnegie Endowment for International Peace, Division of International Law. —Washington: Carnegie Endowment for International Peace, 1915

　　IV, 5p. ; 24.7cm

　　Carnegie Endowment for International Peace, Division of International Law, Pamphlet Serie No. 7

　　PKUL（館藏號缺）

　　附注：

　　　　印章：封面有胡適鋼筆簽名"Suh Hu"。

7181　The Handbook of Chinese Students in U. S. A. 1933/by Wilson S. Wei. —

New York: The Chinese Student-Handbook Co., 1933

88p. ; 15.3cm

PKUL（館藏號缺）

附注：

題記：封面有編者題記："適之先生,衛士生"；題名頁有胡適標注中文名"衛士生"。

7182 Handbook of Composition/by Edwin C. Wooley. —［s.l.］：［s.n.］,［n.d.］

XXI, 239p. ; 16.8cm

PKUL（館藏號缺）

附注：

印章：其中一册題名頁鈐有"Lu Tai Tseng"（盧逮曾）藍文橢圓印。

其他：本書有2册。

7183 Handbook of English-Japanese Etymology/by William Imbrie. —Yokohama: R. Meiklejohn & Co., 1880

VII, 207, XVI,p. ; 19.5cm

PKUL（館藏號缺）

7184 Handbook of the Benjamin Altman Collection. —New York: The Metropolitan Museum of Art, 1914

XV, 153p. ; 22.1cm

PKUL（館藏號缺）

附注：

其他：裝訂脱落。

7185 Handbook of the League of Nations Since 1920/by Denys P. Myers. —Boston: World Peace Foundation Publications, 1930

320p. ; 19.9cm

PKUL（館藏號缺）

7186　Handy Classical Dictionary．—London：Asprey & Co．，Ltd．，［n.d.］

　　　116p．；12.6cm

　　　Rdference Library

　　　PKUL（館藏號缺）

7187　Hanna/by Thomas Beer．—New York：Alfred A. Knopf，1929

　　　XI，325，XIIp．；21.9cm

　　　PKUL（館藏號缺）

　　　附注：

　　　　題記：扉頁有胡適題記："寫的不好。適之。"

7188　A Harp with a Thousand Strings：A Chinese Anthology in Six Parts/by Hsiao Ch'ien．—London：Pilot Press，Ltd．，1944

　　　XXIV，536p．；22cm

　　　PKUL（館藏號缺）

　　　附注：

　　　　題記：扉頁有作者題記："適之先生賜正，晚蕭乾拜贈，一九四五年秋，於倫敦。"

7189　Harvard University Handbook，an Official Guide．—Cambridge：Harvard University Press，1936

　　　XIV，262p．；20.9cm

　　　PKUL（館藏號缺）

7190　Harvey Cushing：A Biography/by John F. Fulton．—Springfield：Charles C. Thomas，1946

　　　XI，754p．；23.5cm

　　　PKUL（館藏號缺）

　　　附注：

　　　　題記：扉頁有胡適題記："Gift from A. T. Chang，G. Huang，Jan. 1947，Peiping．"

7191 Has Life Any Meaning? /by Frank Harris, Percy Ward. —Girard: Haldeman-Julius Company, [n. d.]

32p. ; 12.6cm

Little Blue Book

PKUL（館藏號缺）

7192 The Haunted House and Other Poems/by George Sylvester Viereck. —Girard: Haldeman-Julius Company, [n. d.]

64p. ; 12.6cm

Little Blue Book

PKUL（館藏號缺）

7193 Have We Religious Freedom? /by Frank Swancara. —Girard: Haldeman-Julius Company, [n. d.]

32p. ; 12.4cm

Little Blue Book

PKUL（館藏號缺）

附註：

其他：本書封面脫落。

7194 Health Work in Soviet Russia/by Anna J. Haines. —New York: Vanguard Press, 1928

XVIII, 177p. ; 18.3cm

Vanguard Studies of Soviet Russia

PKUL（館藏號缺）

附註：

題記：扉頁有作者題記："Dr. Hu Shih, with cordial congratulations on his fortieth anniversary, Roger S. Greene, December 17th, 1930。"

7195 Hearings before the Joint Committee on the Investigation of the Pearl

Harbor Attack, Congress of the United States, Seventy Nineth Congress Part 25. —Washington: United States Government Printing Office, 1946

128p. ; 23cm

PKUL（館藏號缺）

7196 Hearings before the Joint Committee on the Investigation of the Pearl Harbor Attack, Congress of the United States, Seventy Nineth Congress Part 38. —Washington: United States Government Printing Office, 1946

302p. ; 23.1cm

PKUL（館藏號缺）

7197 Heart Disease Is Curable/by Peter J. Steincrohn. —New York: Doubleday, Doran & Company, Inc., 1943

X, 193p. ; 18.1cm

PKUL（館藏號缺）

附註：

題記：扉頁有胡適題記："朱壽恒贈《心臟病》。胡適，卅五年六月。"

7198 The Heart of Buddhism: Being an Anthology of Buddhist Verse/by K. J. Saunders. —London, New York, Toronto, et al: Humphrey Milford, 1915

96p. ; 17.3cm

PKUL（館藏號缺）

附註：

題記：扉頁有胡適題記："His Shanghai address is Y. M. C. A.。"

7199 The Heart of Midlothian/by Walter Scott. —London: J. M. Dent & Sons Ltd.; New York: E. P, Dutton & Co., 1906

X, 559p. ; 17cm

Everyman's Library: Fiction

PKUL（館藏號缺）

7200 Heartbreak House/by Bernard Shaw. —Leipzig: Bernhard Tauchnitz, 1921

261p. ; 16.4cm

Collection of British Authors, Tauchnitz Edition

PKUL（館藏號缺）

附注：

其他：本書裝訂破損。

7201 "Heaven Knows"/by Margaret H. Brown. —London: Edinburgh House Press, 1938

168p. ; 20.8cm

PKUL（館藏號缺）

附注：

題記：扉頁有作者題記："To Dr. Hu Shih, from one who has deeply stirred by the suffering of the Chinese people, very sincerely yours, Margaret H. Brown."

7202 The Heavenly City of the Eighteenth-Century Philosophers/by Carl L. Becker. —New Haven: Yale University Press, 1932

168p. ; 20.4cm

PKUL（館藏號缺）

附注：

印章：扉頁有胡適鉛筆簽名"Hu Shih"。

7203 Hebrew Literature: Comprising Talmudic Treatises, Hebrew Melodies and the Kabbalah Unveiled. —New York: Willey Book Co., 1901

X, 400p. ; 20.8cm

PKUL（館藏號缺）

7204 Hedda Gabler; The Master Builder/by Henrik Ibsen. —New York: Charles Scribner's Sons, 1907

XXXV, 365p. ; 18.3cm

The Collected Works of Henrik Ibsen

PKUL（館藏號缺）

附注：

印章：書名頁鈐有"適盦藏書"朱文圓印。

題記：扉頁有胡適題記："Suh Hu, March 14, 1914. 伊伯生名劇（一）海妲傳,（二）大匠。"

批注圈劃：書內158頁有胡適批注圈劃,其中批注8頁；書末有胡適注明閱讀日期"March 17, 1914. S. Hu"。

夾紙：頁246、247間夾有人物照片1張,上書"中國大詩人仰之"。

7205 Henry IV, Part First/by Shakespeare. ——Boston, New York, Chicago：Ginn and Company, 1908

205p. ; 15.9cm

PKUL（館藏號缺）

附注：

題記：扉頁有某人鉛筆題記："借適之的。"

7206 Henry Charles Lea：A Biography/by Edward Sculley Bradley. ——Philadelphia：University of Pennsylvania Press, 1931

391p. ; 20.5cm

PKUL（館藏號缺）

7207 Henry Ward Beecher：An American Portrait/by Paxton Hibben. ——New York：The Press of the Readers Club, 1942

IX, 361p. ; 21.8cm

PKUL（館藏號缺）

7208 The Heptameron/by Margaret, Queen of Navarre. ——Islington：The Camden Publishing Co. ,［n.d.］

362p. ; 17.9cm

PKUL（館藏號缺）

7209 The Herald Wind: Transitions of Sung Dynasty Poems, Lyrics and Songs/ by Clara M. Candlin. —London: John Murray, 1933

    113p. ; 16.3cm

    PKUL（館藏號缺）

    附注：

        題記：扉頁有作者題記："To Dr. Hu Shih, with the author's compliments。"

        與胡適的關係：本書有胡適序言。

7210 Heridity/by J. A. S. Watson. —London: T. C. & E. C. Jack; New York: Dodge Publishing Co., [n. d.]

    94p. ; 16.1cm

    The People's Books

    PKUL（館藏號缺）

    附注：

        題記：扉頁有胡適鋼筆簽名"Jan. 1914, Suh Hu"。

        批注圈劃：書內個別頁有胡適圈劃。

7211 Hermann und Dorothea/von Goethe. —New York, Cincinnati, Chicago: American Book Company, 1908

    328p. ; 15.9cm

    PKUL（館藏號缺）

    附注：

        題記：扉頁有胡適題記："貴推著《戍婦奇逢記》。"

        批注圈劃：書內69頁有胡適批注圈劃；頁239有胡適注明的閱讀日期"June 1, 1911, S. Hu"。

7212 High School English Book/by Alfred M. Hitchcock. —New York: Henry Holt and Company, 1923

    VIII, 575p. ; 19.2cm

    PKUL（館藏號缺）

附注：
夾紙：書內夾有識字卡 1 張。

7213 The High Trail/by Edwin Diller Starbuck & Staff. —New York：World Book Company，1936
　　XI，340p. ；20.8cm
　　Living Through Biography
　　PKUL（館藏號缺）

7214 A Higher English Grammar/by Alexander Bain. —London，New York，Bombay：Longmans，Green，and Co.，1904
　　XXIII，358p. ；16.5cm
　　PKUL（館藏號缺）

7215 Higher English Writing and Prose Selections for Chinese Students/by Chung Tso-You. —Shanghai：Chung Hwa Book Co.，Ltd.，1934
　　XII，563p. ；18.6cm
　　PKUL（館藏號缺）

7216 The Higher Learning in America/by Robert Maynard Hutchins. —New Haven：Yale University Press，1936
　　119p. ；21cm
　　PKUL（館藏號缺）

7217 The Higher Learning in America：A Memorandum on the Conduct of University by Business Men/by Thorstein Veblen. —New York：B. W. Huebsch，1918
　　VIII，286p. ；19cm
　　PKUL（館藏號缺）
附注：
　　題記：扉頁有胡適題記："Hu Suh, Gift of L. K. Tao。"

7218 The Higher Learning in a Democracy: A Reply to President Hutchins' Critique of the American University/by Harry D. Gideonse. —New York, Toronto: Farrar & Rinehart, Inc., 1937

 34p. ; 23.5cm

 PKUL（館藏號缺）

7219 Higher Mathematics for Students of Chemistry and Physics, with Special Reference to Practical Work/by J. W. Mellor. —London, New York, Bombay, Calcutta, Madras: Longmans, Green, and Co., 1919

 XXI, 641p. ; 22.1cm

 PKUL（館藏號缺）

7220 Highlights: A Cartoon History of the Nineteen Twenties/by Rollin Kirby. —New York: William Farquhar Payson, 1931

 XV, 141p. ; 28.5cm

 PKUL（館藏號缺）

7221 Hilda Lessways/by Arnold Bennett. —London: Methuen & Co., Ltd., 1913

 408p. ; 18.7cm

 PKUL（館藏號缺）

 附注：

  內附文件:書內夾有陶孟和致胡適信1封："適之兄:奉還小說一冊,所描寫的人物頗精細,並有地方色彩,無事也可一讀,病體兄何念念,暇時當往談。孟和,十一,十二";另夾有高夢旦致陶孟和、蔣夢麟信1封2頁。

  其他:書末部分脫落。

7222 Hinduism/by Monier Monier Williams. —London: Society for Promoting Christian Knowledge, [n.d.]

 238p. ; 17.3cm

 Non-Christian Religious Systems

PKUL（館藏號缺）

7223 Hinduism & the Modern World/by K. M. Panikkar. —London：Kitabistan，1938

　　115p. ；18.8cm

　PKUL（館藏號缺）

　附注：

　　其他：書內夾有作者贈書卡1張，明信片2張。

7224 Hinduism and Buddhism：An Historical Sketch/by Charles Eliot. —London：Edward Arnold & Co. , 1921

　　3 Vols. ；22.3cm

　PKUL（館藏號缺）

　附注：

　　印章：第2卷扉頁有胡適鉛筆簽名"Hu Shih"。

　　題記：第1卷扉頁有胡適簽名"Hu Shih, 1925"。

　　批注圈劃：第1卷書內27頁有胡適批注圈劃；第2卷書內1頁有胡適批注。

　　夾紙：第1卷頁144、145間夾有紙條1張。

7225 Hinduism and Its Relations to Christianity/by John Robson. —Edingburghn：William Oliphant & Co. , 1874

　　XIX, 328p. ；19.8cm

　PKUL（館藏號缺）

7226 Histoire de la Littérature Anglaise Tome Premier/par H. Taine. —Paris：Librairie Hachette et Cie, 1899

　　XLIX, 432p. ；19cm

　PKUL（館藏號缺）

　附注：

　　印章：題名頁鈐有"李氏辰冬"朱文方印。